张中行 著

流年碎影

上

北京出版集团
北京十月文艺出版社

目 录

流年碎影 上

弁言 1

乡里 1

族属 9

生计 17

灾祸 25

节令 31

蒙学内外 39

乡里旧人　47

童心　57

歧路　66

通县　72

师范学校的朝朝夕夕　78

课内课外　86

余兴　94

前辈留影　102

同窗忆旧　110

常态之外　124

进京　130

北大释地　136

课程　143

学术空气　151

自由与容忍　159

讲理　166

图书馆　171

前辈掠影　179

同学点滴 200

日常生活 220

小见闻和大见闻 229

天津一年 239

保定一年 248

婚事 257

伤哉贫也（一） 277

又一红楼 284

知的探险 293

尊师重道 303

生计 314

上海之行 321

覆鹿亡羊 332

旧业 337

《世间解》 343

病痛留痕 353

中年 361

佟府旧迹 366

迎新 379

望尘莫及 383

花事 388

玩赏之癖 396

开明旧人 406

语文教育 413

劳我以生 422

既往咎之 429

"三五"之厄 434

伤哉贫也（二） 441

辛安亭 448

流年碎影 下

汉语课本 453

小红楼 469

旧二院 475

稻粱谋 480

整风之风 485

末次省亲　496

跃进的动荡　503

饥饿　510

迎母送母　517

明日难明　522

天降下民　529

拮据之苦　539

山雨欲来　546

倒地声声　551

龙套生涯　558

红卫风起　566

使民战栗　571

抄风西来　579

割爱种种　586

李也鲁　593

斯文扫地及其他　600

且说有罪　607

刘佛谛　614

准备离家 622

南徙从戎 630

地理志 635

劳动种种 640

大搬家小搬家 648

改造课程 652

批斗再而三 658

探亲 666

校友忆存 672

识小录 681

解职还乡 687

少小离家老大回 691

困难重重 698

劳而食 705

消长日短日 711

叙旧 718

乡党 727

口腹之享 736

天佑下民　741

终日驰车走　752

复其见天地之心　758

十年而后返　764

两饭店　769

北行南行　773

有关文言的工作　781

负暄三种　793

写作点滴　799

杂学杂家　805

试论人生　812

予岂好辩哉　820

自知乎？自信乎？　827

选来选去　833

旧地新情　840

又一家乡　848

游踪记略　856

滥竽上座　870

又迁　880

心坏了　887

先我而去　895

情网　907

自我提前论定　918

住笔小记　924

弁言

想不到能够活到八十年代。死生有命，一也。几十年来，人为的动荡断断续续，今日不知明日将如何，二也。但是究竟已经活过来，本之《颜氏家训·涉务》(今曰务实)的精神，应该多想"现在当下"，比如鲤鱼增产，街头的售价降了，就不失时机，买一条，红烧，佐以白酒一两，之后，腹充充然，心飘飘然，倚枕睡一大觉，能梦见周公，好，退一步，能梦见意中人，也好或更好，再之后，醒，击壤而歌"帝力于我何有哉"，岂不甚妙。妙，或说妙理；可惜是我知之而未能完全奉行。为什么？是我天机浅(《庄子》语)和修养差，有常乐我净的宏愿而终于"未免有情"。情的重要方面表现为恋慕。恋慕什么？说不胜说，有些还不便说；只说其中的一类是自己的过往，包括接触的种种中的一切可怀念的。语云，秀才人情纸半张，于是由八十年代前期起，就以记忆中的可传之人、可感之事、可念之情为题材，写了若干篇怀念文章，并陆续集为《负暄琐话》《负暄续话》《负暄三话》出版。三本闲话之外，因为老了，血气既衰，其他不会，只能以涂涂抹抹消磨长日，也就写了些别的。所有这些灾梨枣的，我有

1

自知之明，虽然意不在帮忙帮闲，却总是不值大雅一笑。可是意外，有的人行"君子成人之美"的圣道，有的人顺世风，眼一扫堆堆就评价，竟至有人说颇有成就。正如其他人一样，我也有些关系近的人，依常情，也就喜欢听这灶王老爷上天的好话多说。其中有的还不停止于喜欢，如时风之遇喜庆事总想大办，就劝我趁笔还能动，及时写回想录，并说，推想会有人肯印，有不少人会喜欢看。肯印，喜欢看，是我将有所得。也是圣道，像我这年岁，要"戒之在得"，应该如何对待这善意的规劝呢？我一思再思，未三思，就决定一反圣道，接受，写。

一思再思，都思了什么，竟走向胆大包天？是思了以下这些。先说个我视为轻飘飘的，愿意写，是不是想捞点浮世之名。因为写回想录的都是名人；已经成为名人的，像是有义务写回想录，以便想看的人不致失望。我是常人，对于"人过留名"，是既不想过于热，又不能过于冷。这是由于理和情之不能协调而又都有不小的力量。理来于一种哲学，具体说是《列子·杨朱》篇所说："生则尧舜，死则腐骨，生则桀纣，死则腐骨，腐骨一矣，孰知其异？"情来于不能不在常识中生活，而常识，总是觉得有名比无名好，名香比名臭好。这样一边是理，一边是情，我处在夹缝中，对于名，处理办法就只能是我年轻时候一些不登大雅之堂的私立学校对学生所惯用的，曰去者不追，来者不拒。指实说是写回想录，拿笔之前，名尚未来，不追；写成之后，名也许来，不拒。总之，用俗话说是有一搭无一搭。以上算所思之一。然后是其二,由半心半意转为积极,是也颇想写这样一本。动力与写负暄几种闲话中的多篇文章相同,对于过往,多有怀念,任其湮灭舍不得,于是情动于中就愿意形于言。而过去的言,大多是以身外显身内,又零零碎碎,有如街头摊上吃小吃,比之过屠门而大嚼总是差得不少。写回想录就变为现身说法,而且要原原本本,因而情动于中的情,连带事,就可以全盘托出来,大过其形于言的瘾了吧?过瘾,仍是由情出发,说服自己会有大力,说服人就未必然,所以写,最好是还能够找点别人听了也会首肯的理由。于是搜索枯肠,居然就找到两种。其一是造反性质的,是过去稀有甚至没有的,我们也未尝不可以使其有,或干脆说应该使其有。我们是住在人有各种分别的社会里,如有的人能够发号施令,多数人不能;有的人出门乘自用车,甚至飞机,多数人不能,等等。但这类事情上不好造反,理由用不着说。至于另外一些事,我们就大可以引基督教义——人都是上帝的儿女,佛门教义诸有情都有佛性,为护符,说少数人如此这般的,多数小民也未尝不可以如此这般。话归本题,回想录就正是这类事,试想,街头巷尾的赵大爷和钱二奶奶,碌碌一生,也有情,经历不少事,如果通文,也能写,为什么就不能把自己的经历和情意写出来?而且,如果写出来,其价值和可读性就一定不如出于名人笔下的吗?再退一步,假定确是不如,至少我想,既然人在受生方面是平等的,任何人就都有为自己的生涯留些痕迹的权利,所谓争取不与草木同腐是也。这样做,是街头巷尾的赵大爷、钱二奶奶之流凭己力挤入"本纪"、"世家"或"列传",所以是造反。我呢,不能如陈胜、吴广之揭竿,却也想摇笔,造一次反,并希望名不见经传的士女起而效尤,以扯断非名人不得写回想录的枷锁云云。理由之二是另一种来于"观我生"的奢望。我,上面说过,天机浅,遇人遇事未免有"情",又生性喜杂览,喜胡思乱想,因而内则自省,外则有见有闻,就未免有"意",二合一就成为分量不轻的"情意"。这情意是私有的,但其来源,就小范围说,人都是肉长的,就大范围说,同处一时,同处一地,曾经同呼吸,共命运,一人的欢笑和血泪,总有不少可以供其他人参考的吧?这奢望也给我壮了胆,所以决定写。

已经决定写,接着就不能不想到有没有困难的问题。当然有,而且不少。思涩笔拙,是任何动笔时候都跟着的,可以不算,此外还可以想到三种。其一,写过往,这过往只能存于记忆中,而不幸,我的记忆力是非常坏的。这也有来由。一是得天不厚,比如与我的同学张政烺先生相比,某说法,他能告诉你在某丛书中某书的若干页,这某书,我也许同样看过,通常是连里面讲些什么都记不清了。上天吝啬,人力终于难得胜天,只好认命。更不幸是还有二,也许由于饥寒吧,我三十岁左右患一种名为贫血的病,据一位病友说,这种病是必致损伤记忆力的,若然,连续几年,我仅有的一点点储藏旧事的能力还能剩多少,也就可想而知了。这样,记忆的库存少兼不清晰,我非巧妇,要为无米之炊,煮成熟饭就太难了。其二,当然,想写,是自信记忆的库存里还有一些剩余,但这剩余,都是些家常琐碎,值得摊出来，让过往的行人看看吗？写，印，卖，至少在理论上，有低要求，是使读者感到有兴致；有高要求，是兼有教育意义。这就使我面对记忆中的琐碎，不能不考虑：其一，总的认识，能不能使读者有以上说的所得。其二，实行时分辨，哪些是合格的，哪些是不合格的。认识，分辨，都要想得比较深，比较远，以及以己之心度人之心，显然也就大不易。其三，事无不可对人言，是某道学家的自豪语，知无不言，言无不尽，是今代的门面语，事实经常不是这样，所以拿笔写所记忆，就躲不开这种难。盖总的说，人生于世，就不能不管世故。分着说呢，有三种情况，都不宜于信笔直书。一种是与高位的人或说政治有牵连的，比如某种情况可以称为功德，说是都来自某某的伟大，就会换来皆大欢喜甚至利禄，反之，某种情况可以称为祸害，直言，说应该由某某负责，就不只不行，还会惹来从重从快的处罚。另一种是，人多多少少都不免有些个人迷信，如男士，誉为才如曹植，貌比潘安，女士，誉为环肥燕瘦，高兴；反之，如说某男士无才无学，某女士貌仅中人以下，就轻则不高兴，重则勃然大怒。这就可见，知人论世常常离不开褒贬，可是褒容易通行，贬却违碍很多。如果拿起笔，冒上心头的是贬，如何处理呢？显然就不得不在诚和世故之间徘徊，也就是又会碰到难。还有一种，来自传统加世风，牵涉的面广，就更难办，不写，等于把最重的情意抹掉，写，读者依世风，尤其相关的人，会感到不安然。这种进退两难，昔人是用躲闪的办法解决，如陶渊明写，"愿在昼而为影，常依形而西东"（《闲情赋》），秦观写,"销魂,当此际,香囊暗解,罗带轻分"(《满庭芳》)。可是写回想录就不能效颦,因为体不同。诗词歌赋容许创造,创造者,事未必有,也就不要求指名道姓。换为回想录,就成为事必有,也就不能不因事而想到行事之人,世之常情是心照不宣,如果换为心照之后而宣,岂不成为离奇?现在当下,语文,离奇还是不妥的,那就只好,或学文殊师利之应对维摩诘,"无言",或学晋人之写杂帖,只是轻轻点染,就是这轻轻中,也是情意多而事少。这是原则,至于碰到实况,笔如何闪转腾挪,还不免要遇到困难,只好走着瞧。

困难摆了一大堆,如果不肯或不能知难而退,就要想办法,从多种障碍中挤过去。这办法还可以分为退和进两个方面。退的表现之一是写经历,不求全面。这有多种情况,比如事过于细小,不值得输入见闻;事以常情衡之未必小,却是自己看来宜于抹杀的;还有些,事不小,自己甚至认为应该写,可是相关的人认为宜于抹杀的,就都知而不言了。退的表现之二是写观感,适可而止,就是说,为了迁就世故,想的是十个,也许只说五个,想的是一斤,也许说的不足五两。退的表现之三是不少内容,安于影影绰绰,因为在记忆的库存里就是如此不清晰,到笔下变为清晰是不可能的。这样一退再退,关于写法,效史书的编年体就不合适了,只好由制艺中找个妙法兼名称,曰"小题"体,即人也罢,地也罢,事也罢,以至哭也罢,笑也罢,只要认为有关的什么可写,就以之为题,拼凑成篇,其他题外的,虽同样实有却从略。以上是退,由于必须适应诸多客观条件。但是老骥伏枥，还可以志在千里，况老之人乎，总以也不忘进为是。如何进？记得将近一年以前，我写了一篇《老温德》（北京大学美籍教授），里面有这样的话：

> 这样，人的经历，其中少数写成史传，就应该是两种：一种是表现于外的，甚至写成文字的，自己以外的人能看见，或进一步，评价；一种是藏在心里的，不说，极少数脱胎换骨写成文字（如诗词和小说），总之还是非自己以外的人所能见。假定社会上班马多，人人都有史传，这史传也只能是前一种，"身史"，而不是后一种，"心史"。这心史，除自己动笔以外，大概没有别的办法。
>
> （《读书》1993年7月号）

与身史相比，心史会更有价值也就更值得看看吧？但这正如上面所说，不容易写，因而我所谓进，也只是心向往之加"知其不可而为"，努力求比活动的流水账多点什么而已。

最后说说写，成书，要有个名字。于是拼凑，先由周亮工《书影》（其意为"老年人读书，仅存书影子于胸"）那里借来个"影"，表示既稀稀落落又未必确切。"影"来于由朱颜到白发之年，常说"流年"，但要加个声明，不是借自《卜筮正宗》一类书，而是借自《牡丹亭》，所谓"则为你（杜丽娘）如花美眷，似水流年"是也。流年加影,音轻飘而义过重,想了想,再加个"碎"字,成为"流年碎影",名实相符了。之后是写,流年似水,逝者如斯,只靠回顾和笔墨,究竟能够留下多少痕迹呢?连一想到都不免有些感伤。

1994年1月16日于西郊燕园

乡里

学史笔，某某，某地人也，一本观我生的书，由家乡写起。与"地"相比，也许"时"更重要，至少是同样重要，可是难解（因为既有康德的，又有爱因斯坦的）而好说，就先说时。我是清朝光绪三十四年戊申十二月十六日丑时（午夜后一时至三时）生人，折合公历就移后一年，成为1909年1月7日。其时光绪皇帝和那位狠毒胡涂的那拉氏老太太都已经见了上帝（他们都是戊申十月死的），所以坠地之后，名义是光绪皇帝载湉的子民，实际是宣统皇帝溥仪（戊申十一月即位）的子民。这时间，如果也有个人迷信的癖好，能不能东拉西扯，找点有关的什么，贴在面皮之上，以增添点荣誉呢？费力之后，居然找到两项。一项是，余生也不早，可是头上竟顶戴过两个皇帝。另一项是，只过了一年多，即1910年，地球的一位稀而且贵的客人，哈雷彗星就光临了。

时说完，改为说地。关于地，我的所知是由小而大，或由近而远，可是为了易解，说就要倒转来，由大而小，或由远而近。大，不必大到北半球或亚洲的中国，只大到北方的直隶省（后改为河北

1

省）就够了。还是说其时的，国都为北京，其周围一地区，沿明朝旧制，称顺天府（辖二十四县，民国建立以后改称京兆，所辖县减为二十）。府所辖有香河县，在北京东南一百多里，天津北（略偏西）一百多里。县南北长，东西短，西北是通县，北是三河县，东是宝坻县，西南是武清县。与运河关系密切：一是运河由通县南（略偏东）流，经过县的西部；二是由武清县河西务以北，分出个向东南流的支流，名青龙湾，注入七里海，把县境分为两部分，北部大，南北超过六十里，南部小，南北仅十余里（五十年代划归武清县）。青龙湾以南这部分，旧名是周智保，民国以后废保名，地属河北屯镇。镇北距青龙湾十里，东七八里是宝坻县境，南五六里、西二三里是武清县境。镇名河北屯，可以推知，其南曾有河，故老相传为萧太后运粮河，今则只有遗迹，流向如何也难于考实了。又可以推知，大概是明代，这里曾有军队驻防。不过到我见到的时候就可以说是早已没落，有桥而无流水，镇中心也只是有几家商店，一个残破关帝庙（神像也无）而已。且说镇西一二里，由东向西略偏南，迤逦有三个小村，薄庄、石庄、冯庄。薄庄，住户的绝大部分姓薄，推想是若干年前，一个姓薄的到此落户，逐渐繁衍的。石庄和冯庄也一样。三个庄，以石庄为最小，只有四五十户，其中一户姓张，我就生在这个张家。

还是由大而小，先说这个名为石庄的小村。村有两条街，不是平行的，而是如写"口"字起笔的一竖加一横，比如一竖是南北向，较短，一横较长，就是东西向。东西向，街北的房子坐北向南，为正；住在街南，主房也要坐北向南，街门的位置，出入，都显得别扭。住在南北向那条街的就更差，也许街道昔日曾是河渠，低洼，村里人呼之为道沟，街东人家不多，住在街西也显得局促，有偏安的况味。我家不姓石，自然是外来户；而且有案可查，是曾祖父或祖父辈由镇东端一条名为"小街子"的街巷迁来的。迁之前要买房或可筑屋之地，不知以何机缘，就买到石庄东西向街正中坐北向南那块地方。地点上好，南北的长度也合适，可以分为外、中、后三层院落，只是东西的宽度不够，应该是能容五间而只能容三间略多。因此，比如前院和中院都有东西房，站在院里就感到天不够大。

　　这所住房可以称为老宅，推想是祖父辈所建，格局是北地千篇一律的。临街偏东为街门，宽大，为的是能够存放畜力拉的大车，车旁还能容人来往。偏西是南房，可住人，可贮物。其北为东西房各两间，我们家乡称之为盝顶，坐西的带有灵活性地住人（如来客，家中未婚大男），坐东的贮物。再北行进中门，我们家乡称为二门，有东西厢房各三间，记得西房住人，东房兼住人和牲畜。再往北是正房，中间称外屋，为往后院的通道，以及烟火可通室内火炕的锅灶。外屋之东的一间住屋级别最高，住年老并行辈高的；之西住行辈略低的。外屋有后门，出后门是后院，安置磨坊和厕所。我幼年时候随着父母住正房西间，有墙角堆着制钱的清楚印象为证。可是生身却是在外院南房，因为父亲好赌，母亲常为此生气，一次唠叨旧事，说当年住在南房，父亲常常爬墙夜归的事，意思是为赌博生气，已经是数十年来久矣夫。

由石庄的石姓人看，我们是移民。也许移民脚跟未稳，就不能不勤奋吧，于是，还是在我出生的大以前，就在街西端的南部，买了面积相当大的一块空地。其后是在空地的东南部建了房，祖辈分家，曾祖的最小儿子，行三，迁过去。房之西的空地，后来父亲与叔父分家，一分为二，靠东归我家，靠西归叔父；都是闲时种菜，秋收时做场院。还有新的扩张，是我十岁左右，老宅东邻的石家穷困，不得不卖住房，依传统习惯，近邻有优先权，我们就买了。这新宅在东，称为东院，老宅称为西院。不久之后，父亲与叔父分家，房、地、什物均分为两份，用碰运气的抓阄法决定取舍，父亲抓到东院，此后我就离开老宅，把这新宅院看作家。这新宅院，宽度增加，只是房太少，仅有正房四间半，而且是土坯的。以后半个世纪以上，专就这个宅院说，先是陆续增建、改建房屋，到功德圆满已经是三十年代末。其后迎来四十年代后期的土改，房屋瓜分，又迎来七十年代的唐山大地震，坍塌为一片瓦砾。瓦砾由生产队清除，房址改为通道，于是这早年的家就只能存于记忆中了。

旧事，就是要说记忆中的。以上已经由省、县之大说到一家之小，用意是先画个轮廓；想进一步了解，就要加细说说家的周围，这就宜于由近而远。四邻没有什么可说的，既都是农户，又都姓石。村里有两口水井，一在家门以西几十步，街北，一在东西街和南北街的交接处。我们吃家门以西那口井的水,总是早晨挑满缸(在正房前的院内),用一天。当时觉得,水味甜而正,比其他村的好,现在想,这大概就是同于阿Q之爱未庄吧?这也好,因为合于祖传的养生之道,知足常乐。还要说一下,其时都是人神杂居,我们村,东西街近西端路北有个关帝庙(其前为水井),东端路北有个土地庙。关帝庙只一间,敞亮,屋前有砖陛,便于年节在其上放鞭炮。土地庙过于矮小,身材高的头可以及檐,其前有空地,早晨总有十个八个长舌男在那里聊大天。其时是这样利用庙,或看待庙,落后吗?愚昧吗?承认有神鬼,是愚昧。但那是清末民初,五四以前,现在是将及百年过去,不是还有不少男领其带,女高其跟,到神店大叩其头吗?可见开化云云也并不容易。

由小村扩张,先要说说唇齿相依的薄庄和冯庄。就方向说,薄庄在石庄东北,可是连而不断。只东西一条街,出东口不远,过个石桥就是河北屯镇的前街。街道偏东向北有个通道,北行二三十步,路西有个关帝庙,也是孤单的一间,再北行约半里,就是镇西北部的药王庙,镇立小学的所在地。到我上小学时期,往镇买物(家乡语,平时为上街;十天两次的集日为赶集)是有时,往药王庙就读是一天往返两次,路都有两条:一条是走村外,往镇是走薄庄之南,往药王庙是走薄庄之北;另一条就是走薄庄村内。冯庄在石庄的西南,也离得近,如石庄的西部与冯庄的东部只是一个名为南河的小河沟之隔。冯庄面积大,户多,不只有东西向平行的两条街,而且因为街道长,中间有南北向名为路口的通道隔开。我同冯庄的关系，主要是两种。一种是，家里有一块较大的田地在冯庄的西南方，下田干农活要穿过路口。另一种，冯庄东端有个娘娘庙，西端有个火神庙，火神庙有个小学，与我无关，娘娘庙定时有高跷会，关系就大了。小时候住在农村，杂活多，粗茶淡饭，几乎没有娱乐，唯一的机会就是过年看会。看会，月光灯影之下，可以看扮演人的戏耍，还可以看看会之人。这人，主要是农村所谓大姑娘小媳妇，平时深居中门之内，是难得见到的。其时，我自然还没有"人约黄昏后"的机遇，甚至想法，可是人终归是人，现在回想，彼时愿意随着锣鼓声串街串巷，看红妆翠袖，也许心中已经闪动幽梦之影了吧。

接着说镇。镇名河北屯，镇南确是紧靠着河，不知为什么，今名李家河，镇东西端，河上都有相当大的石桥，可以想见，昔年水量必不很小。镇靠南中心有个空场，想是为集日可以容纳摊贩。其东其北是住宅区，相当大。商店围在中心四周，麻雀虽小，五脏俱全，就是说，日常所用，都可以买到。我印象最深的是两家所谓杂货铺，路南偏西名福源号，路北名福利号，主要卖食品和日用品，如糕点、香油、酱油、醋等皆自做，料精工细价公道，远非现在凭广告吹而兼骗的种种所能及。福利号东邻有个最大的商店，双泉涌烧锅，即造酒厂，制品远销北京。其时我们未成年的人不许喝酒，与这个商店的因缘，也只是过其门，感到有一种酒糟味往鼻子里钻而已。商品，幼年最喜欢的是年节前，东南角牲口市卖的鞭炮，街南关帝庙卖的年画。

买鞭炮，主要图的是除夕提灯游长街的一夕之欢，年画贴在壁上则可以经常看。年画喜欢故事的，因为可以多容纳遐想。

镇的大作用是供应所需，通有无，所以在我幼年的眼里，河北屯是个大地方。同样大而不很亲近的还有几个镇。北而略偏东有刘宋镇，属香河县，在青龙湾以北，距家乡十几里，我没去过。正东有大口屯镇，属宝坻县，也在青龙湾的彼一方，距家乡二十里，我也没去过。东南有崔黄口镇，属武清县，距家乡十五里，我在那里看过会。这个镇大，富厚，如果也有自大狂的病，还有可以说说的：远的，与《红楼梦》有关的"崔口"，推想就是这个地方；近的，北洋军阀时期这小地方还出了一阀，江西督军陈光远。正南略偏西有大良镇，也属武清县，距家乡才六里，我当然去过。有意思的是镇东部有个塔，推想必是什么寺的遗存，身量不高，可是位置不低，家乡谚语有云，"大良塔，小良锥，姑姑寺的铁棒槌"，家乡文物，它列第一，可惜，听说，也早已不存了。西北有河西务镇，也属武清县，在运河西岸，距家乡三十里，我出外上学，先则通县，后则北京，来往常经过那里。经过，要渡河，看岸上堤柳成行，河水缓缓南流，不由得想到林黛玉的乘船往返，不免有"逝者如斯夫"之叹。

还可以再扩张一些，家乡是个小地方，有些人，有时有机会接触大地方，更多的人，没机会接触，会想到大地方，干脆再说说大地方。这大地方是天津和北京。家乡离北京远，西北行二百里以外，很少有人去。天津在正南略偏东，才一百里，家乡，小本经营的，只想开开眼的，不断有人去。来往，买来农村少见的东西，夸说都市的繁华，都使我身拘于近而心飞到远方。其时已经有电灯，有时入夜站在村野南望，能见一片微亮的光，心想那就是天津，街市上，玉楼中，人都在做什么呢？我们的石庄，甚至河北屯镇，究竟太小了！

族属

谈到生身,今追得近,只三代,意在找扣帽子然后整之的理由。古追得远,泛说是标郡望,如我就可以说清河张氏;还可以指实说,如《张迁碑》,开场道字号就拉来周的张仲,汉的张良和张释之。我生于乡村的农家,也许上推若干代都不通文墨,也就不知道清河是什么地方,远古还有什么张仲,近古还有以杀人为乐的张献忠。但慎终追远的旧规还是不敢放弃的,因而关于祖先,也就还保留一些传说(是否有族谱保存在某家,不知道)。传说只远到明朝初年,那位远祖张某某是南京人,住在中华门(城正南方的门)外大红门,从龙(随明成祖迁都)北来落户的。落户之地为河北屯,推想是军人出身,驻防屯垦,成家立业,就不再移动。这传说不假,重要的证据有两种。一种是子孙的繁衍。镇东南部有东西向一条街,地势较高,名"小街子",住户都姓张,同姓外姓都承认是同族;我们石庄的张姓,还有镇西北部药王庙街的两家张姓,都记得是从那里迁出来的。另一种是坟地和祭祀的大一统。由小街子东行约半里,路南有一块地势高、面积大的坟地,最北端的一个坟高大如土丘,据说葬的就是由南京来的那位远祖。其下往南，一代一代往下排，呈扇面形，总有近二十行，据说我的曾祖父还埋在那里，因为不再有空地，由我祖父辈起才另立坟地。祖传不只有坟地，还有祭田，我幼年时候，清明节，照例由种祭田（如何轮流，不知道）的人家备祭品，同族男性上午都到坟地集合，然后祭，礼毕，种祭田的人家招待吃午饭，有酒有肉。这维系同气连枝关系的旧规也许是这位远祖创的？如果竟是这样，用旧的眼光看，他也是个有心人了。有心，还有存于传说中的，是他嘱咐下一代，并要求代代下传，如果有谁到南京去，要到城南大红门去看看，姓张的都是同族，一家人。这种狐死首丘的心情，我也有，可惜是去者日以疏，我到过几次南京，而且出过中华门，竟没有到大红门看看，可谓数典忘祖了。但也可以使我们有所悟，是根据自己的理想甚至幻想，希望或限定后来者，于自己百年之后还如何如何，总是太天真了。

　　远的可说的不过这一点点，只好转为说近的。曾祖一代，我没见过，由祖父辈说起。曾祖父有三个儿子，我祖父行二；大概没有女儿，因为不记得有呼为姑奶奶的长辈。祖父名叫张伦，是个典型的朴实而善良的农民，俭约，勤勉，和善，就是对我们孩子，也是怜爱而不斥责。一生只有一个愿望，温饱，境遇一年比一年好。谢天谢地，二十年代初，他虚岁七十四，因摔伤病故，家业先是家内人分，后是塞外人分，最后化为零，他都没看见。祖母是冯庄杨姓的女儿，可能是我很小时候甚至出世之前就故去，因为记忆中没有关于她的印象。

所知的一点点是听母亲说的，性格与祖父不同，有主意，有脾气，遇事占先，敢说敢做，还有个其时妇女不该有的嗜好，斗纸牌。据说是受她母亲影响：在冯庄，她母亲曾一夜输一头驴，是众所周知的。祖母好赌，自然不免要输些钱，祖父疼得慌，可是生性懦弱，管不了。也推想就是因此，祖母早逝，祖父鳏居若干年，并未显出有念旧的心情。祖辈还有母系的一支，是外祖父和外祖母。外祖父姓蓝，住我家北面偏东的杨家场（chǎng），在青龙湾南一里多，距我家八里。外祖父也是善良的农民，与祖父相比，只是身量稍矮，更温和，少言语。外祖母是我家东南打铁苏庄子的人，性格有特点，敞快，要强要好，而且不满足于"不识不知，顺帝之则"，年岁不很老，就求安身立命之道。她不识字，自然不能阅藏（zàng），于是近水楼台，接受其时流行于农村的一种所谓"道门"的道，要旨不过是积善言善行可以得善报。是二三十年代之间，我到外面上学，读了些西方进口的，记得有一次，曾面对外祖母说道门之不可信。外祖母很生气，或说很急，推想是怕我攻乎异端，将来不得善报。大概是四十年代早期吧，外祖母作古了，仅仅比外祖父晚十天，可以想见，她有"道"可依，心情一定是平静的。我呢，惭愧，是直到现在，还是望道而未之见，所以有时想到外祖母，就禁不住想到大道多歧，我是走了弯路，或者竟是差路吧？

由祖父辈降到更近，是父母。祖父有四个孩子，长一女，我呼为大姑，父亲行二，其下一男一女，我呼为三叔和老（意为在同辈中年岁最小）姑（大排行应为五姑）。父亲排同族的"万"字，名万福，健壮，读过三百千，能写工整的楷书。性格受祖母的影响大，直率，暴躁，喜交往，尤其好赌博。年轻时候随大祖父在崔黄口镇染坊业学过徒，后来就一直在家乡务农。因为好赌，一生输了不少钱。又因为好交往，总是以善意对人，人缘不坏，在村里也可算作头面人物。母亲受外祖父的影响大，沉静，和善，明理，对人，不管长幼，都能得体，处理家常琐事，也能井井有条。她一生苦多乐少。苦之最大者是为父亲赌博生气，可是旧时代，没有办法补救，只好忍。生我之前，她生过一个女儿，名小勤（？），她最疼爱，不幸几岁时候死了，也使她很伤心。再有一种，是土改时候，空手，穿过庄稼地跑出来，多半生守着的房屋、衣物，都没了，心情的暗淡是可以想见的。但是她还是能够安之若命，很少落泪，更不哭哭啼啼。我的性格，自信是近于母亲的，可惜是所得还不够多，轻的如喜怒不形于色，重的如处逆境安之若命，与母亲相比，我就只能感到惭愧了。

父母之下，亲属中最近的是一母所生，有长于我五岁的胞兄，幼于我九岁的胞妹。胞兄名张璞（排玉字），字一真。推想是父亲有些改革开放思想，家乡只有初级小学（四年毕业），就送他到县城去上高级小学（三年毕业）。这乡村中的创举对我的一生影响很大，总的说是没有他前头带路，我是殊少可能弃农弃商的。且说他县立高级小学毕业之后，不知怎么就考上其时设在卢沟桥的京兆师范学校。六年毕业，回县城教小学，以后当过校长、教育局长，成为县城里中级头面人物，直到解放后才到唐山，改行干别的。他天资不低，功课不坏，还迷过书法，学晚清张裕钊，惜乎有始无终，又未能取法乎上。他的性格，我看主要是由父亲来，加上不少后天的小官僚环境的熏染，成为得乐且乐和玩世不恭。这对他有坏处，是限定他只能在世俗中混。但也不无好处，譬如在"文化大革命"中，他被批斗，被驱逐还乡，他都能处之泰然，有机会找到酒还是喝得醉醺醺，然后卧床睡大觉。胞妹的性格多由父亲来，急，喜怒形于色。幸而天假二姑母之口，与远在二十里外的邢姓结为良缘。妹丈邢君，如果考脾气好，无论参赛者多少，他必考第一。一生没跟人吵过架，就是对淘气的孩子，也是和颜悦色，细声细语。这样，胞妹虽然脾气不好，有时无名火起，对方还是以笑脸反应，家庭中也就还能够和睦相处。不幸的一面是生育多，身体负担过重，年未及花甲就患了相当严重的心脏病。

由祖父辈起的直系说完，还应该说说家乡所谓"近支"的。大祖父没有儿子，祖父有两个，依封建习惯，我父亲应该过继给大祖父。这样，依法的血统，大祖父和祖父是两支，依真的血统，因为女儿是人家的人，实际就只有祖父一支。所以祖父辈分家，财产各三分之一，三祖父迁出老宅，到村西端南院去住，大祖父和祖父还是在老宅合伙过。大祖母姓刘，也是冯庄的娘家，为人宽厚善良到无以复加。孔子的理想上德是"己欲立而立人，己欲达而达人"，她总是先立人、先达人，也许然后还想不到自己。现在还记得母亲说："你大奶奶就是这样心眼儿好，门口来要饭的，听见就坐不住，拿起饽饽就往外跑。"如果我从俗,坚信活着比死好,还要记一笔大祖母的功德。也是听母亲说,我五岁(三周岁多)时候,不知什么病,发高烧,都认为没救了,地上铺上席片,放在上面,准备一旦断气就卷上,送到村东乱死岗上去埋(未成婚的不能入坟地),是大祖母舍不得,抱起来在屋里来回走,过一会儿,居然就活了。大概是我刚上小学时候,大祖母逝世了,总活到古稀左右吧。到现在,七十多年过去,我有时还想到她,闭目,仿佛仍能见到她那苍老朴厚和善的样子。当然,最值得怀念的还是她那爱人胜己的火热的心,现在还能找到吗?她留下的事迹很少,我不能给她立传,我只能这样说,我欢迎查三代,因为我有这样一位大祖母,我感到光荣,而且是无上的。大祖母生两个女儿。长的一位与我母亲同龄,我呼为二姑,嫁到东南二十里外的八里庄,是续弦。性格与大祖母一样,只是处世略露锋芒。也是待人胜己,对前妻生的一个男孩(我呼为大表兄)如亲生一样。最喜欢说媒,因为她以为这是成人之美,碰到机会,不能成全就受不了。二姑丈姓董,大概是读过书的,相貌举止都文绉绉的。二姑母生的第一个是女儿,我呼为大姐,我当时的印象,在诸姐妹中她是最美的。大祖母的第二个女儿,我呼为三姑,嫁村西三里的张庄马家。这位三姑母为人也忠厚。只是偏于懦弱,容易给人一种无能的印象。

祖父生的大女儿,在兄弟姐妹中年最长,我呼为大姑。记得是出嫁后不久丧夫,改适青龙湾北的某家,丈夫通文墨,生活不整饬,外号烟鬼。这是双料的不光彩,所以来往不多,又因为这位姑母早逝,在我的记忆中，很快就断关系了。三叔父性格完全像祖父，温和到近于懦弱，与世无争，规规矩矩过日子。先娶的三婶母早死，留下二女一男，继娶的三婶母精明能干，三叔父得以在不问家事中过一生，享上寿，也可以算是谦受益了。祖父的最小女儿，大排行第五，我呼为老姑，生后不久祖母就病逝，是我母亲照顾养成人的。嫁村西十二里的迤寺村李家，同家里来往比较多，显得关系近，比如每年正月我们弟兄去拜年，总要留下住一两夜，吃饱了玩，玩累了吃。

三祖父如大祖父，也死得早。留下三个孩子，一男二女。三祖母身量矮，连带二叔父（年岁在父亲和三叔父之间）也个儿矮，村里人呼为矬子。性格属于外场一类，喜欢夸夸其谈，间以诙谐。可是惧内，家中任何事也做不了主。年长的一女，我呼为四姑，却不矮，在诸姐妹中最漂亮，风度潇洒，嫁青龙湾北的程富屯倪家，姑丈是读书人，深沉文雅，也算得才子配上佳人。生三女一子，子名守正，入西南联大学物理，其后在天津大学任教，在家乡的亲属中，与我的交谊最深。三祖父的另一个女儿排行第六，我呼为六姑，记得个儿也不高，安安静静的，嫁村南六七里的屯土庄糜家，我们拜年去过，印象不深。

外祖父行二，我幼年时候，大外祖父已经不在，分居，住房的东一半，长辈是大舅父和大舅母。他们的长子名文秀，有个童养媳姓严，我们都呼为大姐，容貌美丽，性格沉静，我一年前写《故园人影》曾提到她，是因为在我们那样贫困的农村，我一直觉得，只有她可以入《聊斋志异》或《红楼梦》。大外祖父还有一女，也许比大舅父年长吧，我呼为大姨，嫁村西五里的同城村刘家。大姨的一个儿子走读书的路，到北京上朝阳学院，在本篇说的族属中，上高等学校的只有我和他以及倪守正三个。外祖父孩子多，二男四女。只有二舅父是前一个外祖母生的，性格如外祖父，碌碌无闻。另一个舅父年龄最小，我呼为老舅，朴实而比较活动，每年秋后农闲时期到蓟县去开糖房，做关东糖卖。四个女儿。我母亲最年长，大排行行二。以下，三姨懦弱无能，嫁本村一个半傻的。四姨和老姨都有外祖母的风度，精明，要强要好。老姨远嫁宝坻县小口哨村，夫妻和美，都得上寿。四姨嫁村西七八里的李大人庄，四姨丈早故，四姨到天津当保姆，没挣多少钱却丢掉乡里的朴实，我三十年代中期起常到天津去，有时还见到她。她生两个儿子，都刚成年就夭折，在诸姑诸姨中，用旧语说，她是最命苦的。

　　说起命苦，不由得想到叔本华，他把并世的人看作苦朋友，大概就是"畏天命"的进一步吧？以上提到的几代亲属，几乎都作古了；有的还未得寿终正寝，如我的胞兄，唐山地震被砸死，死于天灾，我的二婶母，土改时被拉上街头，慢慢打死，死于人祸。往深处想，人，何以有生，不知道，至少是非己力所能左右；有生之后必有死，穷也罢，达也罢，苦也罢，乐也罢，都不得不演完这命定的一场，然后撒手而去。所余有什么呢？至多是还有或多或少的人记得而已。我不惮烦写这些，于记己身过往不能不提到之外，也有表示还记得他们的意思。但这究竟有什么用呢？还是过去的就任它过去吧。

生计

有了生，要活。人总是很难跳出环境（包括自然的和人事的）的如来佛手掌的，我生于农家，离开家门之前，过的自然是农家的生活。农家的生活基础，最重要的是土地。建住房，辟园种菜，种庄稼，都要在土地上。所以计算财产，总是说有多少亩地。我们邻近的几个村，包括河北屯镇，贫户多而富户少，还是以土地计，超过百亩（也说一顷）的像是不多，有三顷两顷，习惯称大财主，更是稀如星凤。石庄四五十户，我出外上学之前的十几年，早期，大祖父和祖父合伙过日子的时候，土地大概是百亩略多，因为还记得，祖父病故之后，父亲和三叔父分居，一家分得五六十亩；晚期，东邻（隔两户）石家出了个石杰，日本士官学校毕业，在察哈尔、绥远一带当了军官，先是营长，后升到师长。依其时的通例，要在外娶小老婆，在家盖房买地，于是很快就成为石庄首户，有土地两顷以上。记得祖父死的那一年我近十岁，不久，因为父亲赌博总输钱，三婶母提出，分了家，全村各户，土地超过百亩的就剩石杰一家。我们家一分为二，诚如祖父临终时所担心，势派缩小而开销增大，许多方面都由红火趋于冷落，如雇工，先是三五个，分门别户后变为一个；牲畜，先是以骡和牛为主，分门别户后变为兼养驴。还是说土地，因为十岁之后半成丁，我不上学的时候也下地干农活，现在还记得，南而偏西方向，南岔嘴儿（意为在岔路的头部）有二十四亩；萧庄（在一个小村萧庄东口外往南）有二十亩；村西北，北岔嘴儿（坟地在此）有五亩；村西，使土坑有两亩；村东南，东乱死岗有两亩。土地都是旱田，没有水渠水井，既不能种水稻，又不能浇灌，所谓靠天吃饭。农作物以秋后收的为主，所种主要是玉米、谷（去皮为小米）、高粱、棉花、芝麻、黄豆、绿豆；地头、垄中还种点乱七八糟的，如黍（去皮为黄米，有黏性）、糜、花生、爬豆、蚕豆之类。夏天成熟的为小麦，产量不多。其时还没有化肥，也不高喊良种，又因为无力抗水旱（旱多涝少），产量总是有限。一般年成，亩产超过二百斤的时候不多。适应的生活之道是俭，需要上市买的东西不多，所以只要不遇见大天灾，七八口之家，日出而作，日入而息，一日三餐，冬温夏清（用《张猛龙碑》语），别人看着，很过得去，自己觉得，可以知足。

知足者常乐，是祖传的生活之道。专就少年时期乡居这一段说，现在回想，我是只有享用的时候才接近知足。比如享用之前，下地劳动，我就没有觉得有唱"帝力于我何有哉"那样的乐趣，更没有近年宣扬那样的光荣感。我六七岁起上小学，早晚在家，主要是麦收和大秋假期，要参加农田劳动，不成文法，重活难活由雇工和家中的成年男子做，细致而轻的活由妇女做（其时妇女还缠脚），各种辅助性的活由未成年的男孩子做。这辅助性农活,种类繁多,虽然不需要费大力,却同样时间长,脏,风吹雨打,而且地里、场里,像是永远没完。我说这些,显然是自己承认好逸恶劳。这不好吗?问题很复杂,非三言五语所能说清楚。难说清楚,是因为"人心唯危",难于探寻、抓住。即以活动而论,士农工商,为挣饭吃,兢兢业业,有时,甚至常常,都感到是出于不得已;于是假定有什么神力保证,闭门家中卧,至饭时会由天上掉下馅饼,而到掉馅饼之时,他(或她)也许并未在室中卧,而是到卡拉OK唱和跳去了。由此可见,活动可以分为两类,自己不感兴趣的和感兴趣的,前者很少人欢迎,后者很少人不欢迎。这也是"天命之谓性"。其后,根据"率性之谓道",我想,宣扬"一不怕苦"就很难畅通无阻。原因有两种。其一,避苦趋乐是上帝规定的,人力,即使永远说了算,在这方面还是无能为力;其二,宣扬是给旁人听的,至于自己,还是渴望享用由别人不怕苦(还要加上二不怕死)而来的成果。所以合情理的修齐治平之道应该是,尽量求一切人都能够逐渐减少苦的量。不幸的是,这很不容易,何况,如我们所常见,甚至身受,有些人,主要是权大或钱多的,还惯于以别人的受苦为至乐。仍缩小为干农活,因为我曾感到苦,所以一贯欢迎科技下乡。重活脏活由机器包了,归去来兮的陶渊明也就更可以多饮酒多作诗了吧?自称为庄周弟子的嵇叔夜之流会说,这是有了庄子反对的"机心",走了差路。差就差吧。但我也有获得,是可以证明,我并不是处处跟着庄子走的。

劳动是为有饭吃,接着说衣食之食。农家,就是中产以上的,轻为了长期不饥寒,重为了兴家,即日子越过越好,也都要省吃俭用。食方面的俭,办法有二,一是尽量吃自产的,二是尽量吃粗糙的。自己地里园里种各种粮食和蔬菜,收获之后还自己做酱、腌咸菜,据我的记忆,上市买的只有稻米(家乡称为精米,只过年节吃一两次)、糖、肉、少数调料而已。小麦种得不多。比如收千八百斤,磨一些面粉,是准备来客吃,家中男尊长间或吃一些,儿童和妇女只有到几个节日才能吃。所以日常的饭食,绝大多数是玉米和小米做的,如玉米面贴饼子、小米干饭、玉米楂粥、杂面汤之类。油很少,肉没有,长年下咽的是粗粮,肚皮里的寒俭情况可想而知。营养不足带来强烈的馋的感觉,但又说不上来具体想吃什么。原因一是凡有油水的都想吃;二是想而必不能得,也就只好不想;三是如东坡肘子、松鼠黄鱼、香妃烤鸡之类,不要说吃,还没听说过。幸而也有少量的改善机会。以由大到小为序。年节最丰富,家里吃,不止一顿,到姑、姨等长辈家拜年吃,也不止一顿。其次是中秋节,不只可以吃炖肉,还可以吃糖饼、月饼、水果。再其次是清明节和四八庙(旧历四月二十八药王庙会),也可以吃一两顿。最小的改善是自己生日,在放冬学(旧历腊月十五)后的第一天,依家中惯例,可以吃一个煮鸡蛋。家中养鸡不算少,生蛋换钱,除待客外是不许吃的,所以得吃一个鸡蛋,在当时也是一件大事。此外还有一种无定规的改善,是秋收后的冬闲,有时近晚炒一锅花生,装在笸箩里,晚饭后随便吃。那时候很喜欢吃,吃得多，至今还有下午课毕回家，走到村后，闻到炒花生味，高兴，急着往家里跑的印象。都过去了，所余还有什么呢？找找，还有两宗可以说说。一是如西方某小说中有一句名言，什么什么，不像你想的那样好，也不像你想的那样坏，即如现在，我天天有鸡蛋吃，有时还间或吃松鼠黄鱼，可是常常想吃昔年的柴锅玉米楂粥，又苦于无处去找了。二是食不饱，馋，也不是毫无是处，比如多有"想吃"的感觉，就可以说是远远在清末那位老佛爷之上，她是长期食前方丈，见珍馐就愁眉苦脸的。

食之后说衣。那时候，男孩子是自己家里人，女孩子是人家家里人，所以多方面，男孩子占上风，如可以上学，可以到外面跑。只有在衣方面，男孩子要甘拜下风。女孩子可以穿花色的，而且件数多。因为女孩子要美，以便容易找婆家，出嫁后可以得到公婆和丈夫的欢心；至于男孩子，能够健壮就成了，因为任务只是，外劳动生产，内传种。以上是泛论，具体到己身，就成为比食更加寒伧。其时虽然还没听说过中外合资，却是在日常用品方面已经渗入欧风东渐。比如古人说的男耕女织，女的一半就变为只纺线而不织布；就是线，也大多是从货郎担上买，称为洋线。准此例，与土布相对，布商卖的多为洋布，匀净，染的颜色好，连乡下人也喜欢买。国产的也有精致而讲究的，是丝织品，如绸缎之类，乡下人不敢问津。记得其时我穿的衣服都是母亲做的，质料大多是洋布。夏是白色，低级的曰本色，牌号是大五福；高级的曰漂白，少用。秋冬，几乎总是穿蓝色，要阴丹士林染的,下水不掉颜色。衣不薄而单,所谓单,比如棉袄,穿,就是一层,其内没有背心、内衣之类,外没有罩衣。清洁之道,单衣可以换洗,棉衣就只能春暖后拆洗。落后吗?不舒适吗?记得我诌文曾谈论"惯了一样"的人生之道,这样寒伧惯了,像是也没觉得有什么不好过。自然,这是偏于唯心的一面,如果移到偏于唯物,就会发现昔不如今吧?也确是这样,比如还清楚地记得,那时候冬天特别冷,地冻得裂缝,房檐总垂着长长的冰锥,腊月十五放学,要抱匣子(一般是用母亲奁具,装书和笔墨,放在课桌内,放寒假拿回家),手不能揣在袖中,没有手套,只是一二里路,手背就冻裂,流血。这唯物之后又来了"惯了一样",也就安然过去了。与食相比,衣寒伧,对我后半生的影响像是更大。主要的表现是,轻些说,安于寒伧,仍旧贯;重些说,破旧而少换,生人熟人看见,都感到应从俗而未能从俗。我也想努力从俗,可是不容易。比如:一个女弟子有怜老之心,送来新样式的纯羊毛衫,并愿意我头伸入钻而试之,我钻进去,围观的人都说好看。女弟子称心如意走了,我赶紧由头部向上拉,去掉,换上陈旧而敞亮的。室中人也有意见,我说:"维新,我感到负担太重,怕思路不能自由,因小失大,只好还照样凑合着吧。"

衣食之外,还要说说娱乐。《诗经》说:"不识不知,顺帝之则。"帝指天帝,今所谓自然,所定之"则"是什么呢?可能只是"能活",并不包括活得称心如意,尤其知识和享受的无限膨胀。如果这样的推想不错,那就可以说,人类的历史,时代越靠前,生活离帝之则越近,时代越靠后,生活离帝之则越远。缩小到我个人的亲历亲闻也是这样,农村的生活近古,因为不娱乐也能活,所以娱乐就少得可怜。尤其是儿童,翅膀还没硬,不能自求多福,就更难得有什么娱乐。还记得家里一件玩具也没有,是因为历代祖先没花过这样的钱,肯花也无处去买。中年以上,尤其老年,可以养鸟,可以赌钱,儿童不许干这些。剩下可以干的,节令之外的平时,记得只有两种。村外东南部有个水塘,可能就是旧河道的一段,都称它为南河,夏天水不少,我们男孩子总是成群下去游泳。其时没有蛙泳、仰泳等名堂,常是浮在水面上,手刨脚蹬,土名狗刨,由此岸到彼岸,玩得很如意。副作用有两种:一是消化加快,上岸就感到饿,回家要向祖母要吃的;二是过不了几天就晒得皮肤黑而且亮,上学就更不像读书人。到冬日,早晚不再有农活,闲时候最多,男孩子聚在一起玩,大多是打tǎi(普通话有音无字)。玩法是找一段一尺左右长、直径一寸左右粗的木棍,与另一人的相互打击(被打的放在地上),能够把地上的一个打过一条横线为胜。上学一二年之后,识字渐多,看旧小说也是娱乐,以后还要谈到。总之,在这方面,与现在相比,儿童的享用真是太差了。但也不无好处,是锻炼身体之外还可以减少娇气。

谈生计,还要说说家道逐渐衰落的情况。原因只有一个,父亲好赌,每年输钱不少。影响也不少。家里人,尤其母亲,着急生气,可是没办法。与三叔父分居之后,也因为要盖房,断续卖一些地。家里经常拮据,感到钱不够用。这对我们出外上学大不利,记得我上初级小学时期，长兄上京兆师范，开学离家要拿些钱，父亲急而气，总要责骂两三天。到我出外上学时期，长兄已经在县城教书挣钱，经济情况不再如过去那样单一，责骂免了，但供给总是很少的。记得有一次，我离家的前一天，母亲拿出她积蓄的几块银圆，想给我，我没要。至今想到，她善良，有向上心，可是所遇多悖逆而无可奈何，总是太可怜了。

灾祸

人生不如意事常十有八九，受生，不夭折，中寿几十年，上寿近百年，总会遇见不少烦心的。这里想顺着生计往下说，以全家为本位，我早年过农家生活的时候，都遇见哪些可以称为灾祸的。某个人的疾病，以至死亡，可以不计，因为是不可免的。只说非意料而突如其来的那些，有的来于天，有的来于人。先说来于天的，以由小到大为序。

农家，靠种植，得好收成生活。可是得好收成，不容易，因为其时是尽人力之外，还要听天命。北方雨量集中在伏日，所以最怕，也最常见，春天和秋后少雨。秋后少雨，冬小麦不能下种，可以忍，更少吃面粉；春天少雨，不能下种的结果是没有粮食吃，就成为无法忍，盖如古人所慨叹，"死生亦大矣！"其时乡间俗谚，"大旱不过五月十三"，据说这一天关老爷磨刀，要洒些水。旧历五月十三，接近夏至，骄阳如火，即使早已下种，有幼苗，少雨，其情况的危急也可以想见。可是我分明记得，不止一年，过了五月十三，天还是没有一点降雨的意思。是关老爷忘记磨刀了吗？不知道。京剧剧目有《打灶王》和《打城隍》，各村都有关帝庙，可是农民不敢打，因为武圣太武，何况其侧还有周仓，怕挥动青龙偃月刀，报复。只好转而求龙王，名求雨。办法是让一些人扮龙，扮龟（乡土名为王八），沿街走，更多的人围着，用井水泼。举行这种仪式，连看热闹的人也不许戴草帽，其意若曰，已经阴云密布，你怎么还说是大晴天？仪式之后，有时真就下了雨，就还要有一番热闹，是结队到龙王庙还愿。更多的时候是仍旧不降雨，对此，农民的态度是，过去的，不求甚解，将来的，耐心等待。也许是精诚能够感动上天吧，在我的记忆里，因旱而颗粒未收的年月还是没有的。

另一种祸是虫灾，记得经历过三种。一种是蝗灾。现在还不明白怎么能够繁殖得那样快，一旦说有了就遮天盖地而来。可以想见，落在禾苗上，不用很大工夫就可以把叶子吃光。可怕，但除了驱赶之外又没别的办法，因为杀，苦于法不责众。另一种是蝻灾。那是还不能飞的蝗虫，来得时间早。数目像是更多，几乎盖满地，跳上跳下，吃嫩苗。对付的办法是挖较深的沟，驱赶到里边，埋。可惜的是，挖沟而驱赶，只能一处一处来，而蝻的跳和吃则是多处并行。还有一种是黏虫灾。虫灰绿色，身长寸许，像是能分泌黏液，所以名黏虫。也是一说有就遍禾稼秆上都是，吃叶子，兼吃嫩茎。可怕之外，还要加上让人恶心。为了争夺粮食，也只好面对它想办法。是慢功，用小木棍摇动禾茎，使它落地，然后处死。以上几种是大虫灾，并不常见。常见的还有蚜虫、红蜘蛛等，我的印象，祖传的办法是少治而多忍，安于吃虎口余生那一些。显然，这就会影响生计。又要想办法对付，是俭。俭还不够吃，差少了可以忍，差多了就不得不逃荒。

现在想，我们家乡那一带，总是多得地利之助吧，比如与东南方向的宝坻县南部（我们家乡称为下边）比，就有明显的优越性。我们是旱涝都能够收一些，所以就可以困守家园，不逃荒；他们那里地势低洼，碰到雨水多的年头就颗粒不收，为了能够活下去，只好逃荒。这种悲惨的情况，我见过。大概是我十岁上下，下边又涝了，不少逃荒的人家往西北方向转移，从村里过。都是壮年男子挑着衣物，妇女老弱跟着走，沿街讨饭吃。其时人心里还是孔孟之道，"恻隐之心，人皆有之"，所以总能吃饱了，再往前走。有那么一家人，老弱多，愿意减轻负担，同我们家商量，想把个十一二岁的姑娘留下，在家里干点零活，给口饭吃，第二年春天他们再领回去。家里同意，于是这老宅里就添了个无亲无故的外来姑娘。她名叫错头，意思显然是，希望生个男的却来个女的。也许是环境使然吧，她性格近于抑郁，多沉默，像是总在看别人的脸色。母亲可怜她，万一与家里的孩子有什么争执，母亲总是斥责家里的孩子。我也可怜她，因为她是外来的女的，却不敢跟她接近。就这样，半年多过去，她家里人回乡途中又从村里过，带着她走了。她来，她走，像是都没有什么表情。我却觉得，她善良，心里应该有些想法，只是因为在天命和人事的压力下，顺受惯了，只好把一切苦痛和希冀都藏在心里。可以推想，以后她必还是那样，听命，嫁给什么人，然后是生儿育女，由壮而老，等等。

还不免于逃荒吗？可惜是真如蓬飞萍转，一别就再也没有音信了。

还是说天灾，记得最清楚的是两次河水决口。第一次在皇清、民国易代之际，我三四岁，运河由西北方向的荒（？）庄（估计在青龙湾分支之南，河西务略北）处决口，地势西北高、东南低，三十余里，水很快就流到村边。水仍在涨，村里人在我家以西不远处修了约一米高的堤坝。记得水涨到堤坝顶部以下约半尺就不再涨，以后并逐渐下降，所以我们的宅院未进水。田地，有少数地势高，未受涝灾，又因为家里有存粮，所以还能勉强温饱，平安度过了。

第二次在1924年7月，我十五岁，青龙湾由东方略偏北的大口哨决口。距我们村至多十里，所以能听到河水冲出河堤下泻的轰鸣声。水也是很快就流到村边。记得我还到村东南去看，水由河北屯镇南侧的旧河道西流，势头很猛，都是不一会儿就灌满，接着往前冲。可是与上一次决口相比，这次我们是在地势高处，所以水只是流到村边就停了，较高的田地也没受到影响。可是对于我的一生，这次决口的影响就大了。情况是这样：我在镇立小学蹲了七八年，总得想个新去路，听从长兄的主意，决定去投考通县师范。考期在7月，决定某日清晨起程，长兄和我二人往通县。头一天下午就准备好，记得带些替换衣服，只是一个不大的蓝布包。心里也在准备起程，可是就在这一天，太阳稍偏西，决口了，村外都是水，交通断了，往通县投考的计划只得作罢。这是机遇！显然，如果不决口，或晚一天决口，机遇就必致把我推上另一条路。还会是书呆子生活吗？大道多歧，走上另一条路，会遇见什么人并结伴前行呢？不知的地方会多容纳幻想，也就常常使我感到失落了什么。这件事有时还使我想到，人生的旅程不过就是受运命播弄的痕迹，而播弄总是假手于机遇，所以每一想到机遇，就很怕而又无可奈何。

天灾说了不少，语云，天灾人祸，还要说说人祸。我的想法，人祸可以分为两类，借用几何学的术语，面的和点的，或日常语，大范围的和零零碎碎的。这两类，还可以由性质方面分而别之，大范围，是由有统治权的那里来，如1966年夏秋之间的抄家之风便是；零零碎碎，如小至掏钱包、登门撬锁，大至车匪路霸、杀人放火都是。我们家乡穷困，又兼其时安分守己的民风力量还相当大，所以我幼年乡居的十几年，人祸，零零碎碎的，记忆中是一件也没有。大范围的也只有一次，大概是1928年初秋，奉军撤退，逃向山海关，队伍散乱，经过京东一带，一伙多则几百，少则几十或三三五五，带着武器，进村，要钱（其时还用银圆），抢金银首饰。各家都紧闭街门，逃走，或藏在村内僻静地方，或到村外钻入庄稼地。恍惚记得后面还有追兵，逃兵不敢久留，只是半日就过去了。家里没有损失，但生命财产攸关，都吓得几天还惊魂不定。受害最重的是小学同班同学冯庄赵汉，藏在野外，被一大批逃兵抓住，说他是打死一名逃兵的凶手，用酷刑整治，带到大口哨，用几百元钱才赎回来。

可能就是以早年家乡的若干年生活为依据，多年以来，我总是更怕人祸，天塌砸众人，又本无恶意，一也；人祸花样更多，且常是不能以人力补救，二也。这判断显然是由己身的经历来，至于扩大，成为理，那就是另一回事。古语云，天道远，人道迩，远必难知。也确是难知，单说限于我们住的这个说大也可说小也可的球体之上，小动作，如地震，大动作，如桑田变沧海，何时，我们不知道。跳到球体之外，会不会由天外飞来个庞大的天体，冤家对了头，其结果自然不堪设想，我们也不知道。再往外跳，近祖辈，太阳系，远祖辈，银河系，乃至所谓宇宙，会不会变了脾气，来个真而大的天翻地覆，我们更不知道。总之，人生就是这样不保险。但只要还活着，我们就不得不为活着打算。心也只能由天外回到眼前的稿纸，接着写儿时的其他旧事。

节令

许多老年人常说,当年盼过节,现在怕过节。怕,显然是不愿意老之将至,尤其老之已至。且说当年,盼,是因为爱热闹,爱百日之张以后的那个一日之弛,还有是可以开斋,吃点肚子会欢迎的。这当年包括相当长的一段,幼年在家乡那时候是早期,生活单调,又离老很远,所以就特别愿意过节。愿意是其中有乐,可惜是时乎时乎不再来,现在只能凭借可怜的点点记忆温习一下了。

最隆重的是年节,今曰春节。名者,实之宾也,那时候只有旧年而没有新年,年正统而不偏安,过,无论举动还是心情,就都与现在大不一样。总的说是花样多,人人都把它看作一件大事。大事要大办,其表现之一是时间长,差不多是由进腊月起,一直延续到正月过二十。腊月的第一个小节,或说小的活动,是初八的早晨吃腊八粥。粥用各种米、各种豆加枣煮成,虽然远没有北京旗下人那样丰盛、精致,由我们农村的孩子看,就是小改善了。农村有个流行的谚语,是"送信的腊八,要命的糖瓜",本是形容欠债人的境遇的,进腊月将催促还债,越近年底催得越厉害,可是这前一句也无妨移用于一切人，尤其妇女。依惯例，衣食的做，要由妇女负责。过了年，男，衣履最好也能新；妇女和孩子，衣履必须新，还要外加美，如衣要镶边，鞋要绣花之类就是。其时还没有缝纫机，工作的繁重是可以想见的。还有食，也是依惯例，进正月，主食，如馒头、包子（豆馅）、年糕（或黏糕）、糜子面饽饽（也是豆馅）等，副食，主要是肉类，都要年前做出来，藏在院中的缸里（等于天然冰箱），所以就要先磨各种面，然后一锅一锅蒸。男人，除赶集购置之外，不像妇女那样忙。有少数例外，如冯庄有高跷会（正名为庆丰会），正月元宵节前要出会多次，扮演者就要在腊月苦练。这中间，腊月下旬二十三还有个小节，祭灶。这一天下午，要用黍秸做成小车小马，晚上在堂屋灶台上设供品（木版印的灶王像都是贴在灶以上的墙上），记得有一碗清水，旁有一碟糖瓜（圆形的大麦糖），拈香祭后，灶王像，连同车马，拿到院内烧掉。据说这样一烧，灶王老爷就飞升，到玉皇大帝那里去汇报了。所报一定是家里的好事，因为吃了糖瓜，嘴必甜。也许是防备万一吧，灶王像旁还贴有联语，是"上天言好事，下界降吉祥"，横批是"好话多说"。真就说了好话吗？如果竟是这样，对于有权说好说坏的灶王老爷，虽然也接受子民的意思意思，我们就不能不说，究竟还是多有古风，只是三两个小小的糖瓜就有求必应，换为现在，一年祸福的大事，不是金瓜就必做不到吧？

　　转为说自己，腊月十五小学放假之后，年前的准备只是集日到镇上买年画和鞭炮。逢五逢十是集日，年画市在镇中心路南关帝庙（通称老爷店）的两层殿里，卖鞭炮的集中在镇东南角的牲口市。腊月三十俗称穷汉子市，只是近午之前的匆匆一会儿，所以赶集买物，主要是二十和二十五两个上午。家里给钱不多，要算计，买如意的，量不大而全面。年画都是杨柳青产的。大多是连生贵子、喜庆有余之类，我不喜欢。我喜欢看风景画和故事画，因为可以引起并容纳遐思。这类画张幅较大，有的还四条一组，价钱比较高，所以每年至多买一两件。自己没有住屋，回来贴在父母的房子里，看看，很得意。卖鞭炮，市上有很多摊贩，要选择物美价公道的。种类多，记得只买小鞭、麻雷子、灯花、黄烟；不买二踢脚和起花，因为那是大人放的。

一切（包括扫房）准备停当，单等过年这一天，雅语所谓除夕，我们乡村说腊月三十（小尽称二十九为三十）。这一天又是集日，还要到镇上看看。转一圈赶紧回来，贴对子，包括各屋贴吉语条（如住屋贴抬头见喜，牲畜屋贴槽头兴旺等），大门上贴门神，灶上贴灶王像，门楣上贴多福钱等。中午饭是一年中最丰盛的，大锅炖肉（北京名红烧肉），稻米（乡村称为精米）焖饭，任意吃。有酒，妇女和儿童还是不能喝。饭后还有些零碎事，如有家谱（单张一条幅），要找出来挂上，以便晚上祭祀；院里要撒上芝麻秸，以便踩碎（谐音岁）；准备好灯笼、蜡烛，入夜点，等等。

我们男孩子是急着盼黑天，以便提着灯笼，成群结队，沿街去放鞭炮。晚上还有饭，仍是细粮，有肉，我们不想吃，因为心早已飞到街上。好容易黑了天，我们村西部的男孩子，三三五五聚在一起，都是一只手提个纸糊灯笼，另一只手拿个一头点燃的粗长香，慢慢往村东部走，走几步，由怀里掏出个鞭炮，点着了，听爆破声，或看喷出的火花。街上隔不远拉一条横绳，也挂着几个灯笼，于是通常昏暗的街头就成为灯光闪闪的世界，再加上远近繁密的鞭炮声，像是在告诉人，真是过年了。小孩子不知道，也不问过年有什么意义，只是觉得兴奋，简直希望这样的热闹绵延下去。终于离午夜不很远了，妇女已经包完饺子，家谱前早已摆了供品，点了香，要开始行礼，即为长辈拜年。张姓三家，先自己，然后西院、南院。都是长幼有序，以南院为例，先是三祖母，接着是二叔父，然后二婶母，真磕头，一人一次。礼毕，煮饺子，吃，世风不古，总是吃完还不到中夜。如何才能算古呢？据说饺子是新年第一顿饭，那就应该安排在午夜以后，吃完，为近支长辈拜新年。可是那样一来，后半夜就难得休息，影响大，只好灵活，提前。总之，吃完饺子就要入睡，因为清晨还要早起，村里拜年。

不知由谁发明，同村人互拜，用了一劳永逸法。依古训，男女分而行之，男一窝蜂，初一早晨一顿饭工夫就完；女细水长流，初二上午半天也未必能完。先说初一，天还不很亮就听到敲锣声，这是催男的（年岁太小的除外）都起床，老的在家中等，其余都到村头集合。人差不多齐了，一二百，由一些好事者带头，比如由西端路南起，东行，到某一家，一拥而入，口喊"拜年来啦"，到院里跪下磕头；某家老字号的早已出屋,迎面跪下磕头。这样一家一家走,不一会儿就绕一周,以后同村人见面,就可不再说拜年的话。第二天,正月初二,女的村内拜年,情况就大不同了。出场的都是各家的儿妇(女儿不拜年),熟识的,感情好的,三五个结队,一家一家走。李逵变为王宝钏,麻烦就多了。早饭后要梳洗打扮,换上新衣服,鞋要瘦小而绣花的,因为,尤其新媳妇,一定有很多人相看。这样,通常是日上三竿,才见到一队一队,红红绿绿,在街头扭。到某一家,还要进屋小坐,寒暄几句,揖而不跪,再走向另一家。其时,我的眼睛也是传统的,所以看本村娶来的外村姑娘,就也是兼注意下部,那是金莲,与现在的高跟比,性质同而变态更甚。现在想,人类不过就是这么回事,进取者中原逐鹿,守成者院内栽花,碌碌一生,所为和所得,有多少不是为别人看的?事实是有更多的别人,其中还有自己难于忘怀的,又能奈何!

过年近于尾声了,可是事还不少。事有有定规的,是拜年;有无定规的,是看会。往亲戚家拜年,是男性的事。老少分工,老的在家里待人来拜,我们年轻的到应拜的各家去拜。现在还记得,排在上位的是母亲的娘家(外祖家),其次是几位姑母家,几位姨母家,祖母的娘家,总起来不少于十家。关系近,或兼路远,要过夜;为节省时间,也有当日往返的。都是背点心一包(乡村名蒲包),步行,入门,问好,饭前磕头,大吃,还可得一些压岁钱。再说看会,其时,镇,户口较多的村,差不多都有会。会有多种,如中幡、高跷、小车、跑驴、少林等。会有娱乐的性质，更多的是比赛的性质。办法是聚合兼交换，事前商定，某一天都到某一村去，排好次序，沿街走，在各家门前表演。户主要在门外置桌，上摆茶点招待。表演时，本家眷属在桌后看，其他赶热闹的人围在场外看。镇地位高，通常是占正月十五，即元宵节的正日子，街巷多，会多，总要由傍晚闹到近黎明，最后在镇中心广场放烟火。我们男孩子好热闹，也允许看热闹（女孩子不许），所以，比如镇里上元夜的会，我总是吃过晚饭就去，直到看完烟火才回家。随着各种会走，看会，也看看会之人，主要是大户人家门口灯下立着的女眷，平时看不见，觉得新奇。其时我还没念过"去年元夜时，花市灯如昼，月上柳梢头，人约黄昏后"，不知道人还可以约。有没有，哪怕是很轻微的，"相去复几许"的怅惘呢？往事如烟，已经记不清了。记得清的是烟火看完，年事已毕，纵使舍不得，也要"收其放心"，准备上镇立小学，继续念共和国教科书了。

　　与年节相比，其他都是零星的，一瞥而过。最先来的是清明。旧时代，重慎终追远，家家有坟地，到清明，要扫墓，即到坟上添土，摆供品、烧香、烧纸钱、祭祀。我们的坟地，由祖坟分出时间不很长，还要到祖坟那里参加祭祀，然后吃祭田饭。这一天，家里饭食也改善，还记得晚饭必吃馅饼。我们的小村是石姓聚居地，所以这一天还可以看石姓祭祖的热闹。他们村内有祠堂（在东西街近西端路北），村北有坟地。在坟地祭祀，放的挂鞭最长，总要响小半天，至今印象还清楚。

接着来的是四月二十八日药王圣诞的庙会（乡村简称为四八庙）。经常大举演野台戏四五天。台搭在药王庙（镇立小学所在地）前的空场上，坐北向南，看戏的场地之外搭席棚，卖各种商品。现在想，这样的庙会，作用有两种，娱乐和通商品有无。我的经验，这是仅次于年节的节日，时间长，而且有演戏（一般是河北梆子）的热闹。家里也要随着热闹，因为先要接亲戚（乡音是接qiě）来（主要是嫁出去的姑娘和她生的孩子）看戏，赶庙会。我们也乐得放几天假，看戏，转老虎棚（卖食品的矮席棚），买点吃的。现在还记得，曾买火烧夹猪头肉吃，觉得味道很美，也许就是饥者易为食吧？看戏，也觉得有意思，历史戏，才子佳人戏，都不是家常有的，使我隐隐约约地感到天地之大，人间的复杂。只是有一次，夜场，演三上吊，台上灯光变成暗绿，吊死鬼出现了，白高帽，红长舌，觉得真可怕。

其后还有中元节。附近没有住和尚的大寺，也就没有盂兰盆会、施食、烧法船等事。唯一的活动是放河灯。村南有南河，是一段旧河道变成的池塘，不小，可是不知为什么，每年放河灯，都是七月十五晚饭后，在薄庄西口外那个不很大却方方正正的池塘里。灯是打瓜（比西瓜小）皮半个中间插个短蜡烛，由年轻小伙子泅水送到水面各处。灯火许多，在水面漂动，因为平时没有，也觉得颇有意思。

这之后就来了另一个大节，中秋节。中秋赏月是文人雅事，农村人是实利主义者，没有，也不懂这样的闲情逸致，过节的办法只是吃的改善。过节是因由，吃是目的。没有因由而吃，农村人没有这个力量；不量力而行，其结果必是更加穷困。可是趋向反面，终年过苦行僧生活，也实在难忍。折中之道是节日吃，非节日不吃。节有大小，年节是最大号，中秋是中号。中号，是时间没有年节那样长，吃的品种却颇有几样。计有市上买和家中自做两类。市上买的三种，月饼、梨和沙果，买来分为若干份，一人一份。家中自做的，肉食、米饭等可以不算，还有一种蒸芝麻红糖饼。做法是大饼中夹一个小饼，饼中都有馅，很好吃。农村人也愿意入夜天晴，谚语云："八月十五云遮月，正月十五雪打灯。"可是不拜月，我不记得曾买兔儿爷，晚上摆供品，祭祀。

中秋之后，年节之前，还有个节，如果信人死后仍然要度日，意义却重大，是十月一日的寒衣节。天即将大冷，没有冬衣怎么成呢，所以要烧些纸衣纸钱。这用赛先生的眼看是说不通的，因为人离开躯体就没有觉知。不过人生是复杂的，知可贵，知之外还有情，如果情与知不能协调，我们怎么办？至少是我到寒衣节这一天，想到十年泉下的某相知，就但愿这样的习俗不是说不通。于是之后，我就可以烧些纸衣纸钱，并设想真能够送达，享用，以求清夜想到昔日，心可以平静些吧。

蒙学内外

童年的情况已经讲了一些，应该转为说读书识字的一个方面。蒙学是入小学；不说幼儿园，因为彼时，尤其我们农村，没有幼儿园。我入学之前不很久，是连小学也没有。其时是刚刚易代之后。我们都知道，易代是会给各色人等带来困难的，旧的一些失落了，新的路经常是迷离恍惚。不得已，只好暂仍旧贯，如女人就还是缠小脚；男人呢，知道考秀才、举人的路已经未必能通，却还是只能念三（字经）百（家姓）千（字文）和四书五经。听老一辈人说，村西南那个邻村冯庄有个塾师张周（？），名气不小，左近人家的子弟，向往"唯有读书高"的，都到他的私塾里去读。教法自然是老一套，死记硬背，外加严格要求。严到什么程度呢？是上了新书，下次不能背诵就罚跪，还要膝下垫砖，头上顶一碗水，意思是还不许动，一动就用戒尺打。余生也晚，没赶上张周老师，因而就没念过三百千，没尝过头顶一碗水跪在砖上的滋味。也没梳过小辫，大概是借了父亲有维新精神之光，因为还记得，村里人剪辫子，父亲是第一个，连二叔父也不赞成，背后说："好好的，成为和尚，什么样子！"至于能上小学，则是大环境，借了帝制换为共和的光，小环境，借了地方大绅士本村石显恒（通称显爷）有维新精神的光。这位显爷住村东部道沟，两处宅院都坐西向东，靠南一处是住宅，靠北一处是油坊。镇上还有商业，在街中心路南，名聚顺恒，只记得卖油卖面，可能还兼经营银钱业。我上小学时期，这位显爷五十上下，个儿矮，略丰满，显得精明强干。不记得他名义上是不是镇长，反正全镇以及所属各村的事，他说了算。因为说了算就威望高，比如我们一群顽童在村边淘气，听见有人说"显爷来了"，就如鸟兽散，各自跑回家。不过大家的印象，除了男女关系略有越轨以外，人还是公正兼有魄力的。这魄力的一种重要表现是在镇西北部的药王庙，创办个镇立小学。

旧时代人神杂处，专说河北屯镇，大的寺庙有三处。镇东南郊有个寺，俗名南大寺，称为寺而且大，推想必是个住僧的佛寺，只是到我的幼年，残破至于只有碎砖乱瓦的遗迹。街中心路南有个关帝庙，三层殿，半残破，连塑像也不见，只记得每年腊月成为年画市场，还热闹一阵。镇西北角坐北向南的药王庙就不同，不只未残破，而且香火兴盛。原因可以想见，是往生西方净土渺茫，关圣显灵难见，都不如药王，能够保佑不生病，不幸得病，也可以焚香叩头后病除。这是重实际，或简直称之为唯物精神。且说这个庙，第一层殿兼山门，门前即有宽敞的砖陛。殿内坐着大肚弥勒佛，笑口常开。门却只有朔望才开，人出入走偏东的角门。入角门，中间有砖甬路，直通药王殿的方广殿陛。南路之东是钟楼，之西是鼓楼。下层都有拱形门，永远不开，据说其上住着一条大蛇，有时身绕钟楼或鼓楼，伸出头到庙前的池塘里去喝水。钟楼的西北部，南路旁立着个铁钟，据说是当年发水，菩萨骑着来的。药王殿大，在农村是雄伟建筑。入殿门有大供桌，上陈铁磬和五供，桌后坐着金面的药王。药王塑像后有板壁，壁后面北立着韦驮塑像。出殿的后门是个大院落，有东西配殿各三间。院的尽头，坐北向南又是个殿，莲座之上坐着观世音菩萨。殿之右有耳房两间，想是后建的，因为左边空着。由左边缺口可以绕到庙后，殿后身是碎瓦片，稍北行有个东西向的小河沟，再远就是一望无际的庄稼地了。

　　小学为何年所建，不知道，也许竟早到民元左右吧？到我上学时期，规模已经不很小而且固定。仍是人神和平共处。三层殿的塑像都安居，中层的药王还兼能乐业，即每月的初一十五（当然是旧历），殿门大开，接受善男信女来焚香礼拜，其中曾许愿而病愈的病家，还要送还愿的供品，记得最常见的是素饺子，也许还有香火钱吧。再说人，即小学，主要占后院，东西配殿都用作教室，东三间为初年级，西三间为高年级，记得学制总共为四年。后殿西耳房两间，坐北向南，为住校老师宿舍。药王殿西也有耳房两间，却坐南向北，一间是看庙道士（俗称老道，我们尊称为道爷）的宿舍，一间是锅炉房。这道士有如今日的风云人物，职称和职务都有多种（可惜未印名片，以致职称不显）。单说职务，与小学无关者有种庙田，朔望在药王殿击磬、收供品和香火钱，卖专利膏药；与小学有关者为给住校老师做饭，供师生开水。学生都回家吃饭，喝水之外还要排泄，厕所露天

（都是男生，无妨开放），在药王殿之东的一片空地上。记得添办高级小学之前，没有音乐课，因为秀才老师会作八股而不会唱；没有体育课，也就用不着操场。

我几岁开始上学，以及在这座药王庙一共蹲了几年，因为无日记可查，说不准了。还想说，就不得不借助于民俗学和考证学。我生于光绪三十四年（即最后一年戊申），依常规，注公元应该写1908，可是错了，因为三十四年之后还有细节，是12月16日，其时已经是1909年1月7日。这样，照旧的年岁算法，比如说八周岁，我就只有六岁加两周。吃亏，我不甘心，所以唯有在计年岁方面，我总是乐得维新而不守旧。照新算法，我比公元的后两位数字小九岁，以农村孩子上学晚，约为七岁计，我是1916年春上小学。念了四年，歇了一年还是又上一年，不记得了，巧遇小学扩大，添了高级小学班，我就继续上，又念了三年。其时是1924年暑假（大概是由添置高级起改为秋季始业），时间确凿无疑，因为想投考师范学校，因青龙湾决口才推迟一年。

小学前后七年或八年，都学了什么呢？像是初高两级宜于分开说，因为初级接近过去，高级接近将来，所学和气氛都大有分别。先说初级。读的是共和国教科书，主要是国文，还有算术，此外也许还有一两种，记不清了。都是商务印书馆出版，黄色纸书皮，石印手写大字。至今还记得国文开卷是"人手足刀尺，山水田，狗牛羊"，都配有画图。现在回想，其时的所学主要是识字。也写，写大字多，小楷少。没有其他读物。上课，听讲，或在老师监督下大声读。下课，乘老师不在眼前之时，到教室外玩一会儿。每天由家中到学校，往返两次，一切如刻板，很单调。启蒙老师姓刘，名瑞墀，字阶明，镇北五十里渠口镇人。据说是个秀才。这大概不错，因为装束（穿整洁长衫，打包脚布）和风神（身材短小而态度严肃）都不像个白丁。后来还有了新的证明，是让他看重的一些学生晚上来，他给讲《孟子》。显然，在他的眼里，只有四书五经才是真学问。我，其时也许不甘居下游吧，也受到刘老师的青眼，晚上随着一些先进同学听讲《孟子》。记得是在西配殿的教室里，入夜不便回家，就住在后殿的靠东一间，成为观音大士的邻居。"《孟子》者，七篇止"，我们大概念了多一半，不知为什么，停了，成为半途而废。但是收获也许不小，不是因此而就可以挤入"儒家者流"，而是考北京大学，国文科的作文题承科举传统，出四书上的，曰"不患寡而患不均，不患贫而患不安，试申其义"，我就从记忆的仓库里检出《孟子》来助阵，说"河内凶，则移其民于河东，移其粟于河内"云云，恰好顺了其时的厚古之风，就得了高分。如果不得高分，外语平平，数学很差，估计就不能走入北大红楼了。走入就值得庆幸吗？不好说，但其时我正在歧路徘徊，无论如何北大红楼总是一条路，而这条路，直接是刘老师，间接是孟老夫子，指引我走上去的。

那就应该感谢刘老师。可是，大概是扩大为完全小学的时候，想更加维新吧，他被辞退了。人，天性总是难忘最初的，我常常想到他。他教我识字，连学名"璿"以及字"仲衡"，也是他根据《尚书·舜典》"在璿玑玉衡，以齐七政"，给我拟的。我们弟兄的学名排玉旁，璿是与天文仪器玑有关的美玉，用意很好，可是他忽略了这个字的缺点，难认，以致我离开大学，有了放弃学名的自由之后，不得不改弦更张。不忍心另起炉灶，于是用"仲"，去人旁，用"衡"，去十字路口中间的游鱼，成为"中行"。幸而仍没有离开四书五经，因为《论语·子路》篇有"不得中行而与之，必也狂狷乎"的话，算是还没有如韩文公所讥："今之众人，其下圣人也亦远矣，而耻学于师。"刘老师处世能通达，爱古而不薄今，所以虽然入夜讲《孟子》，白天上课却规规矩矩讲共和国教科书。对学生也宽严合度，如我，也只是与二三同学在锅炉房烧废纸，行径近于放火，才挨了一次打，也只是用戒尺击左手心，十下而已。刘老师衣褐还乡之后，我没有再见过他。是二十年代后期吧，小学同班同学裴庆昌曾路过渠口，登门看望，说瘫痪在床，不能下地了。初级小学还有个老师，邻村薄庄的薄鑫，也许来校较晚吧，我没有听过他讲课的印象。只记得人严谨谦和，不幸是父亲在北京经商，家中略有资产，此地无大鱼，小鱼就成为大鱼，四十年代后期土改，惨死在杖下了。同班同学也有不少可怀念的，只说本村的三个，薄玉、石卓卿和石俊峰（显爷长孙）。石俊峰甫成年就外出，有人说是从了军，后来就不再听到他的消息。薄玉也曾出外，在北京西直门内开糖坊，做关东糖。解放后还乡，听说"文化大革命"时期箱子里被搜出什么照片，就一直受迫压，抬不起头，几年之前作古了。石卓卿性格柔弱，上学时功课好，期考总是前一二名。老境不佳,想吃点顺口的,没有,还要经常忍受儿妇指桑骂槐的冷言冷语,也于几年之前作古了。

高级小学,原来只是县城里有,说起来这也是显爷有魄力的一种表现,药王庙的东部有空地,于是在空地北端,紧邻后殿,盖了一排教室,教室前空地面积不小,辟为操场,并立了篮球架。其时我长兄已经由京兆师范学校第六班毕业,在县城内的最高学府县立小学教书,我们镇的小学扩充为兼有高级,教师都由他聘请,也是京兆师范毕业的。现在还记得两位:一位是四班毕业的王法章(名维宪),密云县人;一位是六班毕业的贾步丹(名文联),三河县人。与刘老师相比,他们可称为年轻的新一代人。装束有变,比如脚蹬皮鞋而不打包脚布,头发或分或背而有时擦油。课程的分别就更大,不只增加了史地、自然等方面的知识,还增加了音乐、图画和体育。单说国文也丰富了不少,因为兼讲选文,我们就可以接触一些名作家,古的和今的。曾否学一点点Yes、No,不记得了,但由老师嘴里也已经知道,还有外语,也许比四书五经更有用。总之,高级小学不愧为高,它使我们扩大了眼界,学了不少刘老师不知的新知识。王法章老师的语文修养不坏,现在回想,其时我能够文字通顺,表达不很费力,这能力,有一部分就是他指点得法之赐。

以上说的是蒙学之内。还有蒙学之外,是指课本之外还看了一些书。想看能看,有两方面的原因:一方面,学校内的课程不费力,多有剩余的精力和时间;另一方面,其时,家庭以至社会,各种方便都是为男性长者准备的，儿童是连玩具也没有，更不要说娱乐。但人之性与现在并没有分别，童心还是要有广大的场地以供驰骋的。语云，老天爷饿不死瞎麻雀，于是我们就憋出个办法，找闲书看。学校没有图书馆，农家没有藏书，可是有流传的书，几乎都是油光纸石印的通俗小说。这就更容易引起阅读的兴趣。起初是碰，比如东邻有《济公传》，西邻有《七侠五义》，就借来看。越看越上瘾，就把碰扩大为多方借。总有四五年吧，看的小说真是不少。现在回想，除《金瓶梅》《红楼梦》以外，如《水浒传》《三国演义》《西游记》《今古奇观》《说岳全传》《镜花缘》《儿女英雄传》《老残游记》《粉妆楼》《七剑十三侠》等，都看了。还借到《聊斋志异》，因为特别感兴趣，至少看了三遍。初看，因为是纯文言，半懂不懂，多看几次，也就明白了。在多种小说中，我最爱这一种，因为文字雅驯，其中很多故事可以寄托我的感情和遐想。现在回想，专从语文方面考虑，小说给我的帮助也是大的，我小学时期表情达意能够文从字顺，主要就是多读小说之赐；其中《聊斋志异》给我的更多，轻是有了读文言的能力，重是相信人间会有温暖，更爱。

　　至此，可以说几句总结的话，是蒙学使我走向喜读能写的路，并为走出家门，到通县、北京过十年寒窗生活打了个小小的基础。是不是错了呢？可以暂借用西方某哲学家的话，"凡是已然的都是应然的"，光阴不能倒流，欢迎也罢，不欢迎也罢，事实是必如故友刘佛谛兄设想的妙喻，"鱼在水管子里"，只能往前游了。

乡里旧人

这里说乡里,想缩小范围,限于那小小的本村石庄。原因是:一,人常常见到,印象深;二,这样缩小,还要如揭发人之大罪,凑满一个整数,十,如果延伸到村外,就说不胜说了。想说,也要找个理由,是在记忆的仓库里,这些人是儿时装在里面的,且都大大小小有些特点,所以温旧梦就常常想到他们,或者就说是有些怀念吧,去者日以疏,扩大为就时代说也是或更是如此,总之就认为还是以保留些痕迹才好。人不同,事有多有少,只能有话即长,无话即短。写不能不有个次序,因为是谈旧人旧事,宜于仍旧贯,所以男先女后;男几位,女几位,以浮上心头的先来后到为序。

一是"皮匠老爷"(官称,爷读轻声,以下怪物老爷之爷同)。姓石,叫什么早不记得了。住道沟近南端往东一条既短又无东口的街,习惯称"东头子"。他是农民,兼会糊匠的手艺(糊顶棚、纸俑等),何以不称糊匠而称为皮匠,是直到现在也不清楚。人高大魁梧,我幼年时候已经年过六十。在村里人的心目中,最大的特点是喜欢吹牛。我,后来读了些讲人生之道的书兼自己体会,就宁可说是惯于知足常乐。吹，不是偶尔，是遇见人，总会抓住一些事，夸大炫耀一番。举还记得的二三事为例。一是一反古语"人莫知其子之恶，莫知其苗之硕"的古谚，秋天夸耀他家的玉米（学名玉蜀黍，我们家乡称为棒子，大概是因为其果实如棒）长得好，说个个像绞棍（大车载物煞紧的工具，圆锥形，长约一米）。二是吹嘘他孙子（名石常卿）字写得好。其时他孙子在外面某中等学校读书，寒假回家，农村识字的人不多，过年要贴对联等，就须求识字的人写。求他孙子写的人不多，写完，他必亲自送往求写之家，递交时赞叹一句："像这样的字，走遍天下也求不到！"三是夸耀新娶来的孙妇阔绰知礼。是这样说："这孙子媳妇，你说怎么着，三天下炕了，到我屋里来，一看，连钟也没有，就把她屋里的钟抱过来，说：'爷爷，奶奶，您摆着吧，早晚看个时候。'你说怎么着，这玩意儿太响，吵得我们老两口子三宿（xiǔ）没合眼。"听的人都暗笑。我也曾随着笑，到近年变了，是因为认识个惯于春恨秋愁的中年女士。我想学观世音菩萨，救苦救难，秀才人情纸半张，还为她写了一篇《旷达》，希望能够起点作用。不久就大悟，原来这半张纸是一点用也没有，春恨不减，秋愁像是更多。命也夫！那么，大道多歧，像皮匠老爷的超过知足亦一道也，与某女士的过不下去相比，连菩萨也会赞而羡之吧？

二是"大能人"。也姓石，忘记叫什么。也住东头子。人中等偏上身材，不丰满。绰号"大能人"，是因为他自信他无所不能。最自负的是通兽医，记得是我出外上学时期，还跟我讲过牛的多种病，以及治疗的办法。讲时眉飞色舞，有些办法野到出人"意表之外"，而说起神效，就甚至超过现在的神丹妙药广告。他自然也是农民，业余用畜力车运物，或为人，挣运费，或为己，拉山货，上市卖。他常常向人夸耀一次往北山拉柿子的光荣经历，是有人手持鸟枪劫他。他说："我哪里怕这个，他瞎眼啦！我手拿一根棍子由车上跳下来就追他。他一扳枪机，枪响了，我眼疾手快，一转身一弯腰，枪砂打在屁股上。我棉袄厚，穿不透，转过身就追，那小子吓跑了。"不知道这是不是事实，反正可以当小说听；而且，我后来想，如果说这是病，正是头面人物几乎都有的一种病，个人迷信，乡下人也来一下子，就可以证明上帝造人本来是平等的。

三是"怪物老爷"。为这位，我已经写过一篇，收入《负暄续话》。一写再写，是因为他的生活之道罕见，且未尝不可以吟而味之。文章，纵使是自己的，也不便照抄，只好另起炉灶，择要说说。他同样姓石，名侠（是名实不副的好例），住在我家之东的再隔壁，偏北。谢机遇，他碰上个做武官的哥哥，自己未奔波劳碌而就成为富家翁。说富，是以我们村为本位比较而言，其实也只是有田地一百多亩，砖瓦房一所而已。他也曾出外，在胞兄的军营里任什么职。靠他个性（无志）特鲜明以及胞兄有知人之明，不久就致仕，回家过他的只求美食的生活。他中等身材，略丰满，面皮白净，风度近于都市富户的少爷。可是性格迥然不同，既不寻花问柳，又不斗鸡走狗。连华其服也不要，只求美其食。这美也是纯农村的，每天到镇上饭铺里吃一次他自己设计的肉饼。所谓自己设计，是手托新买的鲜猪肉一斤，走入饭铺，说："给我烙一斤肉饼，多加油，我就不怕好吃。"天天如此，而（雇人）种田收入有限，补缺之法是量出为入地卖地。一年卖几亩，总有二十年吧，用减法可以推知，到四十年代后期，所余无几或等于零，而土改来了，他居然赢得一顶贫农的帽子。也真贫了，可是还有一所砖瓦房，于是缩小阵地，改卖地为拆房卖砖瓦木料。还吃肉饼，也许不能"多加油"了吧？这样，混到五十年代末，人人没饭吃的时候，他夜里入睡时见了上帝。所得呢？吃了不少多加油的肉饼之外，还接受乡人公送的两顶帽子，一是"怪物"，二是"有福的"。

四是"长海舅舅"。这位外来人，我也写过，文名《故园人影》，编入《负暄三话》。说完怪物，不由得想到这一位，是因为他恰好立在怪物的对立面，身材委琐，面黧黑，贫苦，连个好姐妹也没有，也就没吃过多加油的肉饼。他是我家对门石家老奶奶（官称，寡居，有三子，长子小名长海）的弟弟（？），我们村西北某村人，因孤苦无依，带着些微家产来我们村，与姐姐合伙过日子。连姓什么也不知道，更不要说名了。他身体像是不好，我幼年时候经常看见他坐在我家院墙外晒太阳，愁眉苦脸的。孩子们都讨厌他，不理他。他像是也讨厌别人，没见他跟谁说过话。也许因为不能劳动了，姐姐家的人也嫌弃他。吃不饱，有一次，跟什么人说他食欲方面的愿望，是："烙黑面饼，卷小葱蘸酱，那还有个饱哇！"他终于没有吃饱，得了病，循归西应在本乡本土的习俗，被抬上板车送回本村了。人往矣，却对我有大帮助,是若干年之后,使我更加明白什么是人生,在定命之下,人是如何渺小。

五是"毛儿事"。姓石,名字不记得了。住对门偏西临河沟的南院,弟兄三个,他最小。得这么个外号,是因为他由朴实农民忽而变为好赌,而且每赌必输,旁人阳安慰阴嘲笑向他说:"又输啦?"他必答:"毛儿事!"以表示这是小事一段,他毫不在乎。显然,家境是越来越差了;也许就是因此或一部分因此,老伴图心净,提前归西了。跟前没有下一代,自己孤孤单单过日子。平时有无困难,没有人知道。过年了,农村习俗,无论如何穷,腊月三十(即除夕)晚上也要吃饺子。他买了肉,切了白菜,和了面,却不会包。也许此时不能不想起早走的老伴?就对着面盆和饺子馅落泪。幸而有好事的侄妇来看看,一惊,一招呼,来几个妇女,一齐动手,才没有耽误吃饺子。饺子吃了,也送了神接了神,旧年底变为新年初,农村人更不能耐闲,尤其妇女,见面没话想话,必说毛儿事对着面盆哭的事,说完拍腿大笑。从此毛儿事的牛皮吹破了,声名一落千丈,人一下子由英雄变为无告者。

六是"王二"。他也是拙作《故园人影》里的人物,是因为特别怀念他才写的。特别怀念,远因是我们两家走得近,近因是我们俩是乡里的弟兄(他比我小两三岁),交往多,合得来。由两家说起。石庄是石姓的聚居地,张姓和王姓是外来户。我家是曾祖一代迁来;他家是祖父一代迁来,住我家(老宅)以西的再隔壁。我幼年时候,他祖父还在，不久故去。他父亲名王瑚，母亲照例无姓名，耳聋，人称王聋子。夫妇都朴厚，生五个男孩子。穷，养一头驴，为驮点东西，串街卖，赚点钱。我们家比他们境况好，而且有人在外读书，因而与我家来往，他们就有高攀的感觉。也确是须求我们帮助，比如我家有磨，在后院，他家没有，隔几天就要来我家后院磨面。总是他母亲来，中等身材偏下，小脚，穿木底鞋，从堂屋过，就听见清脆的走路声音。他们弟兄都无学名，老大名福来，与我年龄相仿，甫成年，未娶妻就死了。二的名福顺，即这里写的王二。三的名福成，未成年，不知为什么同家里闹别扭，一怒外出，就永远没回来。四的人称王老四，一直在家乡过穷苦日子。五的名老仓，易代前即参军，据说因为不识字，只混个老资格而没有大发迹。还是话归本题，说王二。他朴厚，同我交往很热情，我外出上学时期，还校，到离家三十里的河西务去坐长途汽车，常常是用他的驴，或兼人，去送；在家的一段，晚饭后也愿意到他家去坐坐。其时他已经结婚，女的是村西北某村的人，为人像是比他更朴厚。仍是很穷，挨到"文化大革命"时期，女的受生产队之命下地干活儿，光脚，脚心被什么刺破，医疗条件差，得破伤风，死了。一年以后，也许不能抗穷苦的折磨吧，他也死了，留下三个尚未成年的孩子。七十年代前期，我由干校放还，根据当时的政策，要回家乡去吃一天八两的口粮。晚饭后有时也串门，听乡里邻人的高谈阔论。有些论颇使我吃惊，是出门卖什么，用什么鬼祟手法，竟把买主骗了。我不由得想起王二，他年轻时候冬天总是卖生吃的萝卜，产地一定是西行二十里的索庄（以产酥脆而不辣的萝卜出名），他不止一次跟我说："卖就要真索庄的，不能骗人。"还有一次谈话，更使我不能忘，是五十年代前期，我回去看母亲，住几天，常见到他。有一次他说，土改时他分些东西，白天不敢不要，到夜里，是谁家的就隔墙给扔回去，"我不能白拿人家的东西。"他这样说，表示他是旧人，办的是旧事，显然有违进步的高论。但就完全错了吗？至少是在时兴利己而不惜害人的现代，总是值得想一想吧？

七是"石杰"。石杰是不很小的官，杂牌军的师长，后说他，不是想表示"富且贵，于我如浮云"，而是因为他很少回家，我亲见的不多。但还是想说说，是因为小村庄出这样一个人，是罕见的大事。他原名石孔（？），不知腾达的哪一阶段改为石杰。没听说他以何机缘，到日本士官学校去读书。学马兵科，据说骑术很高，不论如何暴烈的马，无鞍，只要他身沾马背，马就不能把他扔下来。我幼年时候，他已经任营长，驻在塞外，其时名察哈尔。后来升到师长，军长为郑泽声，与孙殿英、荣三点等为同寅。依惯例，升官紧邻发财，在家乡的表现是买地和盖房，还在村里近西头路北关帝庙的右侧修建了石姓祠堂，门楣挂上"慎终追远"的木匾。我只见过他一次，是他丧母（？）时期来家办丧事。人小个儿头，确是很精干的样子。还跟来个姨太太，旧时代的上等美人，长身纤足，清秀倒像是不近人间烟火。丧事办得很阔绰，记得纸车马不少，还大摆筵席，招待同村人去吃喝。我没去吃，像是彼时对于官，虽然未必没有某种程度的艳羡之意，却已经怀有戒心。此后他没有再还乡，却送来一匹战马。伊犁产，青白色，高大，据说在某次战斗中被围，马受伤，还驮着他冲出来，奔跑一百里，救了他一命，不忍再骑，才送回家养老的。其后有个时期，时局不安定，为防万一，把马藏在地窖里。地下黑，时间长，眼瞎了。每天早晚牵到井旁饮水，我还看见它，昂头阔步，有时听到吹喇叭的声音，还挺身侧耳，做深思的样子。这使我想到《史记·项羽本纪》写垓下之围的情形，"时不利兮骓不逝"，英雄末路，又能奈何！推想石杰更应该有此叹息，听说解放后还健在，流落到四川，在街头摆摊，卖中华和大前门了。崔莺莺式的美人也健在吗？算来年过知命，也不免于迟暮之叹了吧？

以上说男的，多到七位；以下转为说女的，努力凑，只找到三位。是脑子里还有重男轻女的旧观念吗？非也，凑不多是时势使然。人总是时风对于荣辱的看法的奴隶，女性为尤甚。比如目前，更多见于荧屏，女，妙龄或还装作妙龄，要腿长裸露，着高跟尖鞋，走路发出清亮的声音，总之是时兴露声容；旧时代就要变显为隐，隐在罗裙之内，不要说纤纤玉笋看不见，连走路的声音也听不到。隐为高的结果是对于她，连带她们，就难得多有所知，也就难写。理由说完，言归正传，继续说旧人。

八是"九奶奶"。她男人姓石，官称九爷，她就成为九奶奶。九爷是朴实农民，永远上不了台面；九奶奶却是村里的头面人物，长身，能说会道。住村西头路北，土屋柴门，寒伧，串门的不少。堂屋供着什么大仙，有不少人相信，大仙有时还附九奶奶之体，给人治病，药用香炉里的香灰。可是她又不像是职业的巫婆，譬如我们孩子们就没见过她跳神，要人家钱。我们都喜欢她，同她接近，因为她敞快而且和善。至今还记得，一次在她身旁吃核桃，说："九奶奶，给我弄开。"她接过去，放在上下齿中间，一用力，核桃就裂成几块。其时她总在六十岁左右，牙这样好，也是天赋高的一证吧。

九是"剃头老婆子"。她男人也姓石，推想曾经开业（旧曰剃头棚）为人理发，所以官称剃头的，她就成为剃头老婆子。住道沟路西，也是小门小户，串门的不少。没有儿女，家里显得清雅。人长得清秀，也许因为没有儿女之累，年过（或及）半百而风韵犹存。特点是虽系女流而可入《滑稽列传》，几乎同任何人都开玩笑，有时甚至跑了野马，涉及男女授受。可是村里人都说她正派，是好人。大概她的生活之道是游戏人间，嘴里不干不净只是游戏的一种方式而已。

十是"薄二奶奶"。她是我小学同班同学薄玉的母亲，住路南偏东。个儿不高，也不丰满。人的可传之事只是一点，好谈闲话。引村里人的公论为证，是："如果薄二奶奶跟大能人凑在一块儿，扯起闲话，三天三夜也完不了。"这使我不能不想到果戈理的《死魂灵》，记得有一章开头写几个女的传播道听途说，描摹长舌妇的形神惟妙惟肖，可是那些女将上阵，如果遇见薄二奶奶，就不能不"弃甲曳兵而走"了吧？

整数十满了，还要说一位，——不，是两位，"三元"和佚名女士。

留到最后说，是循京剧成例，大轴要排在最后。先介绍三元，他是对门老奶奶的第三个儿子，乳名三元，显然是取连中三元之义。学名石显谟，像是还到学校念过一两年书，不久就扔下书本归田，专业务农了。人像是既老实又无能，娶了妻，妻比他更窝囊。是他三十左右的时候，村里出了一件人人纳罕的奇事，是他有个情人，好梦难圆，共同跑了。女的是什么人，也许有些亲戚关系吧，当时可能知道，早忘光了。还记得家里很急，派人出去找，没找到。大概是三四个月之后，自己回来了，推想是无能兼无钱，在举目无亲的地方活不了，到命的重量超过爱的时候，只好把意中人，连带面皮，都扔掉，回家找饭吃。对于既成事实，人经常是宽宏大量的，于是三元依旧下农田干活儿，只是换直面为低头；再过些日子，人们也就把这件事忘了。希望那位女士在另一处所也能够这样。以后若干年，三元与情人出走的事使我由沉思而陷入感伤。伤什么？是人生竟是如此之难，幻想登天，也许片时竟登了天，可是常是霎时就下坠，掉在泥土地上。定命，除忍以外还有什么办法呢！

童心

碎影多种，也许以这一影为最难写。原因之一是我记忆力很坏，童年更远，"事"还勉强可以抓住一些，"心情"就恍恍惚惚，若有若无。还有原因之二，是"人之所以异于禽兽者几希"，童年少拘检，离禽兽更近，心所想，就难得有冠冕的。但躲开又有违以真面目对人之义，所以只好勉为其难，说说现在还有些影像，由翰苑诸公看不值得甚至不宜于写入青史的。分作几项，由没出息起，到有遐想止。

一是无志，至少是无大志。志，当心之所向讲也有歧义，"诗者，志之所之也"的志是一种，"有志者事竟成"的志是另一种，前者情的成分多，后者情的成分少，我这里说的志指后一种。说无志是由比较来，这比较也是后来的事，即念了些旧的，才知道古人曾经如何。也不敢过于高攀，如刘、项看见秦始皇招摇过市就眼馋，恨不得也如此这般一场，我，也许因为没见过这场面，就连想也没想过。跟谁比呢？可以揪出很多，只说一些形象特别鲜明的。由近及远，先冒出来的一个是南朝宋宗悫，他的叔父宗炳（字少文，就是墙上画山水画，卧游的那一位）问他有何志愿，他说"愿乘长风，破万里浪"。接着来的是东晋祖逖，流传的轶事是闻鸡起舞。据说这鸡是荒鸡，半夜叫，所以与今日离退休老头儿老太太闻鸡鸣就起床去跳迪斯科不同了。再来一个是东汉班超，有个任人皆知的豪举是投笔从戎。破万里浪，早起锻炼，放下笔拿刀枪，都是不甘于居人下碌碌一生。不甘者，总想沿阶梯往上爬也，我是连阶梯也没想过，所以是无志。

二是恶劳。劳与逸对立，逸是也不避活动，只是不干费力而自己不喜爱的。这样，今日，室内下棋，入卡拉OK去唱，昔日，刘伶喝酒，阮籍漫游，乃至如张岱之"好精舍，好美婢，好娈童，好鲜衣，好美食，好骏马，好华灯，好烟火，好梨园，好鼓吹，好古董，好花鸟"，就都是逸而不是劳。我幼年没有喜爱什么就从事什么的条件，所以几乎可以说，所有活动都是劳而不是逸，其中最主要的是干多种农活儿。农活儿，由性质、轻重以及惯于由什么人做，可以分为三种，如锄地要由壮年男子去做；用畜力翻地，在前面牵引牲畜，一般是未成年的男子；棉花果实开绽，一般是妇女（包括未成年的）去拾。如此分工，除了重体力劳动之外，像我，男性而未成年，就所有农活儿都要参加。北方没有水田，但风吹日晒，尘土飞扬，也不好受。还有，如间（去声）苗、拔草，总要蹲着，拾棉花，总要弯腰，重复同一种动作，劳累之外还要加上单调。尤其拾棉花，棉桃断续开，拾又不能快刀斩乱麻，情况就成为，刚拾完一次，又得开始下一次，没完没了。现在还记得，春天下种，我总是希望少种棉花，甚至不种棉花。可惜是没有发言权，也就每年秋天，还要混入妇女之队，弯腰去拾棉花。感到烦腻，或说怕。曾有躲开农田的朦胧想法；如何能躲开呢？不知道。可以知道的是我在"不失其赤子之心"的时候就不热爱劳动，至少是体力劳动。我不知道我这样的童心可否算作根性，如果可以算，常在我们耳边响的"我们的民族勤劳伟大"云云就要打点折扣了吧？

三是想换个地方风光风光。我家在农村。村不大，可是离大城市不远，这大城市而且是两个，北京和天津。北京在西北方，距离近二百里；天津在正南略偏东，距离一百里。语云，靠山吃山，靠水吃水，因而亲属和邻人，有不少曾到天津去，有的并且是来来往往。两地对比，一处繁华，一处僻陋，一处阔气，一处寒俭，乡里人都没念过《庄子》，因而对于繁华和阔气就不能不有艳羡之心，甚至觉得曾经在那里游游逛逛就是光荣。光荣要显示，于是就喜欢说，比如那里有高楼，有电车，不点油灯而点电灯，入夜，大街比白天还亮云云。到过北京的还可以加上，外有大城，城门上有城楼，内有皇帝住的宫殿，连瓦都是黄色云云。我其时也没念过《庄子》，对于这闻而未见的，也就想能够看看。如何才能变不能为能呢？因为无志加少知，就想能够有个在大路上来来往往的职业，比如开什么车吧，就可以一会儿在这里，一会儿在那里，看没有见过的。这种希冀，就是现在想，也不坏吧？可惜引导人走上哪条路的经常是机遇而不是希冀，以致直到现在，我只能面对稿纸而没有能够到各地风光风光。

四是也想光宗耀祖。如果我早生几十年，光宗耀祖就要走科举的路，中秀才，非白丁，就可高出农民一等；中举人、进士，多有入仕途机会，就高出不止一等了。可见所谓光、所谓耀，都要由地位升高来。废除科举之后，偏僻小村的农家，地位也有高下之分，虽然并不彰明较著。以我家和王家两个外来户为例，我家的经济情况比较好，我大哥在外面，先则读书，后则工作，家里的男性都识字，在乡里人的眼里，我们自己（张、王二家）也觉得，张家的地位高过王家。高，低，光彩总是在高的一边。生而为人，尤其童年，头脑中尚未装入各种书本上的思想的时候，自然就认为这光彩颇值得追求。究竟追什么，如何才能获得，没想过，也就很渺茫。以石杰为榜样，也想走入仕途吗？像是不敢有这样的奢望。次奢的愿望不过是离开农村，能够在外面有个立足之地，收入养自己有余，给家里，使财产增加，亲属心满意足，乡里人赞扬而已。现在看，这愿望是可怜的，原因有轻的，是过于委琐；还有重的，是有违"己欲立而立人，己欲达而达人"之义。但就是这委琐的愿望，今日检阅，也只是实现一半，即外出而未能兴家也。

五是也想结庐在人境。陶渊明《饮酒》二十首之五"结庐在人境，而无车马喧。问君何能尔？心远地自偏。采菊东篱下，悠然见南山……"我童年的所想，只是这首诗的第一句，因为家乡没有南山，更不知道还有心远这样一种境界。就是想结庐也是由记忆中的一件小事推知的。且说这件小事，是上小学时期（？），确切的年份记不清了，像是住在学校的哪一间房里，课程有手工一门，其时做豌豆工，用水泡的豌豆和细竹签插成各种用物，大至房屋，小至桌椅。清楚地记得，我做了一套小巧的桌椅，安放在贴墙的一块地方，常常注视它，幻想何时自己也有这样一个能够安身的前堂后室。这愿望，就性质说是后退的，既不想出门，也就更不想参与中原逐鹿。但实现也大不易。再退一步，是梦醒，并从而放弃之也大不易，比如不久前还写一篇《北京的痴梦》，说希望在昔日那样的城根儿有个平房小院，院里有枣树，以期秋风起的时候能够看见枝头缀满红而且亮的果实。这愿望可以说是童年延续下来的，如果一定找变化，是现在还希望有个女主人，《浮生六记》中陈芸那样的。是过于狂妄了吗？谚语有云，人心无止（？）蛇吞象，无足之蛇尚且如此，况有足能登楼、有手能执笔之人乎。

六是乐得与鸟兽同群。"鸟兽不可与同群"，是孔老夫子的话，我反其道而行，亦有说乎？曰有，而且不少。一是所指不同，孔老夫子是说，人总不能离开人境，到深山野林的无人之地去生活；我呢，只是在人境生活，对有些鸟兽大有好感而已。二是在人境生活，身边有某种鸟某种兽也不坏。三是若干年之后，经过"新世训"之训，渐渐悟出来的，也无妨追加，写在这里，这是"人心唯危"，不如与鸟兽相处，可以少戒备。还是言归正传，说事。先从反面入手，是与鸟兽同群，意思是接近而不是以之为玩物，如有些人之养画眉或养狗，今语所谓宠物。我童年时候，农村也有养鸟的，如我写过的杨舅爷，就经常养两三笼鸟。杨舅爷好赌钱，每年在外做工挣的钱，年节回家入赌场，必输得精光，因而虽不独身主义而竟独身一辈子。晚年不再外出，孤身住在场房里，一定很寂寞吧？只好拉鸟（百灵、红颏、黄鸟等）来做伴。我不厌恶笼里的鸟，但更喜欢看（兼听）的是春天北来的多种候鸟，有的成群落在村边的树上，样子好看，声音好听。其中一种是燕，惯于住在前后有门的堂屋的檩上。泥筑的巢如簸箕，孵出小燕，五六只，伸出头，黄口，等父母穿梭般来喂，很有意思。离开农村以后，鸟升堂入室的现象就不再有，甚至落在树上乱叫的声音也听不到，这不能不说是一种损失吧？再说兽，家中养的家畜，有的我至今想起来还有些怀念。占首位的是二姑母家送来的一只黄黑色的狗，来时很小，长大了特别温驯，而且通人意。比如夏天在院里吃饭，矮桌上放上食品，人不在，它必蹲坐在桌旁，有鸡来就把鸡赶走。使我念念不忘的是我有时入夜回家，叫门，它必在门内摇尾抓门，表示欢迎。其次是三叔父家养的一头黄牛，我在一篇名为《犊车驴背》的文章里曾提到它。牛，驯顺，不稀奇，稀奇的是记性好，很多次，没有成年人牵引驱赶，它拉着笨重的四辋车，送我们几个孩子到几位姑母家去，吃，玩，太阳偏西时候又把我们拉回家门口。印象最深的是一匹骡，家里称它为小骡子。这是因为二十年代由市上买回来，它还是幼小的骡驹。它褐黄色，大眼睛，来家不久，也因为我常到槽头为它添草料，就同我很亲近。其时父亲与三叔父已经析居，又因为赌钱常常输，剩的土地已经不多，需要畜力干的活儿就都落在小骡子身上。它很快长大，有力气，很驯顺，成为家中最有力的助手。

记得我骑过它，到亲戚家去。不通骑术，要蹬在什么地方上，常常是刚踏到背上又滚下来。感谢它照顾，总是不动，耐心地等待。几年以后，我到外面上学，间或回家，还能看见它，总是超过中年了吧，已经不再有前些年的欢跃和英俊之气。又过了一些年，我很少回家了，一次听家里人说，土地更减少，养大牲口（称骡马）不合适，把它卖了。以人为喻，它总是年过知命了，也是老了便为人所弃吧，我不由得感到凄然。

七是也许可以算作"未免有情"。男女之间的感情从何时开始，也是个不容易解答的问题，或说仁者见仁、智者见智的问题。古礼大致是认为靠后，如男子二十而冠，女子十五及笄（女性在这方面竟占了先）。但这是指成熟，可以谈婚事，成婚以前，能不能也"发乎情"呢？如果能发，就又引来何时开始的问题。再说外国人，至少弗洛伊德学派，从事精神分析的，就把靠后移到大靠前，记得至晚也是吮母乳之时。这想法可以使我们胆量更大些，说开始有生命之时，因为有了生命，依天命，就要延续生命，即传种，男女之间的情不过是传种之欲的心情化而已。这样说，男趋向女、女趋向男之情，其历史就远远早于记忆力的出现吧？但谈旧事总要是自己记得的，可惜我记性很差，又除有亲属关系的以外，与年龄相差不多的异性几乎没有接近的机会。所以左思右想，竟找不到一个曾使自己"寤寐思服"，"辗转反侧"的。只好降一级，求虽不辗转反侧，与其他同群的人相比，却有较多好感的。这可以找到，而且不止一个。用食蔗法，先说一个迷离恍惚的。是邻村冯庄富户张姓的一个小女儿，传说曾被黄鼠狼（鼬）迷住，上元节看会在灯下见过，果然很清秀。咫尺天涯，过去就过去了，是若干年之后，在家乡遇见幼年的熟人绰号傻韩的，他是冯庄人，我曾问他这个姑娘的情况。他说下嫁某村，不如意，境况不佳，可能不在世了。我想到佳人薄命，心里感到轻微的悲伤。另一个是二姑母的长女，我呼为大姐的，姓董，比我大五六岁吧，经常在我家住。她身量高，聪明能干，一举一动都有潇洒之气。家里人都喜欢她，我也觉得在诸多表姐妹中，论才论貌她都应该排在首位。不记得由谁做媒，许配邻村薄庄一个姓薄的男孩子，上小学班次高，我认识他。他为人也许不坏，可是我见到他，总觉得他运气好而人不配，也许其中有些嫉妒的成分吧？再说一位，是我在一篇《故园人影》中写的严氏大姐。她是我们村以南某村的人，幼年丧父母，无依靠，经人说合，到我大舅父家去做童养媳。她长得很美，沉静而眉目含情。我十岁上下的时候，她已经是二八、二九之间的佳人，童年，不会有逾闲的想法，但是现在回想，检查心态，应该说，我很喜欢她，甚至走过她住的东房，也愿意往窗内望望。其时还没念过《古诗十九首》，如果念过，也许就会默诵"河汉清且浅，相去复几许？盈盈一水间，脉脉不得语"了吧？

八是有鬼狐世界的遐想。记得我治文多次谈到，小学时期读中国旧小说，最喜欢看的是《聊斋志异》，而且喜欢的程度深，不只觉得其中不少故事有意思，而且相信并希望有那样一个充满神异的世界，自己有时也会遇见异。当然，这异要是可意的，那就不是"画皮"之类，而且，比如鬼是连琐，狐是长亭，精灵是黄英，等等。试想，如果自己也有机缘独宿废寺，乙夜灯火摇曳之时，墙外有"元夜凄风却倒吹，流萤惹草复沾帏"的诗声传来，该是多有意思。黄英就更好，因为是大白天，路上也可以遇见。事实自然是没有遇见，而是带着这样的遐想，离开乡土，到点电灯的城市去念达尔文直到爱因斯坦去了。

歧路

《儒林外史》以词曰开篇，第一句是"人生南北多歧路"。其意是人走上哪条路，都有偶然性。自然，这是常人之见，或之感；至于确信因果规律的科学家和哲学家，既然不承认有无因之果，则大道纵使多歧，走上哪一条，总当仍是必然的。必然乎？偶然乎？一笔胡涂账，以不清算为是。且说我在小学里蹲了七八年，到1924年，已经周岁十五，与现在的六年制小学相比，结业整整迟了三年。何以这样迟迟其行？现在回想，最主要的原因是面前有歧路，走上哪条举棋不定（甚至没有用心想过），未成年，读书识字总是好事，所以非农忙时期就到小学里，从众，念完一年级念二年级，读完初级小学（四年）读高级小学（三年）。读完了，还干什么？歧路一瞬间就移到眼前。旧时代，尤其农村的小家小户，没有开会讨论，最后由某人决定之例。甚至也没有当作一回事，摆在脑海里，衡量轻重，然后舍轻取重，并付诸实行之例。有的只是一些模糊影像，比如出外混生活总比庄稼地里好，读书人总比大老粗高一等，其他行业都比庄稼人收入多之类。形势是能出去也好。出去有不很清晰的两条路，学和商。商以大地方为上，大祖母有个侄儿名刘玉田，在天津北马路万寿宫同源彩洗染坊任经理，于是到那里学徒就成为一条路。记得家里曾有这个想法，未实行，大概是因为还有学一条路，士高，学徒苦，下决心不容易。但上学要花钱，父亲因为好赌博总是入不敷出，下这方面的决心同样不易。最后是长兄的路子和主张起了决定性作用，三条路，学徒，继续上学，家里蹲，即务农，选了上学一条路。

长兄的主张是近因；长兄早若干年上学，应该还有远因，那是家境的小康和父亲的偏向维新。我们弟兄（指同曾祖的）的学名排玉字旁，长兄名张璞，字一真，他幼年镇里没有完全小学，家里送他到香河县城去念小学，这在我们小村是创举。小学毕业以后，他考入当时校址在卢沟桥的京兆师范学校（后迁通县，先改为河北省第十师范学校，后改为通县师范学校）。六年毕业，到县城内去教县立小学。读书人，到县里挣钱，在农村就成为上等人。上等人有引诱力，所以在歧路徘徊之时，我就走上升学的路。其时读师范可以享受官费待遇，为了读书而所费有限，决定走长兄的熟路，投考师范学校。

其时，师范学校比普通中学数量少，原因大概是：一，走读书的路，入师范，毕业之后当孩子王，是下策；二，小学的数量也有限，不需要造就过多的人。考学校，当然愿意选离家近的，于是心目中就定了两处，校址在通县的京兆师范学校和校址在北京的北京师范学校。通县离家近，推想考期也靠前，所以决定先到通县。报名日期和考期都不记得了，总当是7月前半吧，于是由长兄决定，某日晨早起，到河西务，乘长途汽车赴通县。夏天，用不着多带衣物，记得直到出发前一天的过午才准备，只是不大的一个布包，包一点点替换衣服，放在北房东间的炕上。其时运河支流青龙湾正在涨水，附近村庄都在为护堤而奔忙。依照常多变少的习惯想法，水涨可以由它涨，我们还是准备次日起程。万没想到，这一次真就未能常，而是小包放在炕上之后一两个小时，坏消息传来，堤终于护不住，由村东八九里大口哨村略北决口了。河水冲出的声音如闷雷，吓得人人，借用旧小说的滥调形容，是面如土色，莫知所措。没办法，只得一面静候，一面希望水势不过大，比如说，不入村，不淹田地。然后是到村东村南看，水不久就到了，填满了南河，仍在涨。幸而到黄昏时分，涨势停了，可是到村头一望，远近都是水，路不见了，估计只有少数高地的庄稼可以幸免于难。起程投考的事，谁也不再提，因为当务之急是考虑如何度荒年，升学不升学就成为无所谓，而且，路断了，出行自然只能作罢。

几年以前，我写过一篇命题为《机遇》的文章，因为我常常想到它，有时甚至有些怕。怕，是因为我们不断或说永远在受它的播弄，想抗也抗不了。即如这一次，如果起程日期定得早一天，或决口推迟一天，我的生活旅程就应该是另一种了吧？能一路顺风，甚至腾达？但也许比实际经历的更坎坷。遵圣哲的古训，不知为不知，不想它也罢。其时是决口的灾难压倒一切，全家，以及我，关于我未能投考怎么办，竟像是连想也没有想。不想，一切就安于照旧，日出而作，日入而息，一日三饱加一倒，等等，其中也夹带着投考的设想，既然今年不成，那就推到明年吧。就这样，已经拿到小学毕业证书，不好仍出入药王庙，只得在家里，参加农事劳动之暇，看看课本，也看看闲书。再借用旧小说之句，有话即长，无话即短，于是又到了暑假，又定了投考的起程日期。现在回想加推想，路线改为由香河县城出发，因为县立小学毕业生也有投考的，经过公定？也由长兄率领。一共是五六个人，至今还记得其中两个人，是李斌（后来交往不少）和彰庭春。

由香河县城往通县，取道哪里，怎么走，都不记得了。只记得到了之后，借长兄毕业于该校，又暑期学校多空房之光，我们就住在师范学校里。考三四门课，当然有国文（今曰语文）和算术。考国文，大概只是作文一篇，自信还可以通顺。也许真就得到阅卷老师的认可，考完之后不久，尚未发榜，长兄已经得到确信，我录取了。记得考生二百多，录取四十人，长兄带来的几个人，只收我一个。为公，长兄还要带着他们西上，到北京投考。我呢，由长兄决定，就在通县念师范，不再试北京师范学校；但也跟着进京，因为一个人回家，不放心，还可以借此机会，到都城见识见识。由通县到北京可以坐火车，通县南站（还有东站）上，北京东车站（在前门外以东，为京奉铁路起点，还有西车站，与东车站相对，为京汉铁路起点）下。我的心情会很兴奋吧？因为乘火车，进北京，都是平生第一次，何况投考已经录取，就是嘴里不说，心里也不免于飘飘然。其后就到了北京，住在前门大街以西粮食店（与前门大街平行的一条窄街）路西的北京客栈。我这是第一次住旅馆，有时回想就不免对比，也就不免产生一些怀旧之情。与现在的高高低低的旅馆相比，其时的旅馆，设备是简陋的，但也有现在绝无的优越性，总的说是所费不多而有安适感。安适有来源，我想主要是世风的不同，即以旅馆而论，彼时是取合情合理的利润，真心愿意宾至如归。现在不同了，是趋向高消费，希望旅客解开腰包，把钱都留下。专就这一点说，我也觉得，如果朴实与简陋（有人称为落后）有不解之缘，那就安于简陋也不无好处。就这样，我们在一间房（住两个人）一日八角的旅馆里住了几天，记得同来的几个人，有的考了中学，应办的事完毕，长兄不再回香河县城，只带着我，南行，取道河西务或杨村（乘火车），回了家。

还够不上衣锦还乡，但身份有了小的变化。一是到比县城大的城市考学校，居然录取了，这表示自己不是毫无所能。二是歧路徘徊的情况已成过去，尤其在家乡人的眼里，我脱离庄稼地，成为唯有读书高的读书人。三是就是在家里住，日出而作也成为临时的，因为绝大部分时间要到外面的学校去过。这变化使母亲高兴，接着就是忙碌，因为还有一个多月就要出外上学，白天的衣服，入睡时的被褥，都不好用破旧的。时光铁面无私，一转眼就到了八九月之间，开学之前。路程是唯一的，走旱路到西北方向三十里的河西务，换乘长途汽车到通县新城南门外，然后走一段路，到新城北街中间，就到了学校。三十里旱路借用西邻王家的驴，大多由长工绰号傻韩的送。要整整三个小时,将到河西务还要渡运河(有渡船),汽车总是小而破,九十华里要用两个多小时,这样,晨六时前起程,也要中午才能到学校。但多次,劳累,也就终于进了校门,在人生的歧路上,走上某一确定的路。

通县

这是用新语说旧事,用旧语,应该说"通州"。称为州,是沿用清朝的旧名,旧也罢,既然称为州,在说者和听者的心目中,就像是比县地位高,场面大。由许多方面看,也确是高而且大。只说两个方面。其一,它是北运河的起点,旧时代是南粮北运卸粮的码头,民以食为天,唯天为大,所以地位就高了。其二,它距北京四十华里,于是自然成为京师左辅,一旦有事,求京师安全,要守住通州,所以地位就重要了。地位重要,必有建制方面的表现,本篇想说的就是这方面的表现,先要交代一句,是来于所见,不是来于所考。

旧时代,人的聚居之地,粗分为高低两类,高是城市,低是村庄。称为城市,因为不只有街市,四周还有城围着。通州是城市,自然要有城池(护城河)。且说城还不是简单的一个;正面说是有旧新两个。旧城大致是方形,原有东西南北四个门,大概是南粮北运,由运河码头卸粮(早期在城东南十几里的张家湾),在城西建了两个粮仓(东仓和西仓),为保护粮仓,修了新城。因为粮仓在旧城以西偏南,而且是东西两个,新城就成为东西一个长条,南城墙衔接旧城南城墙，北城墙在旧城西门略北。这样，新城东面就吞并了旧城西面偏南的三分之二。旧城西门没有了，一直向西成为新城北街，到尽头是新城西门。新城北街不是新城的中轴线，如果南北分为四份，到北城墙只占四分之一，到南城墙占四分之三。新城南面近东端开了个门洞，名新城南门。这样，通州城就有两个南门；西门像是受了发配的处置，走到远远的西方。

城外，北面是由北京流来的通惠河，昔年也曾船舶往来，到我上学时期已经是残灯末庙，水不多，有的地段生了芦苇。城东面，几乎紧贴城墙，是北运河，夏天，以及"秋水时至"的时候，水还不少，可是地位降到如老年之廉颇，虽然还有上马杀敌的能力，却没有人用。因为西风东渐，北京往南往东，既有了铁路，又有了土公路。我多次出东门看河道，没看见运货的大船；有小船，不多，是捕鱼的。城南面，早添了通北京的铁路；汽车，由北京通天津，走新城北街，出新城南门，往东南去。只有西面显得寂寞，要到八里以外才有个大名胜——八里桥，义和团以及清兵抗八国联军，"弃甲曳兵而走"的地方。

再说城内。旧城中心是繁华的闹市，与其他城市一样，但面积不大，只是北起鼓楼，南行不远过闸桥（其下是不流水的河道），地名牛市口的一段。吃的，穿的，用的，大字号、老字号大部分聚集在这里。闸桥以北西行，是个另一种性质的闹市，如北京之天桥，上海之城隍庙，卖小吃的，摆地摊的，卖艺的，都有，地名万寿宫，推想昔

73

年是有个道教庙的，我上学时期已经看不见。不知道是不是因为躲这河道，旧城的街道布局出现个反常规的，是东街和西街并不直对，东街在河之北，西街在河之南。闹市之外，东西南北，大部分是民居，掺杂一些小商店。只有西北部值得提一提，是北门内西行不远有个塔，十三级，与北京天宁寺塔为同一种形式，名燃灯（佛名）塔。塔西南有个池塘，不小，但荒凉，名西海子。以上是说旧城。新城是为护粮仓建的，城内景象当然要以东西两个仓为主，可是余生也晚，到我上学时期，粮仓已经是空空如也，成为大空场。西仓离学校近（在校门对面），至今印象还清楚。场地很大，很平，还有墙围着，只在西面正中有个豁口（当即原来运粮出入的门）。豁口没人管，场地更没人管，这是因为其时人口少，不拥挤，官方还兼用黄老之术。这情况给我们一种方便，是下午课之后、晚饭之前，可以凑几个人，到里面踢足球（校内有操场，太小）。仓豁口外还存有运粮的遗迹，是路为大长方石块铺的，而且在路的近北端有个红色木质的牌楼。

　　由说牌楼可以过渡到说学校，因为穿过牌楼北行，有我入学的那个师范学校，南行，穿过南城墙的一个小门，有潞河中学和富育女中。县城，如我的故乡香河，最高学府只是个完全小学和简易师范，通县就不同，中学男女两个，师范也是男女两个。潞河中学是教会学校，在新城南门外以西。背倚南城墙，墙外小河流水，环境幽雅。建筑是西式的，尤其西部的什么高层人士的住房，一所所分布在浓绿的草地上，很美，使人不由得想到人间天上。富育女中规模不大，只知道在潞河中学附近（北面？），却没有见过它的校门。我们学校在新城北街中间路北，校门先在东南角，后移到中间，出中间这个门，西行几十米，南望就是运粮石路和红色牌楼。其时男女授受不亲的思想还占上风，中小学没有男女合校的，所以潞河中学之外还要有富育女中。师范学校也不能例外，于是男师范之外要有女师范。女师范在旧城内道署街，记得北行过鼓楼，还要往东走，学校坐东向西。物以稀为贵，其时女性上学的很少，记得曾从其门前过，向里望望，觉得很神秘，颇想入内看看，因为没有相识的机缘，六年之久，竟至没有进去一次。

通县，或通州，还有没有什么值得炫耀的？曰有，可惜都是口腹之欲范围内的。牛市口有个清真糕点铺名大顺斋，糕点中的两种，蹲儿饽饽和糖火烧，用今日广告口吻说是天下闻名，不吹牛，也应该说远近闻名。有旅客的耳闻为证，即如我上学时期，乘长途汽车在新城南门外暂停，必围上一群小贩，口喊"蹲儿饽饽糖火烧，大顺斋的"，怂恿旅客买，往外地带。还有我们的馋涎为证，是很想常吃，可惜阮囊羞涩，只好多流馋涎而很少吃。半个多世纪过去了，大顺斋的字号还有，推想是由小手工业变为大工厂，连北京也有多处代销的。遗憾的是，两条腿走路变为一条，不再生产蹲儿饽饽；糖火烧呢，由精美变为普普通通，吃不吃也就无所谓了。蹲儿饽饽糖火烧之外，还有个至少近处闻名的，是小楼的烧鲇鱼，或烧鲇鱼和牛肉饼。小楼是俗名，正式店名是义和轩，在牛市口南口路东，因为店有上下两层，所以通称小楼。鲇鱼是运河产的,烧之后,肉洁白而外焦,也是很好吃。牛肉饼是普及食品,可是原料和工艺都细,在当年,也是口腹甚喜爱而不能常得。也要说说遗憾,是六十年代及其后,我既吃过那里的牛肉饼,又吃过那里的烧鲇鱼。鱼变运河产为人工饲养,也许烹调技艺也有变吧,总之色香味都下降很多。牛肉饼也一样,粗糙,味也不佳。总括一句,是已非昔日了。

还是说我上学时期,在旧城北郊三四里发现一处古迹,明代晚期学者李卓吾的墓。记得我们凑几个人,利用星期日可以自由活动之便,往北郊看过。墓碑很大,"李卓吾之墓"几个大字是焦竑写的。李卓吾是在通州监狱里自杀的,自杀的远因是他攻乎异端,不为有些人所容。但死之后,有人为他营葬,而且立碑,与其后几百年的"文化大革命"相比,昔人还是宽厚,能容人的。由相比而说厚古的话,是因为今人不能容人,就把李卓吾的墓碑砸了。这是发烧,或发疯。及至烧退,热变为冷静,才知道也应该让古人占一席地,墓碑残破了,修理,并为有多人瞻仰,把墓移到西海子(今辟为公园)。

由一块旧墓碑不由得想到一块新墓碑,也为通县扬了名的,是不久前在张家湾发现的曹雪芹墓碑。对于这块墓碑的真假,与红学有关的一些专家看法不同,并争得脸红脖子粗。我看过两方面的理由,而且看过那块石碑,也觉得破绽不少。这里提它一下,是因为:一,由李卓吾顺流而下,或连类而及;二,真也罢,假也罢,反正我的第二故乡通县因此又热闹一番,或说扬了名。故乡出了名,我亦与有荣焉，岂可不大书而特书之哉。

还可以补一笔，是比张家湾近得多的城东南的通河之滨（记得是东岸），有个堪称老大哥的热电厂，据说其时北京所用之电就是那里发的。我们还参观过，一间大空屋里有几个圆形的钢质辊子飞快地转动，解说的人说一秒钟若干次。记得这是第一次接触科技，也曾感到惊异。可笑吗？其实，想到宇宙之大，几十年之后，我的所知还同样是可怜的。

师范学校的朝朝夕夕

这样的题目，内容不免琐碎，我未能免俗，破桌子烂板凳，也是自己的可珍重，所以决定如流水账，把它记下来。朝朝夕夕，活动，是在一个固定的场所，即学校，要先说说这场所。前面已经说过，学校地址为新城北街路北，并说路北与路南相比，只是个窄长条（东西长，南北很短），这样，学校就成为，南面，校门外即新城北街，北面就是新城北城墙。占地是长方形，也是东西长，南北短。我初入校的1925年暑后，校门在学校的东南角。看形势，这东南部分原是个有前后两个院落的四合院，临街一排南房，最东一间辟为出入的大门。拨作师范学校校址之后，往北扩张到城根，往西，原来也许是空地吧，扩张了三四倍。旧四合院是早有的，成为学校的中心，校长、各种主任、各部门，办公在那里，有些人（包括资历深的教师）还住在那里。四合院西面有路（不止一个）通西部。这西部大致可以分为三部分，都是南北几排平房，中间的高大，是教室；靠西的宽敞些，主要用作高年级学生宿舍（不连床）；靠东的窄小，用作初年级学生宿舍（连床，睡四个人）。三部分之间有南北通道，通学校的后部，即靠城墙那部分。再说后部这一个东西长条，不知道以何原由，比前部低一两米。由西部说起。坐西向东一排房，是供上体操课存器物用的；往东一片空而平的地是操场，记得有篮球架。操场以东，北面一排房高大，是饭厅，其东端是厨房；南面一排房略小，靠西是盥洗室和锅炉房，靠东是管理伙食的办事处。厨房以东不远有个小门，可以出门东行，到附属小学的后部（校门也面对新城北街）。

学校大致是一年招生一次，一次招一班，五十人（？），毕业时不足四十，六个年级六班，学生总数不过二百多人，都住校。职工（包括服务人员）几十人，除一部分教师以外，也是都住在校内。单说学生的生活，是于刻板之中也有灵活性。由日出而作说起。比如说是六时起床，八时上课，人心不同，习惯也就难得一样，有些人（纵使是少数）硬是喜欢睡懒觉，到六时，催起床的铃声响过，还是不愿意起。对应这样的情况，学校想了办法，是至时查斋，照例是由训育主任绰号朽木的陈先生出马，由东部宿舍南端一排起，抽查。他慢慢走，兴之所至推开某一个门看看，如果看到睡懒觉的，就赶起来，训斥一顿。陈先生脸上是永远不见笑容的，何况又是训育主任，学生都怕他。所以早晨催起床的铃声响后，有早起习惯的同学就要兼负警戒之责，有什么风吹草动，就小声传递，说"陈朽木来了"，以便晚起的同学不至受训斥。查不查也是兴之所至，所以喜欢睡懒觉的还是常常可以享受一下。

起床以后，穿衣叠被是例行私事，可不在话下。然后是用搪瓷脸盆托着盥洗用具，到盥洗室去刷牙洗脸。谢天之生材不齐，有早起的，有晚起的，有不早不晚的，盥洗室才不至过于拥挤。记得我是不怎么晚起的，可是到盥洗室去总是相当晚（也许因为抽暇看点什么）。因为晚，就至今还保存个清楚的印象，是必遇见一个学生群中的名人，第十班的老fat。他名刘旌勇，字义方，永清县人。在学校里出名，是因为：一，面苍老而体胖（所以绰号老fat，意为老胖子）；二，幽默，喜开玩笑，且口才好，能学别人说话（都说他一个人能开教务会议）。他年级高，比我早两年半入学，又是名人，我不敢高攀，同他拉扯闲话。也许因为我态度冷漠吧，他也不理我。但总是朝朝相见，相互都有深的印象。他1928年寒假毕业，到山海关田氏中学去教书，1931年"九一八"事变后失业，来北京。其时我在北京大学上学，在沙滩一带重逢，都穷，就成为在同一小火炉旁吃炸酱面的好友。其后离离合合，情谊越来越深，以至于周末晚餐桌上，对面没有他举杯，就像是缺点什么。万没想到，六十年代后期，人人不知明天会怎么样的时候，他竟不能达观，服毒，"主动"离开这个世界了。我很悲痛，但也只能写一篇小文《刘佛谛》，收入《负暄琐话》，以期有些仁慈的读者能知道，世上还有过这样一个人。

盥洗以后，八时上课之前，规定的活动，只记得还有吃早饭一项。"饮食男女，人之大欲存焉"，饮食先说，可见在古人眼里它是如何重要。在师范学校，饮食之为重要还有另外的来由，是绝大多数学生，考这里而不考普通中学，是为同样能吃饭而不花钱。我入学的时候，官费每人每月四元，用实物说明，买面粉大致是将近百斤。遗憾（只好用反佛门的说法）的是，我们都是顽石兄所谓泥做的，饭量大，以至用于副食的钱数有限，仅能果腹而不能获得不再想吃之感。当然希望提高，大概是二十年代晚期，河北省负责教育的厅长严智怡（严范孙之子）来视察，通县头面人物招待他在旧城西街宝兴居吃午饭，我们学生推举代表三四个人去诉苦，要求增加饭费。其后不久果然就增了，可惜数目不大，每人五角。推想官费是按人足数，一年十二个月发的，学生自己办伙食，每月由学校领伙食费，大概是一个萝卜一个坑吧，总之是要精打细算，以免入不敷出。精打细算的路子不多，不过是米要次等的，饭菜品种不花样翻新，副食简陋而已。这样，取得的直接效果是人人感到烦腻，间接效果是一个月四元或四元五角，也勉强够了。还要补说一句，是烦腻并不排除狼吞虎咽，比如午饭，刀切馒头个儿不大，一般要吃四五个，个别的，有个绰号叫吕庶务（外貌酷似庶务员吕哲）的，一顿总要吃三十多个。其时我还没有欣赏顽石兄女人是水做的高论，但对于女师范的伙食，主食所费不多，副食大大超过我们，不能不感到自惭形秽。这感到，我像是更甚，因为我不止一次，当选为办伙食的经理。其时是管理伙食民主化，由全体同学选出经理二人，会计二人，出纳二人，任期一个月，掌管买物、派饭等大权。且夫权，纵使如鸡毛蒜皮之小，也有大用，比如就是这短暂一个月的经理吧，星期日东行逛大街，就可以接受粮店、油盐店等店铺人员的笑脸和恭敬。唠唠叨叨说这些，是因为我的荣誉帽

81

子，平生只有这一顶，敝帚且享之千金，况可上名片之荣誉称谓乎？

还是转回来说早饭，是天变道变，它也仍旧贯，馒头、大米粥，佐以咸菜、小菜之类。顺水推舟，也说说午饭和晚饭。主食都是馒头、米饭。米饭先用水煮，捞出后上屉蒸，又因为米坏，没油水，很不好吃。不知由谁发明，也给起个绰号，是鸽子粪，表明色不白净而难以下咽。也是不知道什么原因，对于馒头却网开一面，一直名之为馒头。说实在的，对于这位也出于蒸屉的玩意儿，我是如对于鸽子粪，一直没有好感。再说下饭的菜肴，自然也只能粗陋。总是一桌四碗，合时令的便宜菜，大锅熬，油不多，肉更稀有。这样，天长日久就培养成一种通称为馋的口腹之欲，即想改善，吃些有油水的，以期能够取得酒足饭饱之饱。这说容易也容易，是到学校门外去吃；可惜是入这个学校的，绝大多数钱袋不丰，无力到外面去吃。剩下的唯一的改善之路是盼星期日那顿早饭的光临。星期日不上课，三顿饭变为两顿饭，上午一顿九点开，下午一顿四点开，为的学生在两顿饭之间可以莺飞鱼跃。上午一顿照例改善，花样不多，不过是肉菜馅蒸包子、卤面之类，可是我们都吃得兴高采烈，不吃到再也咽不下去的时候决不罢休。校内改善还有个可然而不必然的机会，是月底伙食费有了盈余（来于俭了二十多天），而且数目较大，就大改善一顿。记得不止一次，四样菜都变好，其中总有一品是扣肉。也许因为饥者易为食吧，近年来吃过多次扣肉，其中并有出于高级饭店特级厨师之手的，但我总感到没有彼时的好吃。这情况使我取得一次模仿高级学人的机会，是拉屎撒尿之微也可以提高到理论，这理论是，享受过高过多也许并不能带来快乐。有西太后老佛爷的生活为证，是有御膳房伺候着，反而什么都不想吃。这方面，我的故友李君更有高论，是来于所谓天灾的三年困难也不无功德，是使他感到窝窝头比烂扒鱼翅还好吃。

关于吃，说得太多了，这是否可以表明，在物质食粮与精神食粮之间，我更重视前者？其实，就是这样似也无伤大雅，如龚定盦就早已说过，"读书都为稻粱谋"。但为稻粱也罢，不为稻粱也罢，反正还要读书，何况考学校，入学，至少名义上还是为读书（有人开玩笑，用谐音法，说"京兆师范"就是"净闹吃饭"）。读书，主要形式是上课堂听讲。课门类多，上午四节，下午两节，六天排得满满的。除体操以外，都是在教室里上，一节五十分钟。兴趣如何，有什么获得，留到以后说。这里单说走出教室的情况。上午四节课之后是午饭，午饭之后，下午课之前，有一段自由活动时间，卧床去会周公可以，不卧，睁眼干点别的，甚至走出校门，也可以。最有兴致的是下午课后、晚饭前这一段，时间比较长，没有人管，因而可以从心所欲去"撒野"。称为野，是因为常用的消遣法有两种，都与野有关。一种，可以称为武场，是到西仓的大空场去踢足球，夫跑而且踢，就不再温良恭俭让，所以是野。另一种，可以称为文场，是约集三五个谈得来的，西行，出西门转北，到城西北角略北，有个通惠河的水闸，通称闸桥，其附近富有荒漠之趣，所以也是野。说荒漠，其实一些景色，如小河流水，水中有断续的芦苇丛，对岸多松林，林木掩映中可

83

以看到一些古墓，会使人想到逝者如斯，反而颇有诗意。我在通县六年，离开以后，城外，最怀念的是闸桥。是半个世纪之后，我有机会故地重游，想再看看闸桥，汽车慢行，左顾右盼，找，除了楼房、马路之外，旧迹，城墙，河道，墓田，都杳如黄鹤，更不用说闸桥了。逝者真就如斯，还有什么诗意吗？

还是说学校生活。晚饭之后还有课（周末除外？），是自习课。记得是两小时，也在教室里。师长只是间或来，群龙无首，教室内就成为如今日之集贸市场，可干正经的，卖什么买什么却不一定，也可以只是闲逛，什么都不干。下自习课之后，上床之前，还有一段自由加享受的时间。自由的含义简单，是没有规定做什么。享受的含义复杂，但可以综合为两种性质，仍是古人说的，饮食和男女。饮食是由工友那里买点花生、糖果之类，以补充半空空如也的肚皮。男女呢，学校没有女生，连女教职员也没有，但男女之情或之求则是天赋的，至时它还会显示力量。表现是高年级的某人向低年级的某人（通称小白脸）用"进包"（请到己屋吃花生、糖果之类）的办法表示好感。如果真就好了，这种活动，通称为"拉牛儿"。这是否可以称为同性恋？我想是还够不上，因为，如果如康有为《大同书》所设想，男师范、女师范之间也去了"界"，我想，十之十费力进包的就会扔开小白脸，去找红颜了。这样说，找小白脸而不找红颜，正如吃鸽子粪而不吃烤鸭，非独有此癖也，乃不得已也。不得已中有苦，现在回想，夸而大之，就真不免于痛哭流涕了。

一天过完,到了吃喝拉撒的最后一位,睡。入睡之后,打呼噜不打呼噜,因人而异,做梦不做梦,梦见周公还是梦为蝴蝶,也因人而异,没什么可说的。单说入睡之前,十个人有九个人,是嘴闲不住的时候。都说什么?自然只有天知道。如果一定要述其梗概,也只能由消极方面下口,说反正没有正经的。所谓没有正经的,是不要说论道,就是苏东坡喜欢听的说鬼也很少,而是常常滑到言不及义。说起来这也是"人之初"吧,闲谈,你一言我一语,越是离道义远,越是有精神。如何截止?至少是有时,就需要从某处传来一声:"陈朽木来了!"

周末度完,来了特殊的一天,星期日。不上课,自由活动的时间长,真可以海阔凭鱼跃,天空任鸟飞了。这不再是普普通通的朝朝夕夕,想留到下面分解。

课内课外

上学，正经事是从师，学些新知识和新技能，追记学校旧事，重点应该说这个。学，依规定，只有上课，教师讲、学生听一种形式。下课后如何，没有规定。这没有规定有优越性，其荦荦大者有两项：一是学生有了自由，就既可以不务正业，又可以务正业；二是专说读书，就不像五十年代到七十年代，有些不合教义的书不许看，甚至小红书之外都不许看。于是在师范学校六年，谈到学，就要兼说课内和课外两种情况。

先说课内。课程门类很多，原因大概是，学生毕业后要当孩子王，赤子之心空空，要填充各种知识，为人师者就不得不先具备各种知识，包括如何教好孩子的知识。不同课程有不同的性质，因而课时多少，早开晚开，学生重视不重视，某人教，学生欢迎不欢迎，情况就千变万化。只好取其梗概。先点课程之名。照例居首位的是"国文"，今曰语文，所学主要是用文字表达情意的能力，都知道最重要，却不容易，所以课时最多（每周五六课时），时间最长（年年有），学生纵使不喜欢，也不敢轻视。其次，或说同样重要的是"数学"和"外语"(只有英语一种,所以课程之名为"英文")。数学,都知道是一切科学知识的基础,想在这方面前进,就不能离开它。可惜学得不多,记得只到平面几何和小代数。就我自己说还要加个遗憾,是数学学得少,没学好,后来钻研西方哲学,尤其数理逻辑,总是如读天书,不能甚解。外语何以重要,其时不知道,可是大家都有个模糊的印象,是新时代,想不落在后面,就要学会Yes、No。英语也没学好,但终归是入了门,后来念英文著作,起初多借助字典,也就勉强过关了。三大件之外,或之下,有四门课程可以平行排列,"历史""地理""物理""化学"。学史地,目的,近视的是熟悉古今中外,远视的是鉴往知来,鉴远知近。内容是述说实际情况,不难学;或说只有小难,是辨真伪,如宣扬至高无上爱民如子,应该知道是鬼话,明是非,如说依某教条,乱世可以立即变为天堂,应该知道也是鬼话。这样,我就一贯以为,如果教师上课,能够指点学生不信各种鬼话,开这样的课就有意义,否则不如利用上课的时间,让学生多看几种讲史地知识的书,用自己的理性吸收真实的,扔掉骗人的。显然,这又是理想,同一切理想一样,其中必隐藏着困难,甚至大困难,这是,总会有什么势力,轻,不许你怀疑鬼话,重,要求你宣讲鬼话。所以,再说一回理想,是上好的史地课,应该以事实为沃土,培养见识。在师范学校六年,我随班听了多次史地课,所得呢,也只是考大学未交白卷而已。再说物理和化学,当时很多人说,学会数理化,走遍天下都不怕,意思是就会有饭吃。我没有这样坚强的信仰,只是觉得,这是科学的初步,学了必会有用,何况本校毕业,或万一升学,都要考这两门。可惜是兴趣不高,又资质差,同样是没有学好。也属于科学知识,还有一门课程,名"博物",因其名而推其实,应该讲授动物、植物和矿物三方面的知识,可是记得外号胡老头儿的胡先生讲,内容只是生物而没有无生物。生物,也只是人所对待,而不及人类学、民俗学之类。此外,有几门课程可以等量齐观,都是陶冶身心的,是"体育""音乐""图画""手工"。体育课有个特点,是走出教室,而且变安坐为跳跳闹闹。有的人也许很喜欢吧?我则一如上其他教室内之课,只是应酬公事,所以六年之久,田径,球类,竟没有一样是占先的。其余三门,音乐,记得只学会按风琴(学校没有钢琴);图画,手工,则毫无所得。还有一些课程,如"教育""心理""教学法",显然是传授当孩子王之术的。此外还有"法制"和"医学",是传授防治知识的,都讲什么,不记得了。我1925年入学,1931年毕业,中间的1928年是所谓的北伐成功之年,统治权由北洋军阀之手移到国民党之手,正如有文献记载的无数次易代,讨了便宜的一小群人,头脑发热尾随的一大群人,或口说,或兼相信,"这一变可就好了!"事实经常是,"可就好了"如肥皂泡,不久就破灭,只剩下"变"却"真实不虚"。这变而且是多种,如京兆师范学校改为河北省第十师范学校;多年的无党无派的老校长刘汉章下台了,换为国民党员段喆人;县里有了党部,入党表示先进,有不少不甘落后的学生(包括女师范的学生)入了党,男女同为出入党部的党员,就有了授受亲的机会，等等。诸多变之中还包括一项课程的改变，是添了宣扬三民主义的"党义"。党之义，千古类同，是要表明，只有某些教条是真理，异于此者都错，应该清而除之。也许其时我已经"攻乎异端"了吧，对于这种以讲理为名而实际不许讲理的霸气总是没有好感。人微言轻，没有好感又能怎样？不过是上课，他讲他的，我低头看桌下的《热风》或《玉梨魂》而已。

课程门类如此之多，上课时间如此之久，所得总当不少吧？应该说有所得，至于多少就比较难说。原因之一是门类不同，教师水平和教法不同，自己性之所近、性之所远不同，不同学科，所得就不尽一样，难得一言以蔽之。还有原因之二，是年深日久，又自己记忆力很差，琐细情况已经记不清了。只好说说概括的印象。学官话，尽先说好听的，这是确实得了不少昔日毫无所知的知识，纵使都是未深入的。以数学为例，几何讲多种形状的关系，有所断定，可以用什么办法证明，等等，都是上小学时候不知道的。又如英语，记得课本之外，还念过英国散文名作家兰姆写的《莎士比亚故事集》，这就使我以后由厚古而媚外，只怀抱字典而未上补习学校，也就勉强通了。好话说完，还要说些泄气的，是：一，不记得上哪位教师的哪门课，像看京剧《打渔杀家》，盼叶盛章扮的教师爷出场，准备给他个碰头好。这是说，听课，都兴趣不高。还有二，更差的，是烦腻，又不能不入教室，坐在那里装作听。现在回想，这兴趣不高甚至烦腻，一部分应该由自己不上进负责；但也只是一部分，此外就不得不想想我们的教学制度和办法。这问题太大，牵涉许多方面，难解决，只好不说了。

与课程密切相关的还有个师资问题和教法问题，也可以说说。其时，知识分子的待遇不坏，以师范学校为例，有不少教师的月工资在现洋（银圆）百元以上，用这样的高薪礼聘有学有识的不难。大体说，以1928年为界，易代前，聘请教师更重视学识，易代后差些，因为要兼考虑党同。教师造诣高，容易获得学生的拥戴。但这是常规，常规之下容许例外，比如其一，也许肚子里大有存储而说不出来，即口才不佳；还有其二，人过于温婉，学生不怕，上课就压不住阵脚。这方面，最突出的是教图画的赵梦朱（名恩熹）先生，他造诣不低，只是生来瘦小白净，上课细声细语，学生吵闹，他无力制止，仍是细声细语，以致上课之后就乱作一团。至今我还有个清楚的印象，他很怕上课，只是为了每月能领工资才不得不上课。也许这印象在我的心中也打了个清楚的烙印吧，又因为自己为挣柴米钱而教了十几年书，有时也不愿面对学生，我常常因他而想到生路的艰险，不禁为之凄然。

以下说课外。课外活动不少，这里单说读书。首先想到的是今昔对比。今天，就中等学校说，常在耳边响的声音是"学生负担过重，要减轻学生负担"。我们那时候，专就课业说，是常常感到空闲时间过多，无事可做。这分别，是昔日懒散，今日勤勉吗？我看未必是这样，至少不完全是这样。我比较熟悉的是语文，即以语文课为例，说学生负担重，不错，因为他们确是忙。忙什么？忙于"分析"，上课听教师依照教案分析课文，下课解答教师留的习题，其中也总有分析课文中某句的语法结构，或兼辨认词性。这都很繁琐，不容易，不容易就要多费时间和精力，是小事；大事是除了搅昏头脑之外，一点用也没有。没用，为什么还要这样？是因为五十年代崇拜苏联，取来这"如是我闻"的真经，之后是：一，不知道这经咒是束缚年轻人思路的枷锁；二，即使略有怀疑，也想不出什么新办法来代替。其结果是忙忙碌碌，把有用的时间用在用处甚微之地。所以与今日相比，我们那时候，选些文章（包括诗词），上课解释一下词句，其余任君自便的办法有优越性，是其一，浪费的时间少，其二，留下不少空闲时间，学生可以自由找书，读。

读课外书，要有课本之外的书。其时通县像是没有图书馆，只好在校门之内想办法。学校有个小图书馆，在西路学生宿舍由南数第二排，只占东头坐北向南的一间。寺不大，僧自然多不了。但相对，我的腹内，除一些旧小说之外，可以说是空空如也，所以总可以找到一些可看的，何况书又不只是旧存的，还有新添的。说起新添，就不得不描述一下学校在这方面的民主化（或说半面民主化，因为不要集中）。办法是，不只管理（编目、出借等）由学生负全责，连买书（每月有固定经费）也由学生负全责。记得管理人员也由学生推举，像是还可以无限期连任。不知由于什么，我在这间小屋里待的时间不短，还不止一次到北京，买"新"书。这新包括三种意义：一是那间小屋里没有的；二是不久前出版的；三是讲新学的。这所谓新学，多一半是新文学（包括翻译的外国名著），少一半是新知识。其时书价不高，一般是几角钱一本,每月购书费多少,不记得了,但总可以进二三十种吧,于是我就总有新书可看。蹲师范学校几年,总共读了多少,都读了什么,说不清了,但有个总账式的印象,是其时出版且流行的新文学作品中,由周氏弟兄到张资平,以至苏曼殊和徐枕亚,外,英、法、德、俄、日,有译本的,大致都看了。

所得呢?想实事求是,也说说。其一是更巩固了读书的习惯。记得不止一次说过,我幼年生活穷苦,单调,心也想找个场所活动,或说找些乐趣,多种路都不通,只好看旧小说。日子长了,看多了,也有收获,其中之一,也可以说不容轻视,是安坐,眼看文字,感到也不坏,有时甚至能自得其乐。到师范学校以后,看的课外书,数量大增,品种也多了,也因为内容有另一种吸引力,看的兴趣显然增加了,是手里没有书就像是缺点什么。语云,习惯成自然,我想,是这师范学校养成的读书习惯使我后来走上书呆子的路而没有悔恨。其二是初步有了所知,有了所见。所知,比如与小学时期相比,彼时是没有常识,此时是自信有了些常识,主要是新的科学性质的常识。所见比较难说,勉强说,是:一,偏于思想方法,即有所闻,愿意自己想一想,然后断定是不是像说的那样。二,偏于想后的所得,是常常疑多于信。这样的初步对于后来有不小的影响,是"攻乎异端"比较容易,入《使徒行传》就比较难了。这好不好?一言难尽,留到将来有机会再说。三,缩小到"文",是对于读过的,我有了明显的偏爱,或兼有了不明显的评论,这,很明显,如果我也拿笔,就会靠近喜欢的，远离不喜欢的。具体说，散文，我觉得出于绍兴周氏弟兄之手的是上乘，因为，专就表达说，流利自然，没有造作气；小说（限于新的），与帝俄、英、法等国的大家比，我们的像是总眼盯着社会表面，没钻到人生深处。其四，是用文字表情达意的能力提高了不少，或者说写文章能够文从字顺。读书，尤其读好书，头脑里吸收的是两种：一种是内容，知识、思想、感情之类；一种是表达方法，即这样的知识、思想、感情是用什么词句传达的。两种往头脑里装，都是堆堆越来越大。这堆堆，内容方面的，经过种种思维（分析、综合、比较、取舍等）的工序，会形成自己的；表达方面的，大量的词、语，多种句式，有如工具，存着，一旦用到，会成为唾手可得。现在回想，我在师范学校六年，如果说还有所得，或大有所得，这拿笔表达什么能够不费力，应该说是重要的一种，而这能力则几乎都是由多读杂读来的。

由此能不能推演出一点教训？我看是可以。这是：一，最好是多给学生一些自由阅读的时间，以便他们能够多吸收，自由发展。由这个角度看，三味书屋式的教法（主要是识字，其他不管）也不无好处。英国小穆勒的学习经历就更值得参考，他是由幼年起就由父亲指导，多读书。二，课堂内多种讲授八股以及课堂下多种作业八股最好都像扔破鞋那样扔掉，以免教师费力不讨好，学生思路受束缚，日久天长，连到教义外驰骋的野性也丧尽。这样说，我是认为师范学校的课业生活还颇有优点，可以歌颂一番吗？非也，但至少可以参考参考吧。

余兴

《礼记·杂记下》:"张而不弛,文、武弗能也。"这是说,儒家设想的古圣,旰食宵衣之余,有时也要到"方七十里"的"文王之囿"去打猎,与有"德"的后妃"辗转反侧"。何况我们念师范学校时期,还是嘴上无毛的小伙子,"张"之后当然想"弛"一下。弛有零碎的,或说小举的,如课前课后、饭前饭后都是,前面已经提到,不再赘述。这里着重说星期日的游赏活动,可称为大举的。

游赏,游在前,先说游之赏。以方位为序,先说西。西行,出西门转北,有闸桥可游,这是晚饭前后可到且常去的,前面已经提到。这里应该说远行的,只一处,八里桥。八里桥是横跨通惠河上、拱形的南北向的大石桥,推想是因为距通州城(旧城)八里,所以名八里桥。桥高大,也许不小于赵州桥吧,总之很雄伟。还附有不雄伟的历史,是清光绪二十六年(1900年)庚子夏秋之际,清军和义和团在这座桥边最后一次与八国联军作战,之后就连既狠毒又胡涂的那拉氏老太太也逃走了。过去的,学官腔,光彩的,多吹几次,不光彩的,诿过于人,不管它也罢,还是言归正传。且说时间无私,周末度过,星期日必准时到达。喜欢睡懒觉的人有福了,因为可以拥被高卧,绝不会有"陈朽木来了"的声音传来。但也有个限制,是晚起,不得晚到赶不上吃这每周改善一次的星期日早餐。饭前或饭时是定当日游赏计划的时间。有事的别无选择,比如大则买鞋袜,小则买纸笔,只好东行,进城。没有什么置办的,无事一身轻,可以西行或南行,专心游赏。也不得违古人"冠者五六人,童子六七人"的成例,游要结伴。当然最好是意中人,可惜没有。只好安于现实,找同学中合得来的。也不宜过多,两三个或三四个。口约已定,装满肚皮以后,略收拾,出发。出校门往西,城内,街道两旁都是简陋的民房,没什么可看的。出城,可看的在路北,野草野花之外,有不少上层人家的墓地,前面总是立着石碑,碑后有柏树林。大约要走一个小时,前面路北转,八里桥在望了。我们总是走到桥中心的最高处,凭东面桥栏东望,西面桥栏西望。东望,桥下水东流,不久会流到我们熟悉的闸桥,可是在桥上只能看到水中一丛丛芦苇,看不见闸桥。凭栏西望所见也有限,是河北大道上间或有车马,可是引来的遐想却不少。其时我还没有亲近《红楼梦》,如果读过,而且如今日之许多红迷,乐于考寻本事,也许要想到,林黛玉北来进京,水路由通州下船,也曾乘车过此桥吧?不知有林黛玉,也就想不到还有荣宁二府的排场。但北京的繁华,大街之上车水马龙,小巷之内胜朝金粉,我们还是大有兴趣的。但兴趣是兴趣,现实是现实,这使我有时立在桥头,远望,就想到未来,也能西行入京,在某小巷定居,与某某数晨夕、听货声吗？我明白，这是幻想，给我带来的只能是惶惑和怅惘。

再说另一条路线，南行。开头，也是出校门往西。走一小段路，转向南，是昔日运粮的石块路，几十步就穿过大红牌楼。再前行，东面是西仓的大门，西望是树林中隐约有人家。再南行，据十三班同学唐宝鑫（他家在新城南街，即西仓南面）说，还有小红牌楼，我不记得了。记得的只是南城墙有个小门洞（唐君说名小南门），穿过小门洞，过护城河（河上有桥？）就是潞河中学。这所中学是教会学校，校舍是外国人所建，西部别墅式的一些房是外国人所住，所以都有洋气。但就是以爱祖国自负的志士也不得不承认，确是比本土的整齐、精致、干净。我们先东行，到向东的校门附近，向后转，西行，慢慢走，观赏一路的风光。校门内路北有个规模不大的医院，名潞河医院，在通县，地位相当于北京的协和医院，记得我还在那里看过病。医院之西，路南北都是中学的用房，有不少是楼房。与我们学校的不能更上一层相比，真是太华贵了。其时我还没读过皇甫谧《高士传》和多种正史的隐逸传，对于华贵就不免有些艳羡之心。再西行，别墅式的建筑更好看，稀稀落落，周围是如茵的绿草。像是没见过开门，有人出入，使我不由得想到秦少游的词句，"雨打梨花深闭门"。观赏完学校，时间尚早，我们总是再西行，看看紧邻学校的一个小村，复兴庄。记得只是东西向一条街，人家不多，安静、质朴，沿街慢慢走，看看院中的花木，屋顶上的炊烟，会使人想到陶诗的"昔欲居南村"，以为这就是南村。我住通县六年，有些事物，多年后印象一直清晰，其中之一就是复兴庄。还不只是印象清晰，是离开几十年之后，曾因怀念而诌了一首诗，词句是："复兴庄上夕阳斜，闲步街头看杏花。紫帕垂襟娇不语，芙蓉巷口第三家。"莫非彼时也有玉楼香泽之思吗？可怜可怜！

最后说游赏的最大举是东行兼北行。大，是因为还要处理些杂事，主要是买些日用品。这里单说游赏。也是要结伴，早饭后出门。东行不远，过附属小学前门。再东行，记得路不如西行之直。过南行往新城南门的路口，不远就到旧城西门。早已无门，也就无西门之名；有名的是大关（？）庙，在原西门内略北。进旧城了，前行有两条路。一直往东是走旧城西街，两旁，近西端民居多，近东端商店多，商店中还有两家出名的饭庄，路南是宝兴居，路北是福兴楼，我们只敢往里望望而不敢进去的地方。出街东口，南北向的一条短街名牛市口，北行出口过闸桥，不远是鼓楼。由牛市口到鼓楼是通县的商业中心，大商店集中在这里，其中还有两家我们最感兴趣的，是卖肉饼的小楼和卖蹲儿饽饽、糖火烧的大顺斋。进旧城之后也可以不直向东，而是北转，过大关庙不远，转东，走万寿宫一条路。这条路，南面是一条废河道（其时已成臭水沟），东端至鼓楼前有桥名闸桥。河道北地势低洼，路不平，可是容量大，如北京之天桥，天津之三不管，卖艺的，相面的，卖小吃的，杂七杂八，什么都有。记得还有照相馆，我开卷第一回留下尊容就是在这里。不管是走西街还是走万寿宫，都要到鼓楼前转向东街，直奔东门。目的是看运河。记得出东门没有多远就到水边。水上有渡船，有打鱼船。夏秋之外，水不很大，但也可以引人南望，想到苏杭。这是否足以表明，我的本性近于智者而远于仁者？盖孔老夫子曾说，"智者乐水，仁者乐山"是也。但无论如何，苏杭总是如在天上，高不可即。其实，低的，如眼前水中产的鲇鱼，送往小楼而烧之，同样是可想而难于入口的。关于运河的享受，记得只有一次，是夏日，也"百川灌河"，我与同班同学梁君结伴，图凉爽一下，解衣置岸上，下水了。也许得意忘形了吧，及至上岸，草帽不见了。当时心中大为不快，慨叹人心不古。几十年后的现时，偶然忆及此事，才领悟那样的慨叹错了，因为换为现时，必是连衣服也拿走，我们就惨了。话扯远了，还是说游赏。看完运河，照例入东门，到鼓楼转北，踏上北街。北街是卖干鲜果的集中地，没什么可看的。想看的是北门内略西的燃灯塔。塔十三层，多角，挂满铁马，翘首上望，会使人想到深夜的叮当声。这叮当声送走了无数人，无数事；未来呢，幻想有几许实现的可能吗？自然只有天知道。燃灯塔的西南方是个荒凉的池塘，面积不小，名西海子。芦苇和杂水草不少，有凄凉的野意，我们也愿意流连一会儿，把闹市的尘嚣洗一洗。

游之赏毕，接着说不游之赏。也要定个范围，古人多说饮食男女，干脆就说饮食男女。饮食内容多，且好说，先说饮食。丑话说在前头。《论语·里仁》："士志于道而耻恶衣恶食者，未足与议也。"又《雍也》："子曰：'贤哉回也！一箪食，一瓢饮，在陋巷，人不堪其忧，回也不改其乐，贤哉回也！'"我们是食不佳，总想换换样，吃点能解馋的，可见是未志于道，也就不能贤哉。事实如此，也就只好实事求是，说些不能入圣经贤传的。饭厅之外，或说馒头、鸽子粪之外，填补饥肠的办法也不止一种，想由低而高说三种。其一是不越雷池的，还可以分为两种。工友其时也已经有商业意识，住屋中备有花生、瓜子、糖之类，其中花生大有充饥之力，买一包送入口内，是一种办法；每天有一工友负责出外购物，可以让他到饭铺买炸酱一碗，饭时借此加餐，是另一种办法。其二是出校门西行，到大红牌楼北口外的小饭铺里去吃。记得有两家，口外转西路南是我们付以进口名的Woman馆，转东路北是张家小铺。我们很少照顾路南一家，不是因为还守男女授受不亲的古训，而是因为两个妇女都邋遢，做的东西不好吃。张家小铺只一间门面，师徒二人，灶紧靠门内，往里有高脚桌两三个。师做，徒送，相当热闹。记得总是吃馅（肉菜掺和）饼，很少时候也吃炸酱面。馅饼，远不如小楼的牛肉饼，可是"饥者易为食"，借用佛家语，境由心造，我的印象一直是，其味美绝不下于今日全聚德的烤鸭。张师傅偏于瘦小，和气，顾客多的时候也高兴，总是高举面杖敲面板，发出连续的清脆声，不说馅饼味美，这声音也是值得怀念的。其三是东行，到牛市口，过屠门而大嚼。宝兴居和福兴楼是高级馆，我们不敢问津。小楼在繁华的牛市口的最南端，坐东向西，铺面上下两层，为回民所经营，有正式名，为义和轩。所卖牛肉饼最有名，也确是好吃，也许先入为主吧，后来入京，吃过东来顺的，馅饼周的，觉得与小楼的相比，都要拜下风。到小楼，如果钱袋不空，还可以大举，先饮酒吃菜，然后吃肉饼。菜，最为人称道的是烧鲇鱼，记得切成略小于方寸的块，外焦脆而内白嫩，也确是很好吃。说到此，必须加注一句，是这东行的大改善也只是"可能"而已，事实是如我们之阮囊羞涩，很少有这种可能的。但既然很少可能也可以留诸文字，那就再加说一种，是到大顺斋买蹲儿饽饽、糖火烧，带回学校，霜晨月夕品尝是也。大顺斋在小楼北向东的胡同内，也是回民所经营。两种糕点以外，是否还卖其他品种，不记得了，反正最出名因而远近畅销的就是这两种。也确是物美，记得当时是保证，如糖火烧（原料为红糖、芝麻酱），买后放三个月，仍如新买时那样酥而鲜。也带来遗憾，是很想吃而很少买，以至同班同学田君慨乎言之，说何时做了皇帝，一定枕边放满蹲儿饽饽和糖火烧，想吃就拿一块放在嘴里。

　　饮食说完，应该接说男女，就太难了，因为我们那个大院内，只有男而没有女，连教师、职工的队伍里也清一色，都是宝二爷所谓泥做的。但是于传有之，"天命之谓性，率性之谓道"，又"性相近也"，我们泥做的也就有了恋慕水做的之性，而可以率性，那就无妨于课业之暇，行亲近（或只是想象的）女人之道。"君子思不出其位"，或说门当户对，我们想到的首先是，或只是女师范院里那一群。其时还没有舞厅和卡拉OK之类，亲近（也许只能说看看）的机会只有星期日逛大街的狭路相逢。要知道，那是二十年代，女性上学的很少，物以稀为贵，同是师范学校学生，她们的地位比我们就像是高出一大块。高与低难得匹配，也好，我们就不会骋意马心猿，有任何非分之想。但狭路相逢，看还是要看的。但也不好过于露骨，不过装作因缘和合，无意中扫一眼而已。她们呢？女人的心总是神秘的，我们不知道。知道的是自己一方，总是觉得她们柔婉细致，可爱。可爱又能怎么样？幸而有自知之明，还是"断百思想"，回学校，去亲近晚饭的馒头和鸽子粪吧。

想不到1928年，政局的变化还带来男女关系的变化，有了（国民）党员，有了党部，就必致有党员出入党部之事。党员中有男师范的，也有女师范的，同出入一部，就有了远远超过街头扫一眼的机会。这是说，可以面对面交谈，以及发展，甚至终于如禅宗和尚所说，"不可说"吧？自然，这必是少数，因为地位不同，经常是低者趋前而高者躲躲闪闪。但少不等于没有，于是我们男师范就出了一些受天之祜的，现在还记得两位，是十班的荣在林（得傅宝珍）和十三班的纪庆恩（得田荣蕙）。这样，他们六年毕业，有文君载后车，与我们大批的，对影成二人，肩扛被卷，走向另一条路的人相比，就真如刘晨、阮肇之走入天台山了。

前辈留影

用传统的著史传的眼看,师范学校学生阶层以外的,在学生心目中属于老一辈的,可传的人很少。但我这里是抖搂回忆,不是著史传,则回忆中碰到,幸而印象清楚并认为无妨留点痕迹的,也就想说说,姑且算作聊备一格吧。人不少,选能够凑些字数的,计有十二位,大致以印职教员姓名录的次序为序。

一、刘汉章。我们初上学时候他任校长,名濬清,宝坻县人。人中上等身材,很胖。举止迟缓,不苟言笑,给人的印象是郑重、严谨。讲话有浓厚的宝坻口音。推想为人不坏,处理事情公正,任校长多年,像是背后没有流传过什么贬辞。政局变化,一朝天子一朝臣,他离开师范学校,去干什么,不知道。是四五十年代,我住北京后海北岸鸦儿胡同中间路北,不记得听谁说,他就住在同一条胡同的偏西路南,陪伴他的是他的幼子刘少章。其时十班同学刘旌勇住在鼓楼前以东方砖厂,我们多有来往,于是我们生今之世而行古之礼,即每到旧年正月一同登门去拜年,行鞠躬礼,呼为刘老师。他心中也不少古意,表现为既亲切又感伤。他老了,身体变为胖之后的消瘦,是否因我们而想到当年呢？这样延续了几年，我们的足迹也渐稀，后来听说，他就在如此的寂寞中归西了。

二、萧绍先。我们初上学时候他任教务主任，名嗣宗，涿县人。他身材魁梧，讲话有些虚张声势，这是否就是不学无术的表现？学生大概是这样看的，其时学生使才逞能的主要办法是为人（包括职教员和同学）起外号，于是送给这位主任一个外号，是萧力（读 liē）巴（读轻声）。记得他常常在集会上讲话，声音不小而内容一般，也许夸夸其谈之后殊少作为吧，学生不怎么怕他。萧家在涿县可能是望族，单说在师范学校上学的就有八班的萧士楷，十一班的萧士瑜，十二班的萧士桢，都是这位主任的子弟。都能考取，有没有评分之外的原因？无征不信，可以不想它。单说子弟入学的多，对萧先生也不无好处，是顾及同学的情面，我们就不好大声叫萧力巴，后面再加些不恭敬的话。也是随着政局变动，他离职了，此后就没有再听到他的消息。

三、陈宇初。我们初上学时候他任训育主任，名启舜，房山县人。他中等身材，偏于瘦弱。特点是面无血色，而且永远没有笑容，所以学生上尊号为陈朽木。举止慢条斯理，讲话细声细语。可是学生都怕他。原因之一，他是负责训育的，有训人之权；之二，你面对他，看他的面色，听他的语音，会不耐烦到难以忍受，恨不得立即逃之夭夭；之三，"陈朽木来了"的威力常在，因而见到就有些胆战心惊。怕，对付的办法只有一个，是敬或不敬而远之。但这办法不能永

103

远奏效，因为你总不能不上他的每周两（？）节的修身课。修身课是训育的道理化，要在课堂上实现之，执行者当然要是训育主任，即陈朽木。上这堂课，朽木的朽就表现得更为突出，无表情，声音细小照旧，新加的还有内容的干燥，构成总气氛的死气沉沉。想不到这种气氛却有另一种大力，是催眠，几乎是开讲不到几分钟，我们的睡意就袭来，表现为上眼睑下垂，说不定头还会点下去。我们当然不敢这样放任，于是挣扎，装作还有精神听。其结果是很苦。现在回想，在师范学校上课六年，课门类不少，教师不少，上课感到度分秒如年的也许不止一门，但考第一的必是陈朽木的修身课。也是随着政局变化，陈先生离职了。意外的是，若干年之后，确切时间和地点不记得了，总是在北京的某次会上，我遇见他一次。与过去不同，他和气，面上还浮着不少笑容。还记得听谁说，他熟悉陈先生，性格并不古板，常是说说笑笑的。如果竟是这样，那早年的表现为朽木，就是挑帘出来，表演给台下人看了。人要吃饭，有时就不得不把后台的本相藏起来，此亦人生之一苦也，偶一念及，不禁为之黯然。

四、王玉川。政局变化后，他曾任教务主任，名书薪，饶阳县人。只记得中上等身材，偏于丰满，风度是敲快加一些洒脱。他几乎没有什么善政、恶政可述，是否还兼任什么课也不记得了。这里说他，是因为有一次，片时间他成了众矢之的，表现的高风使我终生不忘。是政局变化带来不少新事物，其中之一推到台前的是（国民）党。且夫有台前必有台后，这台后是为公益，也许竟是为私意，张三拉李

四、李四拉王五，到某墙根，如此这般嘀咕一番，终于聚少成多，至于成群结队，手摇小旗，大喊拥护什么，打倒什么。且说这一次是为什么，如何联络，我都不知道，竟也尾随一群人，走往东南角四合院的南房（王玉川住在那里）窗外，齐声喊："打倒王玉川！"其时是午饭之后，上课之前，喊声的间隙，听到屋里有答话，是"不用打，我早倒了"。这句答话泄了高呼口号的气，有的人有对证癖，挨近玻璃窗往里望，王先生果然躺在床上。已倒，用不着打了，来者只好如王子猷之雪夜访戴，乘兴而来，兴尽而返。是若干年之后，我攻乎异端，翻看禅宗语录，才恍然大悟，王先生这"早倒了"就是禅，可惜我尚无沙弥弟子之知，竟至交一臂而失之。

五、李星白。早期教我们国文，名锡庚，宝坻县人。身材高，不胖，却也不清秀。听说是个孝廉公，如果真是这样，那就是刘校长慕名请来的吧？但时代已经不是《儒林外史》的，孝廉公就不得不维新。办法是上课，立而不坐，间以走动，大声念课文，讲课文，说古人韩柳好，今人鲁迅、周作人等更好。他讲课的特点是声音特大，所以也荣获个外号，李大吵。这声音高，证明他很尽责；至于我们的所得，总当有些吧，所以政局变化之后，他随着刘校长去职，对于一朝天子一朝臣的做法，我们曾不以为然。

六、于赓虞。我在师范学校的后期他曾任国文教员，晏城县人。中等身材，面不白而清瘦。特点是披长发，总是沉思愁苦的样子。他像是任职不长，所以上课讲些什么也不记得了。他是文学革命后写长条豆腐干状的新诗的,词语离不开地狱、荒冢、死神、魔鬼等,所以有人称为魔鬼派(?)诗人。可是今昔一样,出奇就可以扬名,连《中国新文学大系》也给他一席地,说他有《晨曦之前》《魔鬼的舞蹈》《落花梦》等著作。以上三种,我是否读过,不记得了;但有一种,名《骷髅上的蔷薇》,我必读过,因为直到现在,它还卧在我的书橱里,也许还是作者送的吧。诗句都是"我将诗与剑在萧萧之白杨下做枕,让我在梦中杀死你无情之魔与神"之类。这样的新诗,我莫测高深,却对我有大影响,是畏而远之;万一有什么情意想用韵语表达,就投靠唐宋,学"画图省识春风面,环佩空归夜月魂"之类。

七、孙子书。我接近毕业的时候教我们国文,名楷第,沧县人。身细高而瘦弱,到通县教书是兼课,记得是师范大学毕业之后曾留校任助教,不久就到大辞典编纂处,住在中南海居仁堂西四所。他讲课声音不洪亮,可是清晰,有条理。不知道有何证据,我感到他有学有识,人也温厚可亲近。之后当然是交往渐多,关系就近起来。记得我有事到北京,不止一次到中南海去看他。他单身住在西四所院内的西厢,由室内古籍之多已经可以推想他将来要走什么路。其时他身体还可以,乐观,钻故纸之余也吟诗。对我,以相知款待,还记得曾同往西单西黔阳去吃饭。大概时间不久,他就不往通县,专力研究他的通俗小说目录了。他体弱,可是勤恳,不断有考证的论文问世,得到老人物如傅增湘、新人物如胡适等的赏识。其后,为了广泛涉览通俗小说版本,他曾往日本、中国大连等处图书馆,结果写成《中国通俗小说书目》等大著作。治学,他一循乾嘉学派旧规,走上"专"的路。出路呢,当然,只能登上大学讲台,或入研究所坐木板椅子。几十年间,他又写了不少,显著的有《沧州集》《沧州后集》等。可惜晚年不幸,碰上"文化大革命",存书都丢了。书呆子,失掉书,何况其中还有不少手批本,如何受得了?他先是懊丧,终于发展为精神小失常,挨到1986年,作古了。他到北京以后,我同他来往不多,原因,他的一方是学业以外少余力,我的一方是经常自顾不暇。是"地"假良缘,1976年唐山大地震,他住的学部宿舍是国产的,不如北京大学继承的原燕京大学进口的房子坚固,他逃到北京大学,住在他甥女家的健斋。其时我住在北京大学女儿家,也逃到健斋略西的红三楼。于是一下子我们成了近邻,又都干不了什么,就坐在未名湖边闲谈。其后自然又是分别。见面难了,一晃又是十年,他含恨走了。我有时想到他,又能怎样呢?也只是写几行不痛不痒的,收入《负暄续话》,以略表怀念之情而已。

八、宁绍宸。他是英文教员,名世缙,宁河县人。个儿不高,体较丰满,头圆,两目有神,一望即知是个精干人物。讲课,口齿清朗而流利,并表现为随随便便的样子。也许因为我们被沉闷吓怕了吧,都愿意上他的课。可是不知为什么,有一年的暑中,传说他暑后不来了。我们都是脑子里没有一点世故的,未三思,也没有经过调查研究,就派代表找校当局,表示挽留。记得我是代表之一,在校当局面前述说理由和愿望之后,校当局(教务主任?)说:"只要宁先生答

107

应来，我们就下聘书。"可叹，我们居然把这因果倒置的话看作诚意，还去找宁先生。结果自然是宁先生只能说不想来，我们落得个"可怜无补费精神"，受了玩弄而并未觉得。

九、胡星联。他是教师里年岁最大的，所以外号胡老头儿，教博物，名魁第，霸县人。个儿不高，体不胖，教我们的时候年近半百，背已经有点驼。人和气，面对人，总是含笑的样子。讲课也如其人，温和细致。这样教，意在多灌输知识。也许就是因此，他期考看考卷，也喜欢多。同学们都洞悉此情况，所以，比如考题问语言是做什么的，就不只答是交流思想感情的，而要从语言的起源说起，说到语言的分类，直到滥用，说张家长、李家短、骂街，等等，总之要密密麻麻，写满考卷，才能得高分。若干年之后，我择术不慎，常常要看所谓文，其中有些颇像我们彼时的博物考卷，我皱眉之余，就不由得想到这位胡老师，为他的有超级耐心而叹息。

十、张玉书。他的职务是文书，其时名为书记，名瑞麟，宝坻县人。长身，清秀，文雅，有飘逸之气。同我们没有交往，我们知道他，是因为道听途说，他很喜欢喝酒，喝要有好的下酒物，牛市口某家卖的熏鸡。同学中也有喜欢喝而不能常得的，也许出于由羡而嫉之情吧，有时就在背后评论，说："张玉书，哪里是好喝酒，不过是借酒之名，多吃几次熏鸡罢了。"这是否事实，我们没有去考证。多年之后，我想到师范学校大院内的人物，有兴趣评论甲乙，他的影子就浮到眼前，我想，如果我们还迷恋《世说新语》的六朝气，大概只有他还有一些吧？

十一、张腾霄。他是史地教员，名云鹤，束鹿县人。我没听过他的课，如果没有后来的交往，是一点印象也没有。是四十年代初期，由于某种机缘，我们认识了。他身体、风度，属于所谓癯儒一类，枯瘦、苍老，肚子里却不寒伧。他有才，能写，还能编。他编过《晨报》，说其时办理编务的只他一个人。他住在西单以西，我去看过他，室内陈旧破烂，床头悬个横披，上只"忠恕"二字，是康有为写的。他常常失业，也就经常缺衣少食。四十年代过去，时移世易，我就没有再看见他，想来早已往生西方净土了吧？

十二、许君远。他是英文教员，名汝骥，安国县人。我没听过他的课，可是印象却不浅。来由还不少。其一，他长得清秀，风度翩翩，一见必惊为罕有的才子。其二，据说他写过小说，出版，是鲁迅给他写的序。其三，他由南国北返，途经某地，与一妙龄比丘尼相悦，有情人竟成为眷属。还可以加个其四，是不久前听唐宝鑫同学说的，是他上课，不知怎么就扯到《西厢记》第四本第二折的"看时节只见鞋底尖儿瘦"，念完，他让台下同学想象这鞋底尖儿瘦的形状，然后写真式地画出来。更有意思的是他也不甘寂寞，拿起粉笔，在黑板上也画一对。这是讲课的浪漫主义，我幸或不幸，没有听到看到，如果听到看到，以后进京入红楼，上林公铎的唐诗课，听讲陶渊明，就不会感到奇怪了吧？

同窗忆旧

上一个题目写了师范学校里的前辈，依顺流而下之理，还应该写写同辈，即同学。在学校蹲六年，我认识的同学总有几百名，不得不挑挑拣拣。取舍的标准容易定，是只收与自己关系比较深也就印象比较清楚的。但深和清楚还有程度之差，所以选就还要有个数目的限制。想了想，祖传的成规，说好说坏，都是凑足十项，干脆萧规曹随，也说到十名为止。十名的排列，以先亲后疏为序。

一、梁政平，附带说说他的胞弟梁政善。他是昌平县马池口村（在县城南略偏西八里）人，也考入师范学校的第十二班。其时的习惯，自负为有文因而超出农民的人都有名有字，梁政平的父亲是在县里从事教育行政工作的，不知为什么几个儿子（无女）都有名无字。有名，自署用字是以字行；无字，人直呼其名是以名代字。这是说，由相识的1925年起，到他病故的1951年止，我都叫他政平。他小于我两岁，身材不高，清秀，性情偏于柔弱，说话细声细语，与世无争，因为不敢争。不记得以何机缘（住同屋？），我们就好起来，感情还逐渐加深。单说我这方面，表现为愿意同他在一起，学期终了，握别，心情感到凄凉。其后若干年我读蔼理斯的书，知道同性间也会产生异性间的感情，我和他是不是这样？说是，嫌不够明确；说不是，自己也觉得，就说是友谊吧，总是超过一般的。这非一般，表现为二十几年，至少是心情上，我们能够形影不离；他回昌平教县立小学，我常去看他，去就在学校或家里住几天；他有时失业或到北京来，就住在我家里；四十年代后期，他也来北京住，住处相距不很远，总是隔三天五天就见面。他很早就结婚，家里包办的，生了一个女儿。内，居室，不如意，外，职业，也经常不如意。大概是四十年代中期，忘记由谁介绍，他到蒲松龄的老家淄川县城去教小学（还兼校长？），在他，这是一生中唯一的远征。只是一年就回来，我问他曾否到蒲松龄的家乡蒲家庄（距县城八里）去看看，他说没去。他就是这样柔弱、保守！可是与他同来的有个女的，姓王，说是在家乡腻了，想出来看看，找个工作。人不清秀，或说不漂亮。看形势，是政平很喜欢她；她跟着来北京，也不会无意吧？她不久就居然找到工作，在京北某镇教小学。又不久，传来消息，是她到那里又走向有情人成为眷属，可是这有情人不是政平。政平向来是寡言语的，对这件事更是这样，由山东回来，带着一个女的，怎么回事，他不说；意中人飞了，心情如何，他还是不说。但人，连藏眼泪的力量也是有限的，所以看得出来，他是痛心到万念俱灰了。我知道这不是劝说所能缓解的，又因为他沉默，我不好挑明了，也就不说。此后他忍，忍，忍，看表面，过去了，或淡薄了，其实不然。是四十年代末易

111

代之际，其时他在北新桥附近一个小学做事务工作，病了。先是好好坏坏，渐渐就不能上班了。他家在东直门内城楼下西南部的一个小院里，有妻女陪着。我们见面不多了，原因是他病加重，出门有困难；我呢，"三反""五反"还没来，已经感到高压的空气过于沉重，如临如履了。记得是他弥留之际，我去看他，他躺在北房靠西的里间，不让我进去，说他是结核，晚期了，要防备传染。他没有提永别的事，只是嘱咐我，说门外有水，每天早晨要沿着湖滨走走，求身体能够健康。他的妻女催我走，当然是为我，身和心。果然就这样永别了，就在会面后的夜里，他走了，年岁刚及四十。幸而女儿已经出嫁，女婿人很好，也有本事，遗体入棺，葬到故土的村外；其后不久，带着遗下的二人往哈尔滨，乐业并安居去了。那其后四十年来，通音问不多，可记的只有两次：一次是八十年代中期，他的女儿惠如到北京来，到家里来看我，说她母亲身体不坏；又一次是两三年前，马池口梁家有人来，说惠如得什么病，死了，她母亲还健在。再说政平入土之后，我坐火车路过马池口村（在铁路东侧）次数不少，眺望东方，还能看到龙山（在县城东南五里），不由得想到昔年我们在县城和柴门小院间来往的情形，都过去了，那一抔土还会存在吗？估计是不会保留的，那么，关于他，除记忆之外，我还有什么呢？想想，还可以找到三件。两件，一张相片，一个怀表链，是老伴保存着的。另一件是一支派克金笔，是我考入北京大学之后，他父亲益甫先生由琉璃厂买来，他送我的。且说这支笔陪伴我六十年以上，用它，我写过无数书札，写过多次检讨、交代，以及请罪辞，也写过一些不值大雅一笑的书。也还是用这支笔，我现在写追忆他的文字。遗憾的是我不信灵魂不灭，死后有知——我也未尝不希望灵魂不灭，死后有知，如果我们的世界真是那样，我现在就可以赋完《大招》之后，说："听你话，我早晨出去转一转，到现在还健康，并且正在用你送我的笔写你，安息吧！"

政平的同母弟有两个，政善和政国。政善也考师范学校，入第十八班，比政平小四岁。政国我也见过，交往不多，旧时代末投笔而从了戎，其后就不再有消息，总是马革裹尸了吧。单说政善，他入学的时候我在高年级，在一个校门里共朝夕两三年，也因为政平的关系，视我为亲近的大哥，来往很多，相知很深。他身材比政平高，性格却也是温和甚至瑟缩一路。语云，人心换人心。相识之后不久，我就把他看作需要我关照的小弟弟。他毕业之后未离本行，在京北一带教小学，现在还记得两处，京西北的永（丰）屯和京北沙河东侧的沙屯儿，因为我都去看过他。看他，想兼看看当地风光。到永丰屯，记得是看黑龙潭。沙屯儿是紧靠沙河镇的一个村庄，学校设在村西北角的一个废寺里，没有名胜或旧迹可看。想不到却有可记的。学校教师也许有几位，傍晚放学以后，围墙内只剩下外来的两个人，政善和家在昌平县城东街的刘女士。这位女士二十出头，个儿不高，但玲珑聪慧，眼睛尤其出色，乌黑的眼珠四周像是有一汪水围着，说话甜而脆，未必有情却表现为总是多情。对政善更是这样，招待我的晚饭，她帮着做，略有空闲，还给政善收拾屋子。晚饭以后，游唯一可以看看的另一个废寺，因为还有佛像。寺在学校东南方不远，刘女士拿电筒跟着，仍是热情周到。我住一夜，第二天告别，之后曾想到政善的处境，也许其时我已经念了一些佛教典籍吧，觉得他的日子未必好过，已婚，又误入天台，进呢，可能此巷不通行，退呢，没有禅师的定功是很难的。其结果必是苦。不过这类事，位居大哥者也只能杞人忧天了。还有一些后话，不知道与刘女士有没有关系，是秋末，玉米入仓的季节，其时也是通货膨胀，我熟识的一些人撙节一些钱，集到一起，托政善在沙屯儿买若干石玉米，以求时光流过一段而不吃亏，甚至占些便宜，结果是不再有下文，我只好代偿了这笔账。所谓没有下文，包括政善也就不再来，不再通音问。这证明他仍是老实人，不管为什么，花了有深交的人一点钱，就觉得无面目见人，总是可怜的。其时我也很穷，但心里的情理未少，因而确信，为意中人，为生活的园地里多几簇花，就是有天大的牺牲，也应该。可惜他还没有彻底理解我，就含着羞愧，远了。直到八十年代前期，我见到马池口的梁家人，问及政善，才知道他多年坎坷，是1960年前后吧，到塞外沙城（？）去教书，病死在那里，享寿略高于政平。

二、朱润岑。他是北京旗下人，字仰秋，小于我一岁或同岁，也是同班。中等身材，偏于丰满，面红润，与人谈话，总像是羞涩，不能大大方方的。同我交往不很多，感情却不坏，也许口头说过，愿意结为兄弟吧，后来同他的三叔父、四叔父（他早丧父）有交往，我随他，也呼为三叔、四叔。其时我们（包括校门内的一切同学）都年轻，心中的水面容易被柔情的风吹起皱纹；自己未起，也容易看到（或只是猜测）别人心上的皱纹。于是来于闲情难忍的流言中也就有了我和朱润岑的，说是我们俩在"拉牛儿"。我们真就有些不好意思，于是原来的愿意亲近变为有意躲避。不知又是来于什么心理规律，形远了，心的牵引力反而更大。于是我们偷偷传小条，写些思念的话，记得还有信誓旦旦的，是"青山不改，绿水长流"。想不到毕业以后，他回北京，在西城一带教小学，我走入北京大学红楼，就几乎断了来往。但结为兄弟的事则未泯灭，是四十年代末，我仍在挣扎着仰事父母，俯畜妻子，不记得由谁介绍，到贝满女子中学去教书，主持学校事务的朱先生是朱润岑的三叔父，我仍呼为三叔。朱先生古道热肠，也就真把我看作子侄。朱家是普普通通的旗下人，住在西直门内北沟沿东侧一个普普通通的胡同口内一个普普通通的三合（无南房）院里。至少是旧年正月，我与二三同事结伴，要到这个小三合院去拜年，享受一次普通旗下人特有的诚挚、重礼和整洁。其后迎来五十年代，时移事异，看人要换另一副眼镜，出入小三合院不合时宜了，也就没有再看见朱先生。朱润岑则更远了，如果仍健在，也不记得"青山不改，绿水长流"的话了吧？

三、赵连升。他是永清县人，字步青，与我同岁或小一岁，也是同班。身材、胖瘦，都中等。性格与名和字竟有瓜葛，人，当然都与水性相反，不是就下而是望上，只是他望上，眼睛得大，显得特别急而已。但平心而论，同我的交谊还是厚的，证据有二：其一，就是毕业以后的若干年，交往还是很多；其二，在师范学校同学的眼里，我和他是亲近的一伙。但这亲近有个限度，是不得侵犯他的虚荣心。这情况，是他的一次失恋使我悟出的。那是1928年之后，（国民）党公开了，大的影响之一是男师范的君子与女师范的淑女有了接触的机会。有些迷醉于革命口号并腿快的走入党部，国家大事说腻了（或竟没说），就改为忙于己身大事，少说主义，多说卿卿我我。说，其时男女的态度有大别：男急，愿意开门见山；女怕，几乎是步步设防。但量多会培育出例外，于是有少数，或极少数，竟撤了防，也就可以相会于城隅了。幸或不幸，赵连升也追得一个撤防的，姓李，我见过，长得不坏。"三人行，必有我师焉"，我撤退，剩他们二人，如何应对，自然只有当事人知道。但花有清香月有阴，看四围，看余韵，实况还是可以推知一二的。这实况是他们来往多，感情融洽。女方的热度也不低，甚至爱屋及乌，她家在北京，由家中来，还买过新出版的鲁迅著作送给我。我庆幸他们能够如愿，但有个小疑虑，是女方的门第太高，九品中正观念在一切有关人的头脑里都不起作用，可能吗？后来证明我的怀疑主义不是空谷生风，他们不那么热了。原因，赵连升说是自己变了看法。不过，由他的尽力忍而不能掩饰的极度痛苦看，变看法的不是他，而是女方。这是他的虚荣心使他对我也说了假话。但这也没有使我们疏远，因为看外表，他总是表现为同我关系很近。是"七七"事变之后吧，我们断了音问。一晃若干年过去，曾接到他一封由河南某地来的信，说需要个什么证件，问我能不能办。我复信说不能，他就不再来信。

四、曾雨田。他也是永清县人，字沛霖，长于我一岁，也是同班。身材好，细而略高，可惜性格是稳重型的，不然，就真可以说是翩翩浊世之佳公子了。因为他稳重，言行都不和盘托出，与同学的关系，就不能说坏，也不能说很好。但毕业以后，由于多种机缘，我们交往不少。机缘的一种是住得近。他毕业之后，来北京教育英中学，住在骑河楼的初中部，我考入北京大学，住在第三院学生宿舍，都在东安门内北河沿的西侧，步行不到十分钟可以见面。还记得一次，是1932年的清明之后，大风降温降到罕见的程度，我和同屋李耀宗、陈虞朴冷得受不了，一同到他的屋里（炉火未撤）去避难。是四十年代后期，我住在后海北岸，他的家乡不安静，父母妻子都来北京，自我介绍，也住在我那个院里，总有两三年吧，成为近邻。此外相互关照的事还不少，不能详说。可以说说的是他的这种性格，稳重，生活就会受限制于某种形式，好呢还是不好呢？像是连本人也难于评断。只好投靠记叙而躲开议论。可记叙的不少，只说两件。一是关于职业，他是若干年不动，因为他不想移动，校长李如松也乐得他不移动。唯物方面这样，唯心方面也是这样。是有那么一次，由于重也有压不住的时候吧，他告诉我，在他来往于骑河楼与灯市口的路上，经过洒兹府（原作奶子府），南侧有个如意胡同，胡同口总立个年轻姑娘，衣着和风神都是小家碧玉，注意看他，眉目含情。我问他有多长时候，他说很久了，而且是准时。我又问他曾否说话，他说不曾说话。其后若干年我想，他领情而没有说话，与不三宿桑下的浮屠正是一路，就"道"说可评为上上，可是转而想那位小家碧玉呢？我非观音大士，无力救苦救难，也就只好不想了。且说也许就是借稳重的光，不很久之前我还收到他的信，说离休，无事可做，正在临帖，想慢慢接近书法家。

五、贾恒江。良乡县人，字汇川，长于我两岁或三岁，也是同班。外貌与曾雨田相反，不只不翩翩，简直就是粗陋。矮个子，面黑而不光润。行动也笨拙，比如深色衣服破了，他自己缝补，用的常是白色线，因为他不看，或看而不想。但老天爷搞分配的时候是漫不经心的，他，单说外面儿，也随来可意的，是人人觉得他朴实，忠厚，可交。印象是知，依照王阳明的理论，必变为行，于是而有交朋友之事。未入桃园，也未成文兼公布，就有了五结义：以齿德为序，一是贾恒江，二是田鸿恩（字锡三，霸县人，同班），三是我，四是赵连升，五是梁政平。贾恒江位居首，我们就通称为贾大哥。毕业之后，他也曾有升学的想法，考师范大学，是数学吧，题发下，看，有难有易，心想，可先攻坚，坚的攻破，其余可迎刃而解。可惜直到该交卷，坚的竟未攻破，以致曳白出场。只好收回意马心猿，不忘本，去教小学。曾在我回家必经之地的河西务任教，我回家过那里，还在同一个冰冷的宿舍里过夜。他到北京，当然也常到我家里来。是1934年或其后不很久吧，他到我的原籍香河县去教书，推想是由于治平思想有了距离，我少信，在他眼里成为不前进，依照阶级观点的排中律，不正必反，于是很快，这昔日有桃园交谊的他对我就恶而远之，我们就这样虽都未就木而永别了。

六、刘凤舞。武清县前迍寺村人，字荫桐，长于我一岁或两岁，原来同班，不记得为什么，他移到下一班毕业。身材中等，像是不很健壮。写籍贯，兼及村，是因为我老（意为大排行中最小）姑嫁这村（在我的家乡以西十二里）李家，西行几十步就是刘凤舞家。也就因为有这种关系，我们毕业之后联系较多，情分也较浓。他回本县教书，记得有大良镇、杨村等地。他重视学术，以为我入了大学，学识就会远远超过他，来信总是说些抑己扬人的话。语云，官不打送礼的，我虽然未因他的赞扬而忘其所以，却总是把他看作同学中的亲近相知，有什么不三不四的书出版就寄给他，结果自然是又换来赞扬。但我们却很少见面，他来信必表示希望能见面。是七十年代前期，我由干校放还，报废，因为老伴在北京无工作，依据一时的一纸文书，我被动回家乡去吃那一天八两的口粮，不饱而尚能动，贫贱行乐，就到不很远的亲戚家看看。曾到前迍寺老姑家，姑父姑母都已下世，小名铁球的表弟竟高升为大队书记，自署李汉臣了。还顾情面，没把我这衣褐被动还乡的表兄拒之门外，并且招待了酒饭。我问及刘凤舞的情况，说成分不好，"文革"后被赶回家，受了些苦，现在还不能出门。我说我想去看看他。表弟沉吟了一下，说还是不去为好。就这样，我过门而不入，其后我根据另一个文书回北京，就不再有见面的机会。但愿他免冠之后，吃完饭能够到门外转转。

七、杜文成。跳到班外，由亲疏角度考虑，应该先说第十班的刘旌勇，只是因为前面《师范学校的朝朝夕夕》一题里已经提到他，又前些年曾写一篇《刘佛谛》，编入《负暄琐话》，好话也不宜于多重复，只好跳过他，写第十三班的杜文成。可巧以前以《诗人南星》为题，也写过他，并编入《负暄续话》，怎么处理？是两种情况兼顾：一是这本书里没写过他，写；二是别处写过他，这里少写，或躲着写。他是怀柔县人，无字，著文多署南星，译文（英译汉）多署林栖。在学校我们没有交往，可是知道他的亲近新文学之名。外貌也是钻新文学的样子，面清瘦，心沉思，言轻捷，使人不由得想到郁达夫。我1931年入北京大学，学中文，他1932年入北京大学，学英文，同在红楼之内，还是没有来往。是直到四十年代，颠簸和穷困的风把我们刮到一起，交往一下子就多起来，相互串门之外，还共同卜居于后海北岸，共同在市立第四中学的课堂上口讲指画。还有诗意的联系，最难忘的一次是某年的秋日，一同往通县去温旧梦，吃小楼肉饼，在北城墙上晒太阳。解放以后，新风是少说私话，我们来往少了，但未断。"文化大革命"来了。都自顾不暇，断了；到七十年代末，飓风渐杀，又恢复来往。他青中年时期写了不少新诗和散文，到老年锐气减了，安于在柴门小院里与鸡兔为伴，由于我的劝说和催促，才译了两本书，温源宁的《一知半解》和辜鸿铭的《清流传》。我，怀抱我的偏见看他，有拔高的一面，是诗意多，有下降的一面，是应该顾及的也不管不顾。这下降的影响，可举的例很多，只举大小两个：大是应该写得更多而没有写得更多；小是经手的书不少，单说自己写的十几种，竟也丢得片纸无存。近来他记忆力减退，证明脑力差了，如果差到不宜于看书，那就片纸无存也关系不大了。

八、荣在林。霸县人，字翰园，略长于我们（？），是第十班同学。中等身材，结实型的丰满，精干，多才与艺。也就靠这样的外和内，1928年时移事异，男女由只许远观变为可以近谈的时候，男师范不少人厉兵秣马，奔向道署街（女师范所在地），追，他在内，居然就成了。女方名傅宝珍，是玲珑的丰满型，郎才女貌，毕业后载文君进京，筑香巢享稀有（因为绝大多数空手而返）之福去了。记得他是在某中学任教，住在鼓楼以东，已经生儿育女，由岳母大人照看着。岳母也很精干，所以在有来往的同学的眼里，他的小家庭也是数一数二的。上面说他有才，这才表现为能写能画，还能篆刻。我当年诸事甘居下游，唯有揩油，至少是有时，不落人后，于是也就买价不高的寿山石一对，托他刻《论语》成句"多见而识（读zhì，记住）"和"不忘乎生"。总是托他的福吧，半个世纪以来，什物大半失散，这对图章却依然卧在抽屉里。索性再取出来看看，结体和刀法走齐白石的路子，只是苍劲不够；边款"仲衡仁兄属刊论语成句己卯（案为1939年）中秋在林"共字六行，却潇洒流利。这仍是以才胜。且说刻这样的语句，是其时我还钻故纸，喜欢"多见而识"和"不忘乎生"这种境界。一瞬间五十多年过去了，像是应该检查一下。前者，"多见"

没有做到,"识"就更没有做到。可告慰者是后一种,清夜自思,单说人,包括早已远去的,甚至化恩为怨的,我都没有把他或她请到心室以外。生,遇,总是不容易,还是以"不忘"为是。荣在林、傅宝珍,四十年代以来,与我渐渐断了来往,如果今日还健在,白发对白发,想到燃灯塔下的昔日,也当"似梦里"了吧?

九、周信。我的香河县同乡,字子诚,第九班学生,推想要比我大三四岁,毕业以后回本县,到(国民党)党部工作,不久也考入北京大学,读史学系,与我同年级。身材不高,清秀,面和蔼而内严谨;这"谨"还与"慎"结伴,处事认真,总是小心翼翼的样子。事业心强,不甘居人下。这种种加在一起,给人的印象是,为人理胜于情。我们交往不多,听说解放后在北京某中学教书,住在崇文门外磁器口一带。其时他年逾不惑,想是因为有历史包袱,更要表现为恶旧乐新,争上游,没有人要求他同孩子们一起跳,他却带头跳,力不从心,腿骨折断,从此就再也不能行动自如了。残疾,听说近年来多受到照顾,希望他也不例外,不再为表现什么而做力不能及的。

十、王长义。也是我的香河县同乡,字子辉,入第十四班,年龄与我差不多。高个子,风度是体育健儿加阔少。生活也是五陵子弟式的,向往的是吃喝玩乐;行有余力,也未必亲近书本。混到毕业,到北京,理想的出路是找个门户开放的大学,再自在几年,于是入了中国大学(?)。我们几乎没有交往。记得在某处遇见一次,问他每天干些什么,他说"三打加一跳",三打者,打球,打牌,打野鸡,一跳者,入夜回学校,已经闭门,则跳墙进去是也。若干年之后,又曾听到他的消息,是终于混不下去,转乎沟壑了。用常人的常识眼看,他的生活之道不足为训,这里拉他来做殿军,是想说明,出于我们师范学校之门的,虽然绝大多数懦弱无能,却也有能跳墙的。

附记:这一点旧事早已成为模糊的影子,写完,忽然想到,这能打能跳的同学也许名刘长庆,字子久,若然,以上的述说就是张冠李戴了。逝者如斯,可叹可叹!

常态之外

用比喻解题，小家小户过日子，吃炒肉丝、熬白菜之类是常态，餐桌上忽然端上一盘烂扒鱼翅是常态之外。通县六年学校生活，我回想，由遐想、上课、读书直到吃喝拉撒睡等，几乎都属于常态之内。说几乎，是也有常态之外，虽然为数不多。这不多的一些，推想不会有几个人感兴趣，还想写，也可以说是来于个人迷信，即自己的疮疤比西施的笑靥还美；或者说来于小家子气，竹头木屑，都舍不得扔在垃圾堆上是也。不管来于什么吧，既然决定写，就写。计可以分作人事和天象两类：人事两种，1926年的军阀战争和1928年的小型易代；天象三种，大风、大雪和纯冰雹。

先说人事之一，1926年的军阀战争。军阀，指北洋军阀，派系，人头儿，盛衰，朝三暮四和朝四暮三，情况复杂得很。单说规模比较大的战争，有1922年的第一次直（以吴佩孚为代表）奉（张作霖）之战，以直胜奉败结束；有1924年的第二次直奉之战，以直败奉胜结束。1926年春天，交战的双方更加复杂，撮要说是以冯玉祥为代表的国民军在西北方，张作霖的奉军和张宗昌、李景林、褚玉璞的直鲁联军在东南方,争夺京、津、保一带。混战一个短时期,国民军败了,一段一段往西北撤,胜者当然是一步一步往西北进。于是而通县一带,也就有了国民军残部(查资料,属唐之道)往西逃、直鲁联军先头部队(属李景林)往西追之事。耳闻是有疏疏密密的枪声和间或一两响炮声。步枪声有时很近,像是就在北城墙以外。其时我们的好奇心胜过怕死心理,就约集几个人,记得是上午,登上城墙(东部有路),伏在上面看。就在城外不远,有零零星星的兵,西方的边射击边退,东方的边射击边西进。划空的枪弹声不断,可是没看见有人倒下。世间的战争不少,文字记载(包括小说)的战事更多,亲眼所见,一生也只有这不起眼的一次。与现代化的大战相比,这次的冲突确是微不足道,可是对我们的影响却不很小。先是一次怕。国民军以纪律好著名,我们不怕;怕的是直鲁联军进城,轻则抢财物,重呢,会不会打人杀人?果然有一些就进了校门,职教员,学生,有些已经回家,剩下的只好闭门室中坐。幸而入校的是胜利者,还要定时归队,抢,时间不能过长,取物不能过多,恐怖时期一会儿就过去。现在只记得,教体育的马骥德老师,右口袋的五块现洋被掏去,左口袋的一百多元钞票却保住了。更大的影响是课停了,复课无期,还担心战争的进退有反复,都认为不如趁战场西移,赶紧回家。可是离家一百多里,长途汽车没有了,怎么走法?形势是只有回家一条路,也就没有选择的余地,于是,记得是4月后半的某一日,与既同班又同乡的郭士敬商妥,第二天早起,只带一个小包,结伴步行回家。第二天赶上大风,路上情况,留到下面天象部分说。

再说人事的另一种,1928年的小型易代。大局面是南方以蒋介石为代表的挂国民党牌号的势力北上(所谓北伐),压低了北洋军阀的势力。说压低,不说消灭,是因为到北方,真枪实弹用得不多,原来的地方割据势力,看南风力大,表示归服,最突出的如东北原来的奉系,费了若干周折,才接受南京政府的官号,换为青天白日旗,也就过去了。这里只说小局面,是通县,尤其学校之内。记得是暑假之前,许多人感到空气已经是山雨欲来。征象有模棱的,是一些自视甚高的同学于原来的傲慢之外又加上不少得意,并且常常三三两两,在僻静的地方耳语。征象还有确实的,是有些人(或说就是那些自视甚高的)积极出动,拉一些圈外的人加入什么组织。我也曾受到这样的劝说,意思大概是年轻,应该有大志云云;至于行动,则说得吞吞吐吐。其时我对这些毫无所知,但感到必与争统治权有关,心情是怕加怀疑。就在此时,一个上班的同乡侯君也来劝说,意思是那些人鬼鬼祟祟,拉别人都是为自己的私利,要躲开他们。其时我还没有接近佛道,可是竟也以为一动不如一静,于是趁着放暑假,打点个小包,坐长途车回家了。

假期终了回来,情况真就变了。从上到下说,最高的统治机构由北京的北洋政府变为南京的国民政府;其次的统治机构由直隶省京兆变为河北省;学校的牌号当然要随着变,京兆师范学校寿终正寝,改为河北省立第十师范学校。然后是校内,语云,一朝天子一朝臣,无党无派的刘校长下台了，换为国民党员段喆人；其下的主任，以及一部分教师，也就不免有些变动。转为说我们学生，值得说说的变动主要是心理的，总的说是由原来的一贯平静变为一阵子狂热，也就由原来的不识不知变为自以为豁然开朗而实际是同样胡涂甚至更加胡涂。仍说心理方面的表现，是：一，相信自己真就认清了治平之道，即不少人高喊的三民主义；二，自己也应该以天下为己任。心理必表现为行动，几乎是全体同学，都填表，加入国民党。都加入，热度不同，少数热得烫手的，出入党部，天长日久就有得，或挣得某种官衔，或相中个意中人，成为眷属。曾狂热而没有完全放弃冷静的，也许因为无所得吧，不很久就有些灰心，至少是疑心，觉得所谓革故鼎新，大概是换汤不换药。这灰心或疑心，也许在上者也有所察觉，于是而有党员重新登记之举。我是既灰心又疑心的，所以就放弃这个以天下为己任的"光荣"头衔，钻入小图书馆去念鲁迅和雨果去了。后来回想，经过这次小型易代，我也不是毫无所得，这所得，说最值得珍视的认识，是听到什么口号就头脑发热，结果常常是一场空。

再说天象。其一是大风，上面已经提到，是避战乱，回家的一天遇见的。从早起说起，是天刚亮，我和郭士敬就走出校门。已经起风，不很大。不到早饭时间，空腹出来，希望到街上买点吃的，没想到家家闭户，卖什么的都没有。只好怀着希望往前走。出新城南门，上了京津公路，风转大。路上一个人也没有，也没有兵。——也曾遇见一个，躺在公路右侧的田里，虽然风很大，还是臭得使人作呕。其后若干年读佛书，修持方法中有不净观，我曾想到这个屈死鬼，认为以不净设教，确是有一面之理，可惜事实是还有另一面，是生的红粉佳人不是臭，而是香。言归正传，约莫走出十几里，风更大了，幸而我们也是由西北往东南，顺风，记得一抬腿，这条腿就被风推得往前移；背自然更是这样，总像是有大力往前推。谢谢风神关照；只是神也各有所司，不能使我们把空的肚皮装满。又向前走一段路，实在饿得难过，迈步的力量也小了。我们商量，可否用讨饭的办法度过困难。路左侧二三里有个村庄，我们想试试。继而想到登门，张口讨饭吃的情况，觉得太难为情，只得仍往前走。幸而天无绝人之路，走到马头（位于通县与河西务的中间）以北四五里（已走出约四十里）的长林营，坐长途汽车常见的路东侧卖食品的那个小店里有人，我们进去，说明空腹回家的情况，问有什么现成吃的，如花生之类，先吃点。店主人说，他们逃兵乱，也是刚回来，屋里都空了。我们求他想想办法。他动了恻隐之心，到后面找找，说缸里还有些玉米面，柴还有，"给你们做一斤面的糊饼吧"。我们千谢万谢，等，好容易熟了，端来，我们狼吞虎咽，吃到所余无几的时候才相互问："这面有发霉味，你没吃出来吗？"语云，饥者易为食，果然不错。饭后，我们继续赶路，仍是借风之助，到河西务，下公路，又走三十里，未入夜就到了家。这是我一生中走路最长的一次，大约一百二十里，如果不借风力，估计是办不到的。

其二是大雪。记得是易代前后的某一年寒假，同路往河西务的十几个同学共同包一辆汽车（其时车都不大），早晨约八时由校门口上车。其时天气阴沉，已经飞雪花。车东南行，雪越来越大，直到中午才到河西务，积雪已经深一尺上下。离河西务不远的同学分散回家，剩下几个还要走一段长路的，不记得由谁带领，到一个熟人家去吃午饭。记得主食是烙饼，菜是肉片熬白菜粉条，因为既冷又饿，觉得很好吃。雪还在下，主人留住下，待次日天晴再走。我们怕雪转大，那就更难走，决定冒雪回去。路看不见了，雪很深，只好一步一步往前挪。有如蜀道之难，直到天黑，也终于到了家。其后几十年，老天爷像是也泄了气，雪还有，却不能再见那样大气派的。

其三是纯冰雹。是一年暑假回到家里不久，记得刚过午，天气骤变，降了冰雹。块头不大，只有手指肚那样，奇怪是密集，不掺和一个雨点，只是片时就有两寸厚。想起来真是唯天为大，降冰雹也能清一色。但也只是这一次，后来若干年，若干次，就再也没有这样的了。

进京

在我的人生的道路上,进京是个比较大的变化,比喻说,出门散步,无目的,可以往东,也可以往西,不知怎么一来,向东走了。所见,所遇,就限定为东方这一路,不易变,或简直不能变。这就成为像是命定的路,指实说是书生的路。不好吗?知足常乐,既是上帝限定这样想的,又是圣贤勉励这样做的。这是说,我不只安之,有时回想,还觉得如此这般也不坏。飘飘然了,就宜于或乐得加细说。然而可惜,我的记忆力很坏;从1928年暑后起,本来可以借助日记,不幸辛辛苦苦十年,每晚记,总有十几本吧,都毁于"七七"事变的战火。所以还是只能安于得其大略,甚至不得不模模糊糊。

以下就由模模糊糊说起。到1931年6月,六年的师范学校生活结束了。上学,依学制,时间有定,熬过六年,毕业,拿到证书,用大而空的笔法,可以说是胜利完成。实事求是就不是这样,而是旧的破灭,主要是不能在原来的大院里白吃白住;新的渺茫,即离开旧地,往哪里走,谁也不知道。依法,或依通例,师范学校毕业,要到小学去当孩子王;小学,排在前面的是本县的小学,最好是城里的,不得已就下乡。本县不成，有机缘也可以到外县，入城难，就安于在乡镇。现在还记得，月工资是三十元上下，比北京警察（当时名巡警）的月饷高三四倍，所以在工农的眼里，仍是"唯有读书高"的高等人。但也有缺点，是：一，长年跟毛孩子在一起混，没意思；二，干到老也不会升迁，仍是个孩子王。其实这是后话，在当时，我大概连这类衡量高低、利害的余裕也没有，而是比缘木求鱼更泄气，守株待兔。这兔是新的安身之地；称为"待"，是既没有什么设想，又没有积极去营谋。也是通例，最后一个学期，也许很早，有些人的出路就定了；还有些，大概是少数，经过奔走，到学期终了，也终于有了容身之地。我呢，也许在这类事情上总是退缩吧，是直到该卷铺盖离去的时候，还是没有地方要。形势是只能回家或找另一个食宿之地。真就回家，投笔从农吗？不好看，也不甘心。于是四面八方挤，就挤到仍旧在学校里混日子的路。幸而"师范学校毕业至少要教学一年始能升学"的规定并不执行，我就背负被卷、怀揣证书西行入京，去投考高等学校了。

北京，生地方，语云，人熟是一宝，只好找熟人。有个姨表兄刘苫忱（名国忠）在朝阳学院上学，学法律，住在他们学校附近，即东四十二条东口海运仓一带。我由他介绍并关照，住在十二条以北慧照寺街路南一个公寓里，记得同住的还有同班贾汇川和赵步青。生活既穷困又单调，主要是温课；中午和日落时，到附近小饭馆吃点最省钱的。报考要选择，考虑的条件有两个：一个是学校好，或说有较高的地位和名声；另一个是费用低，因为高，如燕京，就念不起。两个条件相加，很容易就筛出两个学校来，北京大学和师范大学。大概是7月初，报名开始，我到这两个选定的学校报了名，验明证书之后，交报名费一元，填写志愿是学文，即入文学院。因为后来入了北京大学，熟悉常见到的种种，至今还记得报名地点，是第二院（理学院）东路二层灰砖楼（数学系在其内）的南面廊下。这座灰砖楼有幸，大破旧物之后，到变为保护文物古迹的时候，还在死缓期，于是就活下来。是1991年夏天，我也有幸，还在这个大院里尸位素餐，为了纪念入学六十年，还在那个廊下照了相。当年的清爽变为一甲子之后的乱糟糟。这也好，因为可以证明，过去的真就一去不复返了。

北京大学考期在前，总是在7月的前半，在第三院入门右手操场西部坐西向东的教室里。记得门类有国文（今曰语文）、数学、英语、史地，也许还有党义？数学考得很坏，几何还略有所知，代数简直不成，后来不知从哪个渠道得来消息，是得四十分。英语也不佳，刚刚及格。上天保佑，国文出了四书题，是"不患寡而患不均，不患贫而患不安，试申其义"。这两句出于《论语·季氏》，我不知道，但我的心里还存有半部《孟子》，而且受小学刘阶明老师之惠，知道寡是指人口少，于是拿起笔，就拉孟老夫子来助威，说"河内凶，则移其民于河东，移其粟于河内"云云。且说其时北京大学正是被考古风刮得晕头转向的时候，推想这位阅卷先生开卷遇到《孟子·梁惠王上》，必是相视而笑，莫逆于心，于是据说，就大笔一挥，给了八十分。这自然是后来才听说的；至于当时，我是兼用了兵家的策略，在失败和胜利的两种可能之中，宁可设想为失败的。这就要准备不久之后走入师范大学考场。还是走兵家的路，战前要秣马厉兵。时间有限，厉兵应该先对付钝的，于是用全力温数学。可谓勤，天天夜以继日。老天爷不作美，偏偏这几天酷热，尤其入夜，面对青灯，持笔解方程式，必是汗如雨下。这样总有十天上下吧，是一天傍晚，公寓的伙计送来一张明信片，问是不是我的，说在院里放几天了。我接过来看，是同学赵君寄来的报喜片，说他住在沙滩，看见贴在二院门口的榜，我录取了。我当然高兴，理由之切近者是可以不再冒酷暑解方程式。也有马后课的懊丧，是因为消息一再迟误，白白受了若干天苦。但终归是大局已定，心里一块砖头落地。之后是正式决定，北京大学位高于师范大学，北大录取，就不再考师大；其时是7月，离入学尚远，先回家，住到8月下旬再来京。

由家乡到学校，也可以说由学校到家乡，路程有小变：通县时期是只能走家乡西北三十里的河西务，坐长途汽车；到北京，就既可以走河西务，又可以南行五十里到杨村，坐火车。火车有优越性，敞亮，平稳，但到杨村上车，就要多走二十里旱路。所以大学四年，寒暑假有时（不像师范时期那样确定）回家，来往还是多取道河西务。由河西务上长途汽车往北京，路过通县，到新城南门暂停，可以听到嘈杂的兜售蹲儿饽饽、糖火烧的声音，车入城走一段路转西，可以看见师范学校校门、张家小铺、大红牌楼、西门等，感到真就分别了，心里不免热乎乎的。还是说这一次榜上有名的荣归,不同的人反应不一样。邻里有文化的,大多是与药王庙学校有关系的,觉得我真就高升到"士"的阶级,他们只是沾点边,严格说,不够格,心情是尊敬加羡慕。没有文化的,还是"唯有读书高"、离开庄稼地就好那一路,觉得进了京是更上一层楼,远远超过他们,所以见面增加了客气,呼为"二先生"(我行二)。母亲向来是少言笑的,但看得出来,是由于儿子在村里露了脸而高兴。父亲是一则以喜,一则以惧,觉得能升学也好,但还要花钱,也不好办,因为家里经济情况一直不好,一年勤苦,收入总不够他还赌债的。百分之百不高兴的是大嫂,那是以前听长兄说,我考师范学校,她说枕边话就曾劝阻,未如愿,现在是赔了夫人又折兵,当然很懊丧。这是典型的妇人之见,总希望自己的男人是最出色的,在家里占上风,正是其情亦可悯也。

还是转回来说自己。这次在家里,大概不满一个月,依人生惯例,无事像是更不得闲,转瞬就接近新生报到入学之期。准时到学校,报到,交十元学费(交之前,足在校门外,这十元非交不可,第二学期起就可以请求缓交,校长照例批准)。其后并取得住宿权(不收费),分配住在北河沿第三院大门(坐西向东)内南侧口字形二层楼楼上西面的一间。一间住三个人,那两个,一个是由预科(这是最后一期)升上来的李耀宗(河北满城人,入国文系),一个是新考进来的陈虞朴(河北阜平人,入史学系)。说起系,还要说说入学之后一次影响不小的偶然。是投考报名,志愿只填什么院;录取之后办入学手续，还有选系的自由。其时文学院有这样几个系：哲学系；史学系；教育系；中国语言文学系；外国语文学系，包括英文、法文、德文、日文四个组。名义是五个系，实际是八个系。选定之前，我曾否仔细考虑自己的兴趣、将来的发展、毕业后的出路等，不记得了。只记得，也许想远走高飞吧，填表之前曾想学英文，就在下笔之前，遇见也是本年度考上北京大学的师范同学陈世骧（他是第十三班同学，还差半年毕业，何以能报名投考，不记得了），谈起想学英文的事，他说入大学，学什么，应该展其所长，不该补其所短。他断定我的所长是国文，应该入国文系。不知哪阵风吹的，其时我竟有从善如流的美德，于是未再思三思，就拿起笔，在志愿一栏填上中国语言文学系。上课之前，依古今通例，是要办多种手续的，现在只记得曾领得一枚徽章，圆圆的，上有"北大"两个篆字，嵌在帽子（通行毡制的礼帽）的右侧，不招摇而过市，至少是有时，连自己也觉得身价与通县时期不同了。

这不同，有如意的一面，主要是就学，此后会有许多可学的，而如果能够学而有成，那就真成为"唯有读书高"了吧？但也有不如意的一面，是收入难得增加而开销必加大。大，来于大学的"大"，小小气气不合适了，日用，吃（官费变为自费）穿，交往，也许还要添些书吧，都是离开钱办不了的。怎么办？语云，挤墙挨打，不再有退路，也就只好在学业闪光和钱袋暗淡的夹缝中挣扎着走下去。

北大释地

以母校为名，北京大学排第三，可是由影响方面考虑，次序就要倒过来。影响有偏于身的，主要是在什么地方、用哪种方式混饭吃；更重大的影响是偏于心的，"人心唯危"，难言也，勉强说，不过是喜欢并常常胡思乱想而已。这身和心"本是同根生"，所以寻根，就要先说说北京大学。根也要有根，即活动场所，为不知者设想，向导游学习，先介绍一下。

我1931年暑后入学，其时学校有三个院，分三处，总说是在紫禁城东北。三个院，排次序，如果由编年史家下笔，排第一的应该是坐落在马神庙（旧名）的，因为清光绪二十四年（1898年）开始设立京师大学堂，地址是马神庙的乾隆四公主（和硕和嘉公主）府。排第二的应该是坐落在北河沿的，因为光绪二十九年（1903年）开办译学馆，有些校舍是那时候建的。可是我上学时候，排次序，是以文、理、法的次序为次序，汉花园的为文学院，排第一，马神庙的为理学院，排第二，北河沿的为法学院，排第三。释地，宜于更重视现状，所以由排第一的文学院说起。

先定位。由大到小，第一院在皇城以内的东北部，紫禁城以东略北。用指路法说明，是由紫禁城北门的神武门外、景山前门之间的那条路东行，过北池子北口外，路北斜然后向东（只是这一小块名沙滩），那条东西向大街名汉花园（今改五四大街），东至南北向一条小河（西岸名北河沿），街北都属北京大学，靠东部的三分之二耸立着一座坐北向南的四层红砖楼（通称红楼），是文学院（我入学以后法学院亦来此上课）的所在地。红楼前偏西有临街的几间平房，名称不记得了，业务是卖讲义。出红楼后门，稍偏西有个高铁架，上悬斗大铜钟，上下课时敲打以报时，记得上课是连敲两下，略停再敲，下课是以一下为单位，慢慢敲。红楼后面是空地，用作操场，靠北部，冬天搭席棚，辟为冰场。西部有坐西向东一个宽大平房，用作风雨操场。这个大房之前偏南（？）有几间小平房，是男生浴室。风雨操场之西是男生宿舍之一的东斋，门向西（门外的南北向街名操场大院），不直通操场。风雨操场之北有个向西的门，是第一院的后门或便门，可以西行往第二院。红楼以北偏西有个松公府（操场的空地有些也是松公府的），我入学时候学校已经把整个府买过来，府略修整，前部用作图书馆（原在红楼），后部安置研究所国学门。松公府以东增建三层楼的学生宿舍（通称新四斋），西南部（即便门内以北）建了两层兼三层楼的新图书馆，便门以外街西建了地质馆（其地原为松公府祠堂）。

接着说第二院。情况与第一院不一样，那里是新建，这里是旧建

137

筑略加变化。由位置说起。总的是在紫禁城神武门以东那一段以北，景山路北以东，东西向的一条街，路北靠西的一半。街原名马神庙，后改景山东街，不久前又改为沙滩后街。名马神庙，街的某处应该有马神之庙，可是我入学时候已找不到这个庙。据比我早来几年的回德望先生说，他见过，在街东口外略北，坐东向西，残破的三间房，有院墙围着。如果他的记忆不错，很可能是乾隆初年修建公主府，由街里某地移出去的，因为以庙名街，庙应该在街之内。无可考，只好不考，改说公主府。公主是乾隆皇帝的四女儿，乾隆二十五年十六岁，下嫁傅恒之子福隆安，七年之后就死了。其后府由谁住，关系不大，反正到光绪年间像是空闲了，所以立京师大学堂，就拨这个府为校址。其时世态和人心都还缺乏革命的积极性，所以府改为校，变动并不很大。这里只说我上学时期的。校门平房五楹，中间为门洞，推想即原来的府门。入门不远有石狮子一对，按王府旧制，其后应为银安殿，没有，改为筒形（两排房面对，中有路，上不见天）平房，横贯东西，尽头并转向南，用为物理、化学等实验室。石狮子背后上台阶有穿堂，两旁是学期之前张贴各系课程表的地方。穿堂中间向东向西即筒形房的路。一直北行下台阶是个大院落，北面坐北向南是原公主府正殿，改用为阶梯式可容二百多人的大讲堂。讲堂两侧有耳房，两侧一间是教师上课前休息的地方（内有小门通大讲堂）。讲堂前有空地，由四周向内渐渐低下，中间成为小荷池。池中间立大理石柱，柱四面刻大字（慎思、明辨之类？），顶上斜立个日晷。空地两旁有南北向通路，路东有两座楼，都是两层：靠南一座口字形，四面有廊，有门，是数学系；靠北一座工字形，只有前门，是生物馆。大讲堂之后还有个院落，北面的房屋高大，有廊，用作宴会厅。东西厢也有廊，用作什么，不记得了。这个院落的后面还有建筑，是两层上下各十间（？）的小楼，公主府时期的存物之所，大学堂时期用作藏书楼，我上学时期用作什么也不记得了。大讲堂以西靠北有三进带廊的高大宫殿式房子，推想是公主食息的地方，最前一进用作校长办公室，后两进用作什么，当时即未注意。校长办公室以南，一排一排平房不少，靠北是办公处各科室，靠南是宿舍，其中临街一部分开南门，是女生宿舍。

　　再说第三院。汉花园东口外是一条南北向的小河，河西岸名北河沿，东岸名皇城根。北河沿，由汉花园到东华门外这一段是河沿的南段，第三院在这一段靠近南端的路西，改为用步行说明：出红楼东行，到汉花园东口外改为南行，过骑河楼东口外（已无骑河之楼），不远，过孟公府东口外，路西墙角立个高一米上下的石碑，上刻"译学馆"三个大字，是第三院的东北角，前行不远就是坐西向东的拱形院门。再南行不很远，到东西向一条大街，西望，穿过南北池子中间，是耸立的东华门；东行不远是东安门（皇城东门，其时已拆除），穿过东安门大街，南行就是著名的王府井大街。位置定，说院内情况。拱形大门上有房屋，不多，可是开个银行，名"北京大学学生储蓄银行"，因为行长是马寅初，据说还颇有名气。我没上去过，因为

139

无钱可储。进大门，左方（即路南）是一座两层的口字形楼，其时用为学生宿舍，排号是第三。右方（即路北）是操场，记得有平整的网球场，至少是两个。操场尽头，即西端，有坐西向东的两层楼，是教室。教室南侧，地势高起，上立个柱形的大理石碑，是三一八纪念碑。其南还有一座两层的楼房，推想也是教室。这两座楼后面还有空地，只记得靠南部有个坐北向南的宽大建筑，东西向九间，南北向五间，都是中间开门，是体育馆。在这个馆里，来于闻，是五四运动，曾囚禁被捕学生一千多人，长达三日；来于见，是1932年（？）章太炎来北京，曾讲演，慷慨激昂谈时事。

　　三个院的情况介绍完，还要说说学生宿舍，因为它有半独立性。大致依序号说。排第一的是西斋，在第二院的西墙外，大门向南开。其中坐北向南房十几排，一排分为若干间，一间住两个人。因为进深宽，成为南北一个长条，于是适应北大个人主义味道浓的特点，辟前后两个门，中间用布帘隔开，同屋成为各立门户。据说，真有同屋一年两年，未曾交谈一次的。在几处学生宿舍中，西斋有个特点，是有食堂可以包饭，一日三餐，一菜一汤，馒头米饭随便吃，大概是一个月六元。排第二的是东斋，在第一院红楼以西，大门向西开。也是坐北向南房若干排，一排分为若干间，一间住两个人。房形是方块而非长条，所以同屋的两个人就不得不对床夜话。但东斋有个优越性，是地点适中，上课、吃饭都方便。排第三的是第三院内那个宿舍，口字形，上下两层，房屋开间大，一间可以住四个人。与东斋相比，住在这里等于偏安江左，上课，吃饭，都不得不北望中原。因为分配宿舍，理科学生在西斋，文科法科学生在东斋或三院，不能入东斋，上课就要北行不短的一段路，入红楼，吃饭也要到沙滩一带。第四宿舍在红楼以北椅子胡同，往那里，要由东斋门外的操场大院北行，过松公府夹道和嵩祝寺夹道，然后转东，走完嵩祝寺后身，再转北，才能到。说来也奇怪，我在学校蹲了四年，以后断断续续在沙滩一带混了几十年，竟是直到现在，也没走入过椅子胡同，因而对于这个宿舍的情况，除了也住男生之外，是毫无所知。排第五的是女生宿舍，在第二院以西的临街，门不大，向南开。估计面积也不大，房屋不多，因为其时女生很少，有的北京有家就不住宿舍。但至少在这里，房屋多少与级别高低并无关系，如西斋，终日大敞门，各色人等都可以出出入入；女生宿舍就不行，门口挂着"男宾止步"的大牌子，位高如蒋梦麟，名大如胡适，也只好望门兴叹。前些年听比我晚一年入学的教育系同学于卓说，这限制还有例外，是每年校庆那一天（可惜也忘了是哪一天）开放，男性，就是不找什么人，也可以进去看看。是当时不知道这个规定呢，还是自惭形秽，未能一鼓作气呢，不记得了，反正我是良机错过，终于没有能够欣赏一次这个集体闺房，"微闻芗泽"。至此，就序号说，学生宿舍说完了，而实际是此外还有。先说两个不见经传的，是我分明记得，三院以北几十米，路西一个高台阶大门，看样子原是民房，住的都是北大男生，像是还有人称它为三斋；松公府夹道近北端路西有个小宅院，看样子也是民房，住的都是北大女生。我推想,这是因为几处排号的宿舍不够用,为救急租的。我的推想大概不错,因为三十年代初买得全部松公府,之后不很久,就在府以东的空地(红楼以北)建了三层楼的既宽大又豪华的新宿舍(学生呼为新四斋)。说豪华,是因为设计的是一室一人专用,在国内是独一无二的。这个新宿舍与新图书馆在我毕业那一年同时完成,娘家"发"了,我可以找机会夸夸,可是不能得实惠,也总是个遗憾吧。

课程

　　北大不愧为大,单说活动场所就多到若干处,上一篇大致介绍了。在活动场所之内要活动。最重要的活动当然是,由学生方面说是"学",由教师方面说是"教",地点主要是在课堂上。所教和所学都不止一种,可以总称为课程。情况如何呢?就还记得的择要说说。

　　课程有系内的,有系外的,当然主要应该说系内的。系名"中国语言文学",意思是课程可以分为语言和文学两类,如文字学、音韵学、方言之类是语言,秦汉文、唐诗、元明小说之类是文学。人,性有所近,可以偏于语言,也可以偏于文学。学制容许这有所偏的自由,即如我,总感到象形、指事、开齐合撮之类过于枯燥,长达四年,就没有听,如魏建功先生的古音系研究课,赵荫棠先生的中原音韵课。但语言和文学的分家又不是一刀两断,记得入学时填志愿只写"中国语言文学系"而不更下行,写"语言专业"或"文学专业"。课程也是这样,分必修和选修,如冯沅君先生的中国文学史(文学),钱玄同先生的中国音韵沿革(语言),记得就都是必修课。还有不属一系的必修课,可以分作两类。一类是基础性质的,如胡适先生的中国哲学史，钟作猷先生的英语，是一年级（文学院？）普修。还有一类是政治性质的，文是（国民）党义，武是军训，是全校学生普修。课程多，人兴趣有别，精力有限，学校的要求有定，上多少，上哪种不上哪种，有个下限，用学分制来调节。一学期最低要修满十六学分，一门课大致是上完，考试及格，得两学分。有些课是必修，比如五门，学分不够，可以再选三门。有精力和兴趣，多选，比如四门、五门、六门，也可以。

必修，没有选择余地，你愿意修也得修，不愿意修也得修。但也藏着个小自由，是可以逃学（详情留到后面说）。选修，容许选，自然就有更多的自由。选，可以因课的性质而选，如我对乐府诗有兴趣，刘复先生开古声律学课，我就选了。也可以因人而选，如顾颉刚先生开《尚书·禹贡》课，我想看看这编《古史辨》的人物，也就选了。多数是既因课程性质又因人而选，如刘文典先生开六朝文的课，我想听听骈体，又想看看这胆敢顶撞蒋介石的人物，也就选了。以上的选是文献足征的，即校注册科登上文本的。不入文本，自由选听（不算修），自由的范围就更大了。文史哲不分家，现在还记得，史学系，我听过孟森先生的明清史，钱穆先生的古代史，马衡先生的金石学；哲学系，我听过汤用彤先生的哲学概论，马叙伦先生的宋明理学，熊十力先生的新唯识论。（以上有的可能计学分，记不清了。）因为不愿意把英语完全忘掉，我还听过英文组温源宁先生、应诒先生等用英语讲的课。听课还有看名角性质的，仍以我为例，那是跳出文学院，到理学院的生物馆，听世界著名地质学家美国人葛利普（A.W.Grabau）讲地质学。他下肢瘫痪，坐藤椅，由两个人抬上讲台。人相当胖，用英语讲，话缓慢而清晰。其时还有个由美国来的名角W.F.Osgood（中文译名奥斯谷），据说是世界（数学的）解析学权威，曾任哈佛大学数学系主任，我本也想去听听，及至看挂在第二院中门过道的课表，课程的名目比佛教密宗的咒语还难懂，胆量不够大，没敢去。

课程门类多，可以不可以分高下？依理，天之生材不齐，是应该有高下的。可是真要评定就很难。标准难定，一也。比如实用不实用是个标准，提出一门，问甲，说实用，问乙，可能说不实用，问丙，还可能说，不实用的反而有较高的价值。其二，还要看由谁讲。同样一门课，由甲讲，也许庸庸碌碌，换为乙讲，就可能大有新意。其三，还要看由谁评定。比如（国民党）党义，由官方看是最重要的，在学生眼里就正好相反。有此多种不易解决的困难，学校和学生只好都用陶渊明的不求甚解法，比如唐诗是老字号，就开讲唐诗的课；甲乙丙三位先生都能讲唐诗，就安排一位去讲；学生呢，唐诗是必修，就修，是选修，就凭灵机一动，或选或不选。就是这样，四年，我上了不少门，也丢了不少门，得失呢？连自己也说不清楚。

教法，即我们师范学校教学法课所讲求的，也可以说说。当孩子王，大概要讲究点方法；教我们这样头顶大学生帽子早已非孩子的人呢，有法比无法同样会好一些吧？但我推想，在红楼讲台之上口讲指画的诸多人物，大概都是没学过甚至未想到还有什么教学法的，于是表现在课堂之上就成为各行其是，五花八门。五，八，过于多，难说，只说二，南其辕而北其辙的。由课堂外说起。一堂课五十分钟，上课下课都有钟声报时，绝大多数教师遵守规定；但也竟有例外，据说讲目录学的伦明先生就不知道，上课要工友通知，下课要学生通知。上课，走入课堂，绝大多数教师是头上空空，记得只有也是讲目录学的余嘉锡先生总是戴着瓜皮小帽。讲课时立或坐也不一样，绝大多数是立着讲，可是刘文典先生不然，总是坐着，而且目半闭，像沉思的样子。有的口才好，如胡适先生，谈笑风生，有的人口才很差，如顾颉刚先生，有时嗫嚅一会儿，急得拿起粉笔在黑板上写。课程内容，多数有讲义，少数没有讲义；讲义有详有略；详的，绝大多数也即兴发挥，只有孟森先生例外，总是照讲义宣读，一字不差。即兴发挥，绝大多数有条理，有规矩，如钱玄同先生，讲义只是个纲要，上课讲，往广、深处发挥，范围不离开纲要；林损先生就不同，比如课是唐诗，上课前喝葡萄酒半瓶，脸红红地走上讲台，也许由骂胡适之的新式标点开场，半堂过去还回不到唐诗。

课程的进行，要由教师和学生两方面参加，教师当然是一位，至于学生多少，就可以相差很多，多可以多到二三百，少可以少到一个。记得胡适先生讲中国哲学史，第二院大讲堂可容二百多人，总是坐得满满的；如熊十力先生的新唯识论课，据说常常只有一两个人选。上课人数多少，决定的因素有多种。一种是课程性质。有来于外的，如必修，尤其普修，人就不会少，选修就不成，要取决于愿者上钩。还有来于内的，如过偏，多数人不感兴趣，听课的人就少，反之就多。另一种是讲课之人是不是名角，有没有叫座能力，如胡适先生，人有大名，登上讲台，风度和言谈都风流潇洒，听课的人就多，反之就少。还有一种，或者说也决定于课程性质和讲课之人，是旁听者的多少。北大，除女生宿舍之外，门（包括教室的门）都是敞着的，非本校学生（本校的当然更不在话下），愿意听，可以推门进去，找个空座坐下，听，没有人管，也没有人因惊异而看一眼。这样，显然，某门课旁听者多，上课的人就多，反之就少。上课的人多少，是否如演员演出，情绪受影响或高或低呢？推想是会这样。但又有什么办法？只能说是曲高和寡罢了。如熊十力先生的新唯识论就真是曲高和寡，据说有一次只有一个人选，如果二人之中有一个人不来上课，另一个人就会白跑一趟，先通知也麻烦，后来索性就到先生家里去上了。

北大的自由主义也或说更多地表现在课堂上。教师只要有学识（能成一家之言更好），上课可以任意抒己见，甚至胡说八道也没有人管。典型的例子是林损先生讲杜诗《赠卫八处士》，据同系不同年级的田春霖同学告诉我，解"夜雨剪春韭，新炊间黄粱"为慢待，所以诗结尾说"明日隔山岳，世事两茫茫"，意思是你干你的，我干我的，吹。当然，学生也有自由，积极行使是反驳，消极行使是不信。还是说上课。必修，或选某种，比如每周二课时，照规定，至时要走进课堂，坐在排定的位子上。可是，也可能因为觉得听不听两可，或进一步，觉得不如到图书馆去钻故纸，就可以不上。也是照规定，课间，注册科的人去点名，看座位号，空着画一个铅笔线，算缺席；缺席超过三分之一，不得参加期考，也就没有学分。这样说，照规定是没有不上课的自由，其实不然，办法是找管点名的盛先生把铅笔线擦去几个。推想学校必是默许，所以盛先生总是有求必应。还有不点名的课，是（国民党）党义，记得一学期只去一次，参加期考；评分也宽大，只要有考卷交上去就及格。还有参加考试就及格的，是钱玄同先生的课，他照自己的旧习不看考卷，学校也就只好默认，为他刻一个木戳，考完，他把考卷交到注册科，由注册科的人在卷面加盖一个，曰"及格"。但学生考这门课，出于对钱先生的尊重，比如出四道题，就答三道，一不多思索，二不多写，走走过场，送上讲桌了事。考试还有必及格的，是军训。可是平时也要上，因为，白雄远教官能够以一贯客气树立表面的严格，我们都跟他好，不好意思不去。

再说说旁听的自由。在我上北大时期及其前，红楼是学术界大名人的聚集之所，沙滩（名很大，面积却很小，只是北池子北口以东、汉花园西口以西，半径几十米一个小圆块，也许原来真有沙成滩？）是成年穷学生聚集之所，穷而仍想学，就正好利用北京大学的学术自由主义，选自己爱听的去听。又，有不少人考北大、清华等大学未录取，入了私立大学，仍愿意亲近一下知名学者，看风采，取学识，也就来听课。学校的高风是，不说欢迎，也不说不欢迎，默许，视而不见。于是有时就出现奇异的景观，只说两件我亲身经历的。一件是1933年暑后，刘复先生开古声律学课，我选了。每次上课有十几个人，到期末考试，应考的只我一个人，才知道那十几个都是旁听的。另一件是1949年春季，梁思成先生在红楼后面一个教室里讲中国建筑史，听说是最后一课，我伴同曹君家琪去了。记得放映幻灯片，有桥、小花园等。讲完，梁先生问怎么考，没有人答话，再问，还是没有人答话，最后才明白，原来讲台之下都是旁听的。

以上说的都是正式课，此外非正式，即不计学分的，也能学点什么，学识或技能，有没有？我惭愧，没有寻求和尝试精神，只知道红楼后面西部风雨操场，有个武术教师每周下午课后来两次或三次，教武术。我去看过，教师为满族，名恒寿山，人称恒大力，其时已经六十岁以上。人很好，武术方面造诣很高。可是来学的不多，只三两个人。其中一个山东学生，身体瘦小，学太极拳，据说成绩不坏。他听说我是京东香河县人，谈起我们县的武术名家张秀林（名策），同我很亲近。他健谈，常说些昔年武术界的轶事，颇有小说意味。有一次他说，他走这条路，本来是想当侍卫，没想到国体改变，皇帝没了，只好靠教课挣点饭吃。近水楼台，又因为当年看《七侠五义》一类小说还有些余荫，我说我也想学一点。他有知人之明，说太极不容易，"教你一套威虎拳吧。"威虎，出手出脚要是武松式，快而硬，离图书馆里的故纸太远，我不能适应，学得不多就不去了，以后也就没有再见到这位大力先生。

听讲，还有临时性的，可以分为两类。一类是连续几次，讲一个专题，如章太炎讲《广论语骈枝》就是。听说地点是研究所国学门，不记得为什么，我没有去听。但听去听的人说，确是多有不同于常的见解，如解《季康子馈药》篇"丘未达，不敢尝"之"达"为扎针，且不管对不对，总是闻所未闻。另一类是名流的讲演，一次讲一个题目，两三个小时结束。这样的讲演，现在还记得，在第三院的体育馆，听过章太炎的；在第二院的大讲堂，听过张东荪的。名人讲话，还有座谈会的形式，记得一次是在第二院的某室，谈诗，讲话的有周作人、郑振铎和谢冰心，学生参加的不多。

上堂讲之外，还有些学术活动，多称为什么学会，由教师主持，学生随意参加。早年有征集歌谣的歌谣研究会，我没赶上。我上学时期，顾颉刚先生讲《禹贡》课（研究古代地理），成立了禹贡学会，并出版期刊名《禹贡》(？)。我因为选了这门课，也就参加了禹贡学会，成为会员。记得还写过一篇小文，名《香河小志》，内容贫乏，顾先生为提携后学，也收入会刊。另有一次机会，幸或不幸错过，是听俞平伯先生课，有一次，下课之前他说，他正在研究《红楼梦》，如果谁有兴趣，可以找他，合作。其时我正在迷恋《古史辨》式的考古，觉得钗黛等没有尧舜禹等个头儿大，就没去找俞先生，如果去找，真就扔开尧舜禹，改为考曹雪芹佩刀质酒，这酒是北京二锅头还是绍兴加饭，因而就未想到西方的边沁和罗素，情况也许要比现在好得多吧？人间没有卖后悔药的，不想它也罢。

学术空气

学,或说引导自己往哪里走,力量有偏于有形的,是课程;还有偏于无形的,是学术空气。所谓学术空气,表现为行动,是某一范围的人,都在用力追求(某种或某几种)学识;表现为想法,是某一范围的人,都相信学识是有无上价值的。我在北京大学混了四年,自己不成材,对于这学术空气的性质和力量,却也有不很浅的体会,或用吹牛的口气说,受到不很浅的熏陶。这好不好?仁者见仁,智者见智,都留到后面说。这里要先说说情况。

学术空气,无风不能起浪,也要有来源。来源之一是学校的地位。在大学里,北京大学的资格最老,由京师大学堂算起,成立于清光绪二十四年(1898年)。老字号,总要有点不同于众的,这不同于众,总的说是有一顶光荣的帽子,"最高学府"。这顶帽子带来两种实惠:一是底子厚,比如学术界的重要人物,图书,都储量大,孕育学术空气当然就比较容易;二是选拔出色的人(主要是教师,也可包括学生)比较容易,比如有那么一位,名高实重,几个学校抢,北京大学也参加逐鹿,其他学校就多半会失败。这就会形成来源之二,是学术界的拔尖儿人物多了，学术（包括著作、讲论等）的堆堆就会增大，这有如屋子里摆满兰花或臭豆腐，就必致产生某一种空气。来源之三是英雄可以造时势。这方面的情况比较复杂，难于说清楚，因为也未尝不可以说，是时势造英雄。只好暂不讲理，只说事。我是想说，如果不是蔡元培校长等人的倡导这个，鼓吹那个，情况也许不是，或不全是，如我们所共见的。单说蔡元培校长，他的办学方针是"学术自由""兼容并包"，如果换为以什么主义、什么思想为指导，只许读某几种宝书，北大式的学术空气还能存在甚至发荣滋长吗？

事实是彼时并没有"如果"，于是就形成北大式的浓厚的学术空气。这表现在许多方面。其一是多数人把学术研究和著书立说看作自己的事业。我选了中国语言文学系，文史哲不分家，以下举例就限于这个圈子内的。文，史，哲，都有中土和西方的，也许家门口的更容易看见也就更容易感兴趣吧，其时的文史哲名流几乎都是研究本土的，比如胡适的博士帽子是由美国挣来的，在北大开的课却是中国哲学史。讲史要知古，而知古并不容易，又因为有清一代的学风主要是汉学，即考古之实，所以充斥于红楼的治学空气几乎可以说是清一色的考古；还可以举一种书为代表，是《古史辨》。古书念多了，对勘，准情酌理，对于某些旧说，昔人信而不疑的，疑了。比如创立家天下的大禹王，顾颉刚先生就疑为是个虫子。钱玄同先生则更进一步，废姓，改为疑古玄同。这样疑古，对不对，是另外的问题，这里所取是很多人废寝忘食，像是把自己的一切都投到治学里。长年钻故纸堆，其他都不顾，是一种生活态度，这态度，由一个角度看，有助于学术空气的形成，由另一个角度看，是学术空气熏陶的结果。

其二，也确是有了可以夸耀的成就。这可以用指名道姓法说，是某某完成了什么样的大著作，于传统的学术大厦上添了砖瓦，甚至使昔日的门楣之类刷新了面貌。也可以不指名道姓，只是总而言之，说在学术领域，北大红楼总是走在前面，推出分量重的，并开风气之先。两种办法都苦于一言难尽，只好改为举一斑以窥全豹法。说我印象比较深的。一种是今古文问题，直到北大红楼的崔适与刘师培，还争得脸红脖子粗。钱穆先生多年深钻秦汉，既写了《先秦诸子系年》，又写了《刘向歆父子年谱》，抛开意气，摆事实，证明情况并不像今文家说的那样，都是刘歆伪造。这是以事实为根据讲道理，所以有说服力。再举一种，是胡适的《红楼梦考证》。这篇文章写于1921年，长约三万字，与周汝昌先生的《红楼梦新证》比，是小块头，却大有重要性。这重要性，分着说是三种。以先轻后重为序，其一是指明索隐法的荒唐。所谓索隐，是认为小说中的情节是指历史上的某事，人物都影射某某人，如林黛玉，王梦阮的《红楼梦索隐》以为是影射董小宛，蔡元培的《石头记索隐》以为是影射朱彝尊。何以知之？显然是来于幻想加牵强附会。幻想，可以自怡悦，至于取信于人，一种也大不易（如影射董小宛，据孟森《董小宛考》，董小宛死于顺治八年，年二十八，其时顺治皇帝才十四岁），何况还可以有多种？（加上近年的，专说林黛玉，所影射总不少于十种吧，究竟哪一种幻想对？

153

我看最好是聚这诸多索隐迷于一堂，让他们都转守为攻，驳斥对方的荒唐。）其二是判定作者是曹雪芹，小说中所写是曹家旧事，所谓"自叙传"是也。这样的判定也许失之过于粘滞，没有予艺术创造以应有的地位，但至少我看，大体上是不错的。也就因此，半个多世纪以来，红学走红，不少人考有关的各个方面，基本上是在这篇考证的圈子里转，只是发现一点点新材料，有些粗疏的地方可以化为细致。其三是前两种重要之中蕴含的一种虽无形而分量更重的重要，是输入并摊出一种更为鲜明的科学方法，找多而有力的证据挤出结论。这样的方法，我们的祖先也用（尤其在汉学中），只是因为它常常掺和在玄想（如阴阳五行、谶纬、天埋等）之中，形迹就不够明显，力量就不够大。胡先生这篇考证不然，是用大量的证据支持一点点结论，给人的印象是，情况只能是这样，不可能是其他。因为是这样，所以在一般学人的眼里，索隐迷就输定了。这是学术空气的成果，应该大书特书的。应该大书特书，还因为近年以来，那信幻想不管证据甚至不管情理的歪风又有死灰复燃之势。还是限于红学，据我这孤陋寡闻所知，有不很少的人著书立说，以表示自己能够洞察幽微。这幽微主要是两处。一处是小说的作者问题，说是曹雪芹，不出奇，因而不能制胜，于是说不是曹雪芹。何以知之？就我见到的说，证据都薄弱得可怜。又依考证的通例，立新说，应该先把旧说（曹雪芹作）驳倒，那就应该举证证明，如《随园诗话》、甲戌本脂批等处正面说乃曹雪芹作的话都是错的，这些新说像是都没有做到这一点。另一处是小说的本事问题，即影射什么。顺治朝事、明珠家事等旧的猜谜不新鲜，于是制造新的幻想，据某书介绍，有说是骂雍正皇帝的，有说是揭露统治阶级的内部矛盾的，有说是影射古往今来的人和事的，有说是反满吊明的，等等。对于这些只可自怡悦的幻想，我没有兴趣评论，但也无妨总而言之，是：一，像这样的猜想，就是我这样无才无学之人，如果想凑热闹，拿出三天五天时间，也可以编造几十种；二，我不肯编或不敢编，除怕通情理的人齿冷之外，是因为还记得个逻辑规律，是对同一事物的不同判断，只可能都错而不可能都对。然而可惜，这些新索隐家竟连这条规律也忘了（也许不是忘而是不知道）。这就禁不住使我想到科学方法以及北大红楼的学术空气。

其三，还表现在多数人喜欢读书，喜欢买书。读书，一般在自己的书桌前（图书馆的情况另题写），不容易具体描画。但可以从另一个渠道透露出来，那是新著的问世。即如钱穆先生的《先秦诸子系年》，我们略翻翻就可以感觉到，中国旧籍，尤其中古以前的，他是都读了。胡先生的《红楼梦考证》，照旧习惯说，只是一篇而不是一本，提及的书也总可以塞满一两间屋子吧？再说买，对于有名的学者，其时的书店都是送货上门。书店里都有一些人精通业务，除版本之外，还知道某学者已经有什么书，还缺什么书，或还可能买什么书。所以学术界的名人，登堂入室的客人，次数最多的常常是书店的伙计。一般是送到放下，买不买，何时付款，以后再说。所以，其时的学术界名人收入虽然都不低（银圆数百），却多数欠书债。买书，守株待兔之外，还喜欢缘木求鱼，如新正逛厂甸就是一种方式。买书之后是存书，或说藏书，北大的红楼人物有不少是有名的，如胡适、周作人、顾颉刚、马廉等都是。买书成癖还会产生轶闻，只举一种，是1933年春天，刘半农从琉璃厂松筠阁买到一部贯华堂原本《水浒传》，傅大胖子（傅斯年）未能捷足先登，先找刘半农求转让，不成，又找松筠阁大发脾气。为书这样，亦一痴也，可笑吗？我看呢，这才是北大，学术空气在最上层罩着。

其四，也就是在这种空气笼罩之下，几乎人人都把有学识看作无上的荣誉。入北大红楼，上讲台说说道道，可以说是没有不学无术的。但学识的质有重轻，量有大小，外貌有鲜明与暗淡，大致说是以著书立说的情况来衡量。有的人位高，如蒋梦麟，是校长，可是没听说他有什么著作，在学生眼里，不过是上方派来的一个官而已。北大之所以为"大"，是靠有胡适、熊十力、汤用彤、黄节、罗常培、沈兼士、马衡、孟森、钱穆、周作人、梁实秋、朱光潜等都著作等身的名教授。这样，在北大，评定荣誉高低的标准就成为单一的，看能不能拿出学术上有分量的货色来。能，其他方面就可以视而不见，比如孟森先生，其貌枯朽，装束呢，总是蓝布长衫，家做鞋，上课只会念讲义，可是因为他是明清史头号专家，编著多，贡献大，红楼里的人还是很尊敬他。

其五，这视有学识为无上荣誉的价值观念有排他性。主要表现在两个方面。一是对于政场，轻些说是不热心，重些说是看不起。不是不以国事为意，是认为政场中人几乎都是为升官发财，而不是想把国事办好。治学是清高的事业，所以就要远离政场。自然，这是就多数人说；少数，在背地里，也会为某种势力奔走呼号吧？比如有个同学，人呼为马面先生（因长脸），据说就充当官方的爪牙，歌颂、打小报告等。毕业后如何腾达不记得了，只记得在校时期，同学提到他，都伴以冷笑，意思是无耻到这种地步，既可鄙又可叹。二是对于阔气、虚荣之类，轻些说是不在意，重些说也是看不起。名教授在家里，享用如何，不知道；走入红楼，依当时的风气，要朴素。这像是表示，因为志在治学，所以就没有精力和兴趣讲究吃喝穿戴。在这种风气之下，学生更是"草上之风必偃"，几乎都是如穿制服，一年四季蓝布长衫。其时西装也是上等服装，少数同学有穿的，我穷，无力置备，现在回想，即使财力充足，买一套两套，也绝不敢穿上出入红楼，因为总觉得与学术空气不协调。

由于以上多种情况，学术空气就形成一种压力，迫使人往书堆里钻，希望过些时候，能够从里边找出点名堂来。即如我这无能且杂务不少的学生，也就不得不钻图书馆，翻看书库中那些乱七八糟的，由正经正史，直到诗话词话之类。也不少幻想，黄金屋，颜如玉，不敢，只是，从时风，梦想在考古方面也能有一些建树，将来万一也能登上大学讲台说说道道。现在想，这样的幻想其实是可笑的，因为对于古，其时的所知少得可怜。幸或不幸，在考古方面还毫无建树的时候，一个新的奇想竟钻到头脑里来（或说本来就有此种子，至此时破土而出），那是想明白人生是怎么回事。《先秦诸子系年》《红楼梦考证》一类书不合用了，我不得不尽弃所学而学另外一套。但仍想学，这动力总是与北大的学术空气有密切关系。

自由与容忍

这是学术空气笼罩下的应有之义，因为我认为很重要，而后来成为稀有，所以想提出来加重说说。自由，意义很广泛，相关的问题也就很多，我在拙作《顺生论》里曾经辨析。那里所说偏于政治自由。比如还有意志自由，是道德哲学里应该讨论的。本篇所谓自由，容忍，同是学术范围内的。这是一种精神或心理状态，具体可分为对己和对人两个方面：对己，一切自己想到的事物的有关真假、对错、是非、好坏的评断，抛开任何性质的权威，只信任自己的理性；对人，别人凭自己理性认为可信而不同于自己的，尊重，即承认同样有他或她的自由。心理状态，也是一种唯心论吗？影响却很不小，比如其大者，所得的知见就容易近真；其小者，即便人有权大权小之别，也不会出现权大者强制权小者遵命讲说违心之论的现象，或惩治讲说不违心之论的现象。

这是北京大学的红楼精神。精神，无形，只好拉一些有形的，或说是轶事吧，来显示。轶事，近于鸡毛蒜皮，只是因为用新时代的眼光看，也成为广陵散，所以不避琐屑，说说，以期不及见嵇叔夜的人也能听听。

一件，牵涉校长蔡元培先生，所以先说。蔡先生也曾接近西学，并在美学和伦理学方面有所述作，可是不知怎么一来，竟也患了相信自己幻想的病，继王梦阮的《红楼梦索隐》之后，写了一本《石头记索隐》。索隐，是以为小说中的人和事都有所影射，以人为例，在王梦阮的索隐中，林黛玉影射董小宛，已经够离奇了，到蔡先生则进一步做了变性手术，成为朱彝尊。其后胡适先生任北京大学教授，在蔡先生治下，用由西方学来的科学精神和科学方法，写了《红楼梦考证》，说索隐派的办法是牵强附会，其实据多种史料，可知所写为作者家中事。对此，蔡先生至少没有口服，怎么办呢？新风是发动属下各色人等批判，使之倒且臭，不敢还言。北大的红楼精神不是如此，即如蔡先生，是承认胡先生有发表并坚持己见的自由，自己不同意，容忍，所以只是在《石头记索隐第六版自序》里表示一下自己的与胡先生商榷的意见。而且不只此也，其时胡先生为了更加证实他的自传说，正在加紧搜求敦诚的《四松堂集》。后来天假良缘，居然买到这部书的写本。其后他又见到刻本，情况是这样：

我，在4月19日得着这部《四松堂集》的稿本。隔了两天，蔡孑民（蔡先生字孑民）先生又送来一部《四松堂集》的刻本，是他托人向晚晴簃诗社里借来的。……这可以证明我的底本格外可贵了。蔡先生对于此书的热心，是我很感谢的。

（跋《红楼梦考证》）

对于学术方面的异己，是帮助，是感谢，且不管这样能不能更容易地辨清是非，单就人际关系说，雍容揖让，也总是可怀念的吧。

又一件，也与胡适先生有关。其时他用西法治中国哲学史，在北京大学开这门课，并著《中国哲学史大纲》(只成上卷)。对于古人和古书，他从传统，把"老子"或《老子》放在前面。从旧说是信，而以《古史辨》为旗手的考古风是推重疑。疑老子以及其书的年代的，主要是钱穆先生，他既有大部头著作《先秦诸子系年》，又发表零篇文章（曾集为《老子辨》)，论证老子，其人其书，都是战国时期的。对此，胡先生没有"尽弃其所学而学"，于是就不免于争论。钱先生是以为，自己的主张已成定案，胡先生应该举白旗，表示投诚。胡先生则认为，钱先生的论断，证据还不充分，甚至论证方法还有问题。各不相让，据说有一次，争论竟发展到在教授会（上课前的休息室）上斗口。钱先生说，老子的年代晚，已无疑义，胡先生你还是把旧说放弃了吧。胡先生答，我觉得证据还不够，如果证据充分，我就连我的老子（父也）也不要了。听者都为之破颜。争论，能维持开口笑，在北大红楼是家常便饭。

又一件，扩大到教师和学生间的。是某同学告诉我，一次，开有关佛学的讨论会，有几十人参加，其中有胡适先生和哲学系同学韩镜清（同我很熟）。胡先生发言，讲得不少，估计又是他一贯的用历史眼光看吧，韩镜清认为不对，站起来说："胡先生，你不要说了，你说的都是外行话。"与会的都一愣，因为这是违反自由与容忍精神的。

胡先生不愧为胡先生，停一下，接着平平静静地说："我自知对于佛学造诣很浅，所说不免多误，但是，能不能让我说完了？"与会的都说，当然要说完了，于是胡先生接着说下去。这件事，我没问过韩镜清，因为我推想，他这一时的无名之火，与长远的北大红楼精神对照，是很快就会悔悟的。

又一件，也是教师与学生间的。这次是亲见，不是耳闻。是上俞平伯先生的古诗课，听课的不少。他讲"枯桑知天风，海水知天寒"，说知就是不知，所以风吹而无阻挡，天冷而水不结冰。一个同学站起来说："俞先生，你这样讲有根据吗？"俞先生仍然平静，说"有"，接着在黑板上写，古书上一处，两处，三处，记得写到六处，都是什么作不什么讲，所谓反训。那位同学又站起来说："俞先生，你不要再写了，我信啦。"心里有所疑就说是自由，听者不以为忤是容忍，在北大，这是司空见惯的。

顺着讲的自由说下去。有所见，甚至成一家之言，如钱穆先生把《楚辞》上的地名都移到江北，在课堂上可以任意发挥，不新奇，新奇的是有些胡思乱想，甚至发展成为胡说八道，在红楼中也可以获得容忍的待遇。这方面的典型人物是国文系的教授林公铎（名损）。他古书念得不少，长于记诵，也许天性就有些近于祢衡，二十出头就来北大任教授更助长他的狂气。恕我也狂一次，是据我看，他是食古并未大化。他著作不多，我只见过一本《政理古微》，像是集些传统概念兜圈子。可是他自视甚高，喜欢发怪论，还好骂人。先说骂人，因

162

为是亲见。他上课之前常是喝葡萄酒半瓶，脸红红的。单说有一次，是唐诗课吧，又是脸红红的，走上讲台之后，忽然想到白话和新式标点，气不打一处来，说提倡这个，就是因为自己不通古文，意思是，如果通，就用不着白话，用不着断句。越说火气越大，最后集中到新式标点，说一次看什么文件，里面有他的名字，左旁竟打一个杠子，"这成什么话！"再往下看，有胡适，左旁也有一个杠子，"我的气才消一些。"听到此，学生都大笑。林先生像是很得意，就这样，一堂课已经过去一半。当然，学生中不乏新派，可是，一半由于听听好玩，或主要还是由于惯于容忍，所以竟没有人驳他。还有更容更忍的情况。是听通县师范同学兼北大国文系同学（比我早一年）田春霖说，他上林先生唐诗课，听讲杜甫《赠卫八处士》，说"夜雨剪春韭，新炊间黄粱"是慢待，"这是用黄粱米饭、炒韭菜招待杜甫，所以杜甫生气了，说'明日隔山岳，世事两茫茫'，意思是此后你干你的，我干我的"。我想，如果田春霖同学没有听错，这是林先生学阮籍、刘伶之流，故意说怪话，且不管他；这里值得注意的是同学都具有容忍精神，所以能见怪不怪。

关于上课的自由与容忍，还有可以说说的。一种是，受课的人数（指注册科注册的）没有限制，如一年级普修，可以多到二百多人；选修课，学科重要且普通，讲授者有大名，选者可以多到几十人，学科蹩脚，选者也会少到一两个人。学校是只要有人选，不管人数多少，就开课。开课，不管必修还是选修，学生还有两种自由，一是点名簿上有名却不去听，二是点名簿上无名却去听。听点名簿上有名的课，经过学期考试，及格，可以得两学分；学分够数，才能取得毕业资格。可是考试，间或也容许自由和容忍插入。也说说还记得的一些情况。一种，如（国民党）党义和军训，是只要参加就及格。学生心目中所谓正式的课，也有只要参加考试就及格的。那是钱玄同先生的音韵课，记得上学期终了，我去课堂参加学期考试，响过钟，钱先生走上讲台，把一沓考卷放在讲桌上。学生自己去拿自己那份考卷，四道题夹在考卷里。钱先生则一坐下就打开自己的皮包，拿出文稿之类，在看，在写，永远不往下面看。我打开考卷，看考题。旁边一个同学小声说："马马虎虎答三道就成了，钱先生向来不看考卷。"后来证实，考卷收齐，钱先生果然就直奔注册科，扔下考卷就回家了。适应这种特殊情况，学校刻一个木戳，文曰"及格"，注册科收到未评分的考卷，只要卷面有名，就加盖及格，计入学分。钱先生这样做，显然是认为，学识方面造诣的高低，并不能由考卷上反映出来。这样的看法，据我所知，学生中也有不少人有。也就因为有这样的看法，规定有考试，教师，学生，都常常以逢场作戏的态度来应付。比如还记得，一次考大一普修英语，我不愿意去，就托陈世骧同学代办，他入考场，拿并答两份考卷，教师钟作猷先生未必不知道，只是因为有红楼的自由、容忍精神笼罩着，他就视而不见了。

最后，还要说说也许只见于北大的更大的自由与容忍的现象，是对校外人的门户开放，即非本校师生也可以随意走入某教室去听课。

据我所知，对于非校内人，不掏学费入教室听课，学校并没有容许或不容许的规定，事实是容许，这只能是在北大，学术自由的风太硬，本位主义的小家子气就不能有存身之地了。若然，这种现象，也许在民初就司空见惯了吧？且说我入学的那几年，自己亲见，以刘半农先生的古声律学为例，每次上课有十几个人听，到学期考试才知道，选这门课的只我一个人。还有更离奇的，是抗战胜利以后，学校由昆明回来，梁思成先生开中国建筑史课，曹君家琪约我去听最后一次的杂建筑，记得用幻灯介绍，有桥、塔、花园等。讲完，梁先生征求如何考的意见，没有人答话。最后弄明白，原来堂下坐的二十几个人都是旁听的。学校开课，如此容忍，也许太过了吗？至于我的私心所愿，是母校永远这样大大方方的才好。可惜时移则事异，过去的就永远过去了。

讲理

夸娘家，也如今代之有些人求"发"，没有够，所以写了自由与容忍之后，还想深追一步，求精神之根柢的精神，于是想到"讲理"。讲理有世俗意义的，小两口吵架，一方火气盛，说了什么或做了什么，另一方会说，"你要讲理"，这理通常是习俗认可的某种生活方式，而这种生活方式，比如放到道德哲学课的讲义里，是否合理就要另说。这是否合理的"理"是深一层的，或深几层的，其表现也许不异于习俗，但要由"思辨"来。本篇所说讲理的理，是由思辨来的理，求得，不易，而只要肯求，它就会在知和行方面有大建树。求，得，都是一种珍贵的精神状态，也因为后来成为广陵散，所以想提出来说说。

理，不可见，说，就不像广告家吹自己产品那样容易。从哪里入手呢？想到七年前的旧事。那是1988年，母校北京大学过九十岁生日，当然更应该有各种纪念性的活动。活动之一是组织一些人写以"我与北大"为主旨的纪念文章。承编者不弃，让我也滥竽充数。比如母亲过生日，不管自己成器不成器，登堂拜寿总是不能辞谢的。于是我想写什么。我与北大，我想分而治之，或写北大，或写我。而凑巧，在此之前，由于怀念，关于北大的旧人和旧事，我已经写了不少，都收入《负暄琐话》。剩下可以写的只有"我"？当然，祝寿不当说泄气的，于是搜索枯肠，求自己的所得，甚至可以摆上桌面的。居然就找到，或只限于治学，是学会了怀疑和追根问柢。标题加大，是《怀疑与信仰》，因为想到培根的名言"伟大的哲学始于怀疑，终于信仰"，自知造诣有限，只能有始无终。但这"始"也不是无所得，那是不轻信，是直到现在我还珍而重之的。单说这怀疑和追根问柢。二人同心，作为一种精神，至少是作为一种思想方法，各方面的影响却是不小的。只说两点。一是不信任何权威，如旧的子曰诗云直到上谕之类，新的什么主义、什么思想、什么指示之类，因为依照怀疑精神，都可以问，或说必须问："你信，它就真正确无误吗？拿权威以外的理由来。"而经常是拿不出使人人心服的理由，更经常是不许问。问，结果常常是不信，有什么好处吗？由浮世的利害方面看，也许没什么好处。至于说到治学，求真，那就只能走这一条路。二是有所知，因为都问过所以然，所以就比较靠得住。总之，在红楼混四年，我虽然未能"终于信仰"，因为学会怀疑和追根问柢，就算作所得只是不信吧，我还是认为大有所得也就不悔恨的。

说到所得是不信，这里还要补充几句，因为1988年以后，我不自量力，写了一本《顺生论》，讲了不少有关"人应该怎样活"的看法，说应该如何如何，显然是有所信。难道我真就能够"终于信仰"

了吗？难言也，因为由一个方面看是有所信，由另一个方面看，这所信并不根深蒂固。具体情况是这样，借用《礼记·中庸》的成说，我接受"天命之谓性"的"性"，而不问"天命"是怎么回事，它规定的"性"究竟好不好，有没有形而上的价值。在此阶段，"天命之谓性"在我的心目中，与佛教的净土、基督教的天堂不同，所以还不配称为信仰。但接受这句之后就会顺势下行，同样接受"率性之谓道"。这"道"是"朝闻"之"夕死可矣"的"道"，自然要影响知和行，知会分辨是非、好坏，行会决定如何立身处世，所以说是有所信也不能算僭妄。与《怀疑与信仰》那篇文章相比，我写《顺生论》，思想的大格局没有变，只是表白得比较全面，比较细致。这不变，这比较全面，这比较细致，饮水思源，都来于北大红楼的精神面貌，"讲理"。这是自我陶醉吗？古语有云，当仁不让，干脆就再费些笔墨，说说有关讲理的一些情况。

先要说清楚，其时，红楼之内，人对人，无论治学还是交往，都习惯于讲理，大概没有人把它当作一个课题，研究所谓"理"究竟是怎么回事。我自然更没有想到这些。后来，比如现在，想到这些，是因为而立之后，问学兴趣转变，扔开《龙筋凤髓判》之类，改为钻研《纯粹理性批判》之类。钻研，有所悟，这里，借这所悟，就可以为讲理之"理"加个小注，也可以夸大言之，称为阐微。计可以分作三个方面。其一是求知方面，不无条件地接受传统，听信权威。从正面说，凡有所肯定，都要找到充足理由。所谓充足理由，是要合于思想规律，举例说，接受一个全称肯定判断，一定要在不能找到任何特称否定判断为真之后。或干脆简而明地说，是信任自己的（纯粹）理性。其二是在立身处世方面，用中土的话说是待人如己，借用康德的话说是服从自己的实践理性，把别人也看作人。其三是凡有所信，都承认它的普遍性，这是说，不当如俗话所说，"你的是我的，我的也是我的"，甚至己所不欲（如挨整），偏偏施于人（整人）。

在这样的讲理的精神状态笼罩之下，表现于日常生活，颇有值得说说的。可以从正反两个方面下手。先说正，是人人觉得自己有独立的人格，有所信，是经过自己思考，认为可信的；有所不信，也是经过自己思考，认为不可信的。这样的自我感受，还会发展为多种心理状态。比如大而言之，会感到有足够的场地供自己驰骋，自己（至少在精神方面）是自由的。小而言之，是多多少少会孕育一些狂气或傲气，因为尊崇的是自己头脑里的理性，一切世俗的都是自郐以下，就难免看不起。不过对于自己周围的人就要换为尊重，因为"能近取譬"，自己有一套，推想别人也必有一套。尊重别人，最突出的表现，是有些名教授，如胡适先生，与学生交谈，也是姓张称张先生，姓李称李先生。

再说反面，是不以力（包括声名、地位等）压人，因为讲理与动硬的不相容，讲理惯了，就会以动用手中之权，压而使人服为耻。有个外来的例，我在《红楼点滴四》（收入《负暄琐话》）一文中曾提到，可以说明这种情况。为省力，抄现成的。

不知道从哪里刮来一阵风，说（军训）必须整顿，加强。于是来个新教官，据说是上校级，南京派来的。上课，态度大变，是要严格要求，绝对服从。开门第一炮，果然像对待士卒的样子，指使，摆布，申斥。这是变太极为敲扑，结果自然是群情愤激。开始是敢怒而不敢言。不久就布阵反击，武器有钢铁和橡胶两种。钢铁是正颜厉色地论辩，那位先生不学无术，虚张声势，这样一戳就泄了气。橡胶是无声抵抗，譬如喊立正，就是立不正；但又立着，你不能奈我何。据说，这位先生气得没办法，曾找学校支援，学校对学生一贯是行所无事，当然不管。于是，大概只有两三个月吧，这位先生黔驴技穷，辞职回南了。他失败，从世故方面说是违背了"入其国，先问其俗"的古训，从大道理方面说是违背了红楼精神。

这红楼精神就是重理不重力。

现在是，由走出校门算起，整整六十年过去了，单就这讲理的学风说，总浮生多半世之账，有没有什么经历和感受，可以看作得或失的？想了想，是有，而且分量不很轻。先说失，是有个时期，时风变为不讲理，以权力大小定是非，为了能活，我就不得不效法七品芝麻官郑板桥，默诵"难得胡涂"，"胡涂"前有"难得"，可见心情是相当苦的。得呢，是如在《怀疑与信仰》那篇小文中所说，"没有忘本"，即拿笔，灾梨枣，总是沿着母校的老路走，讲理，不说违心的话。

图书馆

北京大学四年，如果说还不无所得，一部分，或说一大部分，是来自图书馆，所以追记旧事，应该说说图书馆的生活。生活是在图书馆，先要介绍一下图书馆的情况。

手头有一本《国立北京大学民国二十五年毕业同学录》，其中讲学校沿革的部分曾经介绍"图书"的情况，说："（光绪）二十八年（1902年），大学（案指京师大学堂）复兴，乃于校舍之后院（即今第二院之后院）设置藏书楼；调取江，浙，鄂，粤，赣，湘等省官书局所印各书，并向中西书店采购新旧图籍，藏之以供众览。"称藏书地点为"楼"，不知是泛说还是实指，如果非泛说，那就是原公主府中路最后一排建筑，十楹，上下两层，五十年代初北京大学迁至西郊海淀原燕京大学，人民教育出版社和文字改革委员会迁入，通称为公主楼的。这种形式的建筑，就是《红楼梦》第六回贾蓉借玻璃炕屏，凤姐教平儿拿楼门上钥匙去取的那一种，北京还剩下几处，这是其中之一，而且木料是楠木，只是因为它小巧，不能多装人或物，"文化大革命"过去，出版社休克数年之后复活，拆除了。拆除，我感到加倍惋惜，是因为还有一段特殊的因缘。是六十年代后期"文化大革命"正火热的时候，我们不少所谓坏人废物利用，"斯文扫地"，我分得的地段就是公主楼前以及其西侧的一个厕所。现在是想再看看也办不到了。

图书馆何时迁往红楼，我没有见到文献记载，估计是在红楼建成（1917年），改为文科教室之时（1918年，原拟充当宿舍）。红楼有地下室，地上四层，图书馆安置在什么地方，可惜没问过早于我走入红楼的，有人说是一层的西南部兼地下室。至于我离开学校时的藏书数量，同学录中却有记录，是："中文书籍十七万零四百十五册。日文书籍一万二千二百七十五册，西方书籍六万七千六百零三册，中外文杂志四百余种，中西文报三十余种。"我对这个记录有怀疑，例如中文书，就我的印象说，经史子集四部中重要的，包括丛书，馆里都有，总数总当不止十几万吧？且说我入学之前，学校已经把红楼后面偏西的松公府买过来，稍事修缮，前部用作图书馆，后部用作研究所国学门。其后不久，1934年，在府的西南方空地建一所现代化的图书馆，楼房，中间三层，两侧两层，于1935年暑后迁入。所以说起图书馆，我是与松公府时期的共存亡，1931年之前，红楼里的我没见过，1935年之后，现代化的我没享受过。

说起松公府，我的所知也有限，曾经走入的只是第一、二两进：第一进是卡片兼出纳室，面积不大；第二进，一定是原来的什么殿吧，很大，用作阅览室。阅览室之后，想当是书库，当然不能进去。

再向后是研究所国学门，只知道存古物和清内阁大库档案不少，章太炎并曾在那里讲《广论语骈枝》，我没进去过。进图书馆，记得都是上课的时间。何以上课时间能进图书馆？有能上桌面的理由，是平均一天三小时课，有些时候没有课。还有不能上桌面的理由，是有些课，自己不愿意听可以不去听。不愿意听有不同的原因。如孟森先生明清史，有讲义，上课念讲义，一字不差，领了讲义，当然可以自己看。如林损先生古诗课，上课不定扯到哪里，似乎就不如钻图书馆，所得会多一些。说到我自己，上课时间多往图书馆去，还因为好杂览，书海无边，总有些书堆在眼前，急着想翻翻。就这样，大学四年，回想，钻图书馆的时间，也许超过走入教室的时间吧。若然，则讲北大，说红楼，这红楼就应该扩大，兼包括其后面的松公府。

以下谈图书馆的生活，由有形到无形。有形，排在前面的是第一进房子，卡片兼出纳室以及司出纳之人。卡片室有卡片柜，可是我的印象，进图书馆看书的，几乎都不查卡片，而问司出纳的那位半老的人。我前几年写一篇题为《北大图书馆》的文章（收入《负暄续话》），提到这位老人，说只记得姓李，后来看到吴晓铃先生也是回忆北大图书馆的文章，才知道这位的大名是李永平。关于这位李先生，我那篇文章谈了不少，照抄如下：

> 先说卡片兼出纳室。工作人员不多，我记得的，也是常有交往的，只是站在前面的一位半老的人。记得姓李，五十

多岁，身材中等偏高，体格中等偏瘦，最明显的特点是头顶的前半光秃秃的。这位老人，据说是工友出身，因为年代多了，熟悉馆内藏书情况，就升迁，管咨询兼出纳。为人严谨而和善，具有现在所谓百问不烦的美德。特别值得说说的还不是这美德而是有惊人的记忆力。我出入图书馆四年，现在回想，像是没有查过卡片，想到什么书，就去找这位老人，说想借，总是不久就送来。一两年之后，杂览难免东冲西撞，钻各种牛角尖，想看的书，有些很生僻，也壮着胆去问他。他经常是拍两下秃额头，略沉吟一下，说，馆里有，在什么什么丛书里，然后问借不借。我说借，也是不久就送来。还有少数几次，他拍过额头，沉吟一下之后，说馆里没有，要借，可以从北京图书馆代借，然后问我："借吗？"我说借，大概过三四天就送来。我们常进图书馆的人都深深佩服他的记忆力，说他是活书目。四年很快过去，为了挣饭吃，我离开北京，也就离开这位老人。人总是不能长聚的，宜于以旷达的态度处之；遗憾的是，其后，学校南渡之前，我曾多次走过浅灰色三层兼两层楼房的新图书馆，却没有进去看他。应做的事而没有做，现在后悔也无济于事了。

也是吴晓铃先生的文章说，这位李永平先生早已作古。人往矣，并带走他的记忆力和助人为乐的高尚作风，每一想到，不禁有逝者如斯之叹。

再说第二进的阅览室。先说说布局。房子很大，由中间入门。东西都摆着四五个长方形南北向的大书案，一个总有三四米长、一米多宽吧，记得两面坐人，一面可以坐四五个。布局，包括书案和座椅，有定，其余则贯彻红楼精神，多自由而少拘束。这所谓自由，主要是三种。其一是，只要某一座位空着，就可以一屁股坐下，化为私有；说私有，是因为可以长期占用，情况见下文。其二是，借书的数量不限，勉强说限制，是自己面前那一块地盘要容得下。其三是，借的期限不限，如果没有其他人借，一年半年不还也不来催讨。此外再加上李永平先生的送货上门，在图书馆吸收知识的营养，就感到无比方便。也许是入学不久吧，我走入阅览室，看东北角那个位子没有人，就坐在那里。借书，先是少数，看不完放在面前，下午或第二天接着看。看，由此及彼，总是想看的越来越多，其中还难免有大部头的，于是逐渐，面前的案面上就"横看成岭"，以至对面坐的那一位看什么书，是否写笔记，等等，也是所知有限。

关于读的范围，也大致可以一言以蔽之，是中国古典。我昔年读书的情况，记得别处也说过，是可以按学校的小中大而分成阶段：小学主要看旧小说，包括文言小说如《聊斋志异》之类；中学（师范学校）主要读新文学作品，包括翻译作品；大学藏书多，容许在古今中外几项里选择一项或两项，因为其时考古的风过硬，就主动（也许应该算被动）选了古。对于古，我虽然生于清末，也因为生在偏僻而贫困的农家,却很少获得旧时代的熏陶。比如没有留过发辫,没有入过私塾,以致走入大学之前,除半部《孟子》之外,不要说四书五经,而是连三百千也没念过。所以走进北大图书馆,钻古典,就带有补课性质。

在图书馆翻书,就我自己说,有如有些新人物的旅游,游什么地方,首先决定于自己的兴趣,比如喜旧,就到埃及或罗马,喜新,就到纽约。其次决定于导游之类的书,比如说万里长城不可不看,就到中国。其三决定于耳闻,比如到了北京,游了故宫,听说小胡同也不少可看的,就驱车到铁狮子胡同(今曰张自忠路),眼穿朱门往里望,想象昔年陈圆圆的倩影,发无可奈何的思古之幽情。落实到书也是这样。兴趣如何形成,是连我自己也不知道,只好接受而不问原由。想不到可接受的又太多,比如由"古"一缩而缩到"古物",再缩为"碑帖",再缩而兼转移就成为"古砚",于是而小的,就借米芾《砚史》,大的,就借清官修的《西清砚谱》。再说其次的导游书,是目录。我听了余季豫(名嘉锡)先生的《目录学发微》课,知道远有八史经籍志,近有《四库全书总目提要》,更近有张之洞《书目答问》,以及各书的特点和得失,单说分量最轻的《书目答问》,按图索骥,也足够折腾一阵子。至于其三的耳闻,那就更是"知也无涯",比如有志钻钻《先秦诸子系年》,就会掉在汉魏以前的书海里,钻钻《汉魏两晋南北朝佛教史》(汤用彤先生著),就会掉在佛学的书海里。总之,专限于古,可看的书,或减缩到自己认为需要看的书,仍是无限之多。大题只好小作,挑挑拣拣说一些概括的情况。由正宗说起,那是传统读书人都要翻翻的,即经史子集四部中名声比较显赫的。通旧学的人都知道,这数量也太大,但又不能减缩,只好勤借勤还,以求都从眼前过一遍。过,其中有些,或特别感兴趣,或认为不当匆匆放过,就多费些时间。举例说,翻重要的丛书,记得对于《汉魏丛书》就特殊对待,大致是从头看到尾的。还常常围着兴趣转,比如喜欢书法,就由卫夫人《笔阵图》一直看到康有为《广艺舟双楫》;喜欢古董,连哈同印的《艺术丛编》(几十大本)也借来,翻一遍。还有时候是出于好奇,借一些未必想看的书看看,例如听说馆里以五百元高价收一部康熙版《金瓶梅》,就也借来,意思是开开眼。记得只费一个小时,连潘金莲大闹葡萄架的插图也看了,觉得实在没意思,立刻还了。就这样,少断多续,在图书馆坐下四年,说句自我陶醉的话,对于我国古典,总可以说是略有所知,比我见闻的一些人,连《资治通鉴》《文献通考》之类都没翻过,就敢自诩为专家、教授,或可以少一些惭愧吧?

但少不是没有。这是另一种性质的,如《汉书·艺文志》论杂家时所批评:"及荡者为之,则漫羡而无所归心。"指实说只是泛泛地看看而没有求专求精。泛泛看,所得至多只是博。而博,读书人都知道,是给专和精垫底子的。我呢,就算是得些许的博,也只是垫了底子,其上却是空空的。也就因此,我就不能如我相知的几位,如张政烺先生,精于上古,成为考古专家;邓广铭先生,精于中古,成为宋史和辛稼轩专家；周汝昌先生，精于近古，成为"红"人。悔吗？一言难尽。但影响却是不小的，那是离开红楼之后，我曾经见异思迁，或加重说，"尽弃其所学（古典）而学（人生哲学）"，如果在图书馆中已能专精，改行就不容易了吧？至于改好还是不改好，人生或真如邯郸一梦，得失是难得用算盘珠来决定的；再有，即使算清了，时间不能倒流，又有何用？正是，生前是非谁管得，记下来也就罢了。

前辈掠影

  前辈,主要指比学生年长,非学生而出入红楼的一些人。这样的人,声名和地位不同,可以高到校长、名教授,低到看门、打钟、打扫房屋的工友。我出入红楼四年,难免与这些人相视而笑,也就会留有一些印象。印象是我的,依照个人迷信之理,任其湮灭可惜,所以也想说说。但说就不能不挑挑拣拣。原因不止一种。其一,我未能免俗,也势利眼,因而,比如说,在楼梯中间遇见胡适先生,印象清楚,出楼后门看见某工友先生正在打钟,印象就不那么清楚,不清楚,想吃而无下口处,只好放弃。其二,减缩到师辈,单是听过课的也就太多,只好行买西瓜之道,选大个儿的。其三,大个儿的,如我昔年所写,收入《负暄琐话》等书的那些位,事也嫌太多,全面写,就像是想在桌面上建筑楼群,不可能,也不成体统。怎么办?忽然想到元白上人的浮光掠影楼,何不也只掠个影?只是掠,就有如照相,对准某部位,咔嚓一响,完事,其他,即使还有金花烛、玉镜台,也不要了。自然,所照未必是人人都爱看的,但希望不会是人人都不爱看的。以下依次照,照到自己也没什么兴趣了,停止。

蒋梦麟。仍是势利眼，所以第一个写他。他是浙江余姚人，美国留学，当过教育部长，我入学时候他四十有五，比胡适大五岁，应该说是老人物了。与北京大学的关系不浅，蔡元培先生长校，多时多次不在校，他曾于1919年（即五四运动那一年）、1920年、1923年共三次代理校务，到1930年，蔡先生长中央研究院，不能北来，他就受命正式任北京大学校长。他江浙人体型，通有的清秀之外，还要加上瘦，所以背地里，有的学生称之为蒋猴。他不任课，也不记得听过他什么讲话、训话之类。很少同学生交往，有时狭路相逢，印象总是笔挺的西服革履，严肃认真，像是有许多大事待他处理的样子。四年之久，我没跟他说过一句话。写信却有几次，是每学期开学，注册之前，要写一封请求缓交学费（十元）的信。纸一张，字三行，第一行为"校长："不低格，第二行为"请求缓交学费。"低格，第三行最重要，为某系几年级学生某某，再低格。信很多，照例由校长总批一个"准"字，就算作办完入学手续。他也确是不闲吧，看见他每天上午到第二院西路校长办公室来办公。印象更深的是中午，他的夫人陶曾穀必坐着小汽车来接他回西四北毛家湾的家吃午饭。据说陶也是美国留学生，嫁高仁山，高与蒋是好友，高不幸早作古，改与蒋结合的。我们学生都见陶次数不少，娴雅而秀丽，如果容许比，不小心求证而大胆假设，在师辈的诸多夫人中，名次必也如其夫君，最后标一个"长"字的。

胡适。还不摘下势利的眼镜，先写这位博士，因为内，他是文学院长兼国文系主任,外就更了不得,至少在文化界,如梅兰芳,真是无人不知,无人不晓。但这就会给笔带来困难,因为必写不胜写。困难还有另外的。一,虽不是写《春秋》,也难于躲开春秋笔法,即事与措辞都寓褒贬,而不管褒或贬,都会引来有些人的不愉快。二,我前些年写《负暄琐话》,曾以"胡博士"为题谈了一些我认为可以说说的,即使轶事可传,也不当效邻居二大妈之謦,一件事翻来覆去说个没完。那么,多难之中如何闯出一条路呢?而一想就想到五十年代的"批",奇文汗牛充栋,也许不再有人有雅兴洛诵了吧,何不学某作古名士,也翻一次案?说干就干。想只选一件,是解放前夕的东南行。其时他任北京大学校长,行止当然有选择的自由,据说曾公开表示,必走,原因是道不同。走,对不对,显然要看站在什么地方说话。这诸多地方,"个人安危"总当是一种吧?且说是五十年代,批胡之风刮到十级以上的时候,我就曾首先想到个人安危,觉得(只是心中的活动,当然不能说)胡先生不愧为识时务之人,或说有见识,且知而能行;如果不知,或知而未能行,其情况就不堪设想了。过甚其辞吗?可以想想陈寅恪先生。据蒋天枢《陈寅恪先生编年事辑》引"文化大革命"中"第七次交代底稿",陈先生自己写:"当广州尚未解放时,伪中央研究院历史语言研究所所长傅斯年多次来电催往台湾。我坚决不去。"坚决,不知道心里想的是否仍为"三纲六纪",总之是未东南行,十七年之后就迎来"文化大革命",交代,批斗,抄家,相继而至,多种折磨,痛苦万分,终于挨到1969年秋,积满八十岁，解脱，见上帝了。我没有机会问陈先生，只好说自己的"私"见，——还是只论胡先生，因道不同，坚决走而不留，也就躲过批斗、抄家等事，总不当算作失策吧？

行止是大节。再说个小节，两性之间的。至晚由《诗经》时代起，两性之间就容易生事，所谓"求之不得""辗转反侧"之类是也。这所求是"淑女"，反侧的是"君子"，后世多称为"佳人"和"才子"，言外之意是，才子和佳人间就更容易生事。胡先生专看外貌，清秀潇洒，也是才子，何况还有多种有才的表现，就不会与佳人有什么丝萝牵扯吗？我上学时期，只听说在美国留学时期，曾有也是留学生的某佳人有爱才愿结成眷属之心，胡先生如何反应不知道；但事实是清楚的，奉母命，回安徽绩溪，与尚是纤足的江冬秀女士成婚，而且真就白头到老不变。近几年看记轶闻的某篇文章，知道还有与芳名为曹佩声的才女表妹一生互恋之说，确否且不问，事实总是双飞的仍是那位结发的江夫人。我非程朱陆王的私淑弟子，也就不想颂扬从一（兼指男）而终为无上美德，只是想到如胡先生，确有才子之实而没有西厢甚且北里之类的故事，与某些高位之人的幕前装腔弄势、幕后乱七八糟相比，总是值得记入《今世说》一类书了吧。

马裕藻。马先生，字幼渔，我入学时期是国文系主任。大概是1933年吧，国文系维新，主任改为由文学院长胡适兼，随着马先生丢了主任之位，许之衡、林损二位并丢了教授之职。马先生在北大名不小，除了来校早、任"国文系"（学术界名人最多）主任之外，还因为生了个有名的女儿马珏，我在校时期公认为校花。马先生为人通达宽厚，有理想，我在《负暄琐话》中也介绍过。还有什么可以说说吗？因为他的晚年我和他多有交往，推想他多少也会有些壮志未酬的遗憾，所以想在这方面补充几句。马先生早年东渡日本，听过章太炎讲语言文字的课。在北大，我听过他讲"文字学音篇"（？）的课，记得还有薄薄的一本讲义，其内容想来就是由其业师那里拿来的。马先生口才不怎么样，讲，学生感到既不生动流利，又不条理清楚。比如也是章氏弟子的钱玄同，讲课就正好相反，生动而条理清楚。这是身为一系之主，在授业解惑方面并没有什么建树。有的人，如顾颉刚，口才也不行，可是能写。马先生应该有能力写，更有机会写，可是没见他写过什么。我有时感到奇怪，比如说，他同绍兴周氏弟兄过从甚密，何以就没有受到一点感染？与周氏弟兄比，钱玄同也属于多述而少作的一群，可是究竟还有些零零碎碎的传世，马先生是连这一点也没有。当然，办学，多集些有知有识之士来为人师，也是一种事业。在这方面，马先生的功绩也许不小吧，可是时移则事异，在自己年甫过知命的时候，竟受到革新派的轻视，被动靠边儿了。难免有"老了，不中用了"之叹吧？还可以寄希望于下一代。听马珏说，她念北大预科，升本科时，是遵马先生之命，选政治系。马先生此命是出于一种妇女翻几千年被压迫之身的大志，其意若曰，学政治，入政场，一旦鹏飞上青云，也让男性明白明白，天生女儿身，也未尝不可以叱咤风云，超过男子汉的。上青云，尤其女性，是大好事。但是语云，好事多磨，不知为什么，马珏，还差几个月毕业，竟远走上海，结婚了。其后是找个远在青云之下的工作，养家，生孩子，终于没有入政场，直到健康情况日坏，治理自己也困难了。总之，就马先生说，许多事，应该大有成而结果是很少有成，除"畏天命"之外，还能怨谁呢？

黄节。黄先生，字晦闻，我也写过他。本系的师辈，在我毕业之前归道山的有两位，他和刘半农（复）。刘先生年刚过不惑，全校感到很意外；黄先生年逾耳顺，虽未及古稀，总是已入老境，听到噩耗后一惊也就过去了。说到"老"，出入红楼的名人还有几位，如崔适、刘师培、吴梅和辜鸿铭，我都没见过。前者老去，后继者也就成为老。老的一个生活方式上的特点是"旧"，现在回忆黄先生，与其他人比，其突出的特点也就是旧。一贯是长袍，上课郑重其事，连微笑也不曾有，是旧。讲诗，用笺注法，都写在讲义上，其后并印成书，有《汉魏乐府风笺》《曹子建诗注》《谢康乐诗注》等，也是旧。做旧诗，集旧书，精于书法，连带还藏砚，更是旧。还有属于居室之事的，也无妨说说，是纳妾，据说还不止一位。在红楼，据我所知，或所闻，这方面，跳出藩篱而且名声在外的只有陈独秀，是好作狎邪之游。用旧的眼光看，纳妾还可以划入规规矩矩一类吧？我们也就只好这样看了。据马叙伦先生的《石屋余渖》说，黄先生作古以后，遗砚也是如夫人拿出来卖的。这都是旧，可取也罢，不可取也罢，总是都一去不复返了。

孟森。孟先生，字心史，我入学时候年六十有四，以齿德论，是比黄晦闻先生还老一些的人物。特点与黄先生不同，黄先生是"旧"，孟先生是"朴"。他住红楼以南不远的马圈胡同，我们常见他走出银闸口转东往红楼。一年四季是粗蓝布长衫不新奇，新奇的是青布圆口鞋竟是家做的。我们向来不同他打招呼，因为确知他必看不见（高度近视），而且心里一定正想明清时代的什么事情或什么问题，即使视力不坏也不会看。上课也是这样，眼永远在讲义之上，不往讲台下看。他只会写，不会发挥，所以所谓讲课就是念讲义，认真，准确，一字不差。他花白头发，小个头儿。学问却既丰富又实在，所以还是合于一个"朴"字。他是明清史专家，我选他一年课，就是明清史。他的大成就是在课堂以外，著述不少，辑为《心史丛刊》，为许多内外行所钦服。也就因为潜心治学，在明清史方面有突出的造诣，学生有时候形容他，说现时，白菜多少钱一斤他不知道，可是成化或雍正年间，谁打谁一个嘴巴，他必记得清清楚楚。这说得也许真就不过分，比如民国初年，研究《红楼梦》，有些人醉心于索隐的时候，猜谜的一种是贾宝玉影射顺治皇帝，林黛玉影射秦淮名妓归冒辟疆的董小宛，孟先生就写了一篇《董小宛考》，证明小宛生于明天启四年，卒于清顺治八年正月初二，其时她二十八岁，顺治皇帝只十四岁。这是用史实给了胡思乱想当头一棒。孟先生于1938年初作古，想不到半个世纪过去，说红楼，索隐之风又刮起来，情况比八十年前更为荒唐，难道这就是后来居上吗？想到孟先生朴学的老成凋谢，不禁为之慨然。

钱玄同。钱先生原名夏，后改玄同，或署疑古玄同，别名很多，只好都从略。他是师范大学教授，在北大讲《中国音韵沿革》，是兼课。我听钱先生课一年，印象是人很高明，且精干，思路和口才都超过一般人。但我却没什么获得，因为我对三十六字母以及开齐合撮之类没有兴趣。我尊重钱先生，来由几乎都是课堂以外的。他湖州人，很早就到日本留学，与绍兴周氏弟兄一同在民报社听章太炎先生讲《说文解字》。回国以后，直到1939年初归道山，与周氏弟兄一直过从很密。这过从，早，有1922年的《呐喊自序》为证，鲁迅先生写，其时他住在S（绍兴）会馆，无事可做，便抄古碑。有个老朋友金心异（即钱玄同）来串门，劝他写点文章。他答应了，于是写了《呐喊》的第一篇《狂人日记》。晚，有《知堂回想录》一六五节为证，周作人先生写，就在钱先生病逝于医院（1939年1月17日）的前一周（10日），他还到苦雨斋去看周先生，接着于14日晚还写了一封信，不改游戏人间的常态，说"泥滑滑泥，行不得也哥哥"。钱先生精旧学，却不泥古，《新青年》时期，化名王敬轩，装作泥古，与刘半农演双簧，充当维新旗手的箭靶子，确是起了振聋发聩的作用。五四时期，直接出面写的文章，也是内容深刻而文笔犀利。总之，在红楼的诸多人物中，钱先生给人的印象是既有学问，又有见识，热心世事，肝胆照人。此外还有个常人难及又少为人知的优点，是与熟人交往，总是寓严正于突梯滑稽之中。手头存魏建功先生赠1931年钱先生致魏先生信一封，封皮兼写魏先生夫人王碧书，称王碧书先生，先生二字都加"女"旁；信中提到马四,二字用甲骨体,如画图；末尾署名疑古,二字用金文,也如画图：这是任何时候都乐得游戏一下子,在北大的师辈中可说是只此一家。附带说说,在红楼的诸多国学大师中,钱先生虽不以能书名,字用写经体,变楷为行,却显得刚劲流利,很好看。到解放后的新北大,魏建功先生成为唯一的善书者,字也出于写经体,推想就是取法乎钱先生的。以上说的都是好话。也要说说美中不足,是以钱先生之才之学,像是应该有大著作传世,可是想想敝箧中,除《说文部首今读》一个小本本以外,竟没有别的,原因为天乎,为人乎？总是太可惜了。

周作人。周先生,字岂明,也写启明,更多署知堂,住新街口南公用库八道湾,自称所居为苦雨斋,或苦茶庵,是红楼内外的有名人物。有名,主要是来于写得多,内容和散文的风格都成家,并且不是一般的家。可是想介绍他却很难。有一般的难,是广度、深度都非一般,用简明的话说得恰如其分不容易。还有特殊的难,是他生不逢时,就国说,东邻太坏,自己太弱,所托身的北京竟江山易主。异族统治,就更躲不开气节问题。走为上计,可是他没走。中计是闭门喝苦茶,起初也许有此意吧,但终于还是开门,出了山。在他,也许有什么不得已,或竟是有什么理由,但国人（尤其他的旧相知）是不会谅解的。不谅解是一面,但他又像是与王克敏之流不同,不是迎头赶上,而是半推半就,何况他还有五四时期的维新业绩,以及更不容忽视的,上千万字的连文学史家也要刮目相看的著作。太复杂了,且不说评论，如何介绍呢？这个困难，我昔年曾经遇见。那是写《负暄琐话》的时候，多谈北大旧人，装作不见，不成，只好硬着头皮，拼凑一篇《苦雨斋一二》。说一二，表明只是一些琐事。正襟危坐的话也说了三两句，是一反北宋大臣吕端之道，大事胡涂，小事不胡涂，可惜。其后，又有人上门求写一篇全面而深入的。我不自量力，就真写了，因为想把存于内心的话全盘托出，就写多了，计比万言书还长，标题为《再谈苦雨斋》，收入《负暄续话》。困难仍在，如何解决呢？找个立脚点，是人与文，既不可分又可分；或者说，论文和诗的时候，宜于不以人废言。这样，我就不隐瞒观点，说（旧）诗，意境能够迈过古人，散文，意深远而语平实，冲淡至于不见用力，五四以来，也只能说是只此一家。好话比灶王老爷说得还多，这里还有什么可说的呢？是想到出于他笔下的另一种，没有人注意甚且很少人知道的，像是也值得看看。这说的是挽联，我见过几副，都情挚而语妙，取游山可只爱片石之义，就说说这个。

挽联，旧时代常用，可是作好了不容易，要典重得体，寓辞采于肃穆之中。我昔年读《越缦堂日记》，见到一些出于李慈铭之手的挽联，觉得确是名下无虚士。现在，有些人吊死者，还愿意效昔人之颦，也作也写也挂，而看得过去的实在太少。这样，与今人比，周先生的几副就可以说是上追其乡先辈了。以下另行抄录，估计有难解处略加注。其一，挽黄晦闻：

> 如此江山，渐将日暮途穷，不堪追忆索常侍。
>
> 及今归去，等是风流云散，差幸免作顾亭林。

黄先生关心国家安危，曾刻"如此江山"印章。索常侍，索靖，西晋书法家，知天下将乱，见洛阳宫门铜驼，叹息说："会见汝在荆棘中耳！""九一八"事变后，黄先生在北大讲顾亭林诗，言及亡国之痛，感慨万端。其二，挽孟心史：

> 野记偏多言外意，
>
> 新诗应有井中函。

野记，指《心史丛刊》，其中言史事多感慨。井中函，郑思肖，字所南，南宋末年人，宋亡，著《心史》，盛以铁函，藏井中。孟先生写诗，多伤时事。其三，挽钱玄同：

> 戏语竟成真，何日得见道山记。
>
> 同游今散尽，无人共话小川町。

上联原注："前屡传君归道山，曾戏语之曰，道山何在？无人能说，君既曾游，大可作记以示来者。"小川町，在日本同听章太炎先生讲《说文解字》之地。其四，挽刘半农：

> 十七年尔汝旧交，追忆还从卯字号。
>
> 廿余日驰驱大漠，归来竟作丁令威。

卯字号，北大第二院西南部邻街的一排平房，民初做文科教员预备室，居其地者，陈独秀、朱希祖为己卯年生人，胡适、刘复、刘文典为辛卯年生人，故戏呼为卯字号，言外意为兔子窝。下联，指1934年夏往塞外考察语音，染回归热，返京后卒于医院。其五，挽马隅卿：

> 月夜看灯才一梦，
>
> 雨窗欹枕更何人。

马隅卿，名廉，研究小说有大成就，1935年2月19日在北大课堂上因脑溢血逝世。前一日为旧历上元，他还上街看灯。雨窗欹枕，《雨窗集》《欹枕集》，天一阁旧藏的明刊话本，马先生在南方买到的，曾影印行世。

挽联抄完，回头看看，写这位，本想避重就轻，拉扯几句，混过去，没想到字数反而超过前几位。但木既已成舟，也就由它去吧。

马衡。马先生，字叔平，与马裕藻和马廉是一家，都是宁波人。叔平先生是金石学家，所作曾集为《凡将斋金石丛稿》(1977年中华书局出版)。我上学时期只知道他写过《石鼓文为秦刻石考》，破周宣王猎碣的旧传，为治旧学者所推重。三十年代前期，故宫博物院院长易培基因有盗宝的流言离职，马先生继任院长（先为代理），担任此职二十年，据说在维护古物方面贡献不小。他在北大史学系是名誉教授，开"金石学"课，我听了一年。他个头儿在中人以下，装束和举止都整饬，说话慢条斯理，都有根有据，没有一句是出于灵机一动的。对学生虽严肃而和善，所以学生都敬重他。讲课有没有讲义，不记得了；以及我也摸索《金石索》《金石萃编》之类，还买过《陶斋藏石记》，诱因是来自马先生还是来自图书馆，或兼而有之，也说不清楚了。清楚记得的是有那么一次，大概是1933年暑后吧，马先生带着听金石学课的同学，十几个人，步行到故宫东路某宫去看青铜器。马先生带着学生看，指点，讲说，不外是"商器""周器"等等。讲说间，有个同学问："怎么知道是真的呢？"马先生停住，沉思了一会儿，答："你要知道什么是真的，先要知道什么是假的。"另一个同学抢着问："那么，怎么知道是假的呢？"马先生又陷入沉思，好一会儿，答："你要知道什么是假的嘛，先要知道什么是真的。"同学们都笑了。其时笑，都有轻微的看不起黔驴的意思，心里想，既然是专家，通晓，为什么不能说说呢？其后，许多年，我也有亲近古物之癖，也就难于躲开真假的辨别，专就自己略有所知的说，总结经验，竟仍是马先生那两句话，其精髓是多看，对比，可意会难于言传。能意会是有所得，每逢这样的时候我就不由得想到马先生，原来那两句看似可笑的话是金针度人。

沈兼士。沈先生字还是兼士，是小学家，在北大国文系任课，讲的是文字学。据说他是宣扬"右文说"的，即主张形声字，声旁兼表义，如"戋"有"小"义，以戋表声之字，如笺、钱、线、盏、浅、残、贱等都有小义。我听过他文字学的课，只记得身材中等偏高，不胖不瘦，衣服讲究，留背（bēi）头，与孟心史先生比，是个注重外场的人物。态度严肃，口齿清楚，至于都讲了什么，就不记得了。在北大这个圈子里，有三沈（沈士远，沈尹默，沈兼士）五马（马裕藻，马衡，马鉴，马准，马廉）之说，推想三沈是亲兄弟，五马是大排行。沈士远，我没见过，也殊少所知。沈尹默先生，我也没见过，却多有所知。他是名书法家，写行写楷，都守二王矩矱，并有理论来支持。他诗词也写得很好，我手头还有1929年北京书局印的《秋明集》，上下两册，上册收诗，下册收词，可惜为书名所掩，知道的人不多了。沈兼士先生在北大也以善书名，只是因为他的兄长尹默先生，以及也出入红楼的马叙伦先生，造诣太高，这就有如一般高个儿的女士，一旦走入时装模特之群，就欲挣扎也显不出来了。在我的记忆中，沈兼士先生还有个也许值得说说的特点，是"沙滩"地小（只是北池子北口外以东一个直径几十米磨盘状的小圆块）名大（就是不提红楼也无人不知，无人不晓），全国许多学术界耆宿在这一带活动，只有他一个人连住所也是大名"沙滩"的一条东西向的小街。

余嘉锡。余先生，字季豫，湖南常德人。他在辅仁大学任国文系主任，到北大是兼课，我听一年，发讲义，名《目录学发微》。他身材中等偏高，说不上胖而显得丰满。当然穿长袍，与其他老人物如黄节、马叙伦相比，还多一顶瓜皮小帽。上课坐着讲，平静地传授知识而不用面部表情甚至指画来助阵。这是纯旧派的教学形式，使人想到周敦颐和二程，至少也是颜习斋和戴东原。目录方面的情况他是吃透了，所以有能力写《四库全书总目提要辨证》。治旧学，思路清楚，甚至可以说有新时代的科学精神，比如至今还记得他有一次讲："有人常说，某书是伪书，因不见于《隋书经籍志》。这是不对的，因为《隋书经籍志》并不能收尽天下书。"这就大有说服力。著作不少，贡献大，归道山以后，还由其东床快婿周祖谟先生整理出版《世说新语笺疏》，我觉得这是出自朴学，最靠得住。说起朴学，不禁想到今代盛行的大话和空话，前现代、后现代之类，丈二和尚，使人摸不着头脑，对比之下，还是觉得老一辈的一步一个脚印值得珍重。

钱穆。钱先生，字宾四，我上学时期，他是红楼中叱咤风云的人物，因为其时大刮《古史辨》之风，他写《先秦诸子系年》，主旨就是深辨古史。他是无锡人，没有多少学历，可是勤读，钻得深，所以能够平步青云，走入红楼，任史学系教授。我选过他的课，也许有两年吧，因为其时我也被考古风刮得东倒西歪。听说他教过中小学，自然讲求过教学方法，因而在课堂上，作风与余嘉锡先生大不同，不是安稳平静，而是常走动，口讲指画，间以嬉笑，显露锋芒。但语音只能南腔而不能北调，北方同学听着就有些费力，比如初上课时常听他说"王五"，不知何意，后来才知道，这是说"黄河"。他考史，时时有新说，记得听他讲《楚辞》中地名，说旧时都认为在江南，其实应该在江北，我至今也不知道究竟对不对。不过，不管他怎样立异，都举证，总之仍不离汉学传统。"七七"事变以后，他先到昆明，其后到台湾，高寿，九十余才归道山，不忘故土，遗嘱归葬太湖之滨。在台湾，他讲课之余，仍勤于写作，较著名的有《国史大纲》。是1992年，由《书摘》介绍，我看到他1979年出版的一本新著《从中国历史来看中国民族性及中国文化》中的一节文字，说中国的传统不是君主专制，而是君主立宪，并说中国人不贪利，不争权，没有"谁肯来做一个吃辛吃苦的专制皇帝"，不由得大吃一惊。钱先生是治史的，竟连专制制度和专制君主也视而不见了，难道因爱故土之国之民，就可以不管事实吗？可惜他已作古，我不能质疑。但我还是不能已于言，写了一篇《关于吾师》（刊于《读书》1993年第2期），说了几句不够尊重的话。过些时候，听说钱先生的亲属看了不高兴，曾著文为钱先生辩护。人各有见，但依照红楼精神，讲理，考虑的只应是"证据"，而不问亲不亲的。

顾颉刚。由《关于吾师》那篇拙作就联想到顾颉刚先生，因为其中也触及他。顾先生，名和字统一，苏州人。1920年北京大学哲学系毕业，与红楼的关系可说是双料的。插叙一笔，哲学大概真如鸡肋，食之无味，所以名人如朱自清、康白情、章廷谦（川岛）、容肇祖、何其芳，毕业后（也许早到未毕业）都改了行。顾先生也是改了行，治历史，尤其历史的地理沿革。我上学时期，他是燕京大学教授，在北大史学系兼课，讲《禹贡》。我选听这门课，因为讲授者是创办《古史辨》的。顾先生体格是苏州型，外貌的风度却既不白净又不清秀。待人好，诚恳和气，讲课十分认真。可惜天道吝，多有笔才而少有口才。看过《古史辨》自序的人都知道，那是倚马万言，可是讲课，常常嗫嚅一会儿，还是说不出来，就急得拿起粉笔写。他治学甚勤，买书很多，据说已经装满九间平房。还有大志，创办禹贡学会，编印名为《禹贡》的期刊，想带领一些同道（多为听课的同学），研究历史地理，绘成历史地图。"七七"事变以后，离开北京，还紧抱着理想继续努力吗？不清楚。可知的是解放以后，五十年代初，他回到北京，赶上思想改造，批胡，想挣扎，适应新环境，于是也拿起笔，骂胡适，表明自己已经不是过去的自己，可加入新的"同志"之群。可是如其高足童书业等所表演，也拿起笔，大骂顾颉刚，可证新的一群还不能把他看作同道。这正如王学典看了1993年出版的《顾颉刚年谱》以后写的一篇文章的标题所指出，是《痛苦的人格分裂》（刊于《读书》1995年第5期），以对胡适为例，是心里感激嘴里骂。能不能不分裂？至少理论上是能，办法是用沉默的方式承认落伍，不可救药。也许是不甘于寂寞吧，顾先生还是用语言文字挣扎。至少我看，有时还过了头，如七十年代末上海古籍出版社重印他的《秦汉的方士与儒生》，他可以不说话，却写了"重版前言"，说原来未承认焚书坑儒有积极意义，是错了。难道顾先生真会举手赞成焚书坑儒吗？所以我写《关于吾师》坦率表示，我不愿意看到我的老师，为迎合时风而说稍有正义感的人听了会皱眉的话。

罗庸。北大国文系有两位教授,罗庸和郑奠,像是李杜,谁提到就连着说,都规规矩矩讲课,不露什么锋芒。两位都是1920年北大国文系毕业,也许毕业后就留校工作吧?罗先生,字膺中,扬州人;郑先生,字石君,浙江诸暨人。"七七"事变以后都西南行。迎来胜利和解放,罗先生留在西南;郑先生辗转到语言研究所,由古文献中集语法和修辞的资料,印成书,我都见过。单说罗先生,还与我有点特殊的关系。一是在校,我毕业前写关于乐府诗的论文,导师是他。我读书,杂而不专,也就难得精于某一门,而论文是要求既专又精的。我有自知之明,想随便拉个题目,凑万八千字,估计罗先生宽厚,可以给六十分,能毕业就得了。没想到罗先生宽厚还加了客气,竟给了七十多分。二是四十年代后期,我帮一个出家朋友编一种佛学月刊《世间解》,刊物传到西南,适值罗先生亲近佛理,竟收到他由某大学寄来的鼓励的信。这使我很惭愧,曾复信表白,并问安。其后若干年,因为都忙于应付新要求,就不再有音信。恍惚记得听谁说,他是过早地作了古。仅存的两三封手迹,因为一再运动,自顾不暇,也就"人面不知何处去"了。

唐兰。唐先生,字立厂(ān,非工厂的厂),浙江嘉兴人,古文字学家。我上学听他课,讲的就是古文字学。记得后来成书出版,名《古文字学导论》(?),我买过,现在也找不到了。辨认古文字(主要是殷墟甲骨上的)是考古的一支,当时也是热门,唐先生钻得很深,也颇自负。记得一次上课，他谈这方面研究的情况，有个同学问："郭鼎堂（郭沫若其时在日本研究甲骨文、金文，署此名）怎么样？"唐先生小声说个"咳"，接着是冷笑，推测他的意思是，外行胡猜，多可笑。因为研究金文，他还是青铜器专家，记得三十年代后期，我到他家里去，看见屋里就有些小件青铜器。其时他住在地安门内，与个年轻的夫人（盛传结合时他三十四岁，夫人十七，恰好减半）为伴。大概是1939年夏，他决定南行，春天，由国文系同学李九魁发起，在中山公园为唐先生送行，参加的有我和周祖谟，记得还照了相。解放以后，唐先生未回北大，到故宫博物院做什么研究工作，我见过他。他本来就偏于胖，随着年岁增加，体重和血压也增加，听说多在家休息，终于抗不过病，作古了。

恒寿山。课堂上的前辈说得太多了，应该换换样，于是想到恒先生。恒先生是武术教师，教的是业余课，地点在红楼西北角的风雨操场，时间是下午下课以后，一周几次不记得了。他是满族，其时已经年近古稀，健壮，秃头，所以表演太极拳，颇有老僧入定的神气。他武术造诣很高，通各路拳术和各种武艺，还练过摔跤。他说这样多学，是想当侍卫，没想到江山易主，会武术没出路，只有靠教学吃饭了。他在武术界名声很大，人称恒大力。有一次他露了一下，是抬起一条腿蹬其上有窗的一面墙，确像是房屋的半面都颤动。他还表演过运气，是不管你打他什么地方，那地方都鼓起，呈半球形，坚韧如橡胶。我是偶然一次走入风雨操场，认识他的。其时考北大都是学广义的文，所以虽然学武不必交学费，学的人还是很少。我呢，也许小学时期看《七侠五义》之类还有影响吧，就向恒老师说也想学一些。他问我姓名和籍贯，不想一说香河县，他大感兴趣，因为香河县有个全国驰名的武术家张秀林（名策）是他的师兄弟。由于这种因缘，他对我很亲切。但他有知人之明，说："太极太难，要有耐性，还是学一套威虎拳吧。"果然，学了不多，我就表现为没有耐性，不积极学了。但我有时还去，是愿意听他讲亲见亲闻的武侠故事。恒先生记性好，健谈，讲旧事不夸大，添枝加叶，所以常常觉得比看武侠小说有意思。此外我还有什么获得呢？是万一有机会宣付史馆，今代的太史公就可以多写一句，曰"学武不成"。

郑河光。因为想到好心友人常说的"健康第一"，这篇掠影想请郑大夫来做殿军。郑大夫也是名和字统一，福州人。外貌十足的福建型，短小清秀。听说是柏林大学的医学博士，在北大任校医，名义是秘书处卫生组主任。管保健，郑大夫是专任；还有兼任的，是德国医院的克礼和狄伯尔（曾为孙中山治病），其中之一人每周某日中午来一小时（？）。这兼任的名家，我因胸部不适见识过一次，是狄伯尔，记得不同于一般的是以耳代听诊器，听完，用德文写个纸条，让你拿着往德国医院，自有人照条处理。所以还是郑大夫方便，也就实惠。比如说，他有汽车，你在宿舍病了，由工友打个电话，郑大夫一会儿必到，检查，开西药方，到东安市场西门外同济大药房去买药，照方吃，吃一半或略多，准好。也许因为都是家常小病吧，同学们的印象是，吃郑大夫的处方，没有吃得一点不剩的。也就因为这样，郑大夫虽不是胡适等那样的名人，不教课，我，推想别人也如是，离开学校，却记得他。说来也巧，是八十年代中期，有一次我到王府井大街买东西，出东安市场西门，在当年同济大药房以北不远，看见一个短小清瘦的老人站在路旁，大概是等车吧，确是郑大夫。我想过去打招呼，继而一想，分别整整半个世纪，凄风苦雨，都不免有多少坎坷，如何说起呢？人生多事，常常是不知比多知省心，装作没看见也罢。

写至此，回头看看，字数已经过万，未摄入镜头的人还是不少，怎么办？不好办的事不办也罢，就此打住。

同学点滴

依照诒文之理,写了前辈,应该接着写同辈,即同学。同学有广义的,是同校出身的,那就是清光绪三十三年(1907年)毕业的由云龙(整理《越缦堂日记》,抽编为《越缦堂读书记》)和伦明(版本学家,曾在北大讲目录学)也就成为同学。有狭义的,是同班上课的。这里想不偏不倚,也就不广不狭,指曾同时出入校门,在某课室中平起平坐的,说得再具体些,是1928年至1934年入学的都算。人多,附加两个条件,一,我熟悉;二,有些情况值得说说,这样一限制,就所余无几了吧?姑且走着瞧。次序用先男后女并由近及远法。

李耀宗。我和他关系深,新语有三同之说,我们的"同"大概加倍也不止。他是河北省满城县人,年龄略小于我,1931年由预科(最后一期)升入本科国文系,与我同班。宿舍也分在一处,第三院那个口字形二层楼楼上西面的三十号。四年毕业,他"回"保定(他是保定育德中学出身)教女子师范学校;我走投无路,最后才由学校介绍到天津南开中学去混饭吃。天津一年,教学成绩不佳,被学校辞退,回北京,只找到个代课的位置,由他介绍,到保定育德中学,得个较安稳的饭碗。语云，饱暖生闲事，其实只是安稳也生闲事。彼时我破一个家不久，就如一切俗人一样，又想有个家。天道远，人道迩，于是就迎来一位可与共朝夕者（详情当于"婚事"篇述之）。需要有个下榻处，其时耀宗有个如意佳人刘玉清女士共朝夕，租住中山北街（旧名灶君庙街）路西已故画家姚丹坡之半弓园。园在宅院之西偏，北房三楹，菜畦瓜架，有林下之趣。他本诸（论语）"与朋友共"之义，把西间让给我们。以后又共同迁往操场营房，变共吃共住为分吃共住。他天性温和，甚且近于懦弱，但情多，有时与刘女士小有不协调，饭时必面对饭碗落泪。"七七"事变，我们分散一个时期，以后都在北京靠教书活着，仍多有来往。刘女士不幸早逝，新共朝夕的是一位陈女士，他到昌黎教中学时结合的，人也朴厚，因为住得远，见面次数不多。解放以后，我改行做编辑工作，八十年代前期，我主编《文言文选读》（三册），他一直帮助作注。这套书完成后不久，他因脑病突然去世，我由医院太平间外送他到八宝山。返途与他的两个女弟子同车，见这两位已是不惑以上，仍是一路啜泣，使我想到他为人的忠厚热情，以及走一个少一个，不禁为之悯然。

王造年。他是河北省安新县人，也是年岁比我略小，1932年考入北大，选史学系。毕业以后，三四十年代之间曾到日本镀金，也许仍是学历史吧，可是回国以后未升迁，仍是教中学。记不清以何因缘，我们交往很多。他为人，外和内都有风趣。两肩，左方总是比右方低一块，与人以不严肃整饬的感觉。说话声音细小，像是偷偷的，还故作郑重，里面却夹杂一个又一个笑料。嘲笑人，更多是嘲笑自己，其内心像是认为，一切冠冕的表皮，其下都是不雅驯的，看透了，一笑置之也罢。四十年代，大概由同学介绍吧，到察哈尔去工作，不知怎么就改了行，进了财政厅。迎来解放，仍留在张家口。又回学校，不是普通中学，而是财经性质的进修学校。先是在大境门外以西，我有时在张家口长女处住，去看过他。其后学校移市内西北部，他在大境门内离我女儿不远处租了房，我们的见面机会就多了。记得曾同游大境门，写了诗，同到小酒铺喝酒，写了词。他的夫人乃少年时期结发，脚不大而本领大，所以他可以遂本性之初，不问家事，吃饱了，冷眼看世间。不幸是甫过古稀，夫人得了不治之症，先他归于泉下。他只好无山可靠，独立。但也不改旧家风，仍自得其乐。这期间，我们曾同游云冈石窟，住大同东门内起火老店，我曾记其事，编入《负暄续话》。这就想到近年的涂涂抹抹，他不忘同学之谊，每印一本必要一本。看没看呢？不知道，可知的是插架之后不久就不翼而飞，以至几年以来，我送去请正的不少，他那里却一本也没有。这是他的"一笑置之"的生活之道的现实化，所以虽然视我的名山之业如粪土，我还是自叹弗如的。他几年以前有一次不急而跳墙，摔了腿，走路不便，只好多闷在室中。估计一生迷之的围棋还能与他相依为命吧？在我认识的许多人中，旷达，敢于对镜嘲笑自己，他是第一位，所以可以断言，即使扔掉黑白，他还是能够坦坦然，每日三饱加一倒的。

杜文成。他是我的两级同学，通县师范，我在十二班，他在十三班,到北大,我1931年入国文系,他1932年入外国语文学系英文组。他是怀柔县人,结发之人比他小九岁,也是怀柔县人。他有才,好写,也能写,截止到四十年代,已经印诗和散文的集子不少,计有《石像辞》《松堂集》《离失集》《甘雨胡同六号》《三月·四月·五月》等。也翻译英国散文和小说。喜用笔名,作署南星,译署林栖。因为手写多变为铅字,在同学的眼里就高人一等,吾从众,自惭形秽,也就不敢接近他。但可远观,形貌和风度都像郁达夫;内有小别,是总像心不在焉的样子。是四十年代后期,我们都在北京,都为饭碗发愁,语云,同病相怜,交往就多起来,理解也就越来越深。正如我在《诗人南星》(收入《负暄续话》)那篇拙作中所说,他不只用手写诗,还用生活写诗。这是说,他居家过日子,眼不观菜市,足不入厨房,而经常在玉溪生的《无题》诗里睡大觉。如此这般,好不好?由我这俗人看,至少有一点我实在不敢恭维,是最容易丢书,丢他自己的,也丢由我的敝箧中借去的。解放以后,他未宣称焚笔砚而就不再写,推想是由护花恋月变为剑拔弩张,他无此能力。恕我尚可自吹有量材为用的世故,十年浩劫过去,我以鞭促之,介绍他译了三本书:温源宁的《一知半解》、奥维德的《女杰书简》和辜鸿铭的《清流传》。他小于我两岁,据他的夫人钟香芸女士说,近年来胡涂却在我之上,那么,以余年从事翻译也就困难了吧?这是遗憾。更大的遗憾是他不能再写一些三十年代那样美的充满低回情调的诗和散文。

王森。他字森田,在北大与我同年级,入哲学系。与王造年是同乡，且同族，也是河北省安新县人。与他的同班何其芳不同，不只早年，是直到盖棺论定也没改行。所研究主要是佛教哲学，尤其因明，像是钻得比别人都深。为利用藏传佛教典籍，大概还是红楼时期吧，他就到沙滩以北不远的嵩祝寺去学藏文。解放以后，多年在民族学院做研究工作，推想"宗因喻"之类的佛教逻辑不合时宜了，就专治藏文，听说除研究什么史之外，还编藏文字典。他身体不健壮，而治学有献身精神，所以如其业师汤用彤先生，很早就白了少年头。入八十年代，他身体更弱，但还是常常由他的女儿搀扶，到图书馆去查什么资料。在我认识的诸多友人里，讲学问，说得上"实在"两个字的，只有他，退一步说，也是只有他能够排在第一位。只是因为他专精的都是凡人不懂也就不会用到的，肚子里装得很多而很少拿出来。四十年代，我们都住在鼓楼以西后海之滨，可以常常见面，其后这样的机会就少了。他为人沉静温厚，他的夫人是在家乡结合的，也是这样的性格，所以想起当年，到他家里坐一会儿，自己的暴躁虚浮之气就可以收敛一些，而今，他已经作古几年，还有谁能够使我自知不足，就是在小字辈面前也不敢夸夸其谈呢？

邓广铭。他字恭三，1932年考入北大史学系，只有他，年级比我低而年岁长于我，而且是两岁。这是因为他1931年曾投考，未录取，入辅仁大学，仍醉心于北大这块牌子，再考，才如了愿。我很早就知道他，是因为看周作人《中国新文学的源流》，书的"小引"有云："既未编讲义，也没有写出纲领来，只信口开河地说下去就完了。

到了讲完之后,邓恭三先生却拿了一本笔记的草稿来叫我校阅,这颇出于我的意料,再看所记录的不但绝少错误,而且反把我所乱说的话整理得略有次序,这尤其使我佩服。"这次讲演是其时任辅仁大学文学院长的沈兼士先生组织的,时间是1932年的三四月间,邓先生在辅仁念一年级,也就真值得佩服了。在北大,我常听史学系的课,自然不少见到邓先生。他是地道山东人,身材高大,朴实可交。广为人知的是学问,精于宋辽金元史,著《稼轩词编年笺注》,宋以来,治辛稼轩词者不少,当推此为压卷之作。近些年在北大,任历史系主任多年,老了,告退,住朗润园,我在北大女儿处寄居时期,由我的前窗可以望见他的后窗。有时见面,大多是在路上,很少是在他家里。他仍健谈,一开口就推心置腹。正义感很强,也就间或有牢骚。耳已不聪,但记性好,有时追述几个时期的北大旧事,还是如数家珍。他有所作,常复印一份给我看。手头还有一篇复印台湾《传记文学》第五十四卷第二期邓先生口述、苏敏整理的《胡适与北京大学》(解放前夕的一段胡先生任校长,邓先生任校长秘书),文章由1917年暑后胡先生入北大任教授起到1949年12月胡先生飞离北平止,大事小事讲了不少,我看了,印象是,邓先生确是不愧为史学家,一,旧事记得一清如水;二,间或寓褒贬,都本诸良心;三,未抄五十年代的批判八股,挑拣一言一行,继以大骂。显然,这样的态度是不合时风的,也许会带来不利吧?忘利而不忘义,我深以有这样一位同学为荣幸。

周祖谟。他字燕孙，1932年考入北大国文系。他原籍是武清县河西务，我念通县师范时期由家乡往返必经之地，如果容许高攀，也可以算作小同乡吧。他专攻音韵学，"七七"事变以后，到辅仁大学去任教，得到余嘉锡先生的赏识，选为东床。解放以后回母校北大，在中文系任教。音韵方面著作不少，成为知名的学者。对于音韵，我一窍不通，但有那么一次，也借了他的光。是八十年代中期，我为本单位主编《文言常识》，其中"字音"一节，当然以用他之学之名为上策，我登他的中关园平房之门，他没有退路，也就写了。此外，他还有音韵学之外的著作，如《洛阳伽蓝记校释》，在多种本本中后来居上，也与我以很大的方便。是八十年代晚期，他由中关园迁到朗润园，与我成为近邻，我去看他一次。他健康情况不佳，说有力下楼（住二楼）而无力上楼，寂寞，希望我常去谈谈。其后，我因为杂务多，又听说他飞越太平洋，到他女儿处去休养，就没有再去看他。而一晃就三几年过去，我也经过一次迁居，离远了。是1994年末，听说他继马珏之后，也作了古。我有时想到过去，他那清瘦而微笑的样子，以及其学问的纯厚，心里感到凄凉。幸而他后继有人，是周士琦世兄，也治古典，多有著述，如果死后真能有知，他那一贯的微笑就可以带到泉下了吧？

吴晓铃。他于1933年考入北大国文系，"七七"事变前几天毕业，如果只有在红楼坐完冷板凳才可以称为"老北大"，他就真成为强弩之末。半壁江山沦陷时期，他也奔赴西南，其间曾往印度国际大学，像是住了五年，学会了梵文，同我说，还见过尼赫鲁。胜利以后回北京，不记得以何因缘，我们就熟了。四十年代后期，我主编一种佛学月刊，人少力微，就求他为一臂之助。他真就视人事如己事，不仅参与策划，写文译文，还介绍印度著名学者师觉月教授等著文，以壮声势。他为人爽快，热情，与人交往，够得上肝胆照人。又精力旺盛，外向，学问，多方面，戏曲、小说、语言，都通，还熟悉版本；交往也是，几乎什么样的人都认识，如知名学者之外，还有戏剧演员，以至相声演员如侯宝林等。这样的性格和经历使他有获得，就我的所知说，是：一，可以任意走入大学、研究所等学术机构之门；二，活动范围广，北京以内，各处跑，还有余兴，到北京以外，甚至国境以外；三，他有聚书之癖，这就给他带来诸多方便。说起聚书，他的本领和成就就更使人惊讶。他的住房是先人留下的，在昔日名流聚居的宣南，院子不小，北房五楹，上下两层，楼上都是书，楼下也有一些。书多，见识广，又有侠义之气，所以看见近年不少人制造有关曹雪芹的伪遗物，就举证揭其老底，使稍有考史常识的人为之一快。解放以后，我们见面次数不多，只记得一次是到他家里，一次是在香山。最后一次是在无轨电车上，匆匆说几句话他就下了车。他是1995年2月去世的，其前我听说他患病，没去看他，现在后悔也来不及了。有时想到他的藏书，那么多，其中并有国宝级的《石头记》乾隆己酉抄本（残存一至四十回），如何处理呢？扩大范围说，这是许多知识分子会碰到的问题。聚书，因为想读，因为爱。日久天长，数量多了，心情常常不是子子孙孙永宝用，而是"己身永宝用"。而实际呢，己身是不能"永"的，所以总会有一天，己身撒手而去，所爱之书却还是立或卧在那里。"生年不满百，常怀千岁忧"是迷，世上千千万万的常人都不过如此；反面的"好事不如无"是悟，吴先生弥留之际会想到吗？但愿他能够这样。

何其芳。他是1931年考入北大哲学系，与我同年级。多有向上心，先是写缠缠绵绵的散文，印为《画梦录》，其后又辗转到延安，于是逐渐成为名人，升迁为文学研究所所长。我与他，不止一次有同路人（？）之谊，却又疏远得井水不犯河水。早的同路是军训，正好编在一班（班排之班，一班十个人）。他中等身材，白净，连列队持枪也吊儿郎当，表现为不屑的样子，我只好少注目而远之。没想到还有第二次同路，是毕业以后，都到天津南开中学去教国文。在墙子河畔一年，不记得有什么接触。迎来暑假，更没想到还有第三次同路，是书教不好，都被辞退。因为没有交往，也就没有对坐作穷途之哭。其后的若干年，我们真就相忘于道术。他高升了，有时还动笔，记得看过他评论《红楼梦》的一篇大（字数多）文，印象呢，意识形态味道浓，也就气盛，心里想，此"长"之所以为"长"。没想去看他，也不敢去看他。又没想到，竟有一次望影的机会，是"文化大革命"初期，揪斗风吹得正猛的时候，有一天，我以群众身份往工人体育场去看兼听批判，场内做喷气式的共十人，其中有他。离得远，看不清，只听见批的话里有"何其臭"云云，不禁想到《枕中记》《续

208

黄粱》一类故事，慨叹人生真如梦也。幸而低头之后总会随来"落实政策"，听说他又起复，任原职，只是可惜，天不假以年，不很久就归于道山。总是头上又有了"长"的帽子，可以安息了吧。

王崇武。他于1932年考入北大史学系。功课不坏，毕业以后曾到英国留学，据说尤其致力于明史，很有成就。他是河北省雄县人，健壮，双目有神。他住东斋，规定一间屋住两个人，其时我未住学校宿舍，不记得由谁介绍，我把姓名借给他，他就可以独自住一间，以此因缘，我们认识了。且说因缘和合必有后果，1936年我由天津回北京，失业，由他介绍，我给他的同学到进德中学代课，因而与他的这位师范大学毕业的同学李君列五（名曾笃）结识。这又带来后果，是破家之后我又组织一个新家。还是说王崇武，五十年代初他回国，到历史研究所做研究工作，其时历史研究所和语言研究所都在红楼以东的东厂胡同（明朝魏忠贤的东厂），我编汉语课本，隔一日到语言研究所去上班，因而又同他见了几次面。谈些旧事，像是还没扔掉"他日相逢下车揖"的古风。其后我不到语言研究所上班，再其后来了整风，人人惶惶不安，也就没有再见面。是五十年代后期，忽然得到个简而又简的消息，他病故了，算了算，年未及知命。什么病呢？有没有留下什么著作呢？咫尺天涯，是直到现在也未能知道。

杨向奎。他是1931年考入北大史学系，与我同年级。在学校没什么交往，只知道他也跟随顾颉刚先生，考古史，并且颇有成绩。毕业以后，曾到山东什么大学去教书，后来回北京，到历史研究所做研究工作。在我的诸多治文史的同学中，考精力旺盛，有了他，吴晓铃就只能屈居第二。以我的见闻证之。多年以来，他发表了大量的文章，都是过去的远事，我想略去，只说近的。是八十年代后期，因为我在《负暄琐话》里写了孙以悌，他看到，就给我写信，约定到我城内的住处（原北京大学第二院）来看我。他来了，谈了很多，我才知道，孙以悌离开学校到天津，他曾去追，可惜晚了一天，未能见到。我感谢他由干面胡同东口他的住处来看我，他说他每天步行往养蜂夹道去游泳，从我这里经过，用不着过意不去。其后有时他就送他的新作给我看。有关于《红楼梦》作者的，这是由商、周、秦、汉下降到康、雍、乾，仍在史的范围内，不新奇；新奇的是有几篇，竟谈起时空、相对论之类。这真是造反了！谈得对不对，我莫测高深，总不会如苏东坡《日喻》所说，闻钟以为日吧？那么，红楼中出这样一位，借用胡博士常说的一句，是"北大真不愧为大"，我也可以沾点光了吧？

张政烺。他字苑峰，山东省荣成县人，于1932年考入北大史学系。外貌有特点，体粗壮，头大，顶部正方，目高度近视。读书多，记忆力特好，在校时期即以成绩突出扬名。是一次上胡博士的什么课，胡博士讲到什么小说，说可惜没有什么书谈到它的作者，张政烺站起来说，有的地方谈到，见什么丛书里的什么书。胡先生大为赞叹，上课时常说，北大真不愧为大，如什么小说的作者，他不知道有人谈过，张政烺先生知道云云。毕业以后，因为发表了不少考证文章，很快就成为文史界的名人。多年来在大学任教，讲授古事，兼及古文字、古器物之类，最后也是流入历史研究所。我跟他没有来往，可是关于他的惊人的记忆力，却也略有所闻。一次是听一个听过他讲课的人说，有学生问他什么，他说可以看什么书，在什么丛书里，第多少页。又一次，是杨向奎同我说，我的《负暄琐话》出版以后，张政烺买到一本，因为其中写孙以悌，就送给他看，他看底封上有张政烺的批注，说这本书是国文系的张璪写的，所以才来找我。听到这些话，我知道这位有大成就的同学还记得我，我感到欣慰。这之后，在什么招待会上我见过他两次，满头白发，眼显得更大了。我同他打了招呼，他说得不多。据杨向奎说，近年来他精力下降，不能写了，我颇想借用康德的最后一句话来安慰他，是"够了"。

高去寻。他于1931年考入北大史学系，与杨向奎同班。河北省高阳县（？）人，高个子。也是成绩不坏，所以毕业以后能够走进中央研究院历史语言研究所。也许从董作宾等做研究工作吧，推想其后就主要攻甲骨文、金文。人总是难免随着环境流转的，1949年，国民党政府战败逃亡，他也到了台湾，我们从此就断了音信。记得最后在一起厮混是1936年的寒假，我在保定育德中学教书，住城内西街以北操场营房，他带着他的夫人来保定看病，夫人住了院，他多在院外，无事，几乎天天见面，谈天。我们当然也要到医院看看病人，那位来自农村，但相当漂亮，本来温顺加新学的开通，大家的印象都是颇像个样。唯一的缺陷是脚旧式，难得维新，如南下金陵，不要说跳舞，连出席什么会也难吧？可是老高（我们都这样叫他）情意专一，只盼病愈而不想跳舞一类事，所以我们都称赞他为模范丈夫。后来，这位夫人就真随着南行了，之后还会随着先则西南后则东渡吧？多年来，幸而只是同学关系，他没有成为我的社会关系包袱。近些年，台湾由臭变为香，我当然想知道他的情况，可是那里也是老成凋谢，因而就想询问也未能找到知情之人。但推想，那里没有我们这样的运动，如果不短寿，霜晨月夕，他们二人大概还能对坐相视而笑吧。

牛满江。他是1932年考入北大理学院的，入生物系。也许因为他的籍贯也是燕赵（河北省博野县），与我多有来往的什么人是中学同学吧，我们虽不同院（他也就不到红楼上课）而相当熟。他外貌可谓得其中，不高不低，不胖不瘦，戴眼镜，对人和和气气。很用功，到我将毕业的时候，他已经越过吸收普通知识，进而为专门研究，记得问过他，说正在做合两个鸡蛋黄的什么为一的培育试验。这有什么重要，我不懂，但我知道在研究生物方面他已经造诣不浅，所以敬重他。因为敬重他，就曾向他请教一个大问题。是在红楼后面钻图书馆的后期，我的头脑里曾有一次大波动，是忽然感到疑古考古，所注意都是身外事，人首先应该弄清楚的是"人生究竟是怎么回事"。我茫然了，自己想不明白，自然就想问人。牛满江是研究生物的，人是生物中的一个种属，问问他，也许能够明白吧？于是找到他，问："由你们研究生物的看，生物活着有没有目的？"他想了想，说："除了传种以外，像是没有其他目的。"他的答复显然不彻底，但对我后来的改行治人生哲学，却有不小的帮助，或者说，我接受"天命之谓性"而不问天何以如此命，正是他的答复的翻版。由这个角度看，他给我的确是太多了。毕业以后，或再以后，他东渡太平洋，仍研究生物学，既躲过加多种冠的危险，又成为美籍华人中的佼佼者。曾不止一次来中国，与童第周合作，研究什么尖端的项目。我没有去看他，因为我至多是"北冥有鱼，其名为鲲"，他已经是"化而为鸟，其名为鹏"。但我听到他的名字，还是充满感激之情的。

王光汉。他是教育系学生，1931年入学，与我同年级。在校时期，连他的名字我也不知道。是五十年代中期，不知根据哪个高位之人的幻想，决定变南口至八达岭一段（旧传四十里）为花果山，由国务院系统的诸多单位负责。我们出版社直属教育部，分的地段是三堡车站略南以东的半山上。规定职工一年去劳动两次，一次半个月。青壮先行，盖房，我们中年以上的后继，登山种树。我去了两次或三次，遵命干这个干那个，至于能否变成花果山，心里想，只有天知道。万没想到人真能胜天，不很久之后，竟也知道并不能变成花果山，于是如一切幻想破灭的大举，以不声不响的方式收回成命。我的多日劳动白费了。但也不是毫无获得。这是：一，更加明白山中生活并不像隐士设想的那样好，因为既要有人供应生活资料，又要有可意之人陪伴。二，曾利用一个秋风送爽的假日，与王光汉（在教育部工作）等游居庸关。王是河北省中部某县人，高个子，不丰润，有点像农村的庄稼汉，负责养鸡。鸡一百多只，不生蛋，而且陆续死，他仍坦坦然。这是说他很老练，所以大家都叫他王老汉。且说劳动半个月，有一天真正休息（与不劳动而在屋里写总结，作感受八股不同），于是与王老汉约，南行去游居庸关，还有两个人参加，大名不记得了。早饭后启行，沿公路，天气和景物都好，不很久就到了。到之前，向东下望关沟，见远处有个新装怀抱小孩的小脚妇女骑驴，后面一个男子步行跟着，王老汉停住，看得出了神。我叫他，他不隐瞒情和意，说："我最爱看这个。"我怎么也想不到，在红楼四年，在都市生活二三十年，心却还放在百年以前。世间真是太复杂了。下公路我们到关前，进门洞看了佛像和西夏文雕刻，登上云台，向四围望了望。想到关以西的李凤姐墓，时间还早，我提议去看看。西行登半山，找，不见，问人，答不知道，只好罢了。不久与王老汉作别，其后就断了音问。有时想到他，连带想到那位骑驴的，也曾觉得可笑。其实，迷而不悟，也许是更值得珍重的生活之道吧？

孙以悌。大约十年以前，我写过他，收入《负暄琐话》。我同他不认识，写他，是因为我在校时期，他是出现于红楼的奇人，毕业之前不久跳海，是学校出现的奇事。他于1930年考入史学系，原籍安徽寿州，听杨向奎说，早已住在无锡。我那篇写他的奇，主要是两个方面。一个方面是学问，连名教授钱穆、蒙文通等都惊讶，如此之精而且博，不知道他是怎么学的。一个方面是人生观，他熟悉古事，对于其时许多人都迷恋的考史却没什么兴趣，而常常说："人应该以众生为念。"挂念众生，是佛家思想，不停止于思想就要修菩萨行，可是他像是因什么事而绝了望,终于如托尔斯泰,出走,到天津,上了商行的轮船,后来人不见了,船上只剩下行李。都推想他是跳渤海了。因为他造诣特高,人人惋惜,破例,为学生也开了追悼会,还借《史学论丛》的篇幅,为他出了专刊,印了他一部分著作。我是看了专刊上的照片,才知道是我住在第三院宿舍,早晨在地下洗脸室,经常遇见,光头穿灰布长衫那一位。他人往矣,却使我因他而常常想到心安理得之不易。他走的想当是认真的一条路,我呢,无此雄心壮志,只能随所遇而安,或干脆说自欺,对比之下,不能不感到惭愧。

徐芳和陶维多。转为说女的。她两个是我们班的"唯二"女性,平常提到总是连着说,所以这里也就可合则合、可分则分地写。且说我们班是大班,人三十出头,"唯二",按比例说就太少了。这使我有时想到生不逢时,比如晚生几十年,女子上学成为家常便饭,有些班甚至阴盛阳衰,不才如我,也会有中不溜儿的佳人来跟前表示好感吧?可惜那是几十年前,我们一大群看两个,就如在天上了。这结果是,四年之久,我同她二位,大概没交谈过一次,因而所知也就很少。远观的印象当然有,徐身材中等以上,白净,有点风流成分;陶则矮小,沉静,表现为老老实实。插说一件事,是每有一个年级毕业,就印一次同学录,推举毕业同学十几个人负责编,凡本年毕业的交照片一张,钱币一元。我们毕业那一年,照旧规办理,可是都没拿到同学录,听说是主办人贪污,不给印刷厂钱,印刷厂就不交货。拿不到同学录,会有多种损失,其中之一就是,比如徐芳和陶维多,就说不清其年龄和籍贯。毕业以后呢，没见过一次面，稍有所知，都是听来的。较早是抗战初起在武汉，有人在什么宴会上见到徐芳，颇出风头。后来像是还到了台湾。生活总是在高层次飘，至于详情，因为消息都是零碎的，就难得连缀起来。现在还健在吗？在哪里呢？不知道。陶维多则正好相反，是前期迷离，后期明朗。记得是九十年代初，一次与先则文改后则语委的高景成先生闲谈，不知怎么一来就谈到陶维多，原来近些年她在语委工作，住西直门外昌运宫，不幸于1989年逝世，还开了追悼会。这样，近，也就咫尺天涯了。

马珏。我也写过她，收入《负暄三话》。她念的是北大预科，1936年升入本科政治系。我在校时期，她是学校的大名人，甚至北京的名人，因为头上有两顶帽子，国文系主任马裕藻先生的女儿小，校花大。花，谁都想看看，我未能免俗，狭路相逢，也看。印象呢，长身玉立，面庞白嫩，确是够得上一个"娇"字，娇，我不为泥做的诸君讳，都爱。但爱是"情"方面的事；还有"理"，就不能不打打算盘。即如我，近在本班的徐、陶二位尚不敢靠拢，况远在他班的马珏乎？所以同出入红楼近三年，连相视而笑的机缘也没有。她于1934年春末毕业离校，到上海结婚，名花有主，我逐渐也就把她忘了。万没有想到还有交往的机会，是她的在山东枣庄工作的儿子杨衡善是我的读者，看到我写马幼渔先生的文章（收入《负暄琐话》），就来信，说他妈住在他那里休养，他的姐姐杨康善在北大工作，前不久他妈并曾在北大朗润园住很长时期云云。我也住朗润园，因为不知道，就交一臂而失之。但我们通了信，她并寄来上学时期的照片，说希望我能够想到昔日。其后她连遭不幸，先是丈夫病故，不久腿又摔伤。希望她还来北京住，看来不容易了。1992年的冬日吧，据说是枣庄的住处有困难，她竟来北大到她女儿家住。其时她女儿住燕东园的新建楼房，离我的住所不很远，我当然要去看她。她拒绝了，说行动不便，俟养好些再说。我推测，这是怕我对比今昔，心里都不好过。这其间，我送去新出版的一本拙作，劝她好好养病，待好转我去看她。一拖就拖到1993年秋天，是一天的下午，她女儿来，说看她母亲，可否一会儿就去。我去了，她拄着双拐走来，靠近我坐了约半小时，一直拉着我的手不放，眼泪汪汪的。我没想到她这样念旧，也很感伤。其后不很久，她就到医院去疗养，我未能再去看她。大概是1994年末，听她女儿说，病终于没有转机，挨到11月，下世了。她生于宣统庚戌，属狗，卒于甲戌，仍是狗年，也可以算作始终如一了吧。生而为人，总不免一死，但如她，有写作之才，富于情，又早年见闻多，而没有及早拿笔，终归是个不小的遗憾。

金石。她1932年考进北大，入外国语文学系学英文，与杜文成同班。我对她有印象，是因为她是运动员，而且打篮球，在我上学时候是罕见的。她是沈阳人，个儿不高而粗壮，头大，上下一样宽，恕我直言，实在不能算漂亮。离开学校以后，各奔前程，也就都忘了。是八十年代后期，有一天，我在出版社的办公室，有个老年妇女推门进来，自己报名，说她是金石，问我还记得不记得。我说记得，请她坐下。当然要说说多年来的情况。她丈夫姓刘，近些年一同在合肥工业大学工作。她当年在北京的住宅还有，在地安门内油漆作，所以告退以后，也常在北京住。知道我在出版社，是因为她女儿有时来音乐编辑室帮忙，偶然谈起，疑惑是旧同学，立刻跑来，果然不错。她不愧为运动员，虽然比当年瘦了些，腰板儿还是挺直，走路轻快。她很热情，问完我的情况，接着问还有哪些同学在北京。我只告诉她杜文成，因为其他人，或病或行踪不定，以不去打搅为是。她记下杜文成的住址，说第二天就去。又说她家不远，希望我去看看，何时去，先告诉她，她准备饭。我去了不止一次。她也常来，有时让查一些典故，就顺便看看我。了解越来越深，我觉得她有个最难及的优点是，以出嫁的女儿为喻，实心实意顾娘家。听到哪个同学在哪里，只要她能走到，必立刻去。每年五四校庆，她一定参加，希望借此机会能够见到几个北大旧人。我呢，很惭愧，多年住在北大而不参加校庆，与她相比，就成为嫁出去的女儿泼出去的水了。

莫国康。她是广东人，1929年考进北大，入教育系。这里写她，不是因为与她有什么瓜葛，而是，不怕人笑话，因为她美。记得身材、面容，都恰到好处，与马珏相比，还多个"匀称"。如果容许我评论，马珏是因"娇"而美，莫国康是因"美"而美。可以分高下吗？无妨追述个当时的想法，如果校花由选票产生，我那一张，沉吟之后，也许还是写莫国康。可惜这样的"民意"无由告诉她，1933年暑后她离开学校，就不再看见她。曾听到她的消息，是四十年代前期吧,说她给(或曾给)陈公博当秘书。陈也出身于北大,1916年入哲学系,与朱自清和顾颉刚同班,毕业后也改行,入了政场,混到代主席,可惜是敌人日本扶持的,于是得个判处死刑的下场。如果所传莫国康曾在他那里不假,后事如何呢?每一想到,不禁有佳人薄命之叹。

古,"叹"之后有"观止"之说,也就不再写下去。

日常生活

　　这是小节，只是因为有好多为其时其地所特有，作为闲话说说，如"白头宫女"追述开天旧事，也许有人愿意听听吧。日常生活包括由正月初一到腊月三十的一切活动，不得不挑挑拣拣。想先剔除一些所谓正事或大事，如上课，钻图书馆之类。剩下的，琐琐碎碎，宜于归拢，想从祖传的归类法，分为衣食住行；行殊少可说，换为余兴。主要说己身；但己身也可有代表性，那就算作共享的也可以。

　　衣。北大没有制服。有准制服，是蓝布长衫。穿蓝布长衫上课，是习俗，不是法定。所以有少数人，有财力，愿意豪华，漂亮，或给具体的佳人看，或给概括的佳人看，以期换来青眼，也可以做西服。记得一年的暑假，同屋李耀宗就做了一套西服，浅灰色，纯毛派力思的，也许要三十多块钱。其时他连心中也还没有如意佳人，空虚，当然希望有"凤凰来仪"。至于一般人，我在内，就还是一年四季，外包装不变，蓝布长衫。西服，蓝布长衫，以及包装之内，背心、内衣等，我们总是往东安市场，那里都可以解决。记得最清楚的是蓝布长衫，料是阴丹士林（新染料名）的，制成品，用自己身材试，合适了，付款，时价是纸币一元。料坚实，做工也不敢丧失信用，两三年穿不坏。长衫的缺点是下身过长，活动不便，如果改为熊十力先生那样的，保留上部的三分之二，裁去下部的三分之一，开隙保留，上移，穿上舒适，实用价值会超过西服吧？不过人穿衣，记得讲服装起源的什么书说过，是由于想装饰；装饰主要是给别人（尤其异性）看，则长衫究竟要得要不得，决定权就不能属于我们，而属于校花之流马珏和莫国康了。

食。关于食，我写过"沙滩的吃"（收入《负暄琐话》），这里变为学生的吃，范围大了些，所以不能不粗说。吃，就我说，与通县师范时期不同了，彼时是白吃，变为要花钱。花钱也可以分为常态和变态：常态是天天如此的果腹，变态是与什么人，下馆子，改善改善。先说常态，以作战为喻，有阵地战，是吃包饭。学生宿舍只西斋有，一个月六块钱，米饭、馒头，一菜一汤，管饱；外面饭馆也可以包，价钱贵一些。有游击战，是任意到附近一个饭馆，点菜点饭，吃完付钱。游击战有好处，说小话是容易合己意，说大话是合于北大的自由散漫精神。唯一的缺点是比包饭贵一些，节省，打小算盘，一个月也要七八块钱。这自由散漫精神使北大附近开了不少小饭馆，现在记得的，自西往东，有二院对面的华顺居，景山东街东口内路北的德胜斋（清真），东斋北侧的海泉居，斜对面的林盛居，沙滩西端路南的佚名切面铺，一院对面的四川馆（？也忘了它的大名）。我常走入的是德胜斋，多吃它的烧饼和炖牛肉，佚名切面铺，多吃它的烙饼和肉

221

片熬白菜豆腐，林盛居，有过屠门而大嚼之意，吃它的张先生豆腐。北京饭馆，以姓氏命名的美食有三种：赵先生肉，张先生豆腐，马先生汤。马先生汤为马叙伦所创，有他《石屋余渖》的自述为证，吃要到中山公园长美轩，我人微钱少，未敢尝试。赵先生肉，赵先生为何许人，其肉哪里卖，都不知道，也就欲尝试而不可得了。张先生豆腐是沙滩一带的名菜，几乎家家有，而不见于北京其他地方的饭馆，可见这位张先生是北大的，菜里有笋片，推想他（很少可能是她）必是南方人。其实这类乾嘉学派的玩意儿都无所谓，值得重视的是好吃不好吃。公认为很好吃。如果一定要挑毛病，就是贵一些，一角六分一盘，与包饭二角吃一天相比，就太豪华了。随着北大的迁往城外，红楼时代许多值得永宝用的事物消失了，其中也应该算上这张先生豆腐。

再说变态，是跳到沙滩之外，改善改善。理论上，可以到西单，甚至前门外；实际上却总是往东安市场，因为离得近，还可以买其他用品。东安市场饭馆不少，高档次的有森隆、五芳斋，低档次的有春元楼、俊山馆等，中等偏上有润明楼和东来顺（清真）。到润明楼，吃豆沙馅包、红烧肉条，很美。最常走进的是东来顺，它生意做得活，比如也可以不改善，吃羊肉饺子二十个，八分，加小米粥一碗，一分，共一角就解决了问题。稍提高，可以吃羊肉馅饼或牛肉肉饼，都味道很好。再提高，三四个人，登楼，还想喝几两，下酒之菜，经常是酥鱼、酱腱子各一盘，价都是一角六分。料上等，工细致，所以味道绝美,现在是价提高百倍也做不到那样了。还有绝种的是几分钱一碗的酸辣汤(内有鸡血条和豆腐条)和不要钱的高汤(上好的是鸡鸭汤上撒豆苗),有时真想喝几口,就不禁有广陵散之叹。

上学时期的吃,还有住出租房、自做自吃的一种,虽然人数不多,也应该说说,聊备一格。北京有一句俗话,是千算万算,不如起火做饭。其时物价低,现在还清楚地记得,香油与上等鲜猪肉(没有冷藏肉,没有三五百斤大猪)等价,都是一元钱四斤半。这样,比如三四个人吃炸酱面,自做,肉丁炸酱一碗,五分钱就够了。大改善,吃红烧肉,三斤下锅,成本也在一元以下。唯一的缺点是要自己付出劳力,还要不怕麻烦。语云,凡事有得必有失,但回忆是个宝贝,总是拾取得而忘却失,这样,有时闭目,想到与刘佛谛兄围小火炉对坐,等吃红烧肉的情形,就不由得破颜一笑。

住。学校有多处宿舍,想住,登记,听候分配,总是不久就可以得到。住学校宿舍有优越性,唯物的是不花钱,唯心的是没有飘零之感。宿舍也可以分级别,评定的标准是两个:一是宽敞或拥挤;二是方便不方便(上课、吃饭等)。如前面所说,其时女生少,住宿也就成为女尊男卑,突出的表现是女生一人占一间,男生就不成。到我将毕业时候,红楼以北的新四斋建成,楼房三层,男女都是一人一间,男生的地位才趋向提高,可惜我已经无权享受了。我住学校宿舍,是离沙滩(红楼同)较远的第三院口字形楼,但也有优越性,是离东安市场近,吃东来顺,到丹桂商场买书,都方便。

录取之后，分得宿舍之前，有一段时间，我住"公寓"。我写《沙滩的住》（收入《负暄琐话》），主要就是说这种专为学生准备的特殊形式的住所，公寓。说它特殊，是因为它的性质既不同于旅店，又不同于民房。旅店贵，住客常来常往；公寓则以月计，价钱便宜，如果不见异思迁，可以连续住几年。租民房，北京有不成文法，要成"家"，至少夫妻两个，房租也以月计，要有铺保（某商店担保能准时交租），不管租几间，都是室内空空；公寓则租给单身学生，室内有桌、椅、床等用具，还供应开水，有伙计料理些杂事。显然，学生如果不能挤入宿舍，公寓就成为理想的住所。公寓有明和暗两种。明的挂牌，如我住的银闸北口内路西那一家，门口就有牌匾，曰"大丰公寓"。暗的没有牌匾，经营方式则与有牌匾的相同，常在沙滩一带混的人一眼就可以看出。明暗相加，沙滩一带的公寓，总不少于二十家吧，哪里有这样多的学生来住？是因为没有归宿的文化青年不少，都集中在这一带。这样，住公寓，除了每月掏两三块钱房租之外，也会带来学校宿舍所没有的好处，一种是私有一室，多有自由；另一种是可以交天南海北的朋友。大丰公寓的主人，记得姓刘，瘦高，严谨，没见过他有装扮的笑容，照料的伙计未成年，不记得是不是他的儿子。房子虽然在街西，布局却也是坐北向南，分里外两个院子。我住外院西房最北一间，面对街门，出门右手有老槐一株。自学校之一迁再迁也，公寓都消失了，不久前从门前过，见老槐树却还在。

　　租住民房，因经济能力的大小可以分为两类，独院和杂院，北京习惯称后者为大杂院。有力住独院的是少数；尤其学生，受天之祜，如杜工部之能"醉卧佳人锦瑟傍"，有资格租民房，也只能住杂院。这会随来多种麻烦，其时还没有内装修，但也要打扫打扫，窗，顶棚，不完整要糊。清洁了，如果没有家具（包括做饭用具）还要买。都齐备了，迁入，就要间或买米面，常买菜，每日围炉，为三餐劳累。幸而北京人情好，杂院人多，总会有精力有余的二大妈来帮忙，至少是闲扯张家长，李家短，听听也不坏。与学校宿舍和公寓相比，住民房是由山林迁往闹市，但正如西谚有云："我也知道清水好，可还是常在浊水里走。"找麻烦，甚至寻苦恼，常常是明知而不得不然，定命乎？这就是人生！

余兴。应该指有所好，投入不少时间和精力，自得其乐的一些活动，我有吗？想想，不止一种，像是都不够格。但就一笔抹去也有些舍不得，只好收一些具体而微的。先说（操场上的）运动（其时还没有"使民战栗"的运动）。红楼后面，三院，都有球场，到冬天，红楼后面还有冰场，记得我只进过网球场。拍子是作为升入大学的纪念，由琉璃厂买的。也许打过几次吧，技术不佳，没什么兴趣，不干了，连拍子也送了人。

再一种是游园。北京公园多，游，外地人是旅游性质，匆匆进门，紧走，东瞧瞧，西看看，绕场一周，赶快出门，上车。土著是消闲性质，入门后不看，慢慢走向茶座。如果不止一个人，入座之后就一面喝茶一面谈闲话。我们学生属土著一流，常游的是北海和中山公园。有时也坐坐，多半是路旁的公用椅子，或干脆是石块，因为，如游中山公园，走到春明馆、长美轩外面的露天茶座，看见坐着边喝边谈的也许是北大的老教授，我们，即使口袋里不空空如也，也只好敬而远之。不过彼时公园里游人很少，晚饭后进去走走，会享受外面少有的闲静之趣，所以除严冬以外，我们还是不少入内流连的。

还有一种是看电影看戏，都是间或而不常常。电影，记得喜欢看的是世界文学名著片，多半是到东四南米市大街，金鱼胡同东口外的光陆（？）电影院。现在还有清楚印象的是狄更斯的《双城记》和托尔斯泰的《安娜·卡列尼娜》，前者由男明星柯尔门主演，后者由女明星嘉宝主演，确是不同凡响。看戏，百分之九十几是京剧。话剧，只记得一次，是中国旅行剧团在西单长安戏院演《茶花女》。唐槐秋、唐若青父女主演，花园一场能够使很多人落泪，也就值得记入话剧史册了。京剧，名实相副，气势确是能够覆盖北京。老一辈如谭鑫培、陈德霖等不在了，可是还有杨小楼、梅兰芳等。戏院，内外城都有，如果有钱有闲而且有兴趣，就可以天天到戏园子里泡，欣赏名角的唱念做。我们学生没有这样的条件，可是为其时的社会风气所熏染，当然也想见识见识。主要是图省钱，常去的戏院是前门外肉市广和楼，看富连成科班演出。都是年轻人，名不大，却卖力气。其时"富"字辈（如谭富英、马富禄等）和"盛"字辈（如裘盛戎、叶盛章等）的刚出科不久，"世"字辈（如李世芳、袁世海等）的还在坐科，排戏码，这些人都可能上场，台下一坐，既看且听，撇京腔形容，也就够过瘾的了。说起多看富连成的原因，还要说说史学系同学王造年，他是迷毛世来（演花旦）的，恰巧毛就住在第三院以南路西，半高台阶，小门楼，我们每次从门前过，他都要伫立凝视一阵子。这使我常常想到迷马珏的，自寻苦恼，都不能说是明智。遗憾的是，人生就是这样，盖棺之前若干年，求此求彼，也许没有一件是出于明智的吧？

最后说一种是逛书店书摊，间或买一些。书生，读书，即使想不到颜如玉和黄金屋，也会爱书；爱，正如对于阿娇，就想筑金屋藏之，即据为己有。聚书，要具备钱和地方两个条件，我都没有。可是大不成，可以小，或再退一步，看看也过瘾。常去的地方是东安市场。书业集中在进西门往南一个长条。北端是一个方块，名畅观楼，周围是书店，中间是书摊。往南是一条街，名丹桂商场，两侧是书店，中间是书摊。都是卖旧书，这就会有两种吸引力，一是价钱较低，二是会出现难于见到的。两种情况都宜于聚书，但另外两种情况（无钱、无地方）又不宜于聚书，所以逛，看，是否买，要在这两端的夹缝中决定如何处理。总的情况是欣赏时多，掏钱时少。但时间长，积少成多，四年下来，也颇存了一些。可惜绝大部分毁于"七七"战火。数月前迁居，整理旧存，见线装《聊斋志异》两函（十六册），第一册封面有题记，是"民国二十二年一月十六日买于市场"，高珩序上方记书价，是"五毛八分"。书是乾隆五十年重印青柯亭本，书套也是当时制，粗纱蓝布，使人发思古之幽情。民国二十二年为1933年，其时我在北大念二年级，游市场买书的旧迹，此当是硕果仅存了。东安市场之外,也逛西单商场、隆福寺和琉璃厂。到琉璃厂看,尤其买,是大举,记得《永怀堂古注十三经》,还有几种碑帖,都是那里来的。1935年暑后到1937年暑前,我离开北京去教书,存书的绝大部分随着出去,就"黄鹤一去不复返"。但百足之虫,死而不僵,如《聊斋志异》,就是因为未出行而漏网的。此外还有漏网的是《爨宝子碑》和《爨龙颜碑》裱本,是彼时读康有为《广艺舟双楫》,惊于二爨之名,割筋动骨(一种四五元)由琉璃厂请回来的。一个甲子周期转过去了,出入红楼时期的身外物,我还剩下多少呢?一点点也好,因为看,抚摸,我就像是可以离红楼生活近一些。

小见闻和大见闻

这是指在校四年，校内出现一些事，同学见面，当作新闻，相告，或有兴致说说的。小的多，可以称为文事的三件，可以视为意外的六件；大的少，只一件。以下依次说说。

文事一，章太炎在研究所国学门讲《广论语骈枝》（因清朝刘台拱曾著《论语骈枝》）。据《知堂回想录》，这是1932年四五月间的事。太炎先生学术地位高，肯来北大讲《论语》，在当时就成为大事。他的在北京的诸多弟子当然都去听，于是形势就成为在堂下恭听的，有些是名而且老的教授，初学如我，即使允许入内，也就不敢进去了。后来证明，我的这种想法并不错，是1946年1月，我由鼓楼东的利复兴书店买到那次的讲义，书口印"北京大学出版组印"，线装毛边纸铅印本中国页十三页，由《学而》篇"孝悌也者，其为人之本与"起，到《尧曰》篇"天之历数在尔躬，允执其中，四海困穷，天禄求终"止，共收四十三个条目。量不大，可是讲得深，如《乡党》篇："康子馈药，拜而受之，曰：'丘未达，不敢尝。'"旧注"达"无解，是理解为通晓，太炎先生引多种书，解"达"为扎针，说古用药之前须先行针。这对不对,也许待商,但我们看了会有个感觉,是经史子集翻看了不少,究其实,我们并没有能力读古书。钻得太深了,以我当时的水平,听了,没有咀嚼余裕,会视为天方夜谭吧。

文事二,胡适出版《四十自述》。胡先生于五四前后发起文学革命,写了不少文章,宣传他的反中国旧传统的思想,没有几年就成为中国文化界的风云人物。来北大以后,更施展他的才和学,学术研究方面,由哲学思想到小说考证,深入多种领域,写了不少重要论文;同时不忘政治和社会,有所见,也是毫无保留地公之于世。所以在北大这个圈子里,多数人对于他的造诣,他的成就,也是重则高山仰止,轻也不免有惊异之感。少数人,推想是出于党同伐异,反对他,有一次,我上红楼,他也上楼,就听见楼梯旁有几个人喊:"打倒胡适!"胡先生笑了笑,说:"可以打,没关系。"需要打而使之倒,足见他的地位是太高,影响是太大。不少人嘴里不说,心里却在想,应该进一步认识他。《四十自述》于1933年由亚东图书馆出版,就正好能够使想进一步认识他的人由看他的经历而更清楚地了解他,所以这本书的问世也可以算作北大的一件大事。

文事三,周作人发表《知堂五十自寿诗》。诗为七律,共两首,都用六麻韵,1934年初刊于《人间世》半月刊。字数不多,照抄如下:

其 一

前世出家今在家,不将袍子换袈裟。

街头终日听谈鬼，窗下通年学画蛇。

老去无端玩古董，闲来随分种胡麻。

旁人若问其中意，请到寒斋吃苦茶。

其　二

半是儒家半释家，光头更不著袈裟。

中年意趣窗前草，外道生涯洞里蛇。

徒羡低头咬大蒜，未妨拍桌拾芝麻。

谈狐说鬼寻常事，只欠工夫吃讲茶。

这种诗的主旨，"必也正名"是"自遣"，意思是无大志，这样混日子，自己还觉得不坏。命名也可以走谦逊一路，是"自嘲"；走颂扬一路，是"自寿"。作者的命名比自嘲更下降，是"打油"，他在《知堂回想录》第一七三条说：

"二十三年一月十三日偶作牛山体"，这是我那时所做的打油诗的题目；我说牛山体乃是指志明和尚的"牛山四十屁"，因为他做的是七言绝句，与寒山的五古不同，所以这样说了。这是七言律诗，实在又与牛山原作不一样，姑且当作打油诗的别名。过了两天，又用原韵做了一首，那时林语堂正在上海编刊"人间世"半月刊，我便抄了寄给他看，他给我加了一个"知堂五十自寿诗"的题目，在报上登了出来，其实本来不是什么自寿，也并没有自寿的意思的。

可是期刊上白纸黑字是"自寿"，辩解，人不知，当然就都看作自寿。不欣赏闲适的人联系"小摆设儿"，就评论为逃避现实，甘心颓废。但也有不少欣赏、至少是容忍闲适的就见猎心喜，拿起笔，依原韵也打油。人很多，其中并有蔡元培先生，而且老尺加一，和了三首。原韵"裟"字只有一种用法，而且要跟"袈"合伙，和诗照旧规要变，就太难了。蔡先生的三首，只有一首变为"不让沙弥袈了裟"。记得刘半农的和诗也变了，成为"爆发为袈摩擦裟"。总之，北大这一潭静水，"五十自寿诗"像是投入一个石块，使一段时间内水面上画出面积不小的涟漪。

意外一，黄晦闻（名节）病故。在国文系的诸多师长里，黄先生是年岁最大的，但看外表，健壮，精神也不坏，都以为古诗的多种课，还可以由他教下去，想不到于1935年1月，传来消息，突然作古了，依旧算法才六十四岁。我没到过黄先生家，人不在了，就更不敢去。不记得曾开追悼会，人老珠黄，只是引起国文系师生的一阵惊讶，这件事就过去了。

意外二，刘半农（名复）病故。与黄晦闻先生相比，刘先生是新人物，又所能和所好都方面广，所以不只在国文系，在全校也是风云人物。他的专门研究是语音，著《四声实验录》，用科学方法从音理方面讲清楚汉语四种声调的所以然,为内外行所钦服。他还写杂文,作打油诗。更出圈的是为赛金花作传,他作古后由其弟子商鸿逵完成出版,名《赛金花本事》。1934年暑假前他提前考试,到绥远去考察语音,因住宿地方不清洁,染上一种病名回归热,回北京,住协和医院,终于不治,于7月14日去世,年才四十有三。说起提前考试,我想到与他的最后一面。是1933年暑后,他开古声律学课,我推想内容一定有些玄妙的,就选了。听课的有十几个人,到学期考试,才知道除我以外,都是旁听。一年课讲完,因为音律的性质要用高深数学解释,听者都感到茫然。别人无所谓,我则无法隐藏,因为还要考试。想不到得到通知,还要提前考,因为只我一个人,在二楼教授会的里间。题不会是深的,但我还是不能从容地答出来。刘先生谅解,并提醒我怎样做,勉强交了卷。他当场评了七十多分,点头告别,万没想到就不能再见到他。暑后开学后的9月14日,在第二院大讲堂开了追悼会,我当然要参加。上台讲话的不少,挽联更多,挂满四壁。参加的还有个校外名人,赛金花,也送了挽联,说"侬惭江上琵琶",用白乐天《琵琶行》故事,许死者为知音,总是不错吧。

意外三,马隅卿(名廉)病故。马先生是专治明清小说戏曲的,在北大讲小说史。他血压高,1935年2月的一天下午上课,以脑溢血突然倒在课堂上,也就没有救过来。学校的教师老老少少,有的难免先西行,可是死于教室,总是太突然,所以就全校都为之一惊。我没听过马先生课,可是知道他在搜集小说史料方面用功之勤,成就之大，觉得像这样的一位，竟至没有认识，总是个不小的遗憾。

意外四，孙以悌投海。前面讲过孙以悌。一再讲他，是因为北大虽大，出现这样的奇人也是使人吃惊的，论学问文章，充任文史教授，不只没问题，而且必是出类拔萃的。思想（对人生的看法）呢，强调"应该以众生为念"，即使我们不或不能这样想，听了也不得不肃然起敬。可是他就在将毕业之前，先则焚稿，继则出走，终于人不见了，轮船上剩有他的行李。推测只有一种可能，跳入渤海。噩耗与他的一部分著作（《中国书法小史》《中国围棋小史》《三统术便蒙》等）为人所知，学校的平静空气立即动荡起来。对于他的轻生，不同的人有不同的看法，但殊途同归，都觉得太可惜了。这种惋惜的心情促成暑后的追悼会，出席的人不少。

意外五，浴室坍塌，一死一伤。红楼后面偏西有两三间平房，为男生浴室。1933年或1934年的一天上午，我在红楼某教室里上课，忽然听见轰隆一声，不知道是怎么回事。下课以后才知道是浴室房顶塌下，室内有两个学生洗澡，一死一伤。死者是江南人，听说学校已经去电报通知家属。这意外事故使男性学生都有些后怕，所以也就成为学校的一件大事。

意外六，天津女吊。大概是1933年春夏之交的一天早晨，忽然传来消息，西斋有个女的夜里吊死了。许多人去看，我也好奇，随着去看。在西斋最北一排的空房里，因为等待法医检验，人还吊着。是个年轻女子，闭目，面色惨白。我只是眼一扫就赶紧回来，但也后悔到那里去看，因为连续几天，那悲惨的景象总在眼前晃动。出事之后不久就得知内情，这个女子是天津来的，与住在西斋的北大学生葛志成（？）有恋爱关系，女方痴情，也许男方真就负了心吧，女方绝望了，就寻了短见。人命关天，葛因此被判徒刑，据说是七年。

最后说一件大事，南下示威。我1931年暑中考入北大，照例于9月初开始上课，只是十天八天就"九一八"事变，日军于沈阳发动侵略，中国军队不抵抗，眼看东北就陷入敌人之手。全国民心愤激，北大当然更不例外。大概是10月中或后半吧，由什么人发起（只说现象，因为内情如何，只有局内人知道），全体学生在第三院体育馆集会，讨论救国之策。北大一向以自由散漫著名，集会，都踊跃参加的事是没有的，这一次虽然仍旧贯，出席的人却相当多，总不少于多半。有人上台讲话，可不在话下，然后是讨论如何行动。有人提议到南京去请愿，即要求抗战，眼看就通过了，忽然有人（记得在台下正中）站起来，慷慨激昂地喊："这样的政府，我们不该向它请愿，应该示威。"接着是很多人喊"对"，没有不同意见，通过。其后是有人带头或负责，组成"南下示威团"。如何参加，如何编队，何时起程，都不记得了，只记得由前门东车站上车，参加的有二百多人，我熟识的只有同屋陈虞朴。我参加，还包含一点私情，是借坐车不买票的机会，到南京看看。推想陈虞朴也是如此，我们一路就相依为命，同吃同坐；有所疑，共同研究，两个人的主意比一个人的多一倍，也就可以换得安慰。沿路有人照料，或说指挥，用后来的语言说，这是组织，我们应该依靠它。出发之时，听说学校已经向南京打了招呼，让北大的旧人，如蔡元培、陈大齐等，关照我们。显然，这也就通知了南京当局，北大去了一群学生，要向不抵抗的政府示威。一路平平静静，初次经过济南、徐州等地，感到新奇，也就兴奋。车终于到了浦口，轮渡过江，水大，更是见所未见。到下关，不久进了南京城。果然有人关照，把我们安置在中央大学。

还要休整，我和陈虞朴借机，游了近处的台城和鸡鸣寺。听说有人来劝导，不要上街示威，并说救国大计，中央自有成竹在胸，我们团为首的什么人拒绝了。还要示威，总是到南京的两三天以后吧，照计划，早晨出发，人人手持小旗，由少数人带领，边走边喊口号。口号中当然有要求抗战一类；有没有打倒不抗战一类，不记得了。街道两旁挤满看热闹的人，显然是不知道这群青年人要干什么。这样走出不远，进了成贤街，忽然由街道两旁闯出大批军队，两个捉一个学生，拉上街口停放的大卡车，往东开向城外。我们不知道要运到哪里，如何处理，但既然抗不了，只好听之任之。不久就知道，是送入孝陵卫军营，囚禁起来。为了表示抗议，决定绝食。估计消息不久就传出去，爱国学生被捕，这还了得。陆续传来外面的情况，很多学校罢课了，有些学生也抢上火车来南京，不让上就卧轨。由南京当局看，绝食是点火。北大的旧人则反应复杂，其中也会有自己的学生不吃饭，心里不好受。于是陈大齐来了，送来不少食品，记得有饼干之类。不说假话，我们的绝食也不乏红楼的自由精神，愿意吃就吃一些，没有人管。后来才知道，南京当局把我们看成埋在其时首都的火药，应该及早清出去。在孝陵卫，我们住了五六天，是一天的后半夜，军队又来了，仍是两个人捉一个，或手拉，或用绳捆，推上卡车，一直开往下关。到了，下车，上轮渡。过江是浦口车站，有一列火车（只挂短短的几辆）等着，仍由原来的两个人送上火车。上车后找到陈虞朴，我见他手里拿一节绳子，问是怎么回事。他说捉他的是两个温和的小青年，他想把那条绳子留下做纪念，小青年说那可不成，他们回去要交，一定要，只好截下一段给他。他又问那两个小青年，为什么对他这样和气，小青年说："这次执行任务，我们提心吊胆，很怕你们，因为命令是，由军营送上火车，不听话，可以用绳子捆，但骂不许还言，打不许还手。你没有打骂我们，我们算走运。"

我一生只有这一次是坐专车，上车就开，有一连兵护送，而且沿路不停。车到徐州，忽然转为西行，到郑州才往北。后来才知道，是济南那里学生为往南京受阻闹事，怕我们到那里合流再南下。其实，过郑州，离北京近了，我们多日颠簸，劳累，又车上过夜太冷，真有点归心似箭了。回到北京，耳目闭塞的情况变了，知道我们点的这把火越烧越旺，南京送走了我们，接着来的学生闹得更凶。闹，对于不抵抗的当局也许作用不大，但可以让侵略的日本敌人看看，中国人的心并没有死。

附记：我由1928年暑后写日记，到1937年暑前，将近十年，都毁于"七七"事变战火，因而写北京大学这一段，只能凭模糊的记忆，不确甚至张冠李戴是难免的。回首前尘，念及人祸之频繁，不禁为之慨然。

天津一年

在北大混了四年，学业没什么成绩，只挣得一顶北大毕业的帽子，活命至上，于是，与走出通县师范校门之前不同，这一次是早就想到饭碗。是1935年的春夏之交吧，忘记从什么渠道，听说开滦煤矿招考中学教师，地点在天津他们矿的总局。大家都知道，开滦矿的职业有两个大优点，一是待遇高，二是安稳，即只要规规矩矩干，就没有丢掉饭碗的危险。人总是利取其大者，所以决定去应考。不记得以何因缘，与其后嫁给我的师范同学李向常（名志恒），家乡大良镇人的陈英迈女士结伴。第一次到天津，住在东马路太平旅馆，到英租界开滦总局去应考。先是笔试，我侥幸录取，陈女士落选。接着检查身体，记得只是听听内脏，大夫就当面告诉，说肺有问题，不能录用。后来，我一直怀疑这次的诊断，因为在北京，我没觉得有什么不合适，也没有人（包括医生）说我的肺部有问题。事实也许是，有问题的不是我的肺脏，而是那位大夫的神经。如果竟是这样，一次误诊事小，我因此未能东往唐山，过准退隐的生活，语云，失之毫厘，谬以千里，事就大了。说大，不是痛惜有所失，而是想到我就不会走上现在这条路,以及机遇的播弄人,真就不能不"畏天命"了。

一次如意算盘,或说尝试,失败,只得飞回旧巢,一面待毕业之业,一面待饭碗之业。这情况,学校大概经过调查并有记录,是直到8月上半,天津南开中学缺国文教师,让学校推荐,也许只有我还在待价而沽,就介绍我去。以卖货为喻,这不是主顾挑的,是柜台上剩的,因而起驾南行,就不免灰溜溜的。管他呢,反正饭碗要紧,只好不管荣辱,还是收拾衣物上任。

平生第一次创业的一天,记忆也另眼看待。至今还记得是8月16日,早饭后,由前门东车站上火车。到天津北站下,已经是中午,雇洋车(天津名胶皮)拉着行李和己身,可以直接往学校,不知道应该找谁,还是先投亲。有个表叔刘玉田(大祖母的侄子)在东北角(天津多称官银号)单街子同源彩染坊任经理,去找他。找到,知道我还没吃饭,说他已吃过,带着我到东北角一个小馆去吃。楼下楼上各一间,登楼,要一盘炒虾仁,因为天津水产丰富,都用活虾,所以色香味俱佳,价同于张先生豆腐,一角六分。这一次天津的第一菜,竟对后来的生活也有影响,是近年进饭馆做客,主人为表示热情和大方,桌上多见炒虾仁,价涨至百倍以上,可总是味道颇不佳。饭后略休息,表叔有经验,找个熟洋车,嘱咐送到学校,找到办事处,俟办完手续,再送到宿舍。就这样,我被安置在南院西楼(坐西向东,两层)楼下的一间房里,光线不好,白日也要借助电灯。加说这一天之后的一件事,是送来半个月的薪金,当面解释,如果上半月到校,就发全月的。

　　拿了薪金，要工作。8月底或9月初开始，担任三班国文课，高中一班，初中两班，一班一周以六课时计，每天平均要上三堂课，口讲指画，还要改两周一次的作文。记得教材是学校编的；教法也有要求，是以学生活动为主，教师辅导。其时负责教务的人与教师间还隔着一层客气，又没有今代的教研室的组织，因而对于学校的要求，我是微有所闻而莫明其究竟。不了然，又没有重视，于是上课就还是从心所欲。也不能没有师承，是中学的李大吵和孙子书，加大学的黄晦闻和刘叔雅，照本讲解之外，也说些自己的私见。这样教好不好，我是直到现在也说不清楚。难道就不曾想过吗？可惜是再思三思之后，答案总是不快意的。比如多年之后，我回顾教国文课的经历和心情，以真面目对人，自己的观感，由轻到重，大致是四种。其一，以学生能否写通为教学的成与败的标准，我就不知道哪一种教法能够真正有成效。即如以学生活动为主，如果只是在一摞教材上活动，我看也不见得能够有什么成效。其二，如现时语文课的方式，教师和学生都寝馈于不多篇所谓范文，想写通是不可能的。其三，教语文，最费力（因为还要改大批不通的作文），成效最没把握，所以我最怕这个职业。其四，怕而断断续续教了十几年，就使我常常想到饭碗之不易，或放大言之，人生之不易。这样说，南开中学一年，看外表的活动，相当复杂，内心则很简单，不过是饭碗加不易而已。

　　天命或祖传（或天命加祖传），人总是善于适应的，比如说，有烦恼，而且不少，是还一定有能力，在苦的夹缝中，甚至一时忘掉苦，找些乐趣的。吾从众，功课的繁重，没兴趣，而且不能不想到难于改行，以及人人都会遇见的兰芷之变为荆棘，一时都不管，且迈出西楼，逛书摊或看风景去也。

看旧书买旧书，天津只有集中的两处，英租界小白楼和法租界劝业场旁边的天祥市场三楼。小白楼卖的主要是外文书，最多的是英文旧书，其时我还没搜罗英文哲学著作，所以逛书摊只是到天祥市场。总是下午课后（星期日改为上午）起程，两种走法，步行穿过南市，或西南角上电车，东南角换车到劝业场。逛书摊颇像钓鱼，是慢功，能不能有所得，或钓得特大的，全凭机遇。但偶然之中也有必然，概率论保证的必然，是次数多了，总会遇见难得的。可惜的是，概率论只能保证有所得，而不能预测不很久之后就来了"七七"战火，几年来所存的大部分，随着育德中学的破灭，到无何有之乡去了。还是转回来说乐趣，这回是由精神食粮下降为口腹之欲。书摊逛完了，已经是饭时，赶回学校不便，也不必。出天祥市场后门，饭馆一家挨一家，其中有两家是山西馆，登楼，吃两碗刀削面，可以说是物美价廉。本地低档次的饭馆大多卖包子，其中还有名扬外地的，是狗不理，东门脸一家记得名振发德，也颇有名，我都吃过，感到过于油腻，不如吃刀削面清爽。吃当然也可以高档次，那是登瀛楼，我人微，无人请，舍不得大破费，也就未敢问津。其实，过了若干年，我走地方多了，经过对比，才知道天津食品，可以荣居榜首的，乃出自遍布大街小巷的早点铺"豆腐坊"的豆腐浆（还可以掺豆腐脑，名浆子豆腐），色雪白，味鲜，浓到稍放一会儿就可以从表面挑起一层皮，营养至上。说句不怕天津人气恼的话，我从1936年夏离开天津，再去的次数不少，都是乍来乍往，有时也怀念，但首先浮上心头的是豆腐脑，而不是天津的人情。而可惜，随着新时代的革新，这不上经传的美味也绝迹了。

再说看风景。由北京到天津，至少我感到，是没什么可看。天津有而北京没有的，有河道，而大的（如海河）乱，小的（如墙子河）臭。有租界里花园包围的洋房，但那是洋资本家和本土下野大官僚住的，看了，使人愤慨。不过人，就是没翻过李笠翁的《闲情偶寄》，也会用退一步法，以求慰情聊胜无。于是而有丁字沽看杏花之游。这有如香山之看红叶，是见于当地讲风土的书的，风雅，或附庸风雅，就不能不去看看。是1936年初春杏花开的时候，去了一次，恍惚记得有小土岭，上面有稀稀落落的杏树，总算是一景吧，绕场一周，任务完成，原路回学校。看杏花是一年一度，游公园则不同，可以常去。北京住惯了，会感到天津公园太少。我去过的只有两处，离劝业场不远的法国花园和北宁铁路北站的宁园。法国花园精致，只是太小（两三分钟可以绕场一周），又没有江湖山泽之趣，所以虽然不远，却很少去。宁园离得远，可是有优点，一是大，二是有水，三是有野意，四是游人很少。所以假日，如果有游园的兴致，就或单枪匹马，或结伴，坐车到北站，入宁园。游的次数不少，因而不只印象深，多

243

年之后还有些怀念，有1975年诌的一首《重过津沽宁园》为证：

> 宁园一别几多春，白发重来踏劫尘。
> 曲岸垂杨仍拂水，沧波无复荡舟人。

1975年以后，我到天津次数不少，车总要经过北站，东望，只有园中的塔还能看到。仍有垂杨拂水吗？就是时间容许，我也没有进去看看的勇气了。

此外还有什么可怀念的吗？以游苏州的经历为参考，我觉得一个城市，尤其历史不短的，可亲近，也就可怀念，排在第一位的不是古迹、风景之类，而是人情。而说到人情，恕我直言，天津实在没有什么可取的。语言是表情达意的工具，以语言为例，天津话不沉稳，也就不雅驯。这还是看表面，由表及里，引市井的口头语来形容，是"十个京油子不如一个卫嘴子"，这是说，口头天花乱坠，心里未必如此想。对人对事的虚与实，追到根柢说，是由人生之道来，这道，天津普遍流行的是想法多挣一些，然后改善吃喝穿戴。北京就不这样单一，是因为还掺杂些书香。说到此，我想说句自我陶醉的话，是天津碰壁，不得不回北京，也许正如塞翁之失马，未必非福吧？

人情是泛泛的，至于具体到各个人，那就成为另一回事。以下想说说因天津一年而见到或有交往的一些人。见到的一个大名人是张伯苓。据说他是由在严范孙（名修，清朝进士）家教馆起家，创办南开大学、中学，成为天津的头等名流。见到他，是一次为人事变动，他到中学的范孙楼来讲话。人大个子，言谈举止都是天津风度，严肃的事也以说说笑笑处之。还记得这样几句："现在讲究了，练跳高有跳高的设备。我教书那时候是两个椅子背上架一个掸子，我看还是那时候好。""某某（不记得是不是中学部的首脑喻传鉴）要走了，有人说，这回张伯苓可没办法了。我怎么没办法？你们看，走了张飞，我还有赵云。"说着，伸手由后面拉过来一个人，推到台前，这就等于宣布，此后什么什么事务都由这新人负责。堂下报以掌声和笑声，散会，以后就没有再看见他。

再说一位就大不同了，是因为有天津一年才认识，以后成为畏友，还要加上刎颈之交。这是韩文佑（字刚羽）兄，他是应考来南开中学的，已经教了三四年，不知道为什么，到1936年夏也解聘。说来简直不可解，我们教同样的课，同住在西楼，将近一年，见面次数应该不少，大概都怀疑对方孤高，也就不易交吧，不记得曾经促膝交换一下情谊，至少是叙叙家常。都解聘了，又都要卷铺盖回北京，于是同路相怜，由候火车起，交往就多起来。到北京以后，由三十年代后期起，到五十年代前期止，我们同住在北京，有时还在同一个学校任课，课余，同逛书店书摊，同游西郊玉泉山，同在家里对坐饮白干，谈古说今，真可以说是会多别少。他读书博而精，又记忆力强，谈古今中外，都能增益学识，发人深省。为人刚正，嫉恶如仇，所以与之接近，就不敢生鄙吝之心。五十年代他转到天津师院（后改为河北大学）去教书，直到他九十年代初作古，我们还是身虽远而心则常在一起。他先我走了，我有时想，像他这样的人，如果想形容，就只好套用三国虞翻的话，得如此一知己，死而无憾。而此一知己，是因为有天津一年才认识的。

还有一位是毕奂午兄，也是由这条路认识的。他怎么样进的南开中学，我不记得了。只记得他也教国文，其时已经是新文学（诗、散文）的作家。物以类聚，常跟他在一起的是何其芳，因而我也就感到道不同而远之。1936年夏，何其芳去而毕奂午留，我与他们二位就都互不相知了。想不到一年之后来了"七七"事变，南开中学停顿，毕奂午兄也回到北京。记得是以韩文佑兄为中介，我们的交往也多起来。他为人有风趣，目光锐敏，能够看到冠冕严正的背后一面，所以出语常常冷隽而引人发笑。但他对于友人则宽厚热情，其时正是我食无鱼、出无车的时候，他却愿意与我结伴，踏长街，看世相，饿了，罄口袋中所有，吃半斤天福号酱肘子。抗战胜利之后，或解放之后，见不到他了，连音信也没有。直到八十年代，才知道他在武汉大学，夫人赵岚也随着。恢复通信，还是他那优美散文的风格。只是手懒了，常是该有信而没有信，所以我写信变了上款，称之为"懒汉懒婆"。这也是鞭子，常常就见效，换来藏有高见的信，如有一次说："你想得点新意，最好是看旧书。"就很妙，值得立即照办。他生于北地，住武汉，夏天是难挨的，但愿他还有些储蓄，能够安一个空调，哪怕是国产的也好。

还想加说一位，是其时念高中，听我口讲、看我指画的黄宗江。我对他有印象，是因为他聪慧，文章写得好。也许当众表扬过吧，他也记得我。1936年夏未告而别之后，他都做什么，我不知道，可是他的名声逐渐加大，我不能不耳有所闻。一晃四十年过去，到1987年9月，在祝顾随先生九十冥寿的会上，我又看见他。他的聪慧不减当年，我同他打招呼，他一张口就说出我是某某老师。以后我们交往不少，我的大举是为他写了一篇《黄宗江及其卖艺人家》，用他的话说，是作为尊师的纪念。尊，还有不少是他主动我点头受之的，如请我到他家里吃饭，现其妻子，每年五四北大校庆，他参加，必顺路来看我，并放下一瓶名酒，等等都是。旧人新物入室，也是人生的一种大获得，执果求因，也不能不感谢六十年前的天津一年。

人说完了，忽然想到，有一件事是关于天的，也可以说说，因为同样是在天津一年之内。那是1936年1月22日的后半夜，住在西楼的有些人冻醒了。以为是楼道的炉火灭了，问工友，依然烧得很旺。挨到上午才明白，是气温降到零下24摄氏度，比往常的最低温度低四五度，墙就无力抵抗了。这样连续三天，结果是三不管陋巷冻死人不少，暖棚失火，烧死一百多人，渤海水面结冰，有些轮船被困在海上。过了许多年，看一篇谈气象的文章，举华北地区温度的最低纪录，日期正是这几天。人一生的经历有多种"最"，关于"人"的难定，有的还不好说，姑且抓个天象的一最存案，聊备一格吧。

保定一年

由天津回到北京，裒敝还乡，也不能不看看亲友。学剧作家之写剧本，人事千头万绪，只推出与下一场有关系的。且说知道我失业的人之中，有一位是刚由北大史学系毕业的王崇武，他有个中学同学，较早毕业于师大国文系的李列五（名曾笃，河北省容城县人），在北京私立进德中学教国文，因家务事与本村某人有纠纷，已诉诸法律，须到保定法院去打官司，至开学时不能来京授课，要找人代。显然，介绍我去代就两全其美。语云，饥者易为食，三言两语之后，我就走马上任。进德中学在鼓楼东后鼓楼苑，在私立中学中规模、地位、名声都勉强可入中等，校长朱毅深，人瘦小，面微麻，却通达敞快，谈得来。记得上课已经超过半个月，我接到北大同班同学李耀宗从保定女子师范学校来的一封信，说保定私立育德中学缺个教初中的国文教师，请他介绍人，问我去不去。北京与保定之间，当然以不离开北京为顺心，于是"一思"之后，记得是一天上午，发一封平信，说不想去。可是就在当天下午，"再思"之后，觉得还是以离开北京为是（原因留到下一个题目说），于是又补一封信，挂号寄出，说决定前往，那封平信不算了。这之后，找进德中学朱校长办了辞谢手续，整理衣物，存同学处一部分，形只影单而东西不少，西南行，还是教不愿教的国文课去了。

保定旧为府，城比一般县城大，育德中学在西门外，出西门，走一段路（通往火车站的路），转南一条小街名金台驿（？），进北口不很远，学校在路西。规模不小，校史也不短，所以名气相当大。校长郝仲青（名卓）是学界的老人物，为人严正练达，朴实，认真负责，全校师生为其作风所化，因而入校门就会感到秩序好，人人都努力，求向上。我到校之后，李耀宗毕业于这个学校，与学校的许多人都熟，赶来关照，把我安置在靠西部的一排坐北向南两层楼的教师宿舍楼上靠西端的一间。教初中两班，上课，改文，海内同风，教法没有特殊要求，所以负担像是比天津轻一些。

课程平平，没有什么值得说的，说生活情况的其他部分。先说游。与天津比，保定多有古气，所以可游之地，有的比天津的洋公园远为有意思。这指的是莲池，在西街以南督署街路南。面积不很大，布局却有思致，曲栏池水，堂室错落，使人有旷远多变之感。园在清代是书院，桐城派的殿军大师吴挚甫（名汝纶）曾任山长。还可以欣赏其流风遗韵，如游廊壁上嵌有不少石刻，展厅里悬有不少名画，一般公园里就见不到。第一次入内看，印象至今还清楚的，有一副木刻的对联，邓石如所书，联语为"海为龙世界，云是鹤家乡"，草体，笔画龙飞凤舞，真可以说是见所未见。又一件是摆在展厅一端的一个

249

龟甲，长二尺以上。旁边有个说明，是前若干年，传说城南大清河中某处有深潭，为龟巢，人不慎，在水中走近了，就会被龟曳入巢中吃掉。某年（估计是民初），驻军一旅长的儿子下河游水，近深潭，果然就失踪了。旅长有武力，当然要报仇，于是用小炮对准深潭打，几发之后，居然浮出一个大龟，已经丧命，因为物罕见，事也罕见，就陈列在这里。

大清河有一段紧靠南城墙，辟为城南人民公园，也可以游。水由西向东缓缓流，果然很清。岸上有宽阔的空地，树不少，与莲池比，多有野趣。水流到城东，有码头，我也到过。船不少，搭乘下行，可以到白洋淀、胜芳和杨柳青。几个地方都是北地的水乡，风景好，人秀丽，总想得机会沿途去看看，至今也没有如愿。时乎时乎不再来，听说千里同风，也都现代化了，那村头渔网，桥畔罗裙，也就不再有了吧？

游，还有市井的。由城中心北行，有个城隍庙，性质同于北京的天桥，如果也不弃下里巴人，就可以进去，看看各种杂耍，如果更下，如今日有些所谓作家之走火入魔，也可以破费一角两角，算算流年，批批八字。可惜我多疑少信，所以走到门口，总是望望然去之。何以还要到门口？是因为东行数十步转南有一条窄小的街名紫河套，是旧书旧字画的集中地，旧习难改，愿意常去看看。街不长，两旁的铺面破破烂烂，货不多，同样是破破烂烂。但正如佳人之喜欢游服装店，我是并不因残旧而兴趣少减。语云，既在江边站，就有望海心，有时也就买一点点。记得书曾买《徐氏三种》(三百千加注)，画曾买王莲心（名宸，清朝乾嘉时期画家，居小四王之首）的山水屏。书毁于"七七"战火；画带回北京，之后看多了，知道是伪品，扔了。

游还有远途的，是1937年春天，清明节后，学校组织往易县去看西陵。坐火车北行到高碑店，换车西行到梁各庄。也许在那里住一夜吧，那就第二天入山，游西陵。地势不像东陵那样空旷，树多，苍松翠柏包围着几处陵墓，像是兼有园林之美。是否看到易水，不记得了，但脚踏的是易县，也就不能不想到"壮士一去兮不复还"的悲壮事迹。易县产一种绿色的石砚，我早有所闻，路上注意找，未见有卖的。原路回保定，遇见凄风冷雨，至今还记得，恨不得立时钻入某间屋，围着火炉暖一会儿。

游说完，转为说口腹之欲。上面说保定多有古气，因而也就会反映到食品方面，老字号，有些品种，不离家常而味道好。城中心稍偏西路南有个商场，很像北京的东安市场，名马号，里面有些饭馆。一个最有名的是白运章，清真，卖蒸包子（饺子形），保定人呼为白运章包子，都爱吃，价不贵。我当然要尝尝，羊肉馅，肉多而肥，如天津包子之油腻，只能说是各有所好吧。我喜欢吃的是一种名为饸饹条的，用荞麦面掺白面，放在有漏孔的饸饹床子上压成条，或炒，或用炸酱拌，味道很美。据说城中心穿行楼附近有一家名藤萝春（？），以卖饸饹条出名，我未去品尝，我吃，是就近往马号内的两益馆。是1956年的春天，我与同事郭翼舟兄结伴，为考察教材使用情况又到

251

保定，当然想重温吃美味之梦，去找，连卖的店铺也没有了。以上说的是就餐，还有买回家吃的两种名产，店铺名马家老鸡铺和槐茂，也要说说。马家老鸡铺在督署街偏东路南，清真，门面不大，自产的鸡（忘记制法）和酱牛肉、酱牛杂碎很有名，物美价廉，物美不好说，价廉则好说，酱牛肉是两角五分一斤，酱牛杂碎是两角一斤，我在拙作《物价》（收入《负暄续话》）一文中曾谈及，心情是逝者真就一去不复返了。槐茂是个酱菜铺，在西街偏东路北，以店铺门口有一棵古槐而得名。所制酱八宝菜，用篓装，远销外地。只是我吃过，觉得偏于咸，不如北京后门桥大葫芦的小甜酱萝卜。此外，保定的名吃还有二道口子（西门内路南第二条街的街口，记得在路东）的罩火烧，我路过，看是用深锅煮猪肠子之类，锅边煮火烧，没有兴趣尝，以致交一臂而失之。由名吃又想到保定的名产，当地谚语说的，保定倒有三宗宝，铁球、面酱、春不老（雪里蕻）。三种我都尝试过，果然名不虚传。春不老比北京街头卖的几乎长一倍，却比北京的嫩。甜面酱，天津也习惯吃（北京习惯吃用黄豆做的，名黄酱），味道确是不如保定产的。铁球的用途是锻炼手力，一般是一只手揉两个。保定用手工做，球内装大小不等的一个小球，揉时可以发出不同的金属的清脆声音。我手头还有一对中号或小号的，为一个学生所赠，近年恢复大量生产，改为用机器，手工让位，我这一对也就成为稀有了。

保定一年所经历，或说所得，还有一桩必须表一表的，是学开汽车。是到校之后不很久，学校从什么地方请来一个人，还带来一辆旧轿车，说办汽车训练班，时间用下午下课后，一周三次（？），三个月毕业，学费若干，教师参加，学校代交。其时我行有余力，又考虑生活技能，可以备而不用，不可用而不备，还有，学会了，在大路上奔驰，也会比坐教室有意思，就参加了。教师男性，三十多岁，细高个子，精明和气。先入课堂，听讲机件之理，接着跳过学修理，就上车手握方向盘，学开。大部分时间是在操场，接近末尾到城外的公路上，都是由停到动，跑一段路，停止。考核，我的体会，重点是手脚的应变能力，要求速度快而不生硬。据教师非正式评定，我竟考了第一。如果教师的评定不错，我不拿方向盘，而走眼看书、手拿笔的路，也许是最大的失策吧？可怜的补救之道是这里记一笔，以期我的相知以及未谋面的相知都能知道，我年轻时候，是也曾有到阳关大道上驰骋的大志的，有志而事未竟成，终于不得不局促于书桌前，涂涂抹抹，乃"天也"，"非战之罪也"。

最后说人。保定一年，实际只住了不足十个月，其时还没有"人多力量大"的高论，人也遍地皆是，连学生在内，新认识的自然不会少，其中并有一些至今还有明晰影像的，可是交往程度深而想说说的只有一个，是在那里教高中国文的和培元（名泰）。他是邢台附近内丘县的人，燕京大学毕业，大概中学上的是育德，校友回校教课不见外，显得很活跃。他小个头儿，穿考究的长袍，有名士气。也许因为好交吧，有时也就同我谈谈。我觉得他为人敞快，思想开明，可交，谈话就推心置腹，总之，关系就越来越近。其时他正恋爱，对方姓陈名玧，住在北京，如一切陷入情网的人一样，身远则以信多补之，来信不只情意缠绵，而且文笔优美，这秘诸自己抽屉就有如"衣锦夜行"，于是常常就让我也赏识一下。我的怀疑主义的老病又犯了一次，但疏不间亲，也就没有表示。后事如何？代笔非代笔的事乃他人瓦上霜，以不管为是，只说关系重大的，是不久人来保定，变隔数百里兮为共朝夕，也就用不着写信了。这说的是和君的小布尔乔亚的一面。还有布尔什维克的一面，是这个时期他写了一篇不短的文章，题目以及发表在何处都不记得了，只记得是介绍马恩列斯中某一人的伟大的，连我这一向坚信人各有见的人看到也感到惊讶。学年结束，我们都回北京，未结邻而来往未断。"七七"战火燃起之后，他说他决定离开北京，陈玧女士怀孕，想托我照顾。无论为公为私，我都义不容辞。他路费不足，我从羞涩的阮囊中挤出三十元给他，并把陈女士接到我住的地方同住。他匆匆地走了，此后渐渐就断了音信。其后是陈女士生了孩子，内丘县来人接到乡下去住。是抗战的中期，不记得听谁说，和君到延安，任高级领导人的秘书之职，因游泳死于水中。这消息推想必不假，因为解放战争胜利之后，始终未见他衣锦荣归。

适才说想说的人只有一个，其实是还可以，或说"应该"加说一个的，那是其时念初一的学生张兆麟。说来很惭愧，保定一年，教过的学生过百，我却一个也没记住。是一年以前，我接到一封长信，说看我的某本拙作，疑惑是当年教他国文的我写的，问是不是这样，署名张兆麟。我复信证实。他健康情况不佳，过很久才来看我。谈及他的经历，是1957年加了右派之冠，发往塞外，二十年后才回到北京。他记忆力好，说到我当年讲课的情形，有如昨日。我很感奋，因为：一，我的门下也有像他这样敢直言的，是我的荣幸；二，保定一年面对的学生，还有记得我的，我感到安慰。

保定也一年，原因与天津的未能延续不同，也要交代一下。记得是一学年的近尾声，1937年的6月前半，学校发给我下学期的聘书。我对保定的生活印象不坏，又找新饭碗不容易，知道未遭白眼，当然高兴。其后是打如意算盘，暑中无事，带着室中人到北京逛逛，看看亲友，开学前回来，照常上课。主意已定，先写信通知住在沙滩一带的北大同学王云鹤（名恩川），托他给租一间住房，然后是收拾什物，家具之类不动，其余运往学校，存在教师宿舍楼的那间房里，随身只带一些日用的和替换衣服。6月底起程，坐火车到前门西车站下车，王云鹤来接，始知住房尚未租定。暂下榻于王云鹤处，不久就租得中老胡同（由东斋西行不远）21号（在街南，二房东姓蔡）院内北房东端的一间。这是民房，室内却有用具。进去只三五天吧，是7月8日的后半夜，院里人都被由西南方传来的繁密的枪声惊醒。到白日得到消息，是住在南苑的日军挑衅，攻打卢沟桥，我二十九军还击，冲突仍未平息云云。其后若干日，形势越来越紧张，通往保定的铁路断了，想到存于学校的那一点点财物，想托住在保定的一个亲戚取出来，写信，未能如愿，终于挨到9月下旬，得确信，保定陷落，育德中学毁于战火。存物一扫光，因为其时住在北京，只有随身的几件单衣，就成为天大的损失。说如天大，因为如存书，有些是新文学作品的初版本，就无论如何也补不上了。现在想，最大的损失还是由1928年暑后起近十年的日记的不再能见到，以致清晰明确、也许一生中最为重要的身心活动都成为恍恍惚惚的影子。应该旷达吗？可惜有时还是舍不得，也就只能含泪默诵一次"逝者如斯夫"了。人间的事常常就是这样缠夹，就说保定的饭碗吧，如果收到的不是聘书而是解聘书，我同样可以写"保定一年"，而许多珍贵的旧迹却依旧可以在身边。这又是"天也"，与之相撞，人毕竟是太微弱了。

附记：学习史部"纪事本末"的写法，写天津和保定的一段生活，故意把有关男女离合的不少事迹剔出去。这是因为下面还有"婚事"一个题目，如此处理，求分之则两便也。

婚事

《礼记·礼运》："饮食男女，人之大欲存焉。"这是由"人生而有欲"方面看，吃吃喝喝与男女结合，地位是等同的。"生而有欲"是"天"，及至降到"人"的身上或手里，情况就变为一言难尽。在道人（用汉魏人的称谓）的心目中，两者都价值不高，如必欲去取，则所取是饮食而不是男女。常人或俗人就不同，两者都不能舍，可是表现为心情，常常是男女比饮食更急。可是心情的急又不愿意表现为言谈举止，这是说，都认为这是后台的事，不宜于推到前台。后台的事不好说，可是，又是人生而有之欲，就说是不美妙吧，却强烈而明显，是把己身的隐蔽起来之后，偏偏希望看看别人的。此描述什么什么星正恋、邪恋、结婚、离婚以及附带的欢笑、啼哭的妙文之所以能尽快刊出并换得高稿酬也。现在，我也写流年了，已经写到将及而立之年，仍是只见饮食而未见男女，推想有"索隐"之兴的诸公诸婆诸才子诸佳人早已等得大着其急了吧？为热心的读者，主要还是追述自己的昔日，不当不以真面目见人，决定标个专题写。但泄气的话要说在前头，这里准备的是家常便饭，您想吃本土的传奇加进口的浪漫主义，是注定要大失所望的。

叙事之前，想先说说我对婚事的看法。这看法来于对人生的一点领悟，可以分为高低或玄想和实际两个层次：高是可无，其理据是什么；低是应有，其情况是什么。先说高层次的。以"我执"为本位，我们可以问，或应该问："不要男女，即无婚姻之事，难道就不可以吗？"有人认为不只可以，而且是"应该"。何以应该？一种理论是由辨析男女之欲的原因来，说我们所以有男女之欲，是因为天命（或说自然）限定我们要延续种族；而延续种族，我们并不知道也就更不能证明有什么宇宙论的或道德学的意义（个人的或全体的）。我们所能感受的只是这种欲给我们带来的拘束和压迫（到月下老人祠或娘娘庙烧香许愿就是好例），所以为了取得"万物皆备于我"的自由，我们应该不接受这样的拘束和压迫（如你要我传种，我偏偏不传种）。另一种理论（也可以说是兼实行），可以举佛家为代表。佛家看人生，多看到"苦"的一面。人生有多种苦，不假，有就想灭，至少是减轻。佛家自负为大雄，对于苦，是想以"道"灭之。灭之道是先求明苦因，他们找到一个力最大的是情欲。情欲由多种渠道来，其中一个最重大的是男女之欲，所以想灭苦，就要扔掉这种情欲。而这偏偏不容易，于是制戒，其中一个重大的是"淫"戒，对优婆塞和优婆夷宽容些，是只许正，不许邪，出了家则严格要求，不许男女，婚姻也就无立足之地了。以上两种想法都言之成理，后者并有人人都曾身受的事实为依据，借用禅宗的话说，我也参过。所得呢？知方面，高山仰止；至于降为行,就总感到山太高,而且陡,爬不上去。够不着的葡萄,不吃也罢,那就还是随俗,承认"男女居室,人之大伦"吧。

这就可以转为说那低层次的"应有",即成年之后,也搞对象,幸而有成,结婚。世间的一切事物都可以分等级,婚姻也是这样,以当事者满意的程度为标准,我多年阅世加内省,认为可以分为四个等级:可意,可过,可忍,不可忍。先说可意,是当事者(当事者是两个,人各有见,所感未必一致,为了便于说明,只好假定一致;或者承认不一致,这里的立论仅适用于男本位或女本位)觉得与己结合之人正是自己想望的,所谓天赐良缘是也。如果只顾希望而不管事实,当然,世间所成之婚最好都是这样的。可是很遗憾,充斥于世间的偏偏是事实,与希望总是有或大或小的距离。说起来这也是无可奈何的事,因为至少在这方面,上帝并非全能全善,于是所生,姑且男本位一下,只看外貌,西施很少而东施很多,娶得西施,可意了,娶得东施呢?还有,人总是不能因情热而长时期迷乱的,比如说,一见倾心之时,成为眷属之前之后,感到可意,这"之后"延伸,一年,两年,以至十年二十年,人老珠黄,马勺难免碰锅沿,还能同样感到可意吗?所以我有时甚至想,正如理想之难于变为现实,婚姻的一种可意的级别,也许只存在于《白蛇传》《牡丹亭》一类书里。太悲观了,或者改为这样说:都长时期感到可意是可能的,却是不多见的。承认这种现实有好处,是高不成而低就,心里可以坦然,祖传秘方所谓知足常乐是也。再说可过。过是俗话说的过日子,可过就是可以在一起过日子。这种中间的程度可以由"不足"和"有利"两个方面来说明。不足容易说,世相语"文章是自己的好,老婆是人家的好"的后一半正好说明这种情况。但更有力的是另一面的有利,可以用心理的感受来形容,是一天的由日出到下一次日出,一年的由元旦到除夕,男本位,有她,女本位,有他,感到有多种方便甚至依靠,没有她或他,轻则感到不够热闹,重则感到诸多不便,甚至过不下去。这样的男女结合,如果心里还装着"可意",是李笠翁的"退一步"。过于委屈了吗?眼睛只看理想,是这样;如果换为多看现实,应该承认,能够这样已经很不坏,因为,也是现实,是有不少人还要退一步,降为可忍。接着说可忍,是看外貌,察内心,以及日常生活的诸多琐细,总是感到不尽如意,可是睁一眼,闭一眼,想说,少说一句,也能对付过去,或有时想到根治,分,子女,房屋,居家杂事,种种牵扯,又,"故人从阁去"不难,还能"新人从门入"吗?千思万虑,还是忍了吧。语云,忍为高,人生一世,会遇见天灾,会遇见人祸,都忍了,男女之事只是更近一些,难道就不能忍吗?这情况会使我们想到数量,是可忍与可过相比,究竟哪一种多些?大概只有天知道。最后说不可忍,情况是继续合,很痛苦,只好分。合不来,追原因,如果枚举,无限。但可以综括为四类。其一是一方,甚至双方,想,或已决定,另筑新巢,合就成为不可忍,只好分。其二是道德修养方面有大分歧,比如一方是坚信人应该"己所不欲,勿施于人"并身体力行的,而另一方则以整人为乐,朝夕面对,不可忍,也就只好分。其三是政见有大分歧，比如在清朝末年，一方是帝党，主张变法，而另一方是后党，张口闭口老佛爷，必致话不投机，见面不愉快，就不如分，各走各的路。其四是生活习惯有大分歧。生活习惯包罗万象，有些放大，简直可以视为人生之道，古人说"道不同不相为谋"，离得太远，互不迁就，也就只能各走各的路。就我的观察所及，有的一对合不久而分，并不是有什么大分歧，而是为一件小事吵了架，一时气不能消，就分了。所以说生活习惯，也应该包括俗话说的"脾气秉性"，这看似小节，也会发展为不可忍，使婚姻破裂。

以上说看法是泛论。泛论有大用，是我将以它为眼，看己事，以它为笔，写己事。

记得是八十年代后期，我烦人刻一方图章，文曰"六代之民"，六代的第一代是大清帝国。我生于光绪三十四年戊申腊月，地道的清廷遗民，又生在偏僻的农村，因而早年的生活不能不是乡村而且旧时代的。单说婚姻，我们那里是父母之命、媒妁之言外加二早，订婚早和结婚早。估计是我三四岁的时候，我家隔一家的东邻有个姓石的男性，通称花四，他有个姐姐嫁村南六里侯庄子（属武清县）沈家，病故，沈姓又娶，他呼为续姐姐，生的次女行七，比我小一岁（实际是八个月），他认作外甥女，灵机一动，抽出红丝，就把她和我拴在一起。其后，仍从乡村习惯，于1926年冬天，新算法我和她都是十七岁，就把她娶来，成婚。其时我在通县师范念二年级，等于还没有接触新风，对于这样的婚事也就既说不上欢迎也说不上反对。沈是完全旧式的，缠脚，不识字。貌在中人偏下。但性格好，朴实温顺，以劳动、伺候人为天赋义务，寡言语，任劳任怨。母亲说她好，我也尊重她。旧时代早婚，一个务实的目的是家里添个劳动力，"男女居室，人之大伦"还在其次，所以只要外边能找到门路，总是把儿子送出去，求高升，儿媳留在家里做奴婢。这样，我到外面上学，只寒暑假回家，她就从乡里之俗，长年劳动，入门伺候公婆、小姑，出门下地上场，做妇女习惯做的活，如拾棉花、摊场之类，到寒暑假，还要伺候丈夫，缝制新的，拆洗旧的。家中任何事，她没有发言权，可能也没有意见；向来不表示感情，因为四德（德言容工）之首位的德规定，妇女是不该动情的。负担这样重，生活这样枯燥，却也有所得，是邻里夸为好媳妇。她有没有烦恼？至少是在婆家，向来没说过。直到后来，我回去的次数越来越少，有另一个女性与我相伴的时候，她也不说什么，仍是静默地过日子。我推想，她不说，心里是不会如止水的，是什么力量让她静默地活下去呢？大概是接受了两种"命"：一是几千年来妇女共有的，忍辱负重，为别人；二是自己遇到的，既然情况是这样，也就只好这样。但无论怎么说，这情况总是不美满的，父母二老会不会想到其前因以及如何善后呢？后悔包揽这婚事是不可能的，因为远看，祖祖辈辈，近看，左邻右舍，都是这样。大概也不会想到善后问题，因为除了任其不美满，顺流混下去之外，也实在想不出其他办法。那是旧时代，妇女已嫁，夫健在，明言离，另寻佳偶，这条路是不通的；可行的路只有一条，保留夫妻之名，兼取在婆家活下去之实。我也承认这样的现实，但对她，显然，纵使怜悯也力量有限，又因为多年来"伤哉贫也"，也只能每月补贴一点钱，以求她生活能够略容易些。这样延续到八十年代，她去世了。我有时想到这件婚事。她的确是受了一辈子苦，应否完全由我负责？站在她一方，可以这样说。站在我一方呢？忘情过一生，且不说应该不应该，年尚未而立，做得到吗？勉强做，也是苦，应该由谁负责呢？推诸"旧"？可惜它是已然，你怨也不能把它怎么样。自然，华年已逝就可以循另一种思路，比如说，佛家的，就可以说"我不入地狱，谁入地狱"。可是如果真入了佛门，忘掉解脱也不对吧？那就不得不遁迹山林，修不净观了。总之，生在新旧交替的时代，想把围绕着婚事的诸多问题都解决得天衣无缝是几乎不可能的。其实，就是全新而不旧，问题就会减少到可以不再费心费力吗？显然也不是这样。那就结果仍然，至少是有时，还要"忍"。

忍是后话，其时的实况是，我正在由旧走向新。这"新"是多方面的，说一时想到的一点点。其一，前面提到过，我念男师范，通县还有女师范，名称对等，人呢，有时足踏长街会狭路相逢，剪发，粉面，着淡雅旗袍，大脚，走路不扭而潇洒，觉得很可爱。爱，藏于心，也会发酵，孕育幻想，是如果能——那该多好。如果的背后藏有现实，是父母加媒妁那条路，其结果，自己已经感觉到，没有看剪发、大脚那种感情，当然不合适，也就不合理。其二，就在这个时期，我读了不少新文学作品，包括不少新翻译过来的世界名著的小说、戏剧，其中或直接或间接地谈到人生，几乎都认为男女结合，应该始于浪漫主义，终于"死生契阔"，也就是如串珠，中间的线要是火热的爱。其三，还不只是理想或幻想，已经见到，同样出入于师范学校之门的，有少数，1928年秋革新之后，经过相识，情书（据说有一位曾咬破手指写），而终于与剪发、大脚的成为眷属。其四，是我由小城市走入大城市，而且是站在文明前列的北京大学。我有时也就忘其所以，或说兼为环境所染，至少是心里想，以前没有的，能够变为有才好。

世间确是复杂的，或说兼有点神秘，比如说，你想什么，以为必不成，也许一梦醒来，成了。成靠机缘，以下说另一次的机缘。我长兄念京兆师范，有个同班同学名于忠，字伯贞，京北清河镇人，曾任清河镇立小学校长，在东郊六里屯有砖窑厂，常住北京。我念通县师范时期，我长兄曾在那个小学教书，我去过，记得不止一次。于体格是矮壮型，人敞快，好交，总是说说笑笑，我呼之为于大哥。我考入北大以后，住在沙滩略南大丰公寓，他也来过。大概就是考取后的8月暑假末尾，有一天，于大哥来了，说他表妹李绍强住西城大乘巷，在温泉女中上高中，有个同学名杨成业，反对包办婚姻，离开也住在西城的家，决定不再上学，谋自立，不知道香河县立小学（我长兄是校长）是否需要人，希望我帮忙介绍，并说如果可以，他想先带她来见见面。其时我正幻想维新，对于年轻的女性，而且胆敢抗婚的，当然很感兴趣，就表示愿意见面。过一两天，是上午，于大哥带着她来了。她十七岁，中等身材，不胖而偏于丰满，眼睛明亮有神。言谈举止都清爽，有理想，不世俗，像是也富于感情。她原籍湖南湘阴，北京生人。父亲杨震华，据说中过举人，民国二年北京大学商科银行学校毕业，曾创办新华大学；母亲姓丁，湖南平江人，世家小姐；在北京，她还有个哥哥，两个妹妹。总是因为，除了亲属以外，我没有同年轻女性有过交往吧，觉得她很好，如此年轻而有大志，在女性中是少有的。正如一切男性一样，对某女性印象好，就想亲近，并有所想就实行。那一天，我们谈到近中午，就请她和于大哥到东安市场东来顺去吃午饭。其后是我写信问香河是否缺人，说如果缺，于大哥推荐一位，如何如何，我以为很好，可以去。回信说缺人，欢迎前往。这其间，以及长途汽车站侵晨送行，我们又见了几次面，以至上车时都有惜别之意，约定以后常写信。且夫惜别，情也，情会发展，具体到事是信多，收到看完就复；复，写，三页五页，情意还是不能罄尽。总之，形势是恨不得立即化百里外为咫尺，并且不再分离。记得是1932年的春天，她回来，就住在我那里。

此后，我们的生活由交织的两种因素支配着。一种是穷困，因为我还在上学，就只好仍是她到外面去工作。另一种是希望长相聚，因而只要可能，就在沙滩一带租一两间民房，用小煤火炉做饭，过穷苦日子。这样的日子，有接近理想的一面，是都努力读书，单说她，是读了不少新文学作品，并想写作。又为了表示心清志大，把有世俗气的学名"成业"扔掉，先改为"君茉"，嫌有脂粉气，又改为"君默"，以期宁静以致远。也有远离理想的一面，是我们的性格都偏于躁，因而有时为一点点琐事而争吵，闹得都不愉快。就这样挨到1935年暑后，我毕业后到天津南开中学去混饭吃，她先是在北京，后又到香河去教小学。何以我有了收入，她又出去工作？师丹善忘，是怎么也想不起来了。是1936年早春，她在香河，我在天津，收到也在香河教小学的刘君一封信，说杨与在那里暂住的马君来往过于亲密，如果我还想保全这个小家庭，最好是把杨接到天津去。其时我的心中情多理少，就听了刘君的劝告，先是写信，然后亲自去，记得到京津公路的安平站，把她接到天津。在南开中学附近租了两间西房，又过起共朝夕的日子。但我们都觉得已经有了隔阂。心都不安，而情况不一样。我体会，她先是在新旧间徘徊，很苦，继而新的重量增加，更苦。我当然也不好过。但都不谈这件事，表面还平静。学期终了，我解聘，一同回到北京，投奔她哥哥在西城的住处。不记得是因为有预感还是另有所图，我在母校新四斋借得一个床位。可能不很久，我反复衡量当时的情况，头脑中忽然理智占了上风，确认为了使无尽的苦有尽，应该分手，另谋生路。记得是一天下午，在她哥哥住处的西屋，我向她说了此意。她面容木然，没说什么。我辞出，到北大新四斋去住，我们就这样分离了。其后很多天，我的心很乱，因为感情常常闯进来，与理智对抗。有时像是感情力量更大，就真想去找她，幸而胆量没有随着增大，才欲行又止。这样延续到9月，有了远走的机会，理智终于当了家，为人，也为己，领悟藕断，必须丝也断，就毅然舍掉北京，到保定去了。

重述这些，我会不会有怨气？在当时，也许有一些，及至时光流过很多，心情归于平静，理智高居主位，想法就不再是那样。是什么样？借用西方某哲学家的话，是凡是已然的都是应然的。视为应然，有理由。其一，人之常情，以男本位为例，纵使所得是西施，新机缘送来另一西施，也会"怎当他临去秋波那一转"。何况其二，也是人之常情，男女之间，唱"惊艳"的时候，入目的缺点也是优点，及至挤入一室，一天面对两个十二小时，日久天长，眼就会少见优点而多见缺点，也就会感到，相伴之人并不像见信不见人时那样好。其三，参照我前面所说婚姻可分等级的看法，恕我直言，我们是属于不可忍一类，因为除道德修养一个方面以外，考虑其他三个方面，都是宜于分的。应然则不怨，还有更重要的理由，是其四，如果不能走万物皆备于我的路，就要有婚事，婚事也有花期，是诚而热的互恋之时，最值得珍重，我现在回顾一生，也有这样的花期，仅仅一次，就是我们由相识到共朝夕的前两年，仅仅这两年，是难得忘却的。推想她也没有忘却，是解放战争胜利之后，她回到北京，我们又见了面。

她参加革命，没有扔掉文学，新中国成立前写了《苇塘纪事》，署名杨沫。五十年代她出版了《青春之歌》，因而出了名。不少知道我的读者认为其中有些事是影射我；我的室中人则更进一步，说是意在丑化我，心里很不舒服。我却没有在意，因为：一，影射是高位人的常有想法，我无位，就不该这样想；二，可能也见于小说教程，是为了强调某种教义,是可以改造甚至编造大小情节的;更重要的是三,要明确认识,这是小说,依我国编目的传统,入子部,与入史部的著作是不同的。一晃"文化大革命"过去,迎来八十年代,据好心人相告,她追述昔年常提到我(这回不是小说),言及分手之事,总是明说或暗示,我负心,兼落后,所以她由幽谷迁于乔木,相告完,并想知道我有什么想法。我说,认定为负心,是人各有见,认定为落后,是人各有道,至于由幽谷迁于乔木,我祝愿她能够这样,但据我所闻,也未能天衣无缝。但她有名,为了名,举事以证明迁得好,也是应该的,至少是可谅解的。有的好事者好得出了圈,一定问我为什么总是沉默。我说,理由不少。其一,这类过去的事,在心里转转无妨,翻来覆去说就没有意思。其二,我没有兴趣,也不愿意为爱听张家长、李家短的闲人供应茶余酒后的谈资。其三最重要,是人生大不易,不如意事常十八九,老了,余年无几,幸而尚有一点点忆昔时的力量,还是以想想那十一二为是。也就是本诸这样的信念,我昔年写《沙滩的住》(收入《负暄琐话》),末尾述走过大丰公寓时的心情,是:"屋内是看不见了!门外的大槐树依然繁茂,不知为什么,见到它就不由得暗诵《世说新语》中桓大司马(温)的话:'木犹如此,人何以堪!'"这人是可怀念的人,虽然今雨不来,旧雨是曾经来的,这就好。写到此,估计还会有好事者问:"你不总是沉默吗,何以这回拉开话匣子,说了这么多?"答曰,这是写存于头脑中的旧事的碎影,头脑中有,秘而不宣是不应该的。那么,旧事,远年,就一定能够如实吗？曰，可保证者只是秉良知画影图形，即主观上不以半面妆见人，如是而已。

至此，要退回去，说1936年暑后，为了该结束的能结束，我到保定以后的事。前面说过，我为之代进德中学课的李列五，为打官司住在保定，我来保定当然要去看他。他住在西街路南明远客栈，打官司并不常开庭，我呢，初来乍到，熟人很少，因而交往就多起来。闲谈，共酒饭，次数多了，相互了解就加深。于是有那么一天，他张了口，说他有个甥女，比我小一些，聪明漂亮，尚待字闺中，想给我介绍，问我有意无意。我存有乡村的旧印象，未加思考就以为此路必不通，笑了笑，没说什么。想不到李君如我的二姑母，有说媒之瘾，是10月10日（其时的国庆）之前，他旧事重提，说恰好国庆假日与星期日紧邻，可以休息两天，他决定回容城，到家里看看，希望我一同去，与他的甥女认识认识。对于相看乡村姑娘，我有一搭无一搭，但想到连续两天，一个人闷守宿舍，就不如出去，到个生地方看看，所以就答应同往。李君的愿望初步实现，当然要加一把劲，于是进一步介绍女方的情况。是他有个堂姐，嫁白洋淀大北流村（在淀的西北部堤外，南距新安镇十里）李家，只生此一女，丈夫就病故了。李家是世家，有功名，开烧锅。女名李芝銮，因为是独生女，养得娇，愿意找个读书人，托终身，所以年过二十还未出嫁。女的祖父是个秀才，祖母是新安世家曹家的小姐。女的未出外上学，家里有家塾，读书也不少。当然精于刺绣，还能唱京剧。因为只母女二人，就常常随着母亲住在外祖家。昨家里来人,他问过,正好在外祖家住。听了介绍,我的设想的印象变一些,心里想,耳闻不如眼见,看看再说吧。且说就到了10月10日,李君和我,还有李君的五叔父,三个人,早晨由保定上火车,北行不远到固城站下车,改乘骡车,东行十八里就到了他们家北张村(东距容城县城八里)。时已近午,饭后在街门内的柜房休息。李君则由到家就更加忙碌,因为他的地位是导演。演员中,我知道演什么,女方不知道(怕我不同意,女方难堪),他的夫人也蒙在鼓里。他让他夫人饭后去接女方,就说有点急活,求她来帮着做,加说一句:"一定要接来!"下午,女方来了,由柜房前过,我远远看到,穿一身浅粉色衣服,很窈窕,原来也是剪发、大脚。其后,我们在李君的住屋里见了面,虽然还有李君夫妇在场,她也是坐立不安,很少说话,说就粉面含羞。短时间我的印象,她体貌清秀而性格温婉,是地道的旧时的大家闺秀。这一场演完,很明显,接着就该我表态,如何决定呢?后来想,其时还是佛家视同蛇蝎的情欲占了上风,我略考虑之后就点了头。所考虑是这些。其一,我是常人,面壁,参禅,口头说说,心里想想,都可以,实行则必做不到,那么,有"新人从门入"的机会,还是开门纳之吧。其二,清秀温婉,我喜欢。其三,加个纯理方面的理由,是虽然远走保定,心则有时还在动荡,为了化动荡为一块石头落地,最好是筑一个有另一女主人坐镇的新巢,我把己身交给她。其四,也许更重要,以行路为喻,东方是新,我兴致勃勃地往东,结果碰得头破血流,很自然,会觉得应该转身向西，即复旧，以期不再有头破血流的危险。总之是我告诉李君，我愿意，然后原路回保定。其后是演刘媒婆的李君也不易，曾兼说一点点假话（如说比我小，实际是长我一个月有半；说能唱京剧，实际是不能唱），傅朋同意了；孙玉姣呢？仍须努力。据后来所闻，是除了说我人如何好、学问如何大之外，还迎合乡村的心理，说家道如何富足，又亲身往城隍庙，找个瞎子，给两角钱，为我配个好八字，之后是八字到家，找另一个瞎子批，说命太好，前途比官还大云云，她母亲与诸姨皆大欢喜，亲事就成了。

两厢情愿之后，不知道是谁的主意，说配我这个洋学堂毕业的，女方也应该用新颜色染一下，即到保定的某一个学校混个资历。人已经是我的，这件事就交我办。我知道这个想法必不成，可是使人（所谓新亲）扫兴的话不好出口，只好说试试看，于是女方就来了，住在我同班同学李耀宗的住处，已故画家姚丹坡的半弓园。我们不能不常见面。她确是温婉，谈起近事远事，她都不表示意见，由我做主。成婚的事，我很厌恶旧习俗，也为节省，主张到北京，约一些最亲密的朋友，聚会一次，算作正式通知，礼成，她也同意。记得是12月上旬，我们一同往北京，住在王府井大街迎贤公寓，照计划，与友人欢宴，游游市场，买点用品，就回了保定，一件大事就这样办完了。其后是我们就过起用小煤火炉做饭吃的生活，虽简陋而安适。次年暑假来了，我们到北京暂住，想不到就遇见"七七"事变，不能再回保定。路不通，她也就不能回娘家看看。其后是北京有了穷而陋的家，她支撑着，饥寒而无怨。积日成月，积月成年，年也过得不慢，就到了1966，"文化大革命"的暴风刮起来，与她熟识的西邻被抄家，女主人用刀抹了脖子，她抗不了这刺激，很怕，精神有一点点失常。幸而抄家之风不久就过去，但据我观察，她的内心深处遗留了病根，表现为容易起急，有时甚至拍桌子。但通常还是脾气好，能忍。这使她虽然瘦弱，还是能够高龄。是1986年夏日，我们到北戴河住一周，算作结婚五十年纪念。近两三年，她脑力退化，近事，如司马温公之旋踵即忘，可是她仍在计划，到明年，1996，能够庆祝结婚六十年。

五十年，六十年，这样的婚事，该是合于理想了吧？像是也不好这样说，因为，仍用上面说过的理论衡量，我们并未始于浪漫主义。她的感情以及表现是旧时代的，嫁谁，护着谁，甚至舍己，却并不火热到总想抱住卿卿我我。语云，来而不往，非礼也，我也就没有感到过有这样的火热。合于理想，要是情人变为夫妻，或情人变为夫妻和情人的混合，而我们，只是夫妻，纵使是能够唱随的夫妻。但我们也有所得，是就不会有火热的衰退，由积极方面说是宁静，比喻为春秋两季，虽不热，也不冷。有人也许认为，与动荡不安（轻如怨恨，重如分离）相比，这宁静是较可取的。如果竟是这样，就等于承认，在婚事的大伦方面，旧的也不是毫无足取。用妇女的眼看，这大有男本位之嫌，也是一种落后吧？真是一笔胡涂账，留给电子计算机的专家去算也好。

也有我清清楚楚，用不着别人去算的，是她的为人，也想说说。

先说可以为训的一面。其一是宽厚，总是以善意对人。外人的印象是最有力的证据，不管关系远近，交往多少，都说没见过这样好的，待人总是那样和气，那样热情，见着高兴，离开就想，长时期不见，再见到就掉眼泪。也确是这样，比如现在，我们老了，却还能吃能喝，几个昔年常聚会的朋友则都已先后下世，因而周末或星期日就经常门庭寂然，她常常想到他们，就说："那时候多好，平弟，他刘大伯，老李，星期日就来吃饭。现在没有人来了！"她退而取其次，是有生客来访，尤其是女性，带着孩子，她就热情招待，拿吃的，泡茶，陪着拉家常，人家告辞，她诚心留，表现为舍不得。对我当然也是这样，或更是这样。我缺点很多，她像是视而不见；见，也绝不向她的亲属说。我的生活习惯，推想有的她未必同意，但她还是表现为赞同，比如现在还摆在案头的乾隆时期砚山，是四十年代难得温饱的时候，我在一个挂货屋子见到，定价十二元，没舍得买，回家同她说，她劝我最好还是买了，不然会后悔，才壮了胆，忍痛买回来的。对我，她总是这样克己，吃穿等小事，她主持，让我占先；我有时任性，触犯了她，她也会不痛快，但一会儿就若无其事，她说她向来不记仇。她也有所记，是怀念旧事，她现在老了，日常无事可做就翻腾她那十几本相册，对着一些人的昔年的留影出神。其二是脾气好。这与她的宽厚有关，但她是好得稀有，所以值得单提出来说说。这也容易说明，是除了对我，有时候争吵几句以外，一生没有跟谁说过带怒气的话。她不是不骂人，是"不会"骂人。这一点，她自己也明白，所以有时谈及自己的脾气，就说："李大姑娘故意把水泼在我门口，我绕着走，也不说话。"绕着走是能忍，但能忍也是稀有，要列为其三，也加重说说。她出身世家，而且是闺秀，嫁我以前，没进过厨房，没到商店买过东西。出来以后，用小煤火炉做饭，要买这个买那个，干这个干那个，"是可忍也"；难忍的是到了北京，"七七"事变以后，立刻就没饭吃，秋风乍起，连夹衣也没有。我观察，她真的是处之泰然，没有一点悔和怨的样子。这样的坚忍地面对穷困的态度，她是整整维持了四十年。其中还有五十年代初的我第一次挨整，每月只领十几元生活费，她不得不侵晨到小市去卖家中旧物，换柴米。我是穷小子出身，出头露面卖破烂，也会很为难，她当然更是这样，可是她没有表示为难，这是一切苦都咽到肚里去了。还可以加说个其四，是她淡泊，不见势和利眼开。她的亲属有经商（自然就难免加点欺骗）发了财的，她每次谈到就表示厌烦，而对于我的一些存书则爱护备至，所以有时我想，如果有掉书袋的机缘，我就有资格大写其"糟糠之妻不下堂"了。

　　再说不足为训的一面。其一是能力低微。说这一点，有轻视她的嫌疑，但既是事实，也就只好说。有的人，如我曾与之结邻的北大物理系李守中，虽下肢残疾而多能，在汉中参加乒乓球赛，他能打败许多健壮的高手，取得冠军；夏天，厕所顶部（老房子，很高）铁管滴水，他能悬起一块塑料布遮挡，我始终想不明白他是怎么上去的。我的这一位是正好相反，比如室内的电灯泡坏了，买个新的，她是必不能换旧为新。总的说，除了幼年在家乡学的一点点技能以外，一切生疏的，她是既不会做，又不想做。做，也是慢条斯理，不想快，想也快不了。我有时起急，甚至想到天之生材，——后天的力量也许同样不小吧？总之，不管什么原因，结果她是没有自立的能力，更不要说走出家门，创点什么业的能力。其二是，也许正是由于能力低微，她就谨小退缩，除了每天常规的作息以外，她是什么也不敢做。大事，听到陈胜、吴广揭竿而起，或徐敬业提笔写檄文，她怕；小事，比如我登桌子换个电灯管，她也怕。她自己的事更是这样，只举两件为例。她识字，估计也未必不能写，可是有时我们不在一地，我写信，她不写，不是无话可说，是怕写不好。又，为了节省她缝缝连连的精力，六十年代初买了缝纫机，于今三十年过了，她没试用过一次，起初我还劝她学，她说："我学那个干什么！"我知道这是怕，变为不怕是不可能的，也就听任缝纫机占一块有用之地，作闲居之赋了。其三，她还有个我始终不明白其来源和用意的奇怪习惯，是藏物（包括废品）而不用，我多次表示反对也不能改。先说可用的，比如为了轻暖，买个毛毯，一转眼就入了某个箱子，我问，她就说："有被子，用不着。"又如亲友送点食品，不是必须立刻下咽的，也是一转眼就入了某个缸，时光不停，经过夏季，必是生很多虫子，发现，扔到垃圾堆上。还有不可用的，是新务虚风制造的各种商品的外面光的包装，实为废品，她也惯于藏，于是已患地少人多的住屋，此角落或彼角落，就挤满这样的外面光。你据理说这些都是无用之物，以请出去为是吗？她只顾舍不得之情而看不见理，且夫情，坚固工事也，难于攻破，我也就只好视而不见了。

至此，可以为训加不足为训，为这样的婚事定等级之性就不难了，是大部分"可过"加一点点"可忍"。

婚事说完，还想依制义旧规，说几句因"观我生"而来的感慨。共有三点。其一，单说常人常态，有生以后，都不得不面对饮食和男女两方面的问题，我的体会，男女问题比饮食问题远为难解决。人人有理想或幻想，而你能抓到的只是现实，而现实是经常与理想或幻想有或大（多见）或小（少见）的距离的，就是说，你总不能想什么有什么。其二，想而有，靠机遇，想而没有，也靠机遇，而机遇，已然者不可改，未然者不可知（走火入魔者认为可求助于《易经》或什么瞎子，可不管），我们想到它，也只能仰天太息而已。其三，万不得已，还要反求诸己，用东方哲人惯用的内功，即必要时候，对人不求全责备，自己"忍"了。

伤哉贫也（一）

这题目来自《礼记·檀弓下》："子路曰：'伤哉贫也，生无以为养，死无以为礼也。'"据传子路是重视孝道的，只是因为贫（今曰穷），父母在世，就不能给弄些顺口的吃，去世，就不能备好棺好椁，所以说了这句伤心的话。我这里借用开头一句，是想讲养生，养生所养，可以包括双亲，但依今代的世风，排在前面的应该是妻子和己身。而孝亲换为养生，这因贫而来的"伤哉"就要升级，以"无以为养"为例，情况就不仅是没有顺口的可吃，而可能是没有吃的，所谓啼饥号寒是也。题目后面还有个序码，也要解释一下，是这样的伤哉不止一次，而记忆像是有意捣乱，每次的影子都很清晰，依写此书有影则留之理，就只能一而再了。

这篇的（一）是指"七七"事变之后的一段。事变是意外。意内是怀揣暑假的工资，带着新伴，到北京住一个多月，会会朋友，逛逛公园和市场，吃吃小馆，买点东西，钱差不多用尽，回保定，领开学后的工资，照旧规程活下去。意外有大力，没有几天就把意内打得粉碎。保定回不去了，开学之后的工资就成为泡影，显然，仅有的一点钱就花一个少一个。钱用尽，人还活着，就仍然要吃，要穿，要住。单说穿，因为意内的算盘是炎夏来、炎夏返，带的衣服就只是几件单的，夏天过去怎么办？即使夏天过去，还有个必须花钱的不能算小的事，是妻怀孕，估计产期在九、十月之间。这种种困难使我不得不扔掉逃出沦陷区的理想，死心塌地面对实际。问题只有一个，是如何能够弄到钱。解决问题的办法只有两个：上策是找个职业，此路不通就只能借。国土沦陷，社会不安定，人心惶惶，找职业当然不容易。借呢？能够张口提钱的只有很少几个旧同学，其中没有一个富户，再有，借了，语云，好借好还，怎么能够偿还呢？

愁无用，仍须一日三餐，就只好叩多处熟人之门，借。门多，量却不能多，记得最多十块八块，通常是三块两块，还可以少到三角五角。终于迎来9月下旬，妻临产，入了麒麟碑胡同助产医院。必须当日交费，通知住得近并交谊深的李九魁同学。幸而他还有职业，在育英中学教书，但手头也紧，只好转借，也许还进当铺当一些东西吧，总算把住院生产的事办了。出院，多一个女儿，吃饭、穿衣问题就更不容易解决，职业无着落，生路还是只有一条，借。后话提前说，这些债，其后有了个职业，并拼命写文章换稿酬，都还了。只是有一笔，现洋十元，是北大同学卢玉泉的弟弟卢玉柱由家乡来，经我介绍住在同院西房，我向他借的。他不久离开到天津去，当时无力还，说将来再会面时偿还，没想到以后断了音信，就直到现在也没有见到他。其后听某一同学说，卢玉泉家是大地主，经过什么变乱，卢玉泉惨死在村外的大树下。卢玉柱呢？能够平安过来吗？无论如何，为饥寒而用了他为数不少的钱，今生未能偿还，总是难忘的遗憾。

大概是9月初，李九魁同学有个熟人郑双鸾（男），在南长街织女桥杨宅有个教家馆的位置，他决定远行，找人继续，李九魁推荐我去。杨家是高阳的布商，大资本家，据说单是银号（小型的银行）就有几处，分布在南北各地。家馆是陪着少爷、小姐读书，名义是老师，北京有个描述大宅门的谚语，是"天棚（夏天院内搭的席棚）鱼缸石榴树，老师肥狗胖丫头"，显然，这是与肥狗和胖丫头并列，为富人装点门面的，至少是在一般人的眼里，地位与上讲堂口讲指画有别。去不去呢？两种相反的力量在打拉锯之仗。一种是由《高士传》一类书里来的思想意识，为富人去哄孩子？太难堪了，不能去。另一种是由无衣无食来的现实困难，去，终归能够有些收入，困难就可以少一些吧？两种考虑碰了头，不知道应该说是可悲还是可喜，这《高士传》思想就败下阵去，为了一个月能够有一些固定收入，我决定去排队，在肥狗胖丫头之前，或竟是在之后。这决定使我于小的金钱收入之外，还有大的领悟世道或人道方面的获得，是"能活"与"理想"间，如果如孟子所说"二者不可得兼"，至少是常人（包括我），一定是舍理想而取能活吧？其实也许不只是常人，即如陶渊明，如果归去来兮之后没有将芜的田园，他还能不为五斗米折腰吗？可惜不能起诸九泉而问之了。

决定去排队之后，立即付诸实行，先是由郑君带着，登富人之门，与主人会面，说说上课时间，辅导什么课，有几名学生，接着就独自前往，辅导开始。织女桥是南长街南口内不很远向西的一条小街，杨宅坐北向南，记得门前有个小河沟，其上真有个小桥。馆在门内往东的南房，学生二人，一男，是女家主的幼子，一女，是女家主的外孙，其后又增加一女，也是女家主的外孙，都在上中学。上课，师生围桌而坐，主要是温习学校讲的课，有疑难，问，我要讲解，帮助解决。正如一切上中学的学生一样，女生安静，功课好，男生就差些。幸而礼貌方面都还过得去。一次上课两小时，记不清一周是三次还是四次，月工资二十五元。路不太远，也不很近，往，要由沙滩西行，穿过神武门、景山之间，到北长街北口，一直南行，返，方向正好相反。随身带个书包，也是郑君传下来的，破旧，却是真牛皮，里面装的是中学课本，都是自己没兴趣看的。但也得看，因为要装作比学生高明。所苦是多种课，并不都比学生高明，尤其数理化，是远不如学生高明。考虑到情，考虑到义，我都应该辞谢，可是考虑到每月的二十五元，以及二十五元能够换来的东西，或说许多安慰，我只得隐忍，仍然提着破书包，奔走于沙滩与南长街之间。诉苦太多了，改为说安慰。记得是事变之后不很久，和培元走了，其夫人陈玫无依无靠，也迁到我住的这个院落来，住北房西间。她也怀孕，估计到冬季生产，远，有燕京大学校友会关照，不经常，我近，就只好把日常生活的担子担起来。记得不止一次，我回来晚，已经是晚饭之后，她和我的新伴还在等待我书包中的贴饼子，如果这一天正好拿到那二十五元，书包里的食品就可以改善，至少是白面花卷吧，大家就可以面带笑容围桌而坐，饱餐一顿。我还有独享其乐的时候，是领到钱，返途，到南北长街之间折向东，走中山公园和太庙后身，穿过午门前，到东安门大街西口内路北义聚成大酒缸，喝二两酒，吃两碗刀削面，然后往东安市场逛书摊。书摊卖旧书，那年头儿旧书来路多，因而常常，用毛八分就可以换得一本既罕见又自己喜欢的。我去逛，是希望又碰到这样的机会，而天佑下民，有时就真能捞到一两本，带着笑容走回无衣无食的家。

语云，天无绝人之路，1937年度过，迎来又一个春天，我终于有了个职业（另一篇说），又以想不到的机缘，认识一两位编报刊的，于是两厢情愿，就写了些不痛不痒的小文，也就换来一些稿酬。已知数加未知数，每月总不少于七十元之数吧，也因为时间精力都有限，延迟到夏天，把家馆辞了。辞去家馆，减去心情方面不少负担。有没有什么留恋？应该说也有。其一是那个女生杨淑灵，安静聪慧，功课好，推想必知道我能力有限，可是含而不露，这善意是可感激的。其时她年十五六，如果"皇天无亲，唯德是辅"，她也是古稀以上的人了，真想再见她一面。其二是那个破旧牛皮书包，不记得什么时候被清出去。现在想，不保留是错了。应该保留，并悬之壁间，以期朝夕面对，我轻则能够不忘贫困，重则能够更深入地思考人生问题。

事说完，连带还有一些感慨，也想说说。计可以说三种。其一是人生大不易，人人都希望平安幸福，可是或天灾（广如水旱，狭如疾病），或人祸（广如战争、运动，狭如抢劫、偷盗），常常使你不能平安幸福。我这一次的伤哉贫也是来于日本军国主义的侵略，已经越过国界的人祸。就我自己说，一生多次的伤哉贫也，几乎都是来自人祸。往者已矣，来者呢，能根除吗？理论上可能，实际总是太难了。我有时想到这类问题，就禁不住默诵《尚书·大禹谟》中那句话，是"人心唯危"，而自己也是人，怎么对待？只能长叹气而已。其二，陶渊明作《晋故征西大将军长史孟府君传》，其中引桓温一句话，是"人不可无势，我乃能驾御卿！"我多次穷困，至于缺衣少食，就颇想套用这位桓大司马的话，说"人不可无钱"。可是这样的话之后，问题会跑来一大堆。只说两种，是如何求得和如何使用。先说势，有很多是由诛除异己来，既来之，只是驾驭孟嘉是小节，通常是必扩张，以致堂上一呼，全民战栗，那就不如没有的好。钱也是这样，为求得而不择手段，以致由欺骗起，上升为偷盗、抢劫、卖权等，然后是既得之，就用钱换自己喜爱的一切，更以致损害别人的安全幸福而不顾，也就成为还是仅能维持温饱的好。单说钱，情况这样缠夹，要如何"允执厥中"呢？似乎应该换为这样说：人不可无钱，却又不可有过多的钱。其三，关于钱，我之所患不是过多，而是过少，以致除了多次缺衣少食之外，还遗留个精神方面的创伤，是想到穷困就心惊胆战。表现为就是有饭吃的时候，也常常有没饭吃之梦。且夫根据精神分析学家的解释，就是懦夫，大白天也可以逞英雄，及至入夜就露了馅，承认鸡肋不足以当君拳了。我之梦常常是失业，随着就囊内空空，纵使"女曰鸡鸣"，确知是个梦，终归心里很别扭。有病要治，于是想到韩文公的《送穷文》，照方吃药，写了一篇《穷之梦》，恭送诸某日报，刊出，希望生讨伐之效，连夜里也不再伤哉。真就如愿了吗？南无阿弥陀佛！

又一红楼

上篇说终于有了个职业；这职业在一座楼之内，这楼也是红颜色。不兜圈子说是鼓楼，昔年日暮之时要在上面击鼓的。依中国筑城的旧规，鼓楼应该在城中心，可是这个鼓楼不然。距北城墙很近，距（内城）南城墙很远，不在城中心是明显的；距东城墙近些，距西城墙远些，不在城中心不明显，却是可以量出来的。这情况有历史的原因，是元大都城北面比现在（明清的）大六七华里，其鼓楼推想是在今鼓楼以西一百多米，现在称为旧鼓楼大街的。明朝把蒙古人赶走，在元大都遗址上建北京城，一方面由实际考虑，北部荒凉，不如紧凑些，于是向内缩短了六七里；一方面由迷信考虑，争取向阳，于是把中轴线向东移一些。鼓楼上下两层，上层置鼓，下层南北向有三座门，东西向有一座门，应该是可以穿行的，民国年间（薛笃弼任京兆尹之时？）用为京兆图书馆，空心变为实用，多数门就封闭，成为照明之窗了。大概是1928年，小易代，京兆并入河北省，图书馆改制，几次，不清楚，到我出入其中的时候就成为民众教育馆。

接着说我到那里去混饭吃的渊源。有个通县师范第十班的同学唐家桢,字伯枚,涿县人,在学校没什么交往,可是不生疏。单说我对于他,不生疏,是因为一,他年级比我高,旧时代应该尊称为前辈的,当然有较清楚的印象。还有重要的二,他大个头儿,带点堂吉诃德气,有较强的旁观者视为迂阔可笑的自信心,比如还喜欢写新诗,自费印成小本本,送给人看,其中有名句,大概是咏"春江水暖鸭先知"的鸭子吧,是"嗒克,嗒克",校门之内几乎是无人不知,无人不晓。第十班比我们第十二班早毕业两年多,劳燕分飞,他到哪里去,我不知道,也就把他忘了。是"七七"事变以后不很久,记得我是自西徂东,经过中南海和北海之间的金鳌玉蝀桥,他由对面来,遇见了。他不忘旧同学之谊,问我的情况,我告诉他我在北京以及失业的情况。当然也要问他,何以会在北京,他如何答,不记得了。大概过了半年吧,在育英中学教书的师范同班同学曾雨田找我,说大唐(唐家桢的通用名)近来很活跃,认识一些日本人,新近去鼓楼民众教育馆任馆长,想请我去当阅览部主任,月工资六十元。我用不着多考虑,盖饥者易为食,又因为是个教育单位,染污而不很污,就答应了。

其时我住在西城,为节省行方面的精力,想干脆迁到鼓楼附近。这里要撇开一笔,说说迁居的情况。是1937年寒冬之际,承韩刚羽兄的好意,我由沙滩一带迁到他白塔寺中廊下的家里。刚羽兄幼年丧父,韩伯母为人正直而和善,待我们如自己儿女。可是为伯母增加三口人的负担,我们过意不去,于是又找房。恰巧附近(北面不远)路东一个院里有空房,我们租了,就迁过去。房东是警界人,年老告退,在这所小院里颐养余年。房在路东,布局却仍是坐北向南。偏东为主院,北房五间,后有小园,柴门上悬匾额,为绿野园。偏西为外院,有南北房,我们租的是北房两间。开始安家了,没有家具,买不起,借。有个在天津认识的朋友赵琴轩,帮外国人经营商业,发点小财,在北京买房,安家,离我的新居不远,就找他借。承他慷慨,把可以不要的床、桌、椅等都借给我。记得日用之物勉强齐备,大件只缺个水缸。到白塔寺前旧货摊去找,有个一米多高的,厚重,光亮,底偏于尖,不知根据什么美学理论,觉得不只实用,而且可爱,价一元,买了。且说这个缸,由白塔寺而鼓楼西,而燕园,到1971年秋季我被动还乡的时候,还随着我到出生地旧家的一间西房,立在门后,供我用水。是1976年夏,唐山大地震,旧家老屋仅存的八间,霎时就全部倒塌,其时我在北京,幸免于难,这个缸却牺牲了,算了算,患难与共差不多四十年。还是说迁居的事。记得是1938年春季,我开始到鼓楼上班,就近看电线杆上红色的"吉房招租"条,先是凭条上的介绍考虑,接着以目验之,再考虑,不久就租定鼓楼以西不远后海北岸鸦儿胡同路北十四号李宅后院的北房三间。这住处有缺点,是:一,房面向南偏西,夏天西照,热;二,中院通后院的夹道过窄,出入不便;三,加个迷信观点,是在北京名刹广化寺之西偏,盖俗谚有云,宁住店前,不住庙后,宁住庙左,不住庙右云云。但是也有优点,一是离鼓楼近,步行十分钟左右可到;二是大门面向后海,门前还有土山和池塘,颇有野意。新居址已定,接着就搬家。穷困显示了优越性，由裴（世五）大哥借个平板车，把家具什物都装上，他驾辕拉，我后面推，妻女乘电车，不到中午就到了新居。卸车，立即点着小煤火炉，仍是裴大哥动手，炸酱，小刀抻面，等于一文不花，迁居完毕。不由得想到半个世纪以后，去岁10月的由西郊搬到北郊，前后忙乱了许多天，还要动用搬家公司，难道这就是所谓发展吗？可惜裴大哥已作古多年，不能听听他的意见了。

应该重点说鼓楼的生活。小单位，头上还有个"主任"的帽子，用陶公靖节的眼看，实在没有意思。可是换为我的"万物静观皆自得"或得过且过的眼看，至少与当孩子王的生活相比，在其中坐硬板椅子四年，又大有可留恋的。以下说可留恋，总括而重大的是多闲，有充分的时间可以利用。

闲是就大体说，至于刚入门的一段，也曾忙了一阵子，那是整理图书馆的存书。民众教育馆是市教育局的下属单位，名和实都不怎么样，却如麻雀之虽小，也是五脏俱全，除馆长直辖的办公室内有总务、会计、文书等之外，还分为三大部，阅览部、教学部和实验区。阅览部有阅览室，在楼的西部，有图书馆，在楼的北部，都是免费供人阅览的。教学部负责的是教学，楼后面西部平房有学校，开两个班，理论上任何年龄的人都可以来上学，实际却都是未成年的，十岁上下的更多。实验区在西郊，我没去过，不知道都实验什么。单说我负责的阅览部。阅览室陈列的是普通的旧物（记得有古钱币），品种和数量都不多，且没有名贵的；记得也没有库房，储藏一些尚未展出

287

的。图书馆存书很杂而量不很大。说它杂，是因为：一、没有明确的编目；二、良莠不齐，比如还有些迷信宣传品，是信士弟子送的，也在架子上占个地位。我多年来跟书打交道，对于书的高下以及编目略有所知，看到杂乱的情况心里别扭，就决心整理一下。自己下手，把存书过一遍，绝大多数保留，编目后依次序上架，少数无保留价值的，当作废品处理。图书馆每月还有一些购置新书的经费，旧有的清楚了，应该添些什么，也就心中有数。总之，经过一番整理，图书馆像个图书馆了，因为这是对付书，我就觉得不是可怜无补费精神。此外还有个小获得，是检查过程中，发现《帝王春秋》（易白沙著，民国十三年上海中华书局出版）有重本（记得有三四本之多），我喜欢看而买不到，就贪污了一本。这本书一反史馆诸臣的笔法，分类抄录旧文献中记帝王祸国殃民的行事，虽说只是文字般若，也略可代小民一吐不平之气；而且万幸，经过"文化大革命"的十年，它竟仍安然立在书橱里。

记得当这个主任半年多，不知大唐是怎么考虑的，让我改任教学部主任，原来任教学部主任的周励深改任阅览部主任。周是教育馆的旧人，南方人，清秀聪慧，会画广告画，可以算是艺术家，如果这次调动并非出于私心，那就可以说是量材为用。公乎私乎，晋惠帝尚且苦于不知道，我也就不必费心思研究了。上面说过，教学部的工作是在楼后面那一排平房里开办两个班（初级和高级？），招足学生，排课表，按时到课堂去上课。课程类似小学，无非是国文、算术、常识之类，用的是否就是小学课本，不记得了。记得担任授课的有四个人，二男二女。主任负全责，由各方面看应该很忙，实际却无事可做，因为招生、上课、考试等都依旧规，用不着我过问。至多是有时某教师请假而找不到其他教师去替，我就自告奋勇，去上一堂。其时还没输入斗争哲学，同事间，教师与学生间，都温良恭俭让，所以我利用这大量的闲暇杂览，像是也没有人觉得（至少是未明白说）不应该。

由楼前面说，三个拱形道路，左边（即靠东）一个用作办公室。南面堵死，上面开窗；北面辟为门，供内部人出入。靠东西墙放办公桌，东西各四个，靠南窗加一个。坐在这间屋的是两个主任，教学部全体，阅览部一两个，以及管文书的侯、黄二人。我的位子在西南角，面向北对着门，背对南窗，如果看书，自然光就正好射在书页上。工作是坐班制，不管有事无事，上下午都要坐在那里，中午回家吃饭。也是一周工作六天，为了便于民众阅览，星期日不休息，星期一补休息。这样，以上午或下午"坐功"的一段为一个单位，一周就会有十二段时间要呆坐在这个红楼之内。怎么消磨时间？庄子的理想是"坐忘"，即不觉有己身，用佛家的话说是"应无所住"。我是常人，没有这样的修养，连梦中也仍旧觉得有己身，心也就不能无所住。住在哪里？又正好与道家相反，是"多思"，即或则面对书，思路随着别人的思路动；或则手拿笔，让自己的思路在某一主题里动。后者更需要安静，在一个有人出出入入的屋子里不合适，剩下可行的就只有一种，读书。其时我早已由北大图书馆时期的翻检古典变为杂览新书。这所谓新指文学革命之后出现的新，包括由国外翻译过来的古典。还可以由另一个角度说具体些，是师范学校时期，所读书的性质主要是新文学，北京大学时期主要是古典，鼓楼时期换为主要是思想，甚至以新进口的为主。单说在鼓楼，时间长（几乎不少于大学的四年），事单纯，就算作蚂蚁啃骨头吧，回想，细读粗读相加，过目的就真是不少。所得呢？说句自我陶醉的话，是增长了见识，或说自信有了分辨对错、是非、好坏的能力。也就因此，到桑榆之年回顾，专就读书的环境说，鼓楼四年是专攻，应该考上上，其他都是业余，只能甘拜下风了。语云，知恩必报，所以直至今日，半个世纪过去，我有时经过鼓楼之前，望见靠东的门洞未改旧貌，仍不由得兴起怀念之情。

可怀念的，或说值得记一笔的，读书以外还有没有？想了想，还可以凑三项。其一也是书，只是比读接触的时间早，读后，保留的时间长，是"买"。其时，用低价买旧书的机会很多，以费钱最少、较少、少为尺度排位次，居上位的是德胜门内小市，中位是街头书摊（单是鼓楼一带就不少），下位是东安市场和西单商场内的书摊。未经焚书浩劫，旧书来源多，阅市，几乎日日有新货，总可以买到几本、至少一两本可意的。价钱呢，说出来会使今日逛旧书店淘书的书迷大吃一惊，一般是几分钱一本。超过一角就要是相当像样的。空口无凭，举"文化大革命"中不怕红卫英雄看见因而逃过焚书劫的鲁迅著作为例，本来都有，毁于保定战火，只好补，《呐喊》是1937年9月由鼓楼前书摊买的，价0.14元,《野草》是1938年10月由同一处买的，价0.10元。这样，鼓楼四年，背倚南窗读，对买书的兴趣起了促进作用；不断有书走入室内，反转来使读不致有断粮的忧虑。还是专说买书，原来空空如也的斗室，经过添置书柜，断断续续地添书，逐渐也就像个书房了。其二是写。此时之前，写的经历也可以说一说。大宗是四种。一是小学、中学时期作文课中作命题之文，十几年，也总有几百篇吧。二是教中学国文课两年，仍是作文课，改学生之文，虽然改不等于作，也要费心思连缀文字，而数量则更多，总有几千篇。三是写日记，由1928年开始，已经记了十年，其时还没有被查问思想的忧虑，又年轻气盛，有所感就不免长篇大论。四是写信，人都会有三五知己，有时也就不免长篇大论。我的经验，练笔，写日记是个很好的办法，因为既可以多，又可以少拘束。至于写为文篇问世，记得中学时期只有一次，是一篇杂感，字数几百，刊于河北省的什么报，见到，因为是开卷第一回，也有些飘飘然。大学时期写过一些，少数问世，都是有关古文献的。现在是读方面改了行，由远于人生变为近于人生，心里像是有更多的话想说。可是大环境是沦陷区，显然，时和地就都不宜于拿笔。说起来世间也真是复杂，竟遇到意外的机缘，又拿起笔来。这机缘是由于早已忘记的什么原由，认识热河人年略长于我的张瑞生夫妇，间或有些来往，于是由此及彼，就见到张的胞弟张子杰。这位什么资历，也早已忘记，只知道他精干，能写，其时正在编一种期刊。见几次，谈得来，就约我写文章，并言明，可以躲开时事，如介绍文史知识，散文，杂感，等等，都欢迎。

我答应写，因为一是笔总闲置，不习惯；二是可以增加一点收入，日用，买书，从容些。写一些，刊出，于是连类而及，就认识另一些编报刊的，也就又有些人来约稿。其结果是读和写成为生活中的两件主要事，入红楼读，出红楼写。换来一些稿酬，有大用，是妻女免于饥寒之外，还集了不少书。至于所写，是否也可以算作名山之业？因为经过多次变乱，原稿和印件都飞往无何有之乡，想评定也办不到了。其三是兼课。是1939年暑后，由于澄宇先生介绍，我到宣武门外下斜街以西慈型工厂（属香山慈幼院）附设土木学校兼四小时（？）国文课，当然只是为增加一点收入。因为鼓楼星期一休息，课排在星期一上下午。中午到裴世五大哥的住处洪洞会馆去吃午饭，通常是吃炸酱面，同桌有倪二表兄，都热情，谈昔说今，甚至酒酣耳热，也可以说是一生中难得之境。今则倪、裴二位兄长已先后作古，洪洞会馆也因展宽马路削去一半，想到昔年的欢聚情况，不禁有些凄惨。

鼓楼四年，还有更可怀念的，是诸多同事。同部的，男，张嘉瑞，章羽生，女，张一林，吴唯农，人都很好，对我也好；不同部的，张旭东（名世荣），人敞快，好交，我的酒友，也对我很好，我常常想到他们。可惜鼓楼一别，就渐渐断了音信，还能有几个人健在呢？又，提起张嘉瑞，就不由得想到他的夫人解（读xiè）女士，她是某职业学校的教师，貌中人以上，性格却上上，乐观，温和，见人总是微笑，聪慧中还夹带一点点憨气，如果她受天之祜，还健在，也当是八十左右的人了。

知的探险

　　写这方面的情况，用文言的表达形式，应该以"初"开篇，即回到大学时期的接近尾声。前面已经说过，其时文史方面是推重考古。在这样的学风的影响之下，单说我，也是把考证看作大学问，并认为，要想在学术方面出人头地，就应该努力写几篇像样的考证文章。但这很不容易，一方面要熟悉古文献，另一方面还要有逻辑头脑。为了名和名的利，不得不勉为其难。记得还拟了题目，排在前面的是《九鼎考》。未着手，或开了头而进行迟缓，总之八字还没有一撇，心里忽然起了大波澜，是反躬自问："弄这些究竟有什么意义？"问这个问题，是来于一种玄远的感觉，我们活着，置身于"人生"之中，总应该先弄明白人生是怎么回事。或者说，人生问题是切身的，九鼎问题是身外的，就算作治学吧，也应该先近后远，甚至说先急后缓。何以这个时候会想到"急"？或者有如"其耆（嗜）欲深者其天机浅"，也竟是来于"天命之谓性"？我是直到现在也想不明白。

　　不能明白的事，不想它也罢。只说有了这想弄明白人生是怎么回事的求知欲望之后，就真是"尽弃其所学而学"。首先要知道的是到哪里去请教，求得答案。得病乱投医，师范学校时期念过一些所谓进步的书，像是常提到世界观，也许可以充当名师吧。于是找政治经济学一类书看。可是不久就失望，因为讲的是如何求得富厚安定，而不问富厚安定有什么价值。这味药不成，改为自己设想离生命更近的。记得读过心理学（包括变态心理）的书，人类学的书，生物学的书。就我的所求而言，三种有个共同的缺点，是有如一切科学知识一样，所讲乃"是"什么，不是如此这般有什么意义。比较起来，生物学还有些启发性，它使我看到一种顽固而普遍的现象，是乐生，甚至到万不得已的时候还是不肯放弃生命。这就会使我想到一个问题：何以会这样？接着还想到一个更为深远的问题：如此乐生，有没有什么意义？自己没有力量解答，想"乞诸其邻"。其时一个念生物系的同学牛满江（入学比我晚一年，后来赴美深造，成为生物学界的名人），功课不坏，正在做孵化双卵鸡的什么实验，有一次我就问他："生物活着有没有目的？"他想了想，说："除了传种以外像是没有什么目的。"传种是延续生命的一种方式，其性质还是乐生，所以他的答话虽然没有解决问题，却使问题更加胶着，更加显赫。怎么办？也是秀才人情，只好仍是找书看，找比已经请教过的各种学更为深远的书看。

"迷时师度"，可惜我没有可投之师，只好到书林里乱走，试试能不能在昏暗中瞥见一点曙光。渐渐也就摸索出一条路，以亚里士多德的著作名为喻，是要迈过物理学，走向物理后学。"后"的原意是时间的,即讲完物理的知识之后,还想到一些问题,性质玄远,更根本,已越出物理学的范围,也讲讲,无以名之,姑且在物理学前面加个字头"后"。这个一时权宜之名后来成为一门学问的专名,汉译是"形而上学"或"玄学"。玄学是钻研"存在"(或说"宇宙",或说"大自然",或说"有")之性质的,照一般哲学概论的讲法,还可以分为两支"本体论"和"宇宙论"。本体论是求存在的本原,比如说,"一生二,二生三,三生万物",这"一"究竟是什么?宇宙论钻研存在的历程,即自何来,往哪里去。也是照一般哲学概论的讲法,形而上学也是分支,其总名是"哲学",本义是"爱智",即凡有所遇,总愿意问问所以然。问就难免深入,追根。根总是比枝叶少,可是凝聚为问题,就成为老大难。还是由分支方面说,形而上学是远望时想到的,我们分明是(凭感觉或直觉)住在一个"有"的世界里,这"有"(包括生命)是怎么回事?眼还可以移近,看人(包括自己),我们活动,有是非,评定是非的标准是什么?甚至更深追,我们视为"是",这"是"究竟有什么价值?又,是非之外,我们看外物,还会有美丑的分别,这分别由哪里来,是怎么回事?是非,美丑,是关于价值的评断,所以合起来成为与形而上学并列的一支,曰"价值论",其下属的两门为"人生哲学"(也称"伦理学")和"美学"。与形而上学、价值论并列的还有一个分支,是"方法论"。因为无论钻研什么,都是求有所知,所知有对错(或说真假)问题,如何能证明是对的?这就又形成两门学问:"知识论"(也称认识论)和"逻辑"。哲学是追根问柢的思辨学问。与之相类的还有一种,追根问柢时会碰到的,是"科学理论"。各门科学都讲现象及其关系(或称规律),前进一步,钻研规律,就进入哲学的范围,所以罗素著《哲学中之科学方法》,就主张现代人研究哲学,应该利用科学方法。以上的分类知识,或说布局知识,是阅读中慢慢积累起来的。有了这个积累,又是渐渐,就明白:一,想弄清楚人生是怎么回事,应该多读哲学方面的书,尤其是其中的人生哲学;二,西方人治学重分析,各部分清楚之后再综合,即成为系统;三,不管钻研什么,都应该用科学方法,以求能够去伪存真。这样认识之后,很明显,读书的范围就大致确定,总说是西方哲学。可是这总名之下还有大大小小许多门类,单说书,必是浩如烟海,如何选择?我的导师是两位:一位是哲学史;另一位是连类而及,比如看张三著的一种,其中常提到李四著的什么书,就可以找来看。

无论由客观条件方面考虑还是由主观条件方面考虑,找书,都是以就地取材为简便,即用中文写的(主要指重要的外文哲学著作的中文译本)。这要感谢商务印书馆,西方名著的中文译本单是收入"汉译世界名著"的,数量就很不少。但找来看,连类而及,就知道有不少重要著作还没有中文译本。怎么办?上策是通外文,直接看原著。可惜我只学过一种,英语,还没有学好。远水不解近渴,只好就找出这把仅有的钝刀,磨磨,看能不能割鸡;当然,能解牛就更好。师范学校学的那一点点,加上大学学的那一点点(大一普修一年),以及听英文组教师讲课的一点点,总起来还远远不够半瓶醋,而且阔别了将近十年,啃英文原著,困难很大。但又没有别的路,只好下决心,补课。办法很简单,是每天早晨拿出一个多小时,怀抱商务印书馆新编的《综合英汉大辞典》,读英文哲学原著,遇见不认识的字,或意思拿不准的词语,就查。哲学著作,正如其他专业的书一样,所用词语和句式都是某范围之内的,于是一遭生,两遭熟,大概不到两年吧,离开辞典也可以读下去了。这样,读英文书(包括英译的哲学著作)多了,才知道这仅有的钝刀磨磨,还真可以解牛。证据可以举两种。其一是英国人吸收外来的知识比我们早,而且勤,而且慎重,由希腊、罗马起,直到欧洲大陆(主要是德、法)的名家名著,几乎都有权威译本。有的还不止一种,如康德《纯粹理性批判》,单说我买到的就有三种(1896年F.M.Müller译本,1897年J.M.D.Meiklejohn译本,1929年N.K.Smith译本)。这样,比如不能读希腊、拉丁、德、法等文字,就可以读英文译本,哲学著作非文学作品,所求是"辞达",也就可以凑合了。其二,仍是康德《纯粹理性批判》,我是借了英译本的光才勉强读懂的。这本书有胡仁源(1913—1916年,蔡元培任校长之前,他曾任北京大学校长,推想曾留学德国)译本,语言未能汉化,记得买到,啃了整整三个月,印象是莫知所云。心里想,难怪许多人说康德难读,果然不能悟入。很巧,啃完这本不久(估计是1940年秋天),游东安市场就遇见Müller的英译本,1902年的修订版。买回来,试试这一本,原来意思并不晦涩。读罗素(我搜集他的著作,原本和译本都不少）的书，有时也有这种感觉，是读原文比较清爽、顺遂。总之，靠我这半通不通的英语程度，连续几年，没有汉译的西方哲学著作，我也读了不少。

读的是英文原著，要讲讲书的来源。其时母校迁往西南，北京图书馆如何，不知道，总之"借"这条路难通，只好买。幸而这是革文化的命之前，又时当乱世，旧书来源很多，而且价不高，节衣缩食，常到旧书店旧书摊转转，几乎想找的都有机会遇见。东安市场内还有个专卖外文旧书的，是中原书店（在丹桂商场近南口路西），书多，而且常有新货上架，我得到的英文哲学著作，绝大多数是由那里买的。中原书店之外，东安市场内的其他旧书店，以及西单商场内的一些旧书店，或再扩充，天津天祥市场三楼的一些旧书摊，有时也会碰到一些想看的书，价钱还比较便宜。这情况颇像钓鱼，看不起的一泓水，也许会钓出一条大的。仍说书，如罗素的《西方哲学史》就是由西单商场买的。还有一次，游东安市场，遇见洛克的《人之悟性论》，上下两册，只有上册，买了，不久之后游西单商场，在一个不起眼的旧书店里居然遇见下册，这也是破镜重圆，心里特别高兴。且说常买外文书也会成为一种癖，癖则必扩张，于是有时也就买一些上述范围之外的书。仅举三种为例。一种是蔼理斯的《性心理研究》（六册，补编一册），也想看看，未遇见六卷本或七卷本，只好买单本凑，而居然就凑齐了六卷本。都看了，并参考弗洛伊德的精神分析知识，我觉得对了解人生有不少帮助。另一种是小说，记得买过《维克菲牧师传》，英译本《堂吉诃德》等，所为呢，只是好玩。还有一种是名著的原本，如一次游旧书店，遇见《纯粹理性批判》德文袖珍本，价不高，也就买了。顺便说说，多年费精力和财力搜集的英文本，"文化大革命"中也毁了不少。但究竟是小家小户，与江陵陷落梁元帝烧的十四万卷相比，就不值一笑了。

"尽弃其所学而学"，时间不短，读的书不少。所得呢，可以总括为两项：一是对于宇宙、人生的许多大问题，知道许多先哲是怎么想的；二是这诸多想法，是用什么样的思想方法取得的。我个人以为，这第二种尤其重要，因为想求得可靠的知识，就不能离开科学方法，或者说，不得不熟悉并遵守因果、求证、推理等等规律。我说句狂妄的话，费力念了些西方的，自信对于复杂现象和诸多思想，有了分析和评价的能力。我的兴趣主要还是研讨人生，所以念了西方的之后，甚至之中，间或还是念些本土的，举其大宗是儒、道、佛。这三家讲的都是人生之道，从消极方面说是看到世间有问题，认为应该如何解决，或从积极方面说，认为怎样生活就最好。戴上西方的眼镜再念这三家，印象与昔年就不尽同，主要是发现有不少缺漏。只举一两个微末的例。儒家大谈其性善性恶问题，由孟子到谭嗣同，两千多年也说不清楚，戴上西方的眼镜看才知道文不对题，因为善恶的评断只是对意志统辖的行为，性来于天命，非人的意志所能左右，就无所谓善恶。又如佛家《心经》说"不生不灭"，"照见五蕴皆空，度一切苦厄"，戴上西方的眼镜就会看出都说不过去，因为前者违反排中律

（两个矛盾的判断不能都错），后者违反矛盾律（皆空就不能有苦厄）。总之，专由思想方法方面看，我的经验，我们应该多念些西方的。

行文要照应题目，题目说在知的方面探险，那么，到最后，是否就真变无所知为有所知了呢？答这样的问题，难得一言以蔽之。还是说如意的，如果我们承认孔老夫子的"知之为知之，不知为不知，是知也"，我可以大胆地说，多年摸索，精力没有白费，结果是有所知。这所知是什么？说来可怜，是零零星星的，不迷惑；大问题，确信只能安于胡涂。这论断需要解释一下。先说零零星星的。比如孔、孟以及许多人，都相信尧舜时期曾有禅让（传贤不传子）之事，了解人之所以为人之后，可以知道这必是幻想，因为纵观古今，没有一个统治权是"主动"让出来的。又如直到现在，还有不少人相信钻研《易经》，就能知道自己想知道的未来的命运，这更是幻想，因为《易经》的卦辞、爻辞所讲，与某人的未来的生活情况没有因果关系。再如直到现在，有些人还在宣扬灵魂不灭，我们就可以问：一，不灭，能够像其他存在物一样，指给我们看看，或用仪器测知吗？二，如果如过去的迷信所说，有托生之事，那么，人口不断增加，这新灵魂是哪里来的？我们的知识所理解的世界是个调和系统，灵魂的设想不能与这个系统调和，所以是假的。再说大问题的不能不安于胡涂。安于，不是来于愿意，而是来于我们的认知能力"有限"。我有时想，我们的知识系统，是根据我们的觉知所能及，主要用归纳法，组织起来的，这觉知的所及是有限的，而我们想了解的"实"很可能是无限，这是说，不是从有限总结出来的规律所能解说、所能拘束的。举例说，有不能变为无是我们承认的一个规律，可是想想我们的宇宙，它就不能忽而成为无吗？你说不能，怎么知道的？谁能保证？退一步，单说规律，它来于事物活动的归纳，而归纳法则不能反转来统辖事物活动，这是说，事物的活动也可能变为不规律。还是从有限方面说，康德早已感到这一点，他在《纯粹理性批判》中分析纯粹理性（认知的能力）的性质和能力，认为深入到某种地方，如四律背反所述说，理性就无能为力。记得其中有"存在"的"最初"问题（总该有个开始；可是还有开始之前，结果就成为没有开始），"存在"的"边界"问题（凡物总要有个边；可是边界之外仍有物，结果就成为没有边界），两个相反的判断，纯粹理性都承认是对的，就成为不合理，所以只好承认，纯粹理性的能力是有限的，或者说，还有些大而根本的问题，我们不能明白。康德的这种态度，有人讥讽为不可知论。我自知浅陋，又多患杞人忧天之病，对于有些大问题，限于生也有涯的己身，总是认为难得明白，也就只能安于"不知为不知"。大问题也不少，说一点点一时想到的。一个，我们都承认是住在"有"的世界里，何以会"有"，不是"无"？有，依照我们的常识，总当有个来由，可是这来由，我们无法知道。另一个，我们的宇宙正在膨胀，未来，是无尽地膨胀下去呢，还是到某限度，改为收缩，直到变为零？我们也无法知道。再一个，正如康德所认识，我们理解外物，都是把它放在时空的框架里，时间和空间是怎么回事？其本然是同于我们想象的吗？至少是颇为可疑。再一个，缩小到己身，我们有生命，在这个物质的世界里，何以会出现生命？又，生命都有自我保存和向外展延的趋势，这是怎么回事？或更进一步问，有没有什么价值？显然也无法知道。再一个，还是就"人"说，自由意志的信念与因果规律不能协调，我们只能都接受，理论上如何能够取得圆通？不好办，也就只得装作没有那么回事。

幸而大问题离日常生活很远，我们可以不管它。不能不管的是接受"天命之谓性"之后不得不饮食男女，要如何处理？这，就我自己说，到不惑之年像是略有所知，也是改行学哲学，多读，继以思，慢慢悟出来的。所有这些，以后有机会还会谈到，这里就不说了。

尊师重道

我前些年诌《古稀四首》，其中第三首开头说："几度扶风侍绛纱，倦游杨墨不成家。"意思是回顾昔年，所从之师不少，而终于白首无成。这里且不管成不成，单说所从之师，可以分为两大类：亲炙之人和所读之书（书是人写的，也可以说是私淑之人）。由所受的教益方面说，不怕由启蒙老师刘阶明先生起，总不少于百八十位吧，听了不高兴（推想都早已作古，也就不能听见了），还是书本应该高踞上位。书本，有本土的（包括由印度传来变为本土的），数目多到数不清。但也无妨排排位次。哪一本宜于站在排头，不好说；用买水果法，挑几个大个儿的，《庄子》就必不会落选。比如说，它说"其耆（嗜）欲深者其天机浅"，我参之，就认清了自己，它说"知其不可奈何而安之若命，德之至也"，我参之，就领悟了人生之道，换书本为亲炙之人，所得如此之多而且重就不容易。《庄子》之外，当然还有不少应该感激的，这里为了接续上一篇，专说改学西方，以书本为介遇见的一些明师。人不少，书更多，只好仍用买水果法，说几位我认为惠赐最重，没齿不忘的。这是罗素（B.Russell）、薛知微

303

（H.Sidgwick）、穆勒（J.S.Mill）、弗洛伊德（S.Freud）。

罗素（1872—1970年）是英国的杂家，著作，由凡人不懂的《数学原理》《物之分析》等一直写到《赞闲》《幼儿之教育》之类；行事，由在剑桥大学三一学院讲数理逻辑一直到走上长街高呼反战（第一次世界大战）。著作大几十种，内容充满开明和智慧；辞章也好，世人推为通俗的散文家。二十年代初曾来中国讲学，写了《中国之问题》；看他的《心之分析》的自序，这本书也是在中国写的。总之，因为人高明，又与中国有较密切的关系，中国的文化界就熟悉他，他的著作有不少译为中文。就是靠中文译本多，我读书由东土转向西方，接触最早而且最频繁的是他。经过多次动乱，他著作的中文译本，略点检，我的书架上还有二十余种。大致是由三十年代晚期起，我逛书店书摊，遇见他的英文本原著，幸而价钱也不很贵，就买回来，翻看后插架。也是幸而，他的大名，以及所谈论，与"反"字关系不大，在"文化大革命"的大风暴中，就既未驱逐出境，又未付之丙丁。但绝大部分束之高阁，点检数目有困难，估计总不少于三十种吧。这多种，读了都会有所得，或说受些影响。而影响最大的，我自己认为，还是一本名为《怀疑论集》（1928年出版，有1932年严既澄译本，商务印书馆出版）的。这本书，如书名所示，是提倡怀疑，或者说，主张没有证据就不要轻信。书连导言在内共写了十七章，从各方面论证不可信的来源（人的本性以及政治和宗教的欺骗等）及其危害，所以对应之道应该是崇奉怀疑主义，只有合于科学道理、经过自己思考证明为可信的,才信为真实和好的。思想深刻,甚至只是由标题也可以看出来,如第四章是"人能是理性的吗?",第九章是"好人行事的危害",就会使富于理想的人大吃一惊。文笔也犀利,如说:

> 那些要赖热情来维持的意见,常常是那种并没有良好的理由存在着的意见;的确的,我们可以拿主张者的热情来量度他的缺乏理性的信心的程度。在政治和宗教中的意见,差不多常常是以热情去维持的。
>
> (第13页,用严既澄译文,下同)

> 每一国的大多数的人民都因为受尽种种的耳濡目染的影响,而深信一切的世界上的结婚的礼俗,除了他们自己的一种以外,都是不道德的;并且相信那些攻击他们自己的这种见解的人,都不过因为要自己文饰他们的纵恣的生活,才去如此做。换言之,就是世界上的一切的民族都把她自己的一种结婚的习俗认为最合理的,最不违背道德的。
>
> (第15页,译文有增加部分)

这是目中装有X光,因而隔着胸口能够洞见人心,虽然这人心中也有自己的心,读了仍是感到痛快。

我多次说,上大学时期,正赶上考古风刮得很猛的时候。考证是汉学,惯于在人皆认为不可疑的地方(古文献,传统信念)生疑,然后是考，无征不信。其实这方法就是科学方法，其精神也可以说是怀疑主义。只是与罗素相比，还嫌零碎，深度广度不够。所以读了罗素的著作，真如《桃花源记》所说，有"豁然开朗"的感受。豁然，都见到什么？只说距离最近并且个儿最大的，是史书本纪中所写，日报第一版所宣扬，什么圣王，什么领导，什么真理，什么主义，等等好听的名号和言辞，即使不好说是都意在骗人，总是与实况距离很远。显然，如此认识，其结果就很难成为信徒。所以几年以前，母校九十周年约我写纪念文章，我就写了《怀疑与信仰》，引培根"伟大的哲学始于怀疑，终于信仰"之后，说自己惭愧，只是始于怀疑，而未能终于信仰。这情况，实事求是，应该说，在母校时期只是发了芽，至于开花结果，则是念了罗素之后。如此开花结果，有什么好处吗？可以说有，是多年在多种虚妄的压力下，包围中，并没有"真"（装作信可以不算）受骗，上当。自然，不能成为信徒也会带来坏处，是不能如有些我熟识的人，只是因为信之后万岁声喊得响亮，就换来位、名、利的实惠，可以招摇过市。这样说，我是有些悔意吗？也不然，因为，依照罗素，人总应该信任自己的理性；或依照孔老夫子，"安则为之"。怀疑的所得还有个儿小的，数目多到数不清，有病不找气功师，想知道来日如何如何不给什么瞎子、什么铁嘴之类送钱之类皆是也。

薛知微（1838—1900年），英国哲学家，出身于剑桥大学，后来在剑桥大学任教，主要讲伦理学。他治学不像罗素那样方面广，名气没有罗素那样大。著作也少得多，我知道的不超过十种。我买到的有五六种，都没有中文译本。我最初知道他，是因为读伯劳德（C.D.Broad）的《伦理学说的五种类型》（有1932年庆泽彭的中文译本，名《近代五大家伦理学》，商务印书馆出版）。伯氏是薛知微的弟子，著名的哲学家，介绍五位伦理学大家，第四位是康德，第五位就是薛知微。薛氏伦理学方面的著作，我买到的有两种：《伦理学之方法》和《伦理学史纲要》〔记得原是《大英百科全书》第九版的一个条目，扩充（？）后单行〕。重要的是前一种，1874年初版，我得到的一本是1922年第七版。书五百多页，总有四五十万字。称为方法，意思是在伦理学的领域内，我们想明白其中底蕴，应该怎样思索。他的弟子伯氏评介他的学说（也就是介绍这本书），也是着重他的思辨方法。这方法是：

> 不断地自己推演，讨论，提出驳论，予以答复，再又提出反驳。所有这些地方本身都是至可佩服的，深切证明了著者思想之精深和笃实。但是读他的书是很容易成为不耐烦的，极难把握得住他的理论的线索，一个人常可以读了许多段节，止不住的赞美，而结局却甚至于记忆不了一点什么东西。……如果有人能够由兹文的介绍，而引起研究的兴趣，取《伦理学方法》而细读之，不至再感多大的困难，那便是本篇已经达到了一个很大的目的了。

（庆氏译本114页、115页）

推想是先看了庆氏译本的介绍，我果然就对薛氏这本著作有了兴趣，而凑巧，于1940年5月就买到它。何时开始看，不记得了；读完的时间书末尾有记载，是1941年6月25日。与伯氏的估计相反，我慢慢读，并没有感到不耐烦。甚至相反，而是感到作者态度的清明和平和，因而越深入越有滋味。思路确是如他的高足所说，细密到无孔不入，这还不新奇，新奇的是像是没有孔的地方，他还是看到孔。比如他用大量的篇幅解说快乐主义（伦理学上的一种学说，认为所谓"善"的行为，是因为这种行为能够与人以快乐），先说快乐主义有心理学意义的，有伦理学意义的；然后分伦理学意义的为两种：利己的快乐主义和普遍的快乐主义。再然后是研讨每一种，都是由某一方面看，说有成立的理由，由另一方面看，认为还有理论的困难，等等。他的"方法"是分析、分析、再分析，面面俱到之后，像是他自己并没有主见，而所有的看法相加，就恰好是人类理性所能想的事物的总和。所以仔细读完这本大著之后，我的感觉，所得就不只是广博的伦理学方面的知识，而且是求真知的智慧，以及求真知的正确态度。

说起这种求知的方法和态度，貌似温和，却不是无力的。记得书中分析穆勒的快乐主义，说穆勒承认这是个"量"的原则，但穆勒又承认快乐有价值高低之分，于是就引进"质"的原则，而容纳质，就不能不放弃量的原则。又如这本书有个附录，题目是《论康德的自由意志概念》，说康德用"自由"这个词，在不同的地方表现不同的两个概念，一个是理性的（人依照他的理性行动是自由的），一个是伦理的（人在善与恶之间有选择的自由），说"康德像是没有意识到这个分别"。我们知道，穆勒是逻辑学的大师，康德是辨析理性的大师，而用薛氏的分析方法一分析，就都不免露出小疵。当仁不让，我说句狂妄的话，读了这本书之后，尤其是多年之后，其中的细节几乎都忘光了，可是分析的方法和精神则没有放弃。也就因为心里还存有这个，自己治学，直到看世事，就考虑的方面比较多，可以少武断；同时推重清明和平和，对于昏气霸气，如分人为好坏两种，说好的连祖先三代都香，坏的应该都加冠，批倒批臭云云，就觉得正是站在分析方法的对面以致荒诞到使人齿冷。

穆勒（1806—1873年），英国哲学家，政治经济学家，社会活动家（曾当选为议员）。世人也称他为小穆勒，因为他父亲（J.Mill，1773—1836年）也是大学者，大名人。哲学方面，他是著名的逻辑学家，著《逻辑系统》（有严复译本，名《穆勒名学》，不全），重点讲归纳法，成为逻辑方面的经典著作。他的世俗之名，主要是由政治理论和伦理理论方面来的。他是边沁功利主义（即薛知微说的普遍的快乐主义，其实不如依孟子，称为众乐主义）的信徒，著《政治经济学》、《论自由（权）》（有严复译本，名《群己权界论》，不全）、《功利主义》等书，宣扬群体的组织和措施，个人的立身和处世，都应该以功利主义为指针。离开哲学的玄想，我也是边沁的信徒，因而对穆勒的著作就有兴趣，阅市，碰到就买，单说英文原本，也集了五六种。读了，印象也是头脑清明而心地平和。在伦理学方面，他是个人主义者（善，快乐，幸福，都要体现在个人的感受上），因而在政治方面就必成为自由主义者（承认自由是幸福的必要条件，这自由同样包括己身以外的人的自由），就说是同声相应吧，听了他的议论，总觉得合乎事理人情，有说服力。

最使我不能忘记的是他作古前出版的一本书，《自传》。记得曾买到英文原本，不知是否还束之高阁。也买到周兆骏译本，名《穆勒自传》（商务印书馆出版），这次记得清，是一个学生借去看，未还。手头没有书，只好乞援于可怜的记忆，或说模糊印象吧。其一是他幼年主要靠在家里读书，到十四岁，学会了希腊、拉丁、法、德几种外文，学通了哲学、科学、政治、经济等多种学问。他说他只是中才，只要学习得法，就也可以有成就。这使我有时想到我们的学校教育，总是惯于用多种框框拘束学生，而不容许自由发展，所以费时费力很多而成绩却少得可怜。其二是记他们父子在野外散步时的一次对话，父亲问他某报刊上有一篇文章，他是否看过，他说看过。父亲问他有什么意见。他反问父亲有什么意见，父亲说："不要信我的，我的看法可能是错的。你要信你自己的。"看到此，想到我们的信条是"天下没有不是的君父"，真禁不住要放声大哭。但幸而余生也不晚，有机会读了穆勒，才能够在钦定的多种教条的围攻之下，我（至少在心中）还是信我自己的。围攻而不疑虑，所靠是理性的力量，依宋儒，天理为人所固有，但能发力则要靠明师，明师不少，而穆勒总是显著的一个。

弗洛伊德（1856—1939年），奥国心理学家，医生，精神分析学的创始人。我最初接触他，是读他的《精神分析引论》（高觉敷译本，商务印书馆出版），时间不记得了，只记得其中讲潜意识，讲性本能，讲梦，都能挖掘到人性的深处，使我对于所谓万物之灵的人，能够有较深入较正确的认识。也就因为钦佩他的洞见人心的目光，阅市，遇见他著的书就买，他著的，或介绍他的，遇见就看。是五十年代前期，我需要养的人多而收入少，不得不清理一部分书换柴米，碰巧有个单位收心理学方面的外文书，就把他著作的几种英译本，连同一些别的，让出去了。只有一种英译本，名《一种幻觉的将来》，一种中译本，名《精神分析引论新编》（译者及出版处所同引论），直到现在还立在书柜里。

精神分析是一门新兴的学问，根基不深，枝干就难免不稳固。譬如弗氏的大弟子容博士，就因为不同意乃师夸大性本能的说法，另立门户了。那么，我仍旧承认弗氏为明师，亦有说乎？说来话长，我早期"究天人之际"，也想明白人是怎么回事。东土（包括佛家的融入东土）的贤哲看人，大多是理想主义者，如孟子，说"恻隐之心，人皆有之"，如佛家，承认人皆有佛性，所以保持自性清净就可以立地成佛。只有荀子唱点反调，说"人之性恶，其善者伪也"，可是在另个地方，说"先王恶（wù）其乱也"，可见先王的性是不恶的，就又靠近了理想主义。弗氏则眼多看平常的人（包括住在病房的人），至少是叙述实况的前半段，就暂时扔开理想主义，说人同样是充满多种欲望的动物,或说具有"野"性,但人都要活,人人都野就难得活,所以又必须以"文"化之(也可以说是又引进理想主义)。野是本然的,如水之就下,很容易;文是人为的,如水之就上,很难,而且千年之功可以毁于一旦。我很欣赏对人的这种看法,——不只是欣赏,而且是信受奉行。信,我还由之演绎出纲领性的,是"不信任主义"。近取诸身,先是不信任自己,因为自己也是充满多种欲望的动物,不以文化之,同样是必致做损人(甚至也损己)的事。由己身推向外,比如我就不信,由传说的盘古氏起,小民坐在家里,会有圣帝明王,英明领导,把幸福送进门来。那么,要活,而且活得好,应该怎么办?只有乞援于不信任(任何人)。不信任而仍不得不"行"(或说过日子),只好变为人人都做主,所谓民主;共同定个规矩,任何人不得不遵守,所谓法治。主,守法,成为习惯,甚至变被动的"不得不"为主动的"心甘情愿",就成为"德"。所谓以文化之,最高的要求是人人都有德。但这只是希望,希望与失望是近邻,因为追本溯源,人终归是充满多种欲望的动物。所以无论小,讲修齐,大,讲治平,都要稳稳抓住不信任主义。也就因为有这种认识,我前几年写《顺生论》,才以"王道""常情""民本""限权""归仁""取义"等为题,发了些并不新奇的议论。说不新奇,因为是由弗氏的对人的看法推演出来的,所谓有师承是也。

四位师尊写完,还想附带说一下,算作检讨也好,是这次介绍明师之道,曾找出几本原著看看,才知道在其他篇什谈及,引其中的话语，乃凭记忆，与原文颇有出入。以罗素的《怀疑论集》为例，说打败拿破仑，论功，英国教科书和德国教科书讲得不一样，都贬人扬己，也就都不可信。到此，记得不错，以下把两种都给学生看，以求学生都不信，罗素没说，大概是因为事实做不到，是我凭记忆加的。幸而并没有违背罗素崇奉怀疑的精神。但无论如何，总不能不说是失误。又有什么办法！想到昔人，周亮工凭记忆写《书影》，我是读了些书，竟连影子也没有保存好，而命定又不能不涂抹，灾梨枣，每一念及，不禁为之凄然。

生计

人，进可以东山吟咏，以天下为己任，或退，茅蓬数息，求此生离苦海，但走向街头看大众，兼透过外皮看内心，就可以领悟，天字第一号的大事是要能活。所以如前面所记述，我走进又一红楼。人间的事，预期的与实现的，总会有或大或小的距离，我这一次则是心情的不得已变为有意外的获得，是多暇，可以杂览。但周围却不是一潭清水。人小，无名无位，志小，只是一月领一次钱换柴米，会使冷眼旁观者气短，也就罢了。还有使人心不静的，是明的争吵，暗的倾轧。说是会生是非之地也许太过，总是不宜于修身养性了。语云，人挪活，树挪死，我想换个地方。可是正如现在许多人住房不如意一样，有志迁而无地迁，也就只好仍旧贯。没想到挨到1942年春，先是传闻教育馆有撤消之议，继而传闻真就成为事实，明令撤消，树倒猢狲散，也就不得不另找饭碗了。

且说其时我还有一点点精明，知道未雨绸缪之重要，于是在旧巢未毁之时就谋划筑新巢。依时风，以及考虑己身的条件，应该重操旧业，到学校去教书。向平处跳是中学，向高处跳是大学。想到有不少熟人已经走进敌伪统治下的北京大学文学院，就也想先试试文学院。现在诛昔日之心，是如果能如愿，就对于同行列中能向上的，可以显示未居人后，未能向上的，可以显示已在人先。有利，求的劲头儿就大。文学院长是我由师范学校时期就敬重的周作人，可是因为敬重，北京沦陷后，传说他将出山的时候，曾写信给他，劝他不要出山，曾反对他出山，现在到他门前求关照，如何启齿？勉强找理由，是他有名，要爱惜羽毛，我无名，可以只要饭碗，当然，这饭碗要不是从别人手中夺过来的。其实，现在回想，彼时是连理由也来不及想，因为要活，就只能找个自己认为还可以凑合的职业。主意已定，就找门路。依世故，要找人代言，以期自己少脸红，对方可以有个考虑的时间。记得求的师辈有马幼渔先生，有赵荫棠先生，有沈启无先生。没有什么大曲折，但时间不很短，总算成了。名义是国文系的助教，像是薄待而实际是厚待，因为助教是专任，有课没课都拿一个定数，如果换为讲师，拿钟点费，一周即使多到四课时或六课时也活不了。记得分配的课程是中国学术思想，还代人讲过《诗经》课。我多年杂览，几乎没有专业，登高等学校课堂讲课，自知是滥竽充数，心里经常感到不安。是不久前，有个其时的学生，因为读了我的某一本拙作，以其中的作者介绍为引线，来看我。他也是年向古稀的人，谈及昔年听讲的情形，说颇受教益。他这样说，显然是因怀旧而以恕道待人，我感激，也就更加惭愧。

其时是战争加社会混乱时期，物价总在不断地上涨，所以换了个收入比原来稍多的职业,家有老小,生活还是很困难。借了挤入文学院的光,有个教大学的小地位和不坐班的闲暇,也借了在育英中学教书的师范同学曾雨田和大学同学李九魁的光,没有费力,就找了两班国文的兼课钟点。勉强可以糊口了,可是一个人干两个人的活,何况教国文还要改每周几十篇大多不通的作文,真是疲于奔命,苦不堪言。但是人,算作"天命之谓性"也好,都是有想望和实行两面,依想望,"抟扶摇而上者九万里"仍然不满足,至于被动走入实际,不能得烤鸭,可以安于馒头熬白菜,仍不能得,最后可以啃牛皮,只要还能活,就安于不死。我是常人,奉行的也是这种常人哲学,所以日日夹书包奔走于这个教室那个教室,感到劳累,感到烦腻,也就只能安之,或说混一天说一天。

但业余,仍会有些时间,或说仍愿意挤一些时间,做自己习惯做的。这仍是老一套的三种,读书、买书和写些可有可无的文章。读书与生计关系甚微,至少是不直接,这里可以不谈。买书呢,与生计有关系,而且是复杂的。买书要花钱,纵使是来于地摊的廉价品,积少成多,比如三元五元,买了油就不能买醋,柴米油盐方面的日用也会受些影响。幸而一,固定的月薪之外,还有不定的外快性质的稿酬;二,家有贤妻,不读书而有"唯有读书高"的传统信念,买书花了不很少的钱而家门之内还可以相安。相安是一种关系,可以称为消极的。还有可以称为积极的,是买书和写可有可无文章的相互促进。其时稿酬的标准不高,但想到一篇不长不短的文章,比如可以换来十几元或二十元，而买旧的鲁迅著作，如常见的《南腔北调集》不过两三角钱，少见的《引玉集》不过一元钱，稀有的《死魂灵一百图》不过两块多钱，还是太合算了。人是善于打小算盘的动物，因而觉得合算，就既高兴买，又高兴写。自然，高兴写，主要原因还是多年来已经养成学而思，有所思就愿意拿笔的习惯。当然，任何时代都一样，思可以无拘无束，写则只能是无大违碍的。又幸而也是任何时代都一样，乱一阵子，稍平稳些就要"永庆升平"，或粉饰太平，办法的一种是编印各种形式的读物，急就章是出版报刊，慢慢来是出版书籍。内容，最欢迎歌颂的，即变换多种花样喊万岁。也欢迎不喊万岁也不骂骂咧咧的，因为唯有也流荡这样的声音，才可以显示在上者度量大，其统治下的街头巷尾还可以凑合着活下去。总而言之，是沦陷过了一个时期之后，报刊多了，名号，形式，性质，都多种多样。前面说过，鼓楼时期，以认识张子杰的因缘，我曾用一些与时事无关的文章换来一些稿酬，补贴日用。语云，物以类聚，就在鼓楼时期的后一阶段，由张子杰以及他编的报刊向外扩张，认识一些也在报刊界活动的人物。其结果自然是登门要稿的主顾渐多，有文不愁卖，诌文的量也就渐渐大起来。这情况直到离开鼓楼以后还是没有什么变化。值得不值得具体说说？比如都在什么名堂的报刊、用什么笔名发表过什么文章，想了想，还是不值得。理由很多，只说一个主要的，虽然没有说非本心所想的，而所写究竟不是什么名山之业，也就不值得藏之名山。再说个幸而，几乎百分之百，经过多次变乱，都飞往无何有之乡了。剩下的一些是记忆，泛泛的是灯下雕虫的苦心，具体的是通过文字交了一些朋友，其中有的作了古，有的直到现在还今雨也来。过去的就都让它过去吧。还是话归本题，谈生计，是借了卖文的光，除了可以集一些书之外，还使仰事俯畜的家庭生活减少了不能算很小的经济困难。

但是语云，胳臂扭不过大腿去，无论如何，那是乱世，人的微力充其量只能使收入增加一些，而不能阻止物价上涨。而上涨就会引来生活困难，其后随着来的还可能是天灾性质的疾病。物价上涨是不可免的，可怕的是还有加速度。疾病是可免的，可是天不佑下民，记得单是长女就手臂骨折两次。人都知道钱有用，而在食不能饱、有病须治疗的时候就更知道钱有用。可是钱之来又谈何容易！不得不挣扎，想办法。

兼课的一条路不能再开辟了，因为时间和精力都不允许再加码。写可有可无的文章也一样，因为还不愿意高明人和熟人看见齿冷，产量也就不能过大。剩下的一条路是各时代一些头面人物惯于走的，是托靠一些社会关系，或者说由有位者关照，闭门家中坐而也能分得一些残茶剩饭。几年以来，由于涂涂抹抹，我与活动于所谓文化界的一些头面人物有些来往，而这些人，有的就同一些有位者有或远或近的关系。这情况使不费力而分得一些残茶剩饭的机会成为不难得。如何对待呢？曾经退避，因为想到，上课吃粉笔面，卖文稿，总可以算是在岸上，至多是临渊羡鱼，至于以器与名假人，以换取一点点可怜的伪币，就是跳下去了。可悲的是生活越来越困难，在活命与洁身自好之间，本诸"天命之谓性"，我还是只能不再思三思，先顾活命。具体说是，接受友人的关照，先后两处，挂个闲散的职名，每月可以领一些钱和一些粮食。这在当时，由生计方面考虑，也许竟是可行的。有时甚至想，生为小民，任何时代，总会有大大（受侵略、战争、改朝换代、运动之类）小小（压榨、欺凌、抢劫、偷盗之类）的人祸送来各种苦难，抗，也许很难吧？那么，想想办法，在不吃别人肉、不喝别人血的情况下，求能活过来，就不应该吗？通常的答复是两歧的，农工商可以，士不可以。

不幸的是竟沦为知识分子！但既已有知，想退回去住伊甸园是不可能了。那就无妨顺水推舟，想想这类问题也好。于是想，先是千头万绪，如乱丝，继而一理再理，终于理出个头绪，或说集中为两种认识，可惜都不是称心如意的。以下依次说说。

其一，皇甫谧《高士传》一类书所写的高士及其节操是"理想"，因而与一切理想一样，由价值方面看，可以斩钉截铁地说是好的；由能否成为现实方面看就不能斩钉截铁地说，而要说是难能的，纵使非绝不可能。这来由仍是前面说过的，活命与洁身自好常常难于两全，而"天命之谓性"总是偏向活命，抗天命必是很难。其结果呢，可叹，就成为，找高士，到书卷里容易，到街头巷尾就不容易。那么，就扔掉理想吗？也不然。可行之道也有理想的，是没有各种类型的害群之马制造人祸；这必难实现，就只能反求诸己，能企及固然好，不能，心向往之而已。

其二，易代之际多数人咏叹的气节如春日之花，望日之月，是维持不了多久的，可见生而为人，纵使个别的心比天高，就绝大多数说，还是永远站在地上，把活命和活得舒服看作第一义的。何以这样说？可以举史实为证。明清易代，新的一朝不只易姓，而且是异族，正是最宜于讲气节的时候。顾亭林生于明朝万历四十一年（1613年），到易代的明崇祯十七年，清顺治元年（1644年），新计岁法三十一岁，誓死不仕新朝，人人誉为好样的。侯方域生于万历四十六年，比顾亭林小五岁，易代之时二十六岁，剃发，投考，中副榜，不要说别人，连自己也认为无面目见人，著作结集，题曰"壮悔堂"。而不久之后，如鼎鼎大名的王士禛，生于明崇祯七年（1634年），比顾亭林小十九岁，易代之时十岁，剃发，投考，顺治十二年中进士，官至刑部尚书，作古之后谥文简，就不再有人说他没有气节，应该与侯方域并列。还可以举个比王士禛大三岁的，徐乾学，易代之时十三岁，也是剃发，投考，中进士，做高官，没有人耻笑且不说，连他的舅父顾亭林像是也视为当然，如《亭林诗集》卷三《答徐甥乾学》尾联云："今日燕台何邂逅，数年心事一班荆。"显然感情是很热乎的。这就是世态，可以见人心的世态！

回顾这些有什么意义呢？不知别人怎么样，我是感到人生，由呱呱坠地到盖棺论定这一段路，只要不太短，总是苦于坎坷太多，而表现于心情，就成为理想与现实相碰，理想的迅速破碎。难道这就是定命？每一念及，不禁为之凄然。

上海之行

由上一个题目"生计"所写可以看出,其时我的生活情况是为能活(包括妻女能活)而奔走,而挣扎。天塌砸众人,人祸同样也是伤害众人。但人之常情,关于苦乐,人总是先想到自己。《易经·系辞下》:"易穷则变,变则通。"于是我想,或只是感到,不应该再这样混下去。有两种机遇使这穷则思的"变"成为现实。

先说前一种属于送的。记得前面曾提到,我有个师兼友的熟人于澄宇先生,曾在北京师范学校任教,学问不坏,人狷介,也就难免不合流俗。其结果自然是经常穷。这"穷"还兼有古今二义,古义是不能达,多碰壁,今义是常常缺衣少食。我们住得不远,有些来往,也谈得来。是1943年后半年吧,他也是穷则思变,不知以何因缘,到西北转了一圈。是未有所遇吗?不久又回北京。回北京以后,记得是过了旧年的正月,曾来看我。他谈到外出,情况却含含糊糊。我不便多问,就心照不宣作别。三个月之后,现在还记得是1944年5月13日,侵晨,天还不很亮,全家被急促的门铃声惊醒。开门,冲进来的是持枪的日本宪兵。问明姓名,说有事,让我跟他到队上去一下。还翻一下抽屉，拿走一本日记。仓促出门，上车，车绕西城，才知道被请去的还有友人毕奂午和发现北京猿人头盖骨的地质学家裴文中。未被蒙目，知道车是驰向前门外，至珠市口转东，走不很远，到路北一个门前停住。进去，被关在西院坐北一排平房的一间里。时间不大，就被传到一间行洗澡（把人的头部按到一个水池的水里）之刑的小屋里。见于澄宇先生裸体站在水池中。审问的是捕我们的那个宪兵，后来知道名河端富秀，是个中国通，能说流利的汉语。于先生不愧于先生，见我进来，慷慨激昂地对审问者说："你抓他做什么，没有他的事。我们不过见一面，我只说到外面看看，也没有出路，就回来了。此外什么也没说。"审问者沉吟一下，把我送回牢房。房里还囚禁几个人，难友，同难相怜，只几分钟就熟了。也就了解许多事。这个宪兵队部原来是天津会馆，是北京有名的人间地狱之一，任务是消灭抗日活动。于先生曾往西北，有抗日活动的嫌疑，所以被抓进来。抓我和裴文中，目的是调查于先生的底细，因为我是于先生的朋友，裴文中是于先生的亲戚。拉我去让于先生看看，目的是暗示于先生，他们已经知道真相，不必再隐瞒，没想到我们反而借此通了气。其后不久，又传我一次，问于先生跟我说过什么，我照于先生的述说重复一遍。以后若干天，又传问我几次，问的不再是于先生的事，而是文学院的学生情况。我说我只有上课时候看见学生，下课就回家，同学生没有来往，什么也不知道。再问，我还是这样说。这样，过了整整六周，大概觉得再囚禁下去没有什么意义了，这位河端魔鬼传我去，说可以放我回去，但以后有什么情况要告诉他，并问"怎么样"，我不说话。相对沉默了一会儿，他还是把我送出大门，让我走了。到家以后，家里人都痛哭，邻居多来慰问，可不在话下。意外的是，于先生以及毕、裴二位都早已放出来。我才明白我是受了教学与大学生有接触之累。这累还有余韵，是连续几个月，这位河端魔鬼曾上门访问几次，仍希望听到什么情况。我装作在家养病，不出门，他终于绝了望，才不再光顾。

在人生的旅途上，入一次地狱是大事，事后回顾，有没有值得说说的？曰有。一件是关于经历，我算是眼见身受与平安、幸福、温暖、诗意恰好相反的一面，那是恶意加残酷，而这恶意、残酷以及与死为邻，都是人（也不得不称之为人吧）自己制造的！我没看过目连戏，推想必有刀山、油锅等，但那是戏，在与阳世性质不同的阴间。而日本军国主义制造的地狱则是在光天化日之下。恶有恶报，他们失败了，投降了，这苦难的回忆就可以一笔抹杀吗？我是多虑主义者，有时就想到我们本土之内的各朝各代的酷刑，莫非真就是天下乌鸦一般黑吗？联想及此，我感到痛心。痛心之情还常常上升为"理"，可以算作另一件，是想到人之性，孟子说"恻隐之心，人皆有之"大概是错的，至少是理想成分太多；实事求是，应该相信精神分析学家，说人同样是具有多种欲望的动物，有欲望就求满足，于是有权有力（最尖端的是政治力量）就不惜整人甚至杀人以利己。这样看，日本军国主义干的多种坏事不只是他们一己的错误，而且是人类恶劣根性的悲哀。所以绝顶重要的事不只是压倒一个军国主义，而且是以"德"化动物的顾己不顾人的野性；至少是建立一种制度，使其中所有的人都没有滥用权和力，为利己而危害他人的能力。也是理想主义！还是转回来说实际，是我对北京的生活更感到心烦，因而穷则思变。

送的力量说完了，接着说迎。机会由韩刚羽（名文佑）兄那里来，要由他那里说起。韩兄中学阶段念北京师范，毕业以后考入清华大学英语系。大概才念两年，与一位住在鼓楼西的王姓女士相恋，王姓女士有始无终，他心如磐石，"不可转也"。难忍之苦，男性的对应办法，就彼时（三十年代初）说是或死或逃。韩兄有没有想到一了百了，我没问过他，事实是（最后？）他决定逃，求变换环境可以换心。地点当然是越远越好，想到广东潮州有个熟人，来不及先联系，就提起个小包南下。幸而这熟人仍在潮州，他没有扑空。在潮州住半年，沸腾的感情会降点温，也许还要加上其地不宜于久居，他决定北行。先到上海，两手空空，只好过流浪生活。住小店，交个也过流浪生活的朋友，台湾嘉义人，名林快青。同境遇相怜，合得来，成为患难与共的好友。在上海又住了半年，他再北行，到天津，通过考试，到南开中学任国文教师。我1935年也到南开中学，与韩兄成为同事，于1936年暑假一同被辞退，一同回北京。记得是1942年或1943年，韩兄接到林快青从上海来的信，曾到上海去看林，说林在上海混得不错，成为文化界、交际界的名人，甚至与抗战地区的人士也有来往。

林并曾来北京看韩兄,如范式之登堂拜母。是1944年末或1945年初,林给韩兄来信,说他将接办上海《新闻报》,希望韩兄,并约一些有编写经验的人去。韩兄约我一同前往,我仍如往常之多幻想,以为变就可能有所遇,也因为与韩兄相交几年,已成为共患难的朋友,就答应结伴往上海。决定一同前往的还有韩兄的门生谢溥谦。

这到上海的创新之行,相识中也有不以为然且明白劝阻的,因为木已半成舟,也就只好如箭之在弦,不得不发。家里人是惶惑,既担心远行会不利,又怕滞留北京会失掉亨通的机会。说实在的,至少是我,到整装的时候,也感到有些茫茫然。可是人,大至中原逐鹿,小至北里追香,百分之九十九是由冲动决定的,其时我们是已经冲动而继以决定,所谓义无反顾,也就只能(尤其对韩兄)装作若无其事,静候至时起程。时间公道,没有照爱因斯坦说的那样变慢,于是到了出发的6月22日,记得天已昏黑,与韩兄和谢君一齐登车。由北京到南京是熟路,没什么可看的;何况多半是在夜里,应该梦见周公之时。其时车慢,竟在车上过了两夜,东方发白之时才到浦口。由南京东行往上海是生路,又赶上大白天,可看的不少。印象深至今不忘的是过镇江北望江面,好像万顷碧波浮在地表,使人不能不惊叹帝力之大。更不能忘的是过苏州,先北望,见虎丘,继南望,见城内佛塔,不由得想到桥畔帆樯,楼头佳丽。颇想下车:到(玄妙)观侧、阊门等地流连一会儿,可惜车不停,幻想随着景物的消失破灭了。补说一句,这幻想成为现实,已经是三十年之后,时间不留情,昔日的佳丽，也是欲求不知命而不可得了。还是抛开幻想，说现实，是车于下午五时余到了上海北站。先在吕班路会东道主林先生，然后，为了身心早踏实，到下榻之地霞飞路底湖南路（旧名居尔典路）。那是坐东向西的一个小院，院内有个两层上下各四间（？）的小楼。院门对着一片玉米地；由楼上东望，可见一些柳树和稀疏的平房人家。环境可算安静，但也有躲不开的吵闹，那是成群的蚊子，入夜真就其声如雷。幸而床头都有蚊帐，"屡战屡败"之后可以退守。楼不大，却麻雀虽小，五脏俱全，单说我们三个之外的人，有半老男听差，中男管事，中女厨娘，青女秘书。何以要俱全？因为曾预想，要以这座小楼为据点，干点文化事业，求得大名大利。

但是语云，人间不如意事常十八九，我们到上海的次日，林先生来，说接办《新闻报》的事不成了，正在筹划编印一种期刊。因为在筹划中，成不成，成，以何种形式出现，都在不定中，我们，说积极些要等待，说消极些可以休息。休息的时间不短，其间经过目见、耳闻、推想，对于林先生及其事业就知道得多一些。他精明，在上海滩的文化界有不小的活动能力。但也不是可以通行无阻，比如办报，出期刊，就像是都阻碍重重。办报的想法落空之后，筹划出期刊，很可能不是来于什么事业心，而是骑虎难下。这骑虎包括已经铺开一个摊（租房、请人等），收就不容易（交代、情面等）。在上海滩活动，要有钱，这钱是哪里来的？他曾说，他的有些正大的活动，军部里有些人不高兴，这使我们疑惑，他的身份也许与日本军部有关系。这类推想，我和谢溥谦出去散步的时候，间或谈到。当然不便同韩兄说，因为韩兄的为人，是绝不会对好友有不信任的想法的。其实，我和谢溥谦，也没有到不信任的程度，加上由义方面说，我们应该从韩兄之后，由情方面说，林先生待我们客气周到，所以虽然背后有些议论，还是只能既来之，则安之。

安之，不能总闷在小楼中，躲在蚊帐里。要出去走走，用上海话说是白相白相。可以括其要为三类。一类，就真是白相，黄浦江，苏州河，外滩，南京路，愚园路，福州路（也称四马路，书业集中地），等等，都到了。另一类，有关高级享用的，都是林先生招待，有华懋饭店吃，国际饭店喝，兰心剧场看，等等。还有一类，虽零碎而可称为大宗，是淘旧书。记得常去的是北京路、爱文义路一带，有些旧书铺，逛，也总能遇见一些可要的，其中不少是英文的。上海逗留不足两个月，买得的书却不很少，现在还记得，英文本《杨柳风》，广仓学会印《散氏盘》拓片，所得都不止一本。由买书又想到装订书，因为一直觉得有意思，也想说一下。是离开北京那天的中午，忙里偷闲，逛东安市场中原书店，遇见一本英译《堂吉诃德传》，开本大，两部七百多页，收一千幅插图，纽约版（未注年限，看形式为19世纪），缺点为封面已开裂并脱落，价不很高，买了。也许为了到上海消闲吧，就顺手装在出行的箱子里。记得是7月下旬，与韩兄游爱文义路书店，忽然想起这本书，问书店主人有没有精于装订的。书店主人介绍一位老师傅，姓王，住愚园路六十六弄合泰坊二十四号。我将书送去，要求化破为整，保持原样。过几天取回，果然工很细，比喻为病人，完全恢复健康。谢上天保佑，经过几次流转，这位在蓝色硬封皮上骑瘦马持长枪的堂吉诃德先生，由其骑驴的仆人陪侍，还是安然立在书柜之内。人不可忘恩，所以我每次看到这本书，就不由得想到这位敬业助人的王先生，如果仍健在，该是百岁上下的人了。

学祖传的喜欢对称，要求对称，说了开心的，要接着说点不开心的。想了想，有一件，或说是遗憾吧，是有看看张爱玲的机会，只因为怯于识荆的旧病长久不愈，竟没有看看这位同族才女。说有机会，是因为其时她二十四岁，在上海，初露锋芒，林先生曾提到她。又因为其时她写文章不少，欢迎发表，我们编印期刊，当然可以登门约稿。只是因为对于名人，尤其宝二爷所谓水做的，我总是心动得多，身动得少，结果就"交一臂而失之"。其后是，她先则登上太平洋的彼岸，终于登上净土的彼岸，就真成为时乎时乎不再来，后死者对于先死者，又能怎样呢？说一声安息吧。

适才说到编印期刊，这是往上海的本分事，似乎应该加细说。其实则没有什么值得细说的，原因主要是，一切取决于林先生，我们只能吃现成的。这现成的是直到7月中旬，才决定出版个16开、页数不多的周刊，名《上海论坛》。何以如此之晚才决定？据所闻，困难、曲折也不少。但最终总是成了。紧接着是编、印、校、卖。编之前要有文稿，大部分是外来的，我们人生地不熟，由林先生负责约。我们也要写一些，记得主旨是说些与时事不近的看似公正的闲话。跑印刷厂，校，由谢溥谦负责。出版之后如何推销，我们就不管了。这样，勉强支持了三期，连我们也不知道有何意义，迎来8月，两个原子弹落地，局势大变，这期刊未发讣告就寿终正寝。

如我和谢君所推想，日本军国主义垮台，林先生的活动终止，我们旁观，像是还有返台湾之意。用不着推理，就知道随着期刊的灭亡，湖南路的小楼，以及广东厨娘供应的每日三餐，都没有延续下去的理由了。我们也要走。狐死首丘，又因为北京还有个家，有若干熟人熟地，想活就不能离开熟，当然只能回北京。而一有"归心"，紧接着就来了其下的"似箭"。经商酌，我和谢溥谦先离沪；韩兄本之与朋友共患难之义，待林先生行止有定之后再离沪。人世间，散总是比聚更容易，也就更快。于是向有关的人辞行，整理行装，买车票，一切急就章，没有到8月下旬，箱子里带着《堂吉诃德传》，怀着堂吉诃德冒险后"躺在牛车的干草堆上"走向家乡时的颓丧心情，登上开往北京的车。其时，听说因为胜利之后国内反而有争斗，铁路已不能畅通，作为听车摆布的乘客，又能怎样呢，只能盼望运气不太坏而已。果然，到南京下关，车就不再前行。情势是不能走回头路，只好等。幸而时间不长，又继续北上。可是到徐州，又停了，而且谁也不知道何时能够继续前进。准备较长期等，到离车站不很远的地方住旅店。天热，苍蝇多，灰尘多，生活很苦，也就没有想"燕子楼空，佳人何在"的雅兴。在徐州大概耽搁四五天，车继续前进，到兖州，又停了。有徐州的经验在心中，准备耐心等，径直到车站附近，住了小店。耽搁的时间竟长于徐州,六天或七天。急也没用,干脆苦中作乐,游。计看了少陵台、陋巷等地。少陵台在城内东南部,是个土丘,上有石碑,刻杜工部"东郡趋庭日,南楼纵目初"那首诗,还有杜老的画像。这首诗题目是"登兖州城楼",难道这就是城楼的遗址吗?只好不知为不知。陋巷是颜回的故事,孔子赞扬颜回:"居陋巷,人不堪其忧,回也不改其乐。"即使颜回真是兖州人(旧史只说是鲁人),春秋战国年间一条小胡同(其名也不会是陋巷),两三千年之后还会存在吗?这就比曹雪芹故居更加可笑了。由兖州北上,也可算是一种后来居上吧,车都是走走停停,好容易到了济南,好容易到了天津。住济南,因为离家近了,闲情逸致增加,不只游了趵突泉、大明湖等地,还吃了大观园中的砂锅丸子,街头的红瓤烤白薯。济南到天津的一段,整整走了两天一夜。记得到天津已经是定更之后,因为熟人多,就住在那里。离家更近,归心就更强烈,第二天早起,进豆腐坊,吃完早点就奔向车站。车仍是不快,但挨到下午,总算到家了。贤妻迎入远来人,"乐极生悲",乐是人平安,悲是她也知道,紧跟着来的必是生活困难。我呢?是小安慰大发愁。小安慰,是路上颠簸三周,幸而并没失落什么,主要是书,都完完整整地随着我进了屋。大发愁,是不只钱袋空空,而且欠了不少债,还有,语云,树倒猢狲散,未来的月日,还能到什么地方领工资吗?总之,已经到眼前的必是来日大难。

这使我不禁想到所谓"士"(或读书人,或知识分子,或臭老九)

的阶层的生路问题。最好是躬逢不改朝不换代的圣代，离朝近，离朝远，或帮忙，或帮闲，都可以混个"衣食足则知荣辱"。不幸而躬逢改朝换代，离朝特别近的，有历代史官（可以举欧阳修为代表）设想的一条路，从末帝死，以争取入正史忠义传。离朝不很近或不近的呢？那就会陷入较之农工商远为悲惨的境地，因为俗语所说"一朝天子一朝臣"，对农工商不会有什么影响；对士就不然，而是必致成为"皮之不存，毛将焉附"？改为用大白话说是立刻就没饭吃。没饭吃不是好事，可以不可以也追究责任？无妨试试。先让因果论者发言，责任当然应该由改朝换代负。可是改，换，事也，而且已过，你哪里去抓它？必欲抓，就不能不想到招来改、招来换之人。人有，可是抓有大困难，以明清之际为例，换下去的，崇祯皇帝，自愿见上帝了，无处去抓；新换上来的，顺治皇帝，金口玉言，说一不二，不要说抓，你敢不绝对服从吗？所以士的阶层因改朝换代而沦为没饭吃，轻则只能自怨自艾，重则还要忍受他骂，"礼义廉耻，国之四维，四维不张，国乃灭亡"云云，是也。但礼义廉耻云云终归是唯心的，至少现在当下，燃眉之急是唯物的，如堂吉诃德之冒险失败了，旧秩序的饭碗眼看碎了，怎么办？

覆鹿亡羊

轮到写因抗战胜利而政局大变这一段的生活，搜索枯肠，却想不出个合适的题目。如果容许用我们家乡的俗话，那就可以说是"瞎摸海"或"无头虻（？）"，意为胡里胡涂到处乱撞，最终只能碰一鼻子灰，垂头丧气而归。可是俗，怕与"规范化"的要求不合，又不合会带来难懂，所以纵使是家乡的，也只好割爱。幸而这割去的爱还给留下一点灵机，而这灵机一动，就想到无妨在"垂头丧气而归"这尾部打打主意，于是就冒出昔年所诌歪诗《古稀四首》的最后一联："覆鹿亡羊同泡影，何须蜀道问君平。"覆鹿，亡羊，结果都成为泡影，可以说是虽不中亦不远矣，就将就着用吧。决定用之后，想到连用两个古典，也许有的人还不熟悉，那就最好还是解释一下。两个古典都出于《列子》，先说覆鹿，见《周穆王》篇：

郑人有薪（打柴）于野者，遏骇（惊而快跑）鹿，御（迎面）而击之，毙之。恐人见之也，遽（赶快）而藏诸隍（沟）中，覆之以蕉（通樵，柴），不胜其喜。俄而遗（忘）其所藏之处，遂以为梦焉。

亡羊见《说符》篇：

> 杨子（杨朱）之邻人亡（失）羊，既率其党（亲属），又请杨子之竖（童仆）追之。杨子曰："嘻！亡一羊，何追者之众？"邻人曰："多歧路。"既反，问"获羊乎？"曰："亡之矣。"曰："奚亡之？"曰："歧路之中又有歧焉，吾不知所之（往），所以反也。"

总之都是费心计不小，结果却是一场空。

释题完，改为说其时的情况。先总的定性，是幻想与实际距离过大。幻想，外敌投降了，被侵占的半壁江山光复，情势应该是万象更新，加细说是混乱变为安定，穷困变为富庶，社会的各个方面都变不合理为合理，其中的各个人都变走投无路为前途无量。可是实际呢？是战事未停，混乱的范围更大，物价上涨的速度更快，生活仍是朝不保夕。且说这幻想与实际，不只有先后之差，而且有顿渐之别，显然，在早期，指实说是由回到北京起的一年左右，支配自己生活的力量，明的一面是幻想推着前进，暗的一面是实际在扯后腿。这用旁观者清的眼看就成为瞎摸海或无头虻，可怜亦复可笑。

旁观是后话，还是说当时。幻想会培育更强有力的欲望，于是照荀子的想法，有欲就不能无求。求什么？又只能是秀才人情，制造机会说说道道，预支现在的说法，是以期主要取得社会效益，连带也取得经济效益。因为有幻想支撑着，也就不觉得这里边还有什么大困难。正如一切常人一样，乐观顷刻之间就化为干劲，并具体化为像是鱼被投入热水中的活动。几乎是天天，找完这位找那位，或招待完这位招待那位。这位那位之中，还有少数是生人，并且住所不在北京的。记得曾多次往天津，其中一次与沈启无先生为伴，一次与南星兄为伴，都是同那边的一些也有幻想的人，或既有幻想又有财力的人，谈编印报纸或期刊的事。不管是北京以内的还是北京以外的，都是殊途同归，坐而言的时候一堆美妙，起而行的时候就变为困难重重。但幻想总是不会因为碰几次壁就降温的，缩小到我己身，是反而升了温。这是与人合力编印的计划还没有成，就想自己编印。记得是多次与南星兄坐在小屋之内做白日梦，并且拟了期刊之名，以及内容的梗概。自然，其结果必又是一场空。温还曾升得更高，是先开书店，然后以书店为据点，编印期刊。这里应该大书一笔，是这次的白日梦真就向现实移近，不只在西单商场租了地址，而且拟了店名，取自《山海经》，曰"烛龙"。但梦终归是梦，秀才造反，三年不成，不很久就清醒，放弃了。又是一部堂吉诃德冒险的故事，及至躺在牛车上往家乡走，回顾，还会觉得有什么所得吗？勉强凑一项，是曾想编印个杂文的半月刊，名"天上人间"，事虽未成，这名字却是可爱的。后来想，事未成也不无好处，如谢溥谦，知难不退，出版《文艺周报》，只是两三期吧,夭折,赔了不少钱。

以上被幻想支配的生活比喻为飘在半空,而种瓜得瓜、种豆得豆,就不能在半空,要回到地面。这是说,为了能活,还是应该有个按月领工薪的地方。是借青年学子的光,重庆(或昆明)的接收人员还没到,文学院还要开课,我凭余荫,分到一些钟点,记得是教散文习作。是胜利之年的年底吧,接收的人员来了,因为学校的名和地都未离开原北京大学,来接收的也是北大旧人,陈雪屏和郑天挺。为了礼貌,或更为了饭碗,我们曾进谒,以表示希望得到照顾之意。因为西南联大还有待迁回的文学院,"必也正名",这里的文学院之名撤消,改为临时大学补习班,我想是借了红楼出身之光,这过渡型的大学表示继续聘用。所任之课改为国文。后来,不记得以何因缘,让我兼教史地。这是求守门之犬兼捉老鼠,也因为其时我已经往市立四中任课,还要为一些报刊涂抹,就把这史地课让与熟悉史地的田园丁(名农)。总之,就是这样借文学院的余荫,在红楼一带,我又混了一年。1946年,西南联大合久必分,三家各回各的旧地,革故鼎新,北京大学又开门营业,像我们一些既无学又无名的,当然只能另谋生路了。

提起生路,还要说说,就在瞎摸海、飘在半空的时候,自己幻想的报刊虽然如梦幻泡影,成为现实的报刊,单说近在眼前的,北京、天津两地,却为数也不少。编报刊的,有些是熟人;有些本不相识,经过熟人介绍,也就成为熟人。这结果,可以想见,老习惯、手痒,

335

就可以换来一些稿酬。还有欲手不痒而不可得的情况，仅举二事为例。其一在北京，是南星兄编月刊《文艺时代》，就曾要求每期交长文一篇。另一在天津，多年来有来往的张、马二君编《新生晚报》（当然是日刊），就曾商定开个栏目名"周末闲谈"，由我独力承包。此外在北京，有约稿关系的报刊还有不少。现在回想，其时是少知（甚至是无知）助长了胆量，发展了狂妄，于是想不到揽镜自照，而就写写写。就内容说，都写了什么？因为光复了，希望的成分增加，而希望，任何人都知道，总是与失望为近邻，所以就一变而为牢骚。牢骚来于对某些事，连带的还有某些人，不满，这就最容易意味着，对于另外一些人怀有幻想。又是幻想！但过去的也就罢了。这里，因为是回顾一个段落的困难生活，由不定期稿酬而来的小利就像是值得大书特书。尊为"大"，是因为，纵使未能如孟老夫子理想的"数口之家，可以无饥矣"，衡门之内的老中幼，计已多到七名，却都平安地活过来。

　　这样说，我的实况显然就优于覆鹿亡羊，因为还不是"究竟无所有"。那么，这篇的所说不就成为文不对题了吗？也不然。来由是，对于个人迷信，我虽然经常畏而远之，可是有时想到昔年，披星戴月，甚至偷课前之暇，连缀成自信为自由之谈，到头来无论原稿还是印件，都成为黄鹤一去不复返，也不免于烟消火灭，可怜无补费精神之叹。

旧业

旧业，指教书。上一个题目所讲，是迷醉于幻想，想编印报刊，直到开书店，这是不甘于到学校去当孩子王。可是大的局势，小的局势，使我的头脑中增加了自知之明，领悟想活，还是只能到某一个学校去当孩子王。这是退守，不光彩吗？其实也是自古而然，以至圣和亚圣为例，都是先则幻想，得其君就可以治国平天下，及至周游列国，处处碰壁，才回到实际，说"道之不行，已知之矣"，"归与归与！吾党之小子狂简，斐然成章，不知所以裁之"。总之也是甘心教书了。

在春秋战国时期，教书要有学识，因为大多是自己坐在家中，学生找上门。现在大不同，是只有所谓学校的组织，有组织就要有说了算的头头，想教书，就要通过头头点头这一关。这是说，比学识尤为重要的是社会关系。显然，我不得不操旧业，教中学，就也要靠社会关系。通过社会关系找个饭碗，难易的情况不一样，我这一次是偏于易的，不是由于自己有什么优越条件，——或者说，幸而有一个优越条件，是几年来与南星有较多的交往，也就有了较深的友情。南星与我是通县师范同学，我比他高一班。考入北京大学，我学国文，他学英文，我还是比他高一班。毕业以后，因为赶上国土沦陷，我们的生活都困顿，语云，同病相怜，又因为我一直喜欢他的诗人的气质，钦佩他的诗文的造诣，所以关系就越来越密切。记得前面也曾提到，梦之时，一同幻想编印《天上人间》之类的期刊，觉以后，他编《文艺时代》，我就给他写文章。时移则事异，一切都成为泡影之后，其时虽然还有临时大学补习班的钟点，名称的"临时"足可以预示，这是不久就会失去的，所以未雨绸缪，应该尽快建造新的一窟。而碰巧，南星的北大同班同学有的从西南飞回，而且不止一位。且说其中的一位，姓田，腾达而未大腾达，接任了第四中学的校长。是缺人还是愿意带一些自己的人，不知道，只记得是1946年年初，南星就答应去教英文，接着就介绍我去教国文。第四中学在地安门以西，厂桥略南，西什库后库，离我家不远，主要还是这是个靠得住的饭碗，所以就"从速"（说不上"欣然"）答应了。课程是三班，每一周要口讲指画十几课时，每两周要改一百多篇作文，为了活命，也就只好忍下去。

说忍，来由主要不是好逸恶劳，而是因为，我一直认为，这种课堂式的学文的方法必是劳而少功。可是一个人的私见又能怎样呢？也就只好随波逐流，人云亦云。糟糕的是，我有时又不安于人云亦云。这是说，多年来的一贯胡思乱想加常常嘴不严的习惯未能警惕而革除之，有时上课堂，由课文连类而及，就未免说一些不合规范的话。不合规范，如果是文学史和文学批评范围内的，关系不大，如果阑入时事范围，显然，问题就会化为严重。日光之下并无新事，其时也是处处安插寻访并定时汇报异端情况的正统人物，于是经过传递，在校当局的眼里，我就成为，至少是非言听计从的人物。何以知之？是承什么人委婉地告知："有的学生反映，虽然讲得不坏，有时喜欢说闲话。"闲，言内意是所讲非讲课文所必需，这里显然有言外意，怕越描越黑，只好以相视而笑，心照不宣了之。了之之后呢？短期内也许知所警惕吗？后来想，还是借了同出身于红楼，又为南星所推荐的光，1946年上半度过，依例，暑假期间可以变动人事，可是学校还是表示继续聘用。暑后开学，仍是每一周十几课时，每两周一百几十篇作文，可不在话下。有变化的是大环境，内战的局势紧了，物价上涨的速度快了，连带的胜利从而万象更新的美梦断了，冤有头，债有主，除少数正统人物以外，心里当然都有些，甚至很多不满。物不得其平则鸣，我不免也就面对学生说些愤激的话。其后当然是汇报，因为异端的味道更加浓厚，得到的回报不再是委婉的劝告，而是"不要在课堂上谈国事"。稍通世故的人就会知道，我的对应之道最好是主动离开，以免校当局不好办（辞退，碍于情面；不辞退，难于交差），或自己丢脸。学期结束，又凑巧，文学院的同事也多有交往的田君仲严（名聪）来，说贝满女中有初中修身课，问去不去教。饥者易为食，又因为修身可以不改文，轻松，就欣然答应。有了新校可栖，立刻就表示不再往四中任课。学校顺水推舟，表示同意，面子上维持个好合好散,我业依旧,只是换了个地方。

贝满女中是教会学校,分初中、高中两部,都在灯市口路北,初中在西口内教堂旁,高中在东口内佟府(清初大臣佟国维的府)夹道。与西什库后库相比,距离我住的后海北岸,灯市口要远一倍左右。这是就路程说,我不得不舍乔木而取幽谷。其实呢,除路程稍远以外,其他方面,我觉得都是由幽谷而迁于乔木。这里就说说其他方面。我视为最重大的是有所想,到课堂上说几句,万一与校当局的想法不尽同,能不能获得容忍的待遇。这在上面已经说过,四中是由(国民)党统治,不能容忍。贝满呢,由教会统治,能容忍。我这样说,像是公然与近代史上诸多反帝国主义侵略的说法唱反调,有媚外之嫌。那就缩小范围,或换个角度,说,来自新旧约的教条,总是不像来自党义的教条那样厉害,那样可怕。原因很简单,是党义的背后必有政治力量,也就必有武力;教义的背后则未必。再缩小,小到贝满女中的课堂,像是没有安插定期汇报的人物,证据是,在教会有力量管理的时期,我没有听到委婉的劝告或警告。在这种我视为重大的之下,还有值得欢迎的。一种是,学生由男变为女,空气就由粗率变为细致,生硬变为柔和。细致和柔和何以就高过粗率和生硬?答曰,这是由感觉来,至于理,我也说不清楚。另一种,也许因为待得时间长,前后四年,交了不少知心的朋友,至今还念念不忘(留待另一篇详说)。还可以加说一种,与生活有更密切关系的,是对抗物价飞涨,学校有妙法,是开学时收学费,都折合为面粉,每月领工薪,就不会因通货膨胀而吃亏。且说1947年初我离开四中往贝满女中，本来只有初中的修身钟点，可是到校之后，因为高中国文课还缺人，就又分了一班国文钟点。以后是高中课逐渐增加，就只教国文不教修身了。

苏东坡诗有句云："人生到处知何似，应似飞鸿踏雪泥。"在四中混了一年，接触的人不少，且不说怀念，有没有值得说说的？可惜我记忆力很坏，单说同事，除有大名的教数学的马先生（文元）和教化学的刘先生（景昆？）以外，几乎连印象也没有了。但系人于事，也可以选拔两位，代表生活之道（也许不宜于高称为"道"）的两个尖端，略为点染。一位是王桂，字月舫，教历史的。何以对于这位就网开一面，记得一清二楚？以时间先后为纲，原因可以凑两种。一种，他是1930年北京大学史学系的毕业生（还有个印象，是他毕业以后舍不得离开红楼，曾根据学校毕业生可以不经过考试再念同院另一系的规定，继续上学），因而就有同学之谊。另一种，是我在四中，以及离开四中之后，同他都有些来往。有来往就有可能多有了解，而说起他，了解就不只是可能，而且很多。这也有原因，是他的为人，诚朴而柔弱，关于柔弱的一面，纵使习俗认为不宜于外扬的，他也直言不讳。这里只说一次的直言不讳，是在四中的教员休息室里，两课时之间，我发现他下课后和上课前都往厕所里跑，就问他为什么。他说他一直怕学生上课时候闹，更怕因闹而失业，所以课前课后就想到这些，而每一想到就小便失禁，只好多上厕所。他的话不禁使我想到旧话的"行自念也"，也就更加感到人生旅程的不易。王桂同学的心理状态是如临深渊，如履薄冰。另一位就不然，而是及时行乐，有今天不管明天。这是一位教体育的，恕我忘记他的大名，已经三十出头，还没有如意佳人，也许不曾想过什么如意佳人。他也有所好，是到西单商场，用工薪换自己喜欢吃喜欢喝喜欢玩的。所以他的行踪也形成规律，如他自己所宣扬："发薪之后头十天，想找我，到西单商场，后二十天，到学校，因为钱袋空了，就绝不出门。"这位的生活态度也使我有所感，不再是慨叹，而是惭愧，因为我领得工薪，如果也走入西单商场，至多只是买两本旧书而已。现在，由离开四中之时算起，已经近半个世纪，月舫兄如果不早作古，这样多怕，红卫恐怖的"文化大革命"十年，大概只能昼夜不离厕所吧？至于那位旷达先生，无家一身轻的生活，究竟能够延续多长时候呢？语云，不要为古人担忧。其实，为今人担忧也大可不必，那就不再想这些，任其如云烟消散吧。

《世间解》

几年前我写过一篇《机遇》(收入《负暄续话》),说它可怕,因为已然者不可改,未然者不可知,却又一时一刻离不开它。自然,它也会使人走入一种可望而难即的诗境,但唯其这更是不可必的,至少是有遐想的时候想到,就仍会觉得可怕。不过怕也罢,不怕也罢,正如一首寻猫的诗所说,是"有时还自来"。何以会又想到这些?是写旧事,追寻四十年代后期生活之影,就想到上课堂面对学生、入家门面对稿纸之外,还编过一种名为《世间解》的月刊,费力不小,也就留下一些值得说说的痕迹,而编这样一种期刊,就更像是完全由于机遇。以下就由机遇说起。

因果锁链无尽,只好由目力所能及的地方说起。那是"七七"事变之后,我困在北京,失业,在北海金鳌玉蝀桥头巧遇通县师范同学大唐(名家桢,字伯枚),不久之后他升官,任民众教育馆馆长,我得以滥竽,到馆里充数,每月领几十元钱。其后,为了省时间和鞋底,在鼓楼附近找房,又凭机遇,在后海北岸租到一处,其东邻是和尚修行之处,广化寺。寺是十方性质的大寺,房子多,出家人多。因为有许多院落，就于比丘、沙弥之外，兼住一些与寺中显要人物有关系的在家人以及一些归西而尚未入土的。且说这在家人之中，有赵君介眉，也属于中学教师阶层，大概经过韩君玉西介绍吧，不久我们就熟了，我常到他住的东院南房去闲谈。任人皆知，友谊也如感冒病毒，易于传染，于是渐渐，我同一些出家人也认识了。为首的是住持玉山和尚，河南人，其时约莫年逾不惑，人朴厚，笃于信，自律甚严。在清朝晚年，广化寺的大施主是恭亲王奕䜣，所以直到民国二三十年，画家溥儒还常到寺里消夏。不知道是不是来于恭王府的施舍，在通县城和北京之间，广化寺还有田十顷。用俗人的标准衡量，寺是大地主，因而寺里的设置也就不寻常，比如食，厨房的厨师有个出身于御膳房的；行呢，自用车有旧新两辆，旧是骡拉的轿车，新是人拉的东洋车。可是玉山和尚不特殊化，晨昏随着僧众上殿诵经，一日三餐，随着僧众吃窝头，初一、十五改善，也只是吃面条而已。行则不管远近，还是恪守行脚的禅风，一步一步走。更值得称赞的是有开明的事业心。先是内，组织年轻僧众为学习班，学一般的文化。和尚吃十方，不便出钱请教师，于是通过赵君介眉，请我布施些入世知识。记得由1946年起，先后讲过逻辑、国文和英文。学习计划还由内扩大到外，是成立了小学，招收附近住户的子女来上学。小学有董事会，我也得一顶董事的帽子。总之，来往增多，关系变为密切，与寺内的出家人，尤其上层的，就都成为熟人。

也许就是我到寺里讲课的时候吧，寺里来个有文化的僧人，法名续可。他是江苏人，估计受过高等教育，何时出家，为什么出家，没问过他。人小个头儿，精明，活动力强，也就难免有些江湖气。因为好活动，活动力强，不久就同我结识，而且不见外，常到我家里来，吃素斋。人健谈，大致说，也谈得来。他还常到天津原日租界大觉兴善寺去住，同天津一些挂居士之名的名人有来往。也许就是因为既有文化又在社会的上层活动，在天津，寺住持喜然，在北京，寺住持玉山，都以上宾之礼相待。上宾是名位换来的，其结果是，就连宣扬万法皆空、向往涅槃的人，也是更加追求名位。这位续可法师设想的取得名位之道是编印有关佛教的期刊。佛教有三宝，佛、法、僧，敬三宝是大功德，于是布施钱财，支持僧人编印宣扬佛法的书刊就成为大功德，善有善报，乃入世间和出世间之人所共信，又于是而经过什么曲折或竟未经过任何曲折，据续可法师说，就有天津某居士愿意出钱赞助，并希望早日出刊。以下该动真格的了，约稿，写稿，发稿，排校，等等，续可法师有自知之明，他办不了，就希望我除拉赞助之外，都担起来。我其时还年轻气盛，又认为成人之美，义不容辞，就欣然答应。

之后是如开杂货小店，准备这准备那，择吉开业。先要有个活动之地，承广化寺盛情关照，拨与内西院北房靠东的一间，作为月刊社社址。或更在之前，刊要有个牌号，续可法师拟定佛的一个称号"世间解"，义为世间一切事，他都了解。牌匾定了，更重要的是都卖什么货。赞助者是居士，主办者是比丘，当然主张内容是清一色的佛理。我看过一点点佛教经典，可是头脑里异教的东西太多，比如最高目的的证涅槃，我就一直认为只是玄想。这是说，对于佛教，或佛理，我并未信受，只是过去治人生哲学，把"苦集灭道"的四圣谛法看作一种（重要的）人生之道而已。且夫人，没有受过整风训练，隐瞒观点是很难的，但也不能不世故，兼顾或多顾有关人士的观点，于是经过交换意见，架上货色就成为大部分是"教"小部分是"学"的混合。这种混合，还定型于我写的"发刊辞"中，抄有关的部分：

> 于是我们就选定了以显扬佛理为主，这并不是由于有什么成见，而是因为一千多年来，在东方，佛理精深而影响浩大。其次，由于不怀成见，所以对于由浮面看非佛理的研讨人生之道的文章我们也一律刊载，盖道无二，明道与显扬佛理在最后的效应中正是一件事。

显然，这最后一句话是调和八股，因为所明之道大有可能是反佛理的。透过字面寻实际，是我这个负主编责任的喜欢"学术"超过喜欢"宗教"，所以就尽可能在三藏的库房里放一些主旨为研讨的文章，以增加学术气氛。本于这样的企图，第一期发表了废名先生的《孟子的性善与程子的格物》。孟不知佛，程（至少是口头上）反佛，竟也挤入牌匾为佛一称号的小铺！但我觉得还不够，在同期的"编辑室杂记"里说：

本刊是一个研讨人生之道的刊物，其目的与其说是致知，无宁说是致用。所谓致用尤着重普遍。以是，我们希望由下期起，谈人生之道和生活经验的文章能够比本期增多。

果然，第二期就刊出《食化篇》《理学探原序》《力的宇宙与动的人生》等篇，学术的气味大增。

学术气味浓，还有主观以外的原因，是约稿，主要只能找与我自己有直接或间接关系的，我出身于北大，求人写，这所求之人，显然就最容易是北大的师辈以及一些同学，而这些人，几乎都是学究而不是信徒，所能写，也就必成为论学式的，与始于"如是我闻"的文本不是一路。专就第二期说，偏离办刊主旨的形迹很明显，续可法师会不会有什么看法？他没说，我想是因为一，约稿不容易，不收这些，架上无货，就难得开业；或竟是二，比喻主办者是坐轿的，写稿人是抬轿的，抬轿的都是名手，坐轿的就既舒服又冠冕。实际也是这样，两三期发出去，反映不坏，续可法师就更成为佛教界的名人。且说这些抬轿的，有常常出面的，是顾随、熊十力、废名、王恩洋、虞愚、吴晓铃、任继愈、师觉月（印度）等，有间或出面的，是韩清净、俞平伯、朱自清、金克木、赵景深、丁文隽等。出力最多的是顾随先生，写一篇连载的谈禅的文章《揣籥录》，每期不缺。同学中，吴晓铃给的帮助最大，不但自己写和译，还代约人写和译，如师觉月教授是印度国际大学研究院的院长，恰巧来北京大学讲学，就是借他认识

347

的光，给月刊写了六篇之多。我呢，因为一则少所知，二则没有时间，只写了一篇《关于度苦》(刊于第二期)，虽然也说了些肯定宗教信仰的好话，却仍有不少外道气。

内容性质之外，还想说说编印事务。经费有限，不能多用人。续可法师经常住天津，就是来北京，也是述而不作。找个鼓楼时期的同事黄君来帮忙，也只能做包装期刊、跑跑邮局一类事。于是约稿、编稿，直到跑印刷厂、发稿、校对，都要我一个人唱独角戏。而我是另有正式职业的，就每天还要到贝满女中去上课。还有准职业，为京津二地的两种报纸写专栏。此外是广化寺的奉送课，也要上。总之，情况就成为，纵使说不上苦不堪言，也总是忙不堪言。其中还有越渴越吃盐的，是在宣武门外长城印刷厂印了五期之后，找承印的地方总是不顺利。就这样，天天骑车各处跑，风雨无阻，披星戴月，闯过多种困难，由1947年7月印成第一期起，到次年10月印成第十一期止，计迟延了三个月，因为政局即将有大变化，停刊了。

停刊，如果让算盘当家，就我说确是一件大喜事，所谓立即成为一身轻是也。事业小，结束问题也容易处理。订阅户不多，且是一年将满，容易清理。剩一些纸，卖，作为结束开销。剩一些期刊，卖不出去，量不大，搬到我家里（放很久才当作废纸处理了）。办公用具也很少，如刊头和一些锌版等，也包起来放在我家里。较重要的是一些文稿，现在还记得的有废名先生一篇，存起来，也许至今还卧在我屋内的某一个箱箧里吧？还有顾随先生一篇，《揣籥录》的第十二章（也是最后一章），题为《末后句》。这篇因停刊而未能问世，我一直感到遗憾，也就只好"韫椟而藏"之。幸而借叶嘉莹女士外援的光，顾先生的文集能于1986年在上海古籍出版社出版，其中收《揣籥录》，起用《世间解》的十一期刊文以及我的珍藏《末后句》，终于与世人见面了。事业结束，照例人也要星散。黄君家在北京，当然要回家。他贫困，社会关系少，过了不短的时间吧，才由我介绍，到广济寺的传达室去工作。后来告退家居，"文化大革命"当中还见过一面，说初起时，儿妇胆小，吓得要死，搜检家里书，不管什么内容，都拿到院里烧，他乘儿妇不注意，才把两部旧小说藏到床底下。又过些时候，收到他儿子的来信，说病了些日子，治不好，作古了。续可法师则更早地归了西。也许还在天津解放之前吧，他移住上海某大寺。我们通过信，还由上海给我买到汤用彤先生的《汉魏两晋南北朝佛教史》。有时传来消息，说很活跃，还常常到外地讲经。记得是1955年，见到瑞应寺的德清（？）法师，他告诉我，某运动中续可法师受到批判，投黄浦江死了。何以这样脆弱呢？一种可能是为名位所累，荣惯了，来些辱就受不了。如果竟是这样，我之帮助编《世间解》，就是欲福之反而祸之了。但木已成舟，说悔说不悔就都无所谓了。

最后，想说说将及半个世纪的现在，有时想到这个月刊，我有什么感触。计可以凑三项，都是如意的。其一，是精力的今昔对比，想到目前，虽然不免有些感伤，可是回顾昔日，就真是可以眉飞色舞了。那是挤一点点业余时间，唱独角戏，支持一种月刊，出版一年。像是也没有觉得精疲力竭，累得不能支持。如果是现在，那就连想也不敢想。不只我不敢想，就是领其带、高其跟的许多年轻人，也不会拍拍胸膛，慨当以慷地说"我可以试试"吧？这样说，关于个人的能力，我虽然一贯有自知之明，却也无妨学一次高高在上者的个人迷信，说："想当年我也有超过凡人之才，只是小露锋芒就编了一年《世间解》。"

得意忘形，并进而吹牛，是笑谈。还是转为说其二，正经的，这是借约稿的机会，得亲近许多贤哲的謦欬。人不少，都是师辈，学识、性格，各有各的独到之处，但有个共同点，是都近学问而远世俗，重义而轻利。学问，太专，不好讲，只说待人接物，如见面最多的顾随、熊十力、废名几位先生，都是古道热肠，面对片时，使人顿失鄙吝之心。我有时想，或常常想，人生一世，立身，外的多方面，如钱财、职位，甚至名声等，都无妨低，内的心境却一定要高，即自信不同于俗。这种心境来于培养，读（好）书，笛卡儿所说"如与高尚的古人谈话"是重要的一途，亲近贤哲的謦欬也是重要的一途。由这个角度看，我编《世间解》一年，费力很多，其中一部分是奔走于诸位师辈之门，最后算总账，所受教益还是太多了。

其三，经过多次运动，保存的一份《世间解》却仍健在，有时翻开看看，也许"文章是自己的好"扩张为报刊也是自己的好，竟还是印象不坏。这自然是来于私见，认为嗅到的一种气，离学术近，离迷信远。迷信万端，举三种为例。一种可称为福报型，如《聊斋志异》一类书所写，某某供养观世音菩萨，遇灾难，就有观世音菩萨来救护。另一种可称为诵经型，比如宣扬所见所闻诸事物皆非实有，问何以知之，举证是《心经》有云："色不异空，空不异色，色即是空，空即是色，受想行识，亦复如是。"还有一种可称为玄想型，如日本铃木大拙讲参禅，说参就可以（己身）与外物合而为一，悟后的禅师长啸一声，可以震动乾坤就是。可以自慰，是《世间解》，世人视为一种佛学杂志，却没有这些。而所有，因为是平心静气治学，有时就真能够解决一些学术问题。也举个这次翻检碰到的例。是前几年，我不自量力，写了一本《禅外说禅》，其中引玄奘译本（有七种译本）《心经》，中间部分是这样标点的：

……无苦集灭道，无智亦无得。以无所得故，菩提萨埵依般若波罗蜜多故……

一次遇见金克木先生，他是通梵文的，说依梵文本，"无智亦无得"后应该用逗号，其下的"以无所得故"后用句号。我当然信受，可是旧诵法根深蒂固，欲改而勇气还不够。碰巧这次翻看，第一期刊有慧清（韩镜清同学）试译的《西藏传本般若波罗蜜多心经》，中间是这样：

无苦，集，灭，道；无智，无得，亦无非得。舍利子！如是菩萨由无得故，即能依住般若波罗蜜多……

"以无所得"之意在"舍利子"之后，可见至少是西藏传本，"无智亦无得"后是点断的。如此这般就成为暂不能定。不能定有什么好？曰"多闻阙疑，慎言其余，则寡尤"，此之谓也。

病痛留痕

俗语有贫病交加的说法,"伤哉贫也"我已经写过,从俗,应该写病。也确是有病,单说非头疼脑热,短时期可以过去,因而使我心烦的,不惑之年以前,也可以凑几种。计有五种,大致以时间先后为序说说。

第一种,可惜连病名也闹不甚清,只凭现象,称之为风疹。病不是致命的,可是:一,常反复;二,发则很难受;三,久治不愈,所以很烦心。由开卷第一回说起,还是上初级小学时期,估计十岁吧,春天的某一个下午,在学校,忽然感到浑身皮肤发热发痒,看,发热发痒处皮下有红点,难过得忍不住,就跑回家。家里人也不知道是怎么回事,依农村的传统,还没有找医生看的资格,只好让躺在炕上,看看如何发展变化。其后,红点肿起成为小泡,痒得更厉害,如果挠破就出水。面部更多更密。怕风,不敢出屋。总有十几天吧,水泡收缩,表面结成痂。又过些天,痂脱落,不再发热发痒,算是好了。讨厌的是从下一年起,每到春天必反复,有时反复还不止一次。总是在春天回暖风多的时候,发病之前有预感,是耳的上部发热,继以痒。

然后是浑身胀闷。紧接着就表皮出现红点，很痒。红点以见风处为多，所以如果发病不重，就集中在面部和手上，胸部有一些，背部和下身很少。轻，红点不高起成泡，但也很痒。记得在北京大学上学时期，一次反复，重，唇上生满泡，以致吃饼，要撕成碎块往嘴里塞。语云，得病乱投医，自从到通县师范上学，有了求医的条件，就在发病时期找医生。记得到过潞河医院，还由教医学的教师王锽如（名同观）介绍，到过北平医学院附属医院。到附属医院若干次，负责诊治的是个皮肤科专家，用当时的先进疗法，注射。当时有否疗效，难于证明；到第二年春天，病照常反复，可以证明，这位专家的办法仍是治标，不是治本，或者说，还没找到病因。病因是什么？专家尚且茫然，我也就只能认命，每年痛苦若干天了。就这样挨到四十年代末，我长兄来北京住，有一次，记得是夏天，共同去看本县的绅士李伯兰。他住在今北京站附近一条胡同东口内路南，见面之后闲谈，长兄说这位还通医道，我就说了使我心烦的病情，问他有没有办法。他略沉吟一下，说他推断是由于消化系统郁积，用药清清肠胃可能有用。我请他开方，他说不必开方，吃成药清宁丸就可以。那是由北京广德堂创制的一种和蜜的大如鸽卵的丸药，其中药料主要是大黄（又名川军），价钱不贵。我记住这个处方，由次年春天起，先是一觉得耳轮上部发热、身上发紧就吃，每天半丸或三分之一丸，后来想到未雨绸缪的妙法，不等有预感，在春风将起的时候就吃。果然，从此，先是虽反复也很轻，后来，到五十年代末或六十年代初就不再反复。说不再反复，是不吃清宁丸预防也不再发病，我想，这是因为，随着年岁的增加，体质也会有较大变化。变，由幽谷迁于乔木总是可喜的，那就连当年的多次烦恼也一股脑儿忘却吧。

第二种，有明确病名，曰贫血。与上一种病相反，没有什么痛苦，并变短期为长年。开始于何时，记不甚清，常买药吃则在四十年代。征象是消瘦，面色苍白，四肢无力，大概是某次检查身体，某医生告知病名的。治疗办法是吃一种补铁质的药，名菲罗素，南小街路西福民药厂所制，黄黑色药片，装在寸半高的扁玻璃瓶内，我常去买。连续吃几年，疗效如何说不清楚，但总可以断定，并非立竿见影。未能药到病除，我想原因可能有两种：一是慢性病，只能慢慢来；二是病乃长期营养不足，甚至食不能饱所致，神丹妙药总不能代替鸡鸭鱼肉。又是伤哉贫也！且说这贫血病，几乎可以说不痛不痒，可是影响却不小，——应该说相当严重或非常严重，是破坏了记忆能力。举一次的对话为证，是到福民药厂买药，与也去买药的一位病友闲谈，我说患病以后，感到记忆力明显下降，"比如见到一个生人，问过姓名，谈了一会儿话，过十天半个月再见到，就忘了人家的姓名。"那位说："你的病太轻了，我是上午谈过话，下午就叫不上来名字。"就说轻吧，也使我吃了大苦。苦之一类，是想到当年某一件自己有兴趣的事，总是迷离恍惚，甚至若有若无，这就不能不产生过往都已经幻灭的悲伤。苦之另一类，是《书影》之影的由模糊变为消亡。我是昔所谓书生、今所谓臭老九中的一员，纵使是滥竽充数，也要头脑中还存一些子曰诗云，可是我，由于记忆力已经下降得太多，原来熟悉的子曰诗云就几乎都烟消云散。空口无凭，举近事两件为证。一件，是有个做编辑工作的年轻人，看来稿中有"视民如伤"的话，疑为不通，想改，为慎重，问我。我说这是古书中的话，不能改，这古书，就忘了是《孟子》。又一件，是诌文，多次引《庄子》，说"至人无梦"，有读者指出，查《庄子》，没有这句话。我也就不得不查，一查才知道，《大宗师》篇有此意，原文却是"古之真人，其寝不梦"。一错再错使我碰到记忆方面的事物就神经衰弱，表现有时轻，如引《论语》，误"多识于鸟兽草木之名"为"多识夫草木鸟兽之名"；有时重，如引《孟子》"以力服人者，非心服也，力不赡也"，抄完，不敢自信，赶紧翻《四书章句集注》。还是转回来说病，那种名菲罗素的药已经多年不吃，还贫血不贫血呢？因为未请教医生，不知道。

第三种，有根据感觉而随便称呼的病名，曰腰疼。起因清清楚楚，是四十年代早期，我还算年轻，身有余力，心有游山玩水的兴致，每到秋凉的休息佳日就待不住，愿意约三五同道，骑车游西山。且说其中一次是往香山，同行的有韩兄文佑，另外两个不记得了。照例是九时左右出发，到目的地，走一会儿，择吉地聚坐，喝莲花白酒，吃烧饼夹酱牛肉，佐以言及义或不及义。通常是腹满微醺之后，草地上躺一会儿，"石径斜"上走一会儿，就慢慢踏上归途。这一次不知由谁倡议，躺一会儿之后"远上寒山"，都壮年气盛，表示同意之后就起步。依不到长城非好汉之例，一直登上鬼见愁。到最高处，往西望也不再有碍眼之物，都很得意。也都累了，就聚坐在山顶，谈闲话。忽然面西的一个人彻悟，说太阳不很高了，要赶紧下山回去。紧接着大家都彻悟，想到西直门入夜还关门，晚了就进不了城。于是半走半跑下了山，到存车地点取了车，像赛车那样奔向西直门。到了，幸而门还开着，可是贴身衣服已经被汗水浸透。总是因为出汗太多兼风吹，两三天后，我的腰部疼起来。活动，疼，静止，无力，有时不能挺直，甚至连翻身也困难。开始以为疼几天会过去，可是过了几个几天还是不减轻。只好两面夹攻：一面是服药，一面是用棉围腰防风。就这样延续了一年多，才算好了。但后来证明，腰部已经留下病根，因为反复过许多次。有一次反复得最重，是连续一周不能翻身。语云，久病成良医，我渐渐就明白，病之反复，几乎都是由于夜里（睡眠时抵抗力小）腰部受风。于是就想到预防之道，是除伏天以外，夜里腰部都加棉围腰。但这办法未能万全，因为还有很少时候，像是毫无原因，腰椎的靠下部就如突然被刺一针，接着腰就作痛，不能挺直了。幸而这样的时候并不多。自然，不多不等于无，人力又能怎么样呢，至多只是希望不再加重而已。

第四种，必也正名，是肠炎。记得也是四十年代早期，不知由何病引起，泻了几次肚。以为两三天就会复原，可是过了四五天还是这样。而且有了定规，吃东西之后胀肚，兼咕噜咕噜响。只好请教医生，说是小肠发炎，要服药，慢慢调养。我不通医道，但也知道，肠有病，它就不能照常工作，即不能吸收营养补充身体的消耗。而我，其时为了全家能活，又不能不既劳身又劳心。只好忍，挣扎，记得有什么机会照了一张相，自己看，真可以说是长身玉立，面部两腮已经塌下去。我也有些怕，怕的是长期不能复原，或者会有一天不能支持。就这样坚持了一年多，也许仍是借生于农村，体质不坏的光吧，先是渐渐减轻，终于平复了。平复之后还有善可述，是直到现在，已经过了半个世纪，吃，没有讲究过，如来一块凉烤白薯也是一顿，肠却安心工作，从来不咕噜咕噜叫喊。

第五种，后来居上，病名，时间，治疗经过，都清清楚楚。病名为肋膜炎，今通称胸膜炎。起因是过于忙累，冰冻三尺，非一日之寒，记得由1948年2月上半月起就感到不舒服。下半月加重，浑身无力，有时还作冷作烧。可是仍不得不挣扎，为《世间解》出刊各处跑（包括往天津），还要上课，为不止一处赶文章。就这样折跟头打把式，到2月末，自己也觉得不能再往下支持了，才下决心到地安门内的清源医院去看。这里插说几句题外话，是美日战争爆发以后，协和医院被迫关门，许多大专家出来自己开医院或诊所，看病反而更方便，如我（或为孩子）就找过骨科专家孟继懋，耳鼻喉科丁用浩，热带病科钟惠澜，儿科诸福棠。到清源医院是找内科专家王叔咸，记得是2月底，下午下课后去的，专家确是名下无虚士，听诊器刚接触胸口就说："肋膜炎，要立刻住院。"我回家收拾收拾，第二天是三月初一，上午就住了院。发烧，38度多，卧，睡，都不能安然。心更不能安然，因为上课，编刊，都不能停顿，只好托付朋友代办。卧床休息兼治疗，三四天后体温才下降。不那么难过了，又觉得无事可做，难以遣长日。这是书生的缺点，不能享受闲。也可以说是优点，是利用良机拿点什么可看的东西放在眼前，就可以化沙漠为绿洲。我是让家里人送来青柯亭本《聊斋志异》，翻阅，以期能够发思狐鬼之幽情。这样住了十几天，又遵医嘱，出了院。嘱还有延长的，是要休息两个月。不休息，怕反复，休息，就更将缺衣少食，我行儒家圣人的中庸之道，休息一个月零几天，就又恢复工作，为上课、编刊、讨文等而奔走呼号了。谢上天，佑穷民，这次重病，除透视时左胸部留个黑影以外，竟没有其他什么不可意的影响。

五种病说完，像是还应该说点连带的什么。想到两种。其一是人生一世，得安居乐业之难。病五种，其中贫血和肋膜炎都来于穷加忙累，忙累也来于穷，所以根本原因是生活困难。是己身不努力吗？显然不是，而是由于身外的环境不容许安居乐业。不容许，是因为某些有权者或为己之利，或有什么怪想法，就滥用政治力量。滥用，就最容易使小民陷于水深火热。所以讲治平也宜于卑之无甚高论，只求小民"都"能够安居乐业。如果一定要"论"，我看也不必高，只求合常情，国产的，参考孟子的"养生丧死无憾"，进口的，参考边沁的"最大多数人的最大幸福"，少夸夸其谈，黾勉而谨慎行之，也就够了。

其二是有索隐之瘾的人也许要问，谈病多到五种，都是属于"身"的，难道就没有"心"方面的吗？想想，确是有。不谈，原因有内的，是不易说；有外的，是不好说。不很久以前，我写了一篇《老温德》(收入《负暄三话》)，其中谈到身史显、心史隐的情况，且夫温特教授，已开放之美国人也，尚守口如瓶，况处于待开放、号称礼义之邦如我者乎？且说我们礼义之邦的所谓雅人也多有心病，并创造了写心病之法，曰诗词，如"蓬山此去无多路，青鸟殷勤为探看（读平声）"，"凌波不过横塘路，但目送芳尘去"之类皆是也。用诗词，意在以迷离恍惚破不易说和不好说，其实则难得如愿，因为作者的所献和读者的所见仍只能是迷离恍惚。昔人往矣，微末如我又能奈何，也只是心病藏在心里而已。

中年

这可能是一篇最难写的,因为其他篇大体是叙事,有事在,实事求是,就可以敷衍成篇,这一篇就不然,而是只有模糊的感觉,感觉内而不外,而且是模糊的,说清楚就难了。何以不知难而退?是因为这感觉,虽然不容易抓住,却分量很重,而且纠缠的时间不短,就算是"泥上偶然留指爪"吧,人生旅途中有显著的履迹,追踪,装作不见是不应该的。所以决定知难而不退,试试能不能说个八九不离十。

中年,指若干岁至若干岁,不知道民法上有没有规定。近年来常听到人说老中青,中夹在中间,像是有了明确的位置,其实呢,如果何谓老,何谓青,民法上同样没有规定,那就中年的意义还是不能定。也是近年来,青的一端还有扩张的趋势,那是高跟的队伍中,为数不少,比如年近知命,甚至略过知命,又比如尊姓为赵,隔座送杯并呼"小赵",她就大为高兴,如果呼为"老赵"(没有"中赵"的说法),就会变为扫兴吧?青扩张,高其跟总是力大的,中就不得不下移。其实这也是古已有之,《世说新语·言语》篇记谢安的话,"中年伤于哀乐",听者王羲之答话是"年在桑榆,自然至此",那就中与老合二为一了。我这里翻腾古今,是想独树一帜,至少是我行我素,让中往青那一端扩张,指而立之后到知命与耳顺之间这一段,尤其是这一段的前一段,指实说是三十多岁吧。

中年,有宰相高位的谢安也"伤于哀乐"(重在哀),哀什么?下面有话,是"与亲友别,辄作数日恶(读wù,不快活)"。"宰相的肚子能撑船",思想感情就更难捉摸。还是躲开官,说我自己的,是,怎么说呢?只好学獭祭,抓住点什么就摆出来。是总有这类的感觉:一,终日忙忙碌碌,干的事都是不值得的,即没有意义,但又不甘于没有意义,而意义是什么,却又想不清楚;二,身边有人,手中有事,却总像是还缺些更重要的,这更重要的是什么,也想不清楚;三,去日苦多,认为不当这样再混下去,可是如何改弦更张呢,不知道;四,有想望,而且心情很迫切,可是,苦于不知道想望的究竟是什么。结果就成为五,"终日驰车走,不见所问津",或时时感到有空虚的苦。

这苦是来自厌世吗?像是正好相反,因为显然还是有所求。那就是来自求而不得吧?伤心的是所求是什么,有如镜中之花,水中之月,影具在,抓却抓不住。也曾利用存于头脑中的杂七杂八的知识,分析类比,然后猜想。所得有两宗,也许都是胶柱鼓瑟甚至隔靴搔痒,但既然曾这样想,也无妨说说。

用分析法,先把佛家所谓六根中的"意"一劈两半,一半是"思想",一半是"感情"。先说思想,我是受到英国小穆勒《自传》的启发，知道思想方面的空虚，是还不能有所"信"。这信不是零零碎碎的信，如二五等于一十，直到这一家的醋比那一家的酸之类，而是重大而总括的安身立命之道，即怎么样活下去就心安理得。小穆勒在《自传》里说，也是中年，他不能树立所信，感到茫茫然；后来终于归依边沁，确信"最大多数人的最大幸福"即人生价值所在，应该努力求其实现。有了目的，即找到人生的意义，他不再苦闷。我感到茫茫然，是不是应该向他学习，也找个什么主义，供在心灵的龛里？我也念过边沁，也承认讲治平，不得不顺着这条路走，但这条路只是常识的，求安身立命，只走到常识那里就未必够。不过无论如何，他的以树立信仰治茫茫然的处方则是值得参考的。可惜的是，接受处方不难，也许由于病太重，服用而求能够生效就不那么容易，这是说，经过思的一再折腾，我还是未能树立信仰，也就未能找到安身立命之道。

再说感情。古人谈人生，常说"饮食男女"，两项都是人之大欲，欲与情紧密相连，可是究竟有远近之别，饮食较远而男女更近。这样，可以不可以说，感情方面的感到空虚，是还不能有所"爱"？说也说不清。说不是，如我后来追思往昔时所察觉，是常常因感到"春光易逝，绮梦难偿"而怅惘，绮梦，总不会没有"香沁藕丝裙"式的人物吧？可是转为说是，问题就会挤来一大堆。缩减为两个方面。现实，由所见直到所闻，可指其名、可道其姓的，假定真就能够来入梦，我就可以化茫茫然为有所归依吗？想了想，像是力量还不够，而且不止此也，盖梦总不能不断，断之后呢，自然又是柴米油盐，也就又不免于茫茫然。那就看看另一面的遐想,可以到记贤媛的书里去徜徉,也可以到记狐鬼的书里去徜徉,保证都会有所遇,可是这遇至多是片时的,掩卷之后,成为望美人兮天一方,其情况必仍是茫茫然。所以感情方面的不能安身立命,纵使原因真是还不能有所爱,解决这样的问题也是无能为力的。

无力解决,而又不能"安之若命",于是想到退一步的路,用《苦闷的象征》之法发而泄之。斟酌体裁,诗和散文难于容纳,戏剧过于敞亮,可用的或说合用的是小说,而且宜于长篇。决定到有余裕之时动手写,题目就用"中年"。主旨明确,是"中年伤于哀乐",这哀是有渺茫而强烈的希求,因注定不能得而彷徨,而怅惘。能得当然好,也许中年以后会有希望吧,那就再写一个长篇,曰"皈"。算盘打得很如意,并以为"行行重行行",只要不早归天,总会走到有余裕之时。所谓有余裕,是大环境,容许私情和私见驰骋,小环境,安坐斗室编造各种情节,到饭时能够有饭吃。于是怀抱这样的理想或幻想,仍然往下过。一日日过去,一月月过去,一年年过去,直到现在还是没有动笔。不动笔,有原因。增添了自知之明不能算,因为还没走上胡博士的路,"尝试"。什么原因呢?两本不一样。《皈》简单,是无中不能生有。无,是还没有找到所皈。有近年的所写为证,举两处为例。一处,或多处,触及人生之道,都奉《礼记·中庸》的"率性之谓道"为指针,而不问前面那一句"天命之谓性"是怎么回事,如此命有没有意义。"命"是根本,或上推,第一原理,"吾斯之未能信",当然就谈不到安身立命,不能安身立命即无所"皈"。再说一处,是有时讲到自己的生活之道,也就因为不能树立玄学意义的所信,而又不愿意活得没意思,就不得不甘于"自欺",比如手托一方不值大雅一笑的什么砚,要勉励自己觉得有意思,而不问究竟有没有意思。总之是无所皈,也就不能动笔写《皈》。未能写《中年》是另外一种情况,或说另外两种原因。一种原因力量较小,是身心不得不随着各种运动而运动,比如大炼钢铁时要到大街上去捡铁钉,大办干校时要到干校接受改造,此外还要高举小红书,大声喊万岁,直到弯腰低头,听批斗,因而就不能安坐斗室。另一种原因力量甚大,是时代新了,要求车同轨,书同文,你愿意动笔吗,欢迎,但不管写什么题材,用什么形式,都要走旧时代试帖诗的路子,始于破题,终于颂圣。显然,我幻想的《中年》就大不合时宜,明哲保身,是趁它还没有出生,就葬在佛家六根的末一根,"意"里。

这所葬为未成形的中年的苦。说苦,不由得想到佛家,太子游四门,所见之苦为生、老、病、死,其中没有中年。我的经验,老之为苦,主要是感到所失过多;中年呢,是有所求,虽强烈而渺茫,也就总是求而难得。失,或可用旷达这味药对治;求而不得,因为是在中年,想旷达就旷达不起来吧?若然,则中年之为苦,其程度也许超过老年。不比较也罢,还是总的看人生,纵使天心向善,人祸不来,表面看,饮食男女都没有什么困难,想取得心的安然终归是很难的,每念及此,不禁为之慨然。

佟府旧迹

我教中学的经历，先后总有十年以上，1935年秋起天津南开一年，1936年秋起保定育德一年，1946年春起北京四中一年，1947年春起北京贝满女中四年，此外还有育英中学、土木学校等地。其时男女还不能混合，只有贝满，学生是女的。且说在这女校，时间长，自然经历的事情就多。也因为时间长，或者还有其他原因？可怀念的人和事也较多。自然，经历的事情多，其中也难免有不可意的，人生难得开口笑，还是以先说、多说可怀念的为是。

以三才的天地人为序，天无私覆，高高在上，没什么可说的，说地。前面说过，初中部在灯市口西口内，高中部在灯市口东口内。校内都清洁安静，能够使人暂时忘掉各种争夺。初中部院内有公理会的教堂，虽不很大，也是尖顶指向天空，可以引导人想到形而上。高中部还保留着旧（清初佟国维）府第的殿堂，至少我觉得，比现代化的楼房多有肃穆之气。总之，在我教过的几所中学中，就环境说，我最喜欢贝满女中。

以下，说重点的人。人过多，只好挑一些常常萦回于头脑中的。

学生，离校后有来往的不多，先说。初中教的时间不长，只记得一个，名孙亦林。是八十年代前期，有一次我到复兴门外广播电台去干什么，她在电台作曲，听说我要去，在门口等我。见到以后，拉住我的手，往里走，过几道门还是不放。她说她在初中，喜欢音乐，我鼓励她顺着这条路努力，她的有今日（作曲得奖？），都是由于听了我的教导。她感恩的话显然说得过了分，但我另有所取，是我这个被许多人看作不前进的，还有昔年的小姑娘并没忘记我。我也感恩，或说深有所感，"情动于中而形于言"，别后就填了一首《浣溪沙》，上片云："漫道萍踪聚会难，秋风斜日电台前。称名识面忆当年。"由初中的小姑娘就过渡到高中的大姑娘，这就多了，计有王德静、李爱冬、李迎祥、陈贞华、蒋雯、林如等人。来往最多的是王德静，她住东城演乐胡同，在鼓楼附近化工学院任课，离我城里的据点都不远，常骑车帮我办些零碎事。又连续几年，冬天，她约我和李爱冬、李迎祥，在她家吃饺子。她们三个人包，并买不少下酒菜，看着我一个人喝酒。屋里火不旺，可是人情的暖意还是能使人感到热乎乎的。是大前年吧，王德静去了法国巴黎，常来信，说想回来，因为心脏不好不允许上飞机，又家里人都在那里，未能如愿。我劝她不要回来，可是有时想到心目中的孩子们围着我，看着我喝酒的情景，也不免有些感伤。

转为说学校的工作人员，记忆犹新的不少。依编职教员录的通例，先说掌校政的人物。教会学校，代表教会的有个寇教士，应该坐首席吧？她是美国人，五六十岁的老太太，大概是独身。人，看外表,丰满健壮,既有严谨的一面,又有和善的一面,住在佟府的后院,到前院活动的时候不多。我同她几乎没有交往,有一点点印象,是她回国之前,一次谈话会(也许应该称为质问会或批判会)上得到的。任何年岁不轻的人都知道,1949年是有大变动的一年,前半的2月,解放军开入北京城,后半的10月,新中国成立,于是以这一年为界,仅是在佟府,寇教士的地位也有了天翻地覆的变化。据说,其前,有些人是勤出入佟府后院,满面笑容呼寇大妈的;其后,还是这些人,视寇教士为来华侵略的敌人,当然也就不再出入于佟府后院。这还不够,想进一步,让寇教士也改变观点,站到自己这一边来。办法是惯用的小组讨论,宣扬正确的,批判错误的。记得是在北海五龙亭,寇教士安坐,听发言,千篇一律,都是美国怎么坏。坏之一是不民主,如总统就不能代表人民。我记得很清,听到这里,寇教士说:"他代表我们,因为是我们选的。"这句话对不对可以另说,她在被围攻的逆境里还说己之所信,总是可敬的。其后,美国人不再吃香加不是"孺子可教",寇教士处理了家当,回国了,以后就再也没有听到她的消息。

再一位是校长管叶(xié)羽,人瘦小,因为已经入老境,还有点驼背。严正,忠于事业,规规矩矩办学,以求学生都能成为有知识、有能力、品行端正的人才。他寡言笑,与教师和学生都接触不多,可是校内上上下下都敬重他。我敬重他,还因为有那么一件事,表现他有容忍的雅量。来校比我略晚的曹家琪与我有深交,也教国文，一次上课，忘记为了什么事，管校长进了课堂。曹误会，以为是查他，当时发了脾气。管校长平平静静退出来，还向曹表示了歉意。这是有道的长者之风，就是在当时也是罕见的，所以后来每一想到，就有得见今之古人的感慨。也是新中国成立之后，大概他自己也感到原有的一套不能适应新环境，就把校长的职位让给陈哲文，其后不久我也离开佟府，就再也没有见到这位有古风的长者。

接着说陈哲文，任校长之前我们已经很熟，而且谈得来。他中等身量偏高，不胖，如果是青年，就可以称为"翩翩浊世之佳公子"。据目力特别明察的学生说，面部左右不匀称。我没看出来，只觉得透着和善，对话时总是面带微笑。身方面还有个特点，内脏的位置与常人相反，是某次透视发现的。这都关系不大，还是说为人，他是既正派又能不忘世故，于是表现为通达。这种美德，在今昔交替的时候也许再好不过，因为多方面都能接受，纵使一日千里的人物还会感到美中不足。至于我，就借了他的这种美德的光，离开佟府时没有多丢面子，而且得个远为容易端的饭碗。这是新中国成立以后，我的脚步跟不上，又没有学会言不为心声，渐渐就引来堂上堂下的不满。眼看这碗饭不能吃了，哪里去呢？是他，先给我安排了立足之地，然后在举杯小饮的桌面上告诉我："还是离开这里，去做编辑工作吧。"我不好问他，这样的安排，是碰巧有这样一个工作，还是认为我不宜于再面对学生讲话，上穷碧落下黄泉，才找到个可以只拿笔、不说话的位置的，如果是后者，那就如三国虞翻所说，"使天下一人知己者，足以不恨"，他就是这样的"一人"。就说是机会使然吧，如果立足于今日，回头看看，四十余年，我得平安，甚至小名小利，应该说主要是他之赐。我离开佟府以后，他后来转任北京教育学院院长，忙，我经常自顾不暇，见面的时候不多。近年来他也退了，住在王府井街西大阮府胡同一个平房院里，设备不齐全，上厕所要走出院门。我应该去看他，因为忙，只是托他的儿妇岳女士（也在我们社的大院内工作）向他问候。是去岁（1995年）初冬，我在病中，不记得听谁说，他本无病，洗脚时忽然跌倒，急救无效，于9月下旬作了古。又是一次，应该见最后一面而未能做到，每一想到，就心不能安然。

以下说直属校当局的办公人员。为首的是朱先生，其下有管事务的杨先生，管财务的耿先生，以及抄抄写写的叶迪元、金荣荫、张永钟等。重点说朱先生和杨先生。朱先生与我有特殊关系，因为他是我的师范同班同学朱仰秋（名润岑）的三叔父。同学，限于同班，关系也有远近的不同，我和朱仰秋的关系很近，俗话所谓可以称兄道弟的。他们是旗下人，住在西直门内北沟沿一带。朱仰秋早已丧父，叔父还有行四的，在育英中学工作，也是主持校办公室。就因为我与朱仰秋有这种关系，见面，随朱仰秋，呼在贝满的朱先生为三叔，在育英的朱先生为四叔。且说这位三叔，人很精干，也很宽厚，又因为我与朱仰秋有这种关系，对我，表面虽然客气，心里却看成子侄，需要指点的时候，趁屋里没别人，小声告诉我，应该如何如何。我当然很希望身边有这样一位长辈维护，也就既敬重他又亲近他，到学校，没课，愿意到他那里去坐坐。也为了表示敬重和亲近，每年新正，我总是与曹家琪结伴，到朱先生家去拜年。朱先生是旗下的小户人家，蓬门小院，可是室内一尘不染，用具都明亮如镜，婶母等也是温和大方，仍不少"王侯第宅"的雍容气象。我离开佟府以后，与朱先生会面少了，不记得是"文化大革命"中还是其前其后，听谁说，就在那蓬门小院里归了道山。再说为朱先生之左右手的杨先生。他是天津人，年岁与朱先生相仿，高个子，面干枯无须，酷似紫禁城内的太监。只有一个女儿，以及老伴，相伴过日子。为人也是古道热肠，以帮助人干点什么为乐，并且作而不述。他可以算作怪人，一身而兼有聪慧和拙笨的两面。聪慧是动手，他什么都会，而且不同凡响；拙笨是动口，尤其在新时代的小组讨论中，他一句也说不上来。举一点点事例为证。教会学校，周六下午不排课，上午课上完，学生散去，我们松一口气，几个常在朱先生屋里闲谈的男教师就想享受享受，朱先生出主意，一个人拿一点钱，交杨先生，让他做点什么，下课后在朱先生屋里聚餐。记得第一次是吃红烧肉，入盘上桌，肉块方方正正，看着像是不烂，及至下箸，才感到连夹起来也困难。入口，味道好得难以言传，只能用间接的办法，说有生以来吃红烧肉无限次，评比，还是以这一次为第一。我惊讶，问朱先生，杨先生的技艺是怎么学的。朱先生略过因，只说果，是"他什么都会做"。果然，其后就品尝了他做的许多种，其中一种是糖葫芦，单说外形，竟超过东安市场北门内的。再说另一面的不能说说道道。新中国成立以后，万象更新,原来不言不语也能做的事,有不少要经过小组讨论,以表示并非被动。有那么一次,是为什么事(救灾?)动员大家捐助,于是先定期小组讨论。杨先生也必须参加,也就必须发言。都知道他不会说,于是由我们吃红烧肉的一群里推举一个人代他作发言稿。要求简明扼要,以便容易背诵。果然背熟了,开会,轮到他,背一过,一点不错。一些先进人物既惊又喜,大力鼓掌,我们知内情的也就随喜,鼓了几下。万没想到,杨先生听到掌声竟忘其所以,又说几句与前几句意思相反的,是"我看不捐也可以,国家一定有办法"。散会以后,我们责备他,他说:"我以为多说几句,他们一定更高兴。"离开佟府以后,我没有再见到他,推想不久就会回天津吧?我有时翻检《庄子》,碰到《天地》篇中的"机心",就禁不住想到他的朴厚,没有一点机心,也就不能不慨叹,以小组讨论的说说道道培养机心,我们的损失终是太大了。

以下说同行,上讲台面对学生的。男本位,先说男的,附带说说女的,都以记得的多少为序。排在第一位的是曹家琪,不只这里排第一,我还专题写过他,收入《负暄三话》。何以这样恋恋不舍?是因为我们在说话必须小心谨慎的时候,还是可以无话不谈,推想现在年不小于耳顺的人都会知道,这是过命的交情。他是京北怀柔县的人,辅仁大学毕业,来贝满女中,教高中国文。他长身长面,为人敞快,好说,与人交,推心置腹,所以我们很快就成为知心的朋友。常在一起吃喝,在小馆,或我家或他家。他家是富户兼书香门第,在鼓楼以东还买了住宅，我们相识之后不久卖出，租交道口以南秦老胡同一个大宅院的东房住。我常到那里去，其时他祖母还在，一看就知道出身于世家，文雅，不出门，以读小说为遣。命不坏，儿孙都孝顺，"文化大革命"之前往生净土，没受到赶回老家、接受批斗的折磨。她的儿子和儿媳（曹家琪的父母）就失之死得太晚，"文化大革命"风暴一来就被赶回老家，男血压高，在烈日下受批斗，第二天就见了上帝。女，一人在家度日，曹家琪当然放心不下，只好城乡两头跑。其时他早已离开佟府，先是到天津（河北？）师范学院工作，不久学院迁北京，改名河北北京师范学院，地址在和平里，他也住在和平里。母亲还健在，有在天津结合的陈女士主持家政，应该说是由颓败趋向中兴了，不幸得了由感冒转为肾炎的不治之症。其后学院又迁居，到宣化西南方的一块荒地，正名为河北师范学院（后来"文化大革命"的狂热过去，迁往石家庄）。在宣化时期，他的病渐渐加重，终于不得不到北京住医院。其时我由干校放还，户口还乡，人则多在北京，也就常去看他。他顾念妻子，舍不得死，可是病如天地之无私，挨到七十年代初期，还是抱恨走了。我失掉这样一位益友，心里很难过。所谓"益"，至少包括两项。一项是上面说过的，无话不谈，"自夫子之死也，吾无以为质矣，吾无与言之矣。"（《庄子·徐无鬼》）另一项，由利的角度看更重要，是我缺少应付世俗的能力，他不只有，而且很丰富，所以每当我感到无所适从的时候就问他，他必当机立断，告诉我应该如何如何，而也是"自夫子之死也"，我就只能乱碰了。

失,已然,没办法。幸而他还给留下一得,天大的得,介绍我结识启功先生。他是启功先生的学生,与启功先生也有无话不谈的交谊,并本诸什么什么"与朋友共"的古训,带着我到前马厂去进谒这位其时还没有遮天大名的上人。因为有此一介加一谒,就先是"马厂斋头拜六如,声闻胜读十年书"(拙句),其后半个世纪,先后到黑芝麻胡同、小乘巷、师大小红楼等地的斋头,大则取立身处世之道,小则取个拙作的书名,凡此,皆绰号老驴的曹家琪之遗爱也。人往矣,又能怎样?也只能就一时想到的记在这里。

接着说田聪。他字仲严,天津以西永清县或霸县人。我们是文学院同事,早就熟识,我到贝满,记得还是他介绍的。他身量不高,精明,对人热情而彬彬有礼。也是教国文,因为个儿矮,曾有学生照顾他写黑板字,讲台上放个小板凳。他误会了,大发脾气,以学校和学生都致歉意了结。他学识丰富,口才也不坏,因而受到许多人的敬重。我和他也谈得来,印象是思路清晰,能明辨是非。万没想到,这样规规矩矩的一位,记得是1947年暑后开学不久,被捕了,同时捕去的还有女教师陈琏,都是夜里从家中抓走的。依常情,这必是政治问题,国民党所抓,身份可想而知。后来听说,是解往南京,陈琏交她父亲陈布雷严加管教,田聪判刑,住老虎桥监狱。推想也是1949年初,南京政府塌台,用保释的名义放出来的。如此推想,一是根据《知堂回想录》记出老虎桥监狱的情况;二是听他自己说,在狱里与周氏有交往,周曾赠他书云云。总之,新中国成立以后,我们又恢复了交往。他未改旧家风，对旧相识仍是亲切客气。只是有一件事不便问他，地下工作，胜利以后何以未腾达？先是在西郊某单位，后是在东郊定福庄一个石油学校，都是从事语文教育工作。在西郊，他曾介绍南星去教英文翻译；在东郊，为有关语文的事，与我有些联系，记得曾在华侨饭店共进过一次午餐。后来见面的机会少了，是"文化大革命"开始以后吧，听说为被捕的历史问题，生活不能平安。记不清确切时候，也不记得听谁说，他作古了。人都不免于这样一场，但我有时想到他，总觉得未能听到他深谈理想与现实的种种，终归是个遗憾。

还有几位，可谈的不多，想总而言之。一位是陈广潘，教化学的，超过一般的朴实正派。这样的性格显然难于适应新风，又不善于演戏，所以经常愁眉不展。我同情他，又能怎样？离开佟府以后，我们见过几面，后来就断了音信。是八十年代吧，听说不很久以前作古了。另一位是孙念台，孙家鼐的后人，胖胖的。教物理，文史方面的知识也很丰富，记得我译完罗素的《哲学与政治》，还请他校阅过。他的大优点是通情达理，明是非，善于处事。他后来转到北京师范学院工作，任物理系主任吧，告退之后家居，有时还带来问候的盛意。还有一位是张午桥，教历史的，风度翩翩，好交，我们相处得不坏。我离开佟府以后，大家都身心少余裕，不记得曾见过面。是近一时期，先是通过学生李迎祥，我知道他还健在，后是通过电话，我们谈了不少今事和旧事。

再说女同事。女校，教师也是女的多，但这里想说的却不很多。第一位是刘大姐，名师蕴，也教国文。我呼为大姐是实事求是，因为年长于我至少六七岁。可是仍闺门待字。是独身主义吗？非也，在我还没离开佟府的时候，她找了个年过知命的大姐夫。我亲近她，是因为同于裴世五大哥，总是把我看作需要她照顾的小弟弟。我同她交往很多，愿意听她的教导。只是有一次，她约我到刘喜奎（是她姐姐的好友）家去喝茶，我沉吟一下，没去，以致失掉结识这位民初大红人的机会，至今想起来仍感到遗憾。再一位是张继恒，数学女教师张继毅的令妹，东北人。记得是教物理。人开明，敞快，至少是同合得来的，心口如一。由无话不谈的角度衡量，在佟府，站队，曹家琪是排头，她可以排第二。其时她还闺门待字，与孙念台来往比较多，于是由近而再近，更近，就与孙念台结为夫妇。推想是孙念台转往北京师范学院的时候，她夫唱妇随，也到那里去教物理，至今四十余年，就没有再见到她。再一位是陈琏，上面说到，是蒋介石左右手陈布雷的女儿。用今语说，是高干子弟，为什么不在南京优哉游哉而到北京一个中学来教书，真是想不明白，也不好问她。后来，即被捕以后，才大致可以推定，是道不同，所以各走各的路。她教历史，知识面广，也健谈，虽然貌不够上上，风度却潇洒而大方。我们合得来，总可以说是相知吧。她被捕以后，只听说解往南京送交她父亲陈布雷，以后就不再有她的音信。也是推想，道不同变为同是很难的，那么，她"侯门一入"，家中的空气也就不能平和了吧？其后不很久，陈布雷自杀了，原因除了"国"以外，是否还有"家"方面的？还有，这位陈㻁女士到哪里去了呢？我怀念她，当然愿意知道，实况是至今还未能知道，圣训有云，"戒之在得"，也就罢了。再一位是艾碧珈，教音乐的。我们见面，只有微笑点头的关系，可是印象很深。原因来于她的体貌和风度，娇小玲珑，背个书包，远看近看都像个小姑娘。还性格温和，推想就是受到打骂也不会发脾气。佟府别后，我和她竟还有会面的机缘，一次两次，何时何地，都记不清了，总是我已趋向老、她也不再年轻的时候，很奇怪，远看近看，她竟仍是个小姑娘。再一位是方备，教体育的。我留有清晰的印象，原因不止一种。先以貌取人，她身材、面容都美。性格呢，温婉还要加上洒脱。我有时想，讲《诗经·关雎》的"窈窕淑女"，如果必须以例明之，就可以请方备女士上台亮相。也就因为多方面的优点具"备"，嫁个学术地位比她高的龚祥瑞。龚是在英国学政治的，据说是拉斯基的学生，回国以后先在南京，后在北京大学政治系任教。我不认识他，虽然也念过几本拉斯基的著作。"文化大革命"来了，喝过英国墨水，又在南京工作过，当然更要入牛棚，接受批斗。不记得听谁说，批龚，只一次，因为上场，自骂比他骂更入骨三分，再批，连通天的红卫英雄也感到无话可说。我听了不禁赞叹："究竟是拉斯基，看透了政治；如果是高尔基，只迷恋文学，就不能应付了吧？"可惜其时我自顾不暇，又见不到方备，不能把这神来之意附耳告之。最后说一位是刘可兴，连教什么也忘记了。有清晰印象，是因为她体貌有特点。窈窕，楚王所好的细腰,还都可以说是不稀奇,稀奇的是腰部柔若无骨。这样,风度就表现为美,有魅力的美。静时如此,动时更是如此。是万象更新之后,为了表示皆大欢喜,人人都要下场扭秧歌。我从众下过场,有时也旁观,见都是生硬捍格,不好看,只有刘可兴,流利宛转,很美。问人,才知道她跟戴爱莲学过跳舞。是若干年之后,一次与通县师范同学刘佛谛面对,不知怎么就谈到刘可兴。原来他们在塘沽同过事,刘在那里也是以美出名,也许为了表现腰部的得天独奇吧,绰号美人前还加个蛇字。在佟府的女同事中,刘可兴是神龙见首不见尾的人物,于今四十年过去了,希望她还健在,也总是古稀以上的人了。

也是四十年以上,我没有再走进佟府,旧的殿堂也退位,让与新了吧?至于府夹道的口外,我有时还经过,北望,变动很大,连熟悉的烤白薯炉也找不到了。

迎新

仍是在贝满女中任课时期的1949年，随着学校师生活动，参加两次在政治史上占重要地位的集会：一是2月3日的欢迎解放军入城，二是10月1日的庆祝开国大典。"人生七十古来稀"，有这样的亲历机会不容易。

且说人们都是怀着这样的希望，甚至信心，参加这次活动。天不作美，由清晨就起了大风，很冷。我于八时赶到学校，师生列队，南行，到分配的地段东交民巷，站在街两旁恭候。记得等了很久，因为返校已经是下午。幸而我有准备，穿了厚皮衣，没有感到冷。大概到了接近中午吧，先是听见锣鼓响，接着远远望见，自西而东，解放军来了。为首的是一辆卡车，车上并排立着两个半身像，后面是几个人敲锣打鼓，声音洪大而嘈杂。车后是长长的队伍，也许还有秧歌队？好容易等来了，欢迎的人群有人带着，都摇旗喊口号。人像是都融化于狂热中。就这样，总有二三十分钟吧，队伍过去，空气才静下来。然后是原路回学校，风力不减，很饿很累。傍晚才回家，路上重温集会的印象，所见解放军都是灰土布棉衣，确是艰苦朴素；纪律也好，在街头走，几乎目不斜视。

闲话少说，为了文不离题，要跳过近八个月，说参加10月1日的开国大典。十一以前，为了庆祝，学校已经忙了两三天。到正日子，像是反而轻松许多，记得只是到天安门前，席地而坐，看升旗，听礼炮，听讲话。典礼开始不早，兼以时间不短，记得近晚才回家。与欢迎解放军入城相比，这是更大的大事，或如许多先进人物所宣扬，大喜事，因为这之后必是除旧布新，总的，国家，分的，个人，都蒸蒸日上。我当然也希望能这样，甚至相信很可能是这样。说"很可能"，不说"必然"，是因为头脑里盘踞着历史，而历史中的改朝换代多到数不清，改以后真就蒸蒸日上，坏都变为好，或说小民真就由水深火热变为平安幸福，是直到辛亥革命的变帝制为共和，也没有成为事实。不能实现，原因很多。主要想占有求享乐的，如隋炀帝之流可以不计，单说意在求好的，也未必就能够，从长远看，使坏变为好。只举近的两种情况为证。一种是善举，如入城之后不很久，有一天，雷厉风行，封闭了妓院，解放了妓女。这是除了极少数靠妓女血汗赚钱、用妓女肉取乐的坏蛋以外，没有不欢欣鼓舞、颂为德政的。我当然也是这样，而且确信不疑，从此就不会再有卖笑嫖娼之事。可是几十年过去，"小班""茶室"之类的牌子没有恢复，而据说，土味儿变为洋味儿，名不很正的按摩室、KTV包房，名正的咖啡厅、饭店，也许还有其他花样，就仍是可以进行钱肉交易。以作战为喻，这是变阵地战为游击战，因为可以游，数量就更大了吧？更可怕的是想除之，就不像封闭妓院那样容易。如此悲观也不是无中生有，因为如果容易，就用不着隔些日子就高喊一次"扫黄"了。另一种情况是乱举，如入城之后的几年之后，想是为了改善人民的生活，提高社会的档次，先是风传，继而实行，城乡，都以群居的某一范围为单位，成立人民公社，各家的人不再自炊自食，而要吃公共食堂。人民"公"社，"公"共食堂，两个"公"，与一个或千千万万个"私"斗，依理，应该转瞬之间就看到胜利，可是很意外，来的竟不是胜利，而是很多人不再能吃饱饭。不管依照什么理论，很多人没有饭吃总不能说是好事吧？而不幸，这不能算好，想变为好或恢复为好又非常之不易。其结果是在上者必忙于改弦更张；在下者呢，有办法即能移动的，遵从"人挪活，树挪死"的俗训，背井离乡，另谋生路，绝大多数不能移动的，自然就有"转乎沟壑"的危险。与前一种情况相比，这是意在求好，而来的并不是好，也就可证，除旧布新，蒸蒸日上，并不像希望的那样容易。

写至此，回头看看，忽然想起一个熟人，爱人以德，其时曾勉励我，头脑里旧东西多，会阻碍自己前进，不前进即落后，不好，应该急起直追，先把旧的清除出去，以求破之后很快能立。我感激这样的厚意，也真想全力自讼，先求能破。可是上面提及的疑虑表示自己的所行并不是弃旧，而是仍戴着旧眼镜看新事物，何以对熟人的盛意？虽事已过去近半个世纪，想起来仍难免心不能安，怎么办？先跳出来个想法，是不写或改写，改，即只记身的活动而不记心的活动。刚想到这里,又一个想法跳出来,是写旧事,绝不应该以半面妆见人。头脑中出现吵架现象,只好再思三思。思的结果是决定走写实的路。何况这实,即当时回溯历史,对于"齐一变"就"至于道"的如意算盘还未能全信,一是并无恶意,二是其后的许多情况表明,所疑并未失误。疑未失误其实也不无好处,是确认治平并不像幻想的那样容易之后,处理众人之事,要平静谨慎,少诉诸狂热。至于如何才能够平静谨慎,不随着幻想乱走,乃题外的大问题,从略。

望尘莫及

这一篇想写离开贝满女中的情况，时间大致是1950年及其略前略后。内容主要是"思"方面的；"事"琐碎，又年深日久，大多忘了，可写的很少。思，总的说，是形势要求急起直追，而自己脚步太慢，苦于跟不上。分着说，就不能不触及原因、情况、结果等，可说的也许不少吧？

治病，要找病因，由探索原因说起。最容易想到的一种原因是怀念故国，如庾子山之写《哀江南赋》，因而就厌恶新的。我显然不属于这一种。也可以说说原因，一是在过去，我未腾达；二是退一步说，总是在贫困中挣扎，依常情，就不会产生恋慕的心绪。情况也确是这样。我的故国，如果政权易主都算，应该说先后有三个（日本侵略时期不计，因为不配称为"故"）。第一个是大清帝国，我生于光绪二十四年年底，到辛亥革命清朝灭亡，依旧说，不过方免于父母之怀，帝制，好也罢，坏也罢，都不知道，也就谈不到有什么爱憎。从有觉知力起，所见所闻是北洋军阀的争权夺利，胡闹，当然就更不会有什么好感。1928年在通县上学，迎来所谓北伐成功，国民党胜利，也曾随着兴奋一阵，可是不久就变热为冷，尤其"九一八"以后，所见不过是对外屈服，对内镇压，统治集团贪污腐化，已身呢，是缺衣少食，这样的国，显然就只能引起憎恨之情。"情动于中而形于言"，只说抗战胜利之后，说，写，就多有牢骚。其时的牢骚表示思想开明，有正义感，所以思想排队，我还是荣居前列的。

新的政局变化带来排队的变化，因为许多人适应新潮，飞速前进，我原地踏步，自然不久就移到后面。这种形势，我自己也觉察到，无论是为声名还是为实利，都应该也急起直追。不幸是身心都不由己，一时想一鼓作气，紧接着就泄了气。正如许多人所断定，我自己也承认，这是思想问题。于是我在思想方面找原因。由远及近，兼由轻到重，找到不止一种。其一像是来于"天命之谓性"，我喜欢平静，惯于平静，因而就不欣赏狂热，难于趋向狂热。其二是受北京大学学术自由、兼容并包精神的熏陶，多年来惯于胡思乱想甚至乱说乱道，霎时改为"车同轨，书同文"，要求头脑里不再有自己的想法，信己之未能信，就感到如行蜀道之难。其三就更为严重，如前面讲自己的所学时所说，是而立之年前后，为求深知，读了不少西方谈思想的。所得呢，单说与这里有密切关系的，可勉强分为两个方面。一方面是知识论性质的，如何分辨实虚、真假、对错、是非。应该遵从的规律不少，但也可以总而统之，是信任"自己"的理性，或用康德的术语，纯粹理性。另一方面是道德学性质的，限于知的领域，应该怎样活动。这包括的信条很杂，如疑多于信，无征不信；不管如何有权威的道理，可信不可信，要用自己的理性判断；人人有思想的自由和言论的自由；意见不同，可以坚持自己的，但应该尊重别人的，等等都是。并进一步相信，只有这样，知才可以近真，行才可以少错误。至少我觉得，新潮的要求不是这样，而是有什么信条和措施，要不经过自己的理性评断而信，不许疑。我也曾试着这样做，可是旧习总是闯进来捣乱。在心里争持，旧的能退让也好，可是常常是不退让，即经过理性衡量，竟觉得说是正确的那些其实并不可信。公然表示疑是行不通的，于是可行之道就只剩下沉默或装作信。总之是难于心安理得。

年岁大一些的人都会知道，这样的不心安理得必对生活有影响，小是吃饭不香甜，大是可能没饭吃。我懦弱，怕自己没饭吃，也怕妻女没饭吃。可是想把头脑中那些旧存储都赶出去，用力，竟不能生效。这有时使我想到人不能手握己发把自己提起来的情况，因为既想离地又不能离地，自己就无能为力了。用自己思想改变自己思想，推想也是这样，"能"改和"所"改是一个，自己也就无能为力了。这里想岔出一笔，为思想改造中未能"真"改造好的书生之流说两句请海涵的话，是依据"思想"的性质，其中绝大多数推想必是非不为也，乃不能也。如果竟是这样，则思想改造的妙法是否真妙，就颇为可疑了。又是疑！其时我是有决心变疑为信的，记得"屡败屡战"之后，想到佛家的意根之后加了个末那识，末那识之后再加了个阿赖耶识，深怨上帝造人，通过智慧果与人以思想能力，为什么不在思想之上或

385

之后再来个末那识思想或阿赖耶识思想，如果多给这样一个思想，则新时代带着新要求来了，那高高在上的思想就可以下令，让其下的思想立即把旧的不合时宜的记忆都清出去，记忆之房变为空空，新的种种就可以不费吹灰之力走进来定位，岂不懿欤！显然，这是加料的幻想，正如梦中的钞票，是连一根火柴也换不来的。

还是转回来说现实，是不管我怎样努力求适应，心里的不安然之态是难得都隐而不露的。于是在有些人（包括一部分学生）的眼里，我就成为不积极前进的人物，再升级就成为落后的人物。如何知道的？过去近半个世纪，加以记忆力差，不记得了，推想是还谈得来的几位同事善意相告，也许少数学生还有所表示。自知不好在佟府再待下去，可是哪里去呢？不能不有走投无路的悲哀。而新时代，又很难自己找职业，只好忐忑不安地坐待。记得是1951年1月的下旬，学校诸事刚结束的时候，校长陈哲文说有事找我，我去了，一同到一个小馆吃午饭，席上他说出版总署用人做编辑工作，叶圣陶先生（时任副署长）托他找人，他推荐我去。并说如果同意，一两日后去见叶先生，确定做何工作。我表示感谢。就这样，我事后想，算是由崎岖小路转向阳关大道，因为变面对学生为面对书稿，就可以多动笔，少动口，且不说可以应付裕如，总不会像在学校那样困难了。

这可喜的事还带来一些悲痛，是我将离开佟府的消息传出以后，不少同事设宴送行，表示眷念之情。这送不能称为欢送，因为心照不宣，我是不得已而离开的。但终归都是中年或中年以上的人，凄凉之意可以融化于杯箸间。学生就不同,记得有石英、任和等几个,总是来看我,谈着话就落泪。这使我既感激又悲伤。但是终于别了,我有时想到她们,也不年轻了,今生还能有机缘,花间、樽前,促膝谈谈往事吗?我是盼望能有这样一天的。

花事

花是人常接触的外物的一种,与情有千丝万缕的关系,因而在人生中就占有或大或小的位置,像是也应该说说。说,浅尝,容易,"陌上花开"是见,加点情,说"缓缓归",也不复杂。深钻,即不管走到哪一步都问个所以然,问题就会来一大堆。首先可以问何以会有花。这容易答,是如人之喊"不孝有三,无后为大",植物也有生命,就也舍不得灭绝,要传种。这样说,开花,亦男女居室之类也。传种是目的,开花是手段,目的要铁板钉钉,手段则可以万变。所以花之中就既可以有牡丹之大,又可以有桂花之小,既可以有荷花之娇艳,又可以有枣花之平庸。然后来了更麻烦的问题,人为什么会爱花。这里且不细追,问同是对于花,还有不同的爱,如陶渊明爱的是菊花,周敦颐爱的是莲花。也许还有任何花都不爱的吧?总是很少,可以不管。且说常人常事,由平房小院升为楼居,阳台仅可容一个人坐藤椅晒太阳,也要养几盆花;晨钟夕烛,忙得喘不过气,某园有花展,也要赶着去,买票进去看。这不新奇,更不犯法,没有人无事找事,问为什么。如果问,麻烦就来了,也许不得不找朱光潜、宗白华一流人去请教吧？这是说，难得躲开美学。而一沾染美学，两个问题就立即走到面前：一浅，是花为什么美；一深，是美是怎么回事。擒贼先擒王，先追究美的性质。异说纷纭，我仍是投靠人文主义，接受美国桑塔耶那的解释，"美是快乐的对象化"。这是说，比如看见茶花觉得美，只是因为心里舒服。可是，同是外物，何以有些看了舒服，有些就不舒服呢？大概还要找朱光潜、宗白华一流人上讲台阐明，而阐明，我们也未必能懂，尤其未必能信。所以不如接受现实，承认花美的现实，然后在这现实之内打些小算盘。我想到的是，人群，最大的分界是男女，单就与花的关系说，女性近得多，如绣是女性的专利，戴也是女性的专利。但绣，戴，是"只可自怡悦"吗？上帝，或上天，或自然限定，女性的种种，纵使密不透风，也会有男性插进来，仍说花，女性绣，戴，男性可以连人带花一齐爱，所谓"云想衣裳花想容""偷看吴王苑内花"之类是也。至此，已经肯定花美，可以爱，然后"近取诸身"，说说我，主要是中年及其前后，与花曾经有什么样的关系。

成语有锦上添花的说法，这里无妨断章取义，说是质地要是锦，上面才能有花。我的第一故乡是农村，第二故乡是通县，印象是都没有人养花。所以谈与花的关系，要从到北京住开始。北京人的生活，受旗下人的影响，要尽己之力讲究。皇帝是超级大户，住地有御花园，其外近有三海，远有圆明园、避暑山庄等地，自然都不少花。下降为各种府第，住处之旁也要有花园。再降，直到平常人家的平常院落，堂室之前有或大或小的空地，也要栽些花木如丁香、海棠之类。

花木之外还可以种些草本花，或下地，或入盆。因为多有人爱花，养花，也就有了养花的专业，人名花把式，店名花店。此外，还有以培育某种花任人观赏扬名的，如崇效寺牡丹、刘䎽园菊花之类。公园，日日有人进去游览，当然更不能落后，也就要培育多种花，摆在适当的处所，以图游人能够赏心悦目。这样，就个人说，养之外又多个任务，是某时到某地去看花，雅称曰赏花。

花，纵使从俗，认为美，门内也可以不养，门外也可以不看。我是养了，也看了，问心，甚至诛心，有没有值得说说的？想了想，真泄气，是如阮咸之晒犊鼻裈，只是未能免俗，至多不过是行有余力，弄一些品种，看它在自己的小院里吐艳放香，觉得有意思。但总有个时期，从许多人之后，看了养了，至少是曾经耗费一些精力，忆旧，也就应该说说。先说看。大概是由三十年代前期起，断断续续若干次，春天是到崇效寺看牡丹。崇效寺在外城西南部，白纸坊以北，由广安门内以东不远南行，过一些残破街道和义地，就可以找到。寺坐北向南，不大。据说是唐朝幽州节度使刘济舍宅建的，那就是在幽州城内了。又据说寺内种枣树很多，所以王渔洋称之为枣花寺，其附近有枣林前后街，也许就是因枣树多而命名吧。到民国年间，寺已颓败，记得只有两层殿，不雄伟。可是在北京有大名，就是因为晚春牡丹花开的时候，自认为风雅的士女都要前往看看。我入内看不止一次，印象是门内左方那几丛确是开得不坏，肥大鲜艳，很美。名声大还来于有异种，绿色花和黑色花的。绿色的有印象，其实是物以稀为贵，如果也如深红、浅红之多，那恐怕就很少人欣赏了。我对这个寺多有怀念之情，是因为它年岁大，现老朽之态，可怜。还有个因缘，是四十年代的一个秋天，我伴同广化寺的两三位出家人，去那里做客，看寺藏的名迹清初和尚智朴画的青松红杏图以及许多名人的题跋。近年到那里，吃了一顿素斋，看了青松红杏图，果然自王渔洋以下，清朝各时期名士的题跋很多。辞别，以后就没有再去。迎来五十年代，寺更破落，先是牡丹移中山公园，挨至七十年代末或八十年代初，看报，知道仅剩的一个寺门也没有了。青松红杏图卷呢，能够逃过十年浩劫吗？我有时想到这些，感到人祸之可怕；知人祸而不敢溯本求源，以致"殷鉴不远"而不能利用，就不只可怕，而且可悲了。

还是话不离题，说看花。又是常看的一处，挈园的菊花。还有更值得怀念的因缘，是我的一个可敬可亲的朋友刘慎之在那里培育菊花。挈园原是花主人刘文嘉的别号，推衍为艺菊之园的名称。园在新街口以北路西，占地面积不小，据刘慎之说，地原是他家的，因家道中落卖与刘挈园，也就因为这种关系，他无业，才到花园帮工混饭吃。刘挈园是湖北人，日本留学学法律，在湖北和东北作过几任中级官，年老退隐，喜欢养菊花，专心弄这一门，也就成为这方面的专家，并进一步成为这方面的名人。挈园菊花最盛期在四十年代到五十年代初，每年晚秋到初冬，院内成为菊花的海洋，游人总是很多。据刘慎之说，品种超过一千。我因为住得近，顺便看刘慎之，每年展出时必去看，有时还不止一次。粗略说，最值得欣赏的是两类。一类花大,瓣繁,且颜色娇艳,总起来就成为很美。另一类是花形有特点,可以使人联想到某一种态度或韵味,如一种名为"懒梳妆"的就是这样,稀疏而长短不齐的花瓣,尤其在微风中摇曳时,使人不由得想到美人春睡乍醒,秀发散乱的姿态。迈入五十年代,契园菊花逐渐衰落,经商酌,并入中山公园,据刘慎之说,品种已降至八百。推想异种是较难培育的,如懒梳妆之类,也许不再有了吧?

崇效寺看牡丹,契园看菊花,可以称为大举。还有可称为小举的,记得有两处。一处在后海之南,确切的街巷,主人的尊姓,都不记得了,印象是在一个曲折的小胡同内路西,小门楼内北房前一个小院,养的都是西番莲。品种不很多,出奇的是花形大,直径可到市尺一尺二寸。据养花的主人说,品种来自日本,日本的专业人养,直径可到一尺四寸。看西番莲是在夏天,因为对西番莲有兴趣,也是连续若干年,至时必前往。另一处是在西直门内大街路南,主人也姓刘(?),养荷花,以品种多著名。展出也是在夏天,记得只看过一次,究竟怎么个好法,也忘记了。

以下说门内的自养。时间是1938年春迁到后海北岸以后,直到1969年秋逃往北大女儿处为止,共延续了三十年有余。我租住的是后院北房四间(共五间),房前有个长条小院,如果为养花打算,就嫌地不够宽大,又南面主房太高,以致阳光不充足,通风差。但是人,纵使没翻过李笠翁的《闲情偶寄》,未听到讲说"退一步法"之妙用,实际也都是在安于这退一步,如饮食,无鸡鸭鱼肉,熬白菜也可以，男女，不能得窈窕淑女（且男本位），中人甚至加以下也得凑合。养花亦然，没有长空沃土，得一席贫瘠地也想试试。这方面我也是由小到大，积少成多。记得买过石榴、无花果、橡皮树、月季等，这些，有的宜于盆栽，有的可以下地，比喻说，还都是游击战。大举是阵地战，计可以分为三期，菊花、西番莲和葡萄。养菊花，是受契园花展的引诱，以及得刘慎之的帮助。所谓帮助，小是告诉怎样培育，大是赠与名种。名种，都是我看后点名要的，所赠都是易培育的幼株。记得都是花形大、颜色纯正的，计有黄、白、红、紫等颜色。菊花都用盆栽，最多时有二十余盆，秋末冬初盛开之时摆在院里，也可说是洋洋大观了。但与契园中的相比，数量可以不提，就是单个的，我培育的也是花较小，干较高。还有一种，浅米黄色，瓣较细，娇弱若不胜衣，是佳人中的林黛玉型，名"西厢待月"，我最欣赏，也索来一株，养了两年未开花，也可见虽然忙乱了几年，究竟还得算门外汉。又据说这花形大的品种是自日本传入，与产于本土、陶渊明采于东篱下的不同，不同中的一项是开的时间晚，所以为了防冻，入夜要搬到屋内。搬进搬出，虽然也不无陶侃运甓的效益，终归是太麻烦，又会使陋室兼成为挤室，总之是也有不值得欢迎的一面，因而几年之后，兴尽，就放弃了。

　　显然，这兴尽只是对菊花，而不是对一切花，因为紧接着就改为养西番莲。现在回想，这次的移情，原因除喜新厌旧以外，恐怕还有"好大喜功"，盖洋种西番莲，如上面所说看花时所见，花的直径可以超过一尺。西番莲移植较易，是株下入秋生块根，春季把块根埋到土内，浇水即可生芽。记得第一次是从李佐陶家要的种，以后由相识的各处搜罗，集有十种左右。但因为地理条件不好，总是长得不很好，仍是干太高，花不够大，直径仅为八寸。其时小院的西部已经培育一株紫玫瑰香葡萄，其后陆续又添几个品种，一个坑不能种两个萝卜，就把西番莲放弃了。

最后说用力最多、时间最长的葡萄。易不结果的花为结果的葡萄，是不是变浪漫主义为实利主义？像是也没这样想过。现在想，大事如终身伴侣、就业，也是十之九来于"碰"，院里种点什么自然更是这样，不过是在亲友家看到，惊为好种，觉得有意思，就讨来试种。移植葡萄不难，秋冬之际剪枝，次年春季插枝就能发芽生根，如果培育得法，第三年就可以结果。果不仅可以吃，还可以观赏。缺点是要搭架，入冬要埋，还要多施肥，勤修理。语云，好者为乐，若干年，为了养，上架、下架时大忙，平时零零碎碎修理忙，以及积肥、施肥、浇水等，消耗的时间和精力难以数计，可是也没觉得是个负担。不只此也，就是到即将离开这个小院之前，听到哪里有什么新名种，还是想自己也有这样一株。已经有的几种是，紫玫瑰香，白玫瑰香，吐鲁番无核白，宣化牛奶，荔枝，沙巴珍珠，龙眼。其中紫玫瑰香、白玫瑰香、无核白、龙眼是老住户，结的果不少，可说是既美观又实惠。不幸是刮来"文化大革命"的风，尤其红卫英雄之类，法管不了，德没有，到葡萄还未熟的时候，就蹿房越脊如履平地，手持长竿来摘取。如何对付？干涉，不敢，因为背后有大力支持。另一妙法是拔除，不再养，可是看看，多年心血，"草木得常理"，实在不忍。就这样，忍到1969年，果又一次将熟之时，我奉命往干校接受改造，老伴躲避被动下乡之险，仓促逃往北京大学，"人挪活，树挪死"，才忍痛把几棵葡萄扔在原地，不问了。

离开那个平房小院之后，花事还有个尾声。仍是得好友刘慎之的帮助，在北京大学住所二楼一席大的阳台上养了三四盆月季。其时刘兄在北海植物园工作，我去看他，见月季中有些品种，花形和颜色都美，就旧病复发，想也培育试试。要来紫、黄、红几种颜色，养了三四年，先是枝叶茂盛，花肥大，渐渐就衰退，自知是地理条件差，巧妇难为无米之炊，就主动放弃了。

放弃，浅近的原因是没有条件养；恐怕还有深远的原因是，也许兼因为精力减，时间紧，就不再有兴趣养。甚至不再有兴趣看。怎见得？有个清楚的记忆可以为证。是八十年代后期，曾在景山东共住、对床夜话的孙玄翁自晋南运城来信，说他不久将东南行，到洛阳看牡丹，我住在景山之侧，景山的牡丹也很好，距离咫尺，千万不要错过云云。我复信说谨受教，一定不辜负良辰美景、赏心乐事云云。其实也是想逢场凑凑热闹，不知怎么一忙乱，正如往年，到花时还是没有去。总之是对于花，不再有往昔那样的兴致，这样的心情是不是会深化，比如说，见"花"而不"想容"了呢？如果竟是这样，那就真将如庾子山《枯树赋》所写，"生意尽矣"，岂不哀哉！

玩赏之癖

上一个题目写看花养花，那也是玩赏，分量轻的，因为，如结尾所说，还可以变亲近为疏远。本篇说的玩赏不同，分量很重，由上大学钻图书馆，因喜爱而看算起，到目前，已经过去一个甲子，兴趣还是没有消减。是仅仅如清词人项莲生所说，"不为无益之事，何以遣有涯之生"吗？意义像是比单纯消遣还要多。但究竟多了什么，说清楚也大不易。或者可以到莎士比亚的剧本里去求援，记得有一处说，连乞丐身上也有几件没用的东西。而说起用，更是难言也，《老子》十一章说"无之以为用"，向下隔一章又加了码，说："吾所以有大患者，为吾有身，及吾无身，吾有何患？"这高论可以顺延，说身（也可说等于命）也未尝不可以舍，其他就更不在话下了。但也可以不顺延，就算作抬杠吧，比如反问："身无了，还能有吾吗？"这里的关键是已经有吾，不管你如何放去想的野马，"旬有五日而后反"，还是不得不向《礼记·中庸》靠拢，信奉"率性之谓道"。于是我绕了一个大圈就回到原地，说不再问理由而承认有所好，这所好是由小玩意儿（或说小工艺品）起，踏阶梯上升，直到名家书画之类，总的说是可供玩赏之物；而因为有这方面的所好，回顾，算生活之账，就不得不着重写上一笔，以表明饮食男女之外，还有为所谓长（读仗）物而痴迷的种种。

依"人之初，性本善"之例，说我自己，应该是"人之初，性不净"。这是用佛家的眼看，最好能够破情障而实况是多有所爱。为了文不离题，这里只说爱可玩赏之物，以及与之有关的一些活动。本段提到人之初，意思是来北京之前，我同样是见此类长物就动心的，只是因为条件不够，主要是不见可欲，心就可以不乱。到北京，走入红楼，钻图书馆乱翻书，情况就不同了。记得不很短的时间，用不很少的精力，钻研书法和法书。想弄明白的问题是，所谓好坏，所谓真假，究竟是怎么回事。求解答，翻看两类书。一类是讲书法的，如《书法正传》《艺舟双楫》《广艺舟双楫》之类。一类是法书的影印本，由晋唐一直到明清。不怕不识货，就怕货比货，见多了，对于造诣的高下像是略有所知。因为本性不能净，显然，心态就不能停于所知，而是过渡到情，生了爱心，再扩张，就成为求，也想遇到良机，捞一件两件，藏于寒斋。

不过良机又谈何容易，何况求而有得，还要有闲有钱兼有眼力。第一次出战是在保定，游紫河套旧货铺，买了几张古画，只记得有清朝小四王中第一位王蓬心（名宸）的，后来证明都是假的。其后不很久，1938年春迁到后海北岸带来新的良机，是可以就近逛小市；市名为小，却更容易有大收获。这小市通称德胜门小市，在德胜门内、后海西端、摄政王府西墙外。方形的一块空地，地名可能是糖房大院。市的历史不短，因为有些讲清朝掌故的书提到它。时间由侵晨尚不很亮的时候起，到日上两三竿止，所以也称为鬼市。卖者主要是两类人：一类是串街买旧货的商人，通称为打鼓的；一类是普通市民，用家中的旧物换点零用钱。都摆地摊，无定价，当面商定价钱成交。货当然都是旧的，种类繁多，良莠不齐，上至珠宝古董，下至废铜烂铁，都可能遇到。买主也可以分为两类，商人和一般市民。因为上市的旧货有偶然性，比喻为钓鱼，有拉上一条大鱼的可能性，所以不少人逛小市也成为瘾，至时不去看看，唯恐漏掉心爱的。而如果真就碰到机会，就会以贱价换来难得由商店买到的值得玩赏的什么。

后海是东（偏南）西（偏北）一个长条，我的住所在偏东的北岸，出门西行，估计十分钟左右就可以到小市，又因为有玩赏之瘾，直到五十年代初小市迁移，连续十几年，星期日，或上午有闲，就总是到那里转一转，看看有没有可买的。有如社会，或随着社会，小市也有兴衰、治乱的变化，比如抗战胜利后的一段时间，卖者突然增多，地摊往东扩张，直到超出摄政王府。解放以后，不知市政方面是怎么考虑的，先是把小市移到德胜门内以东靠北城墙的西绦胡同，不久又移到德胜门外街东、南北向的一条胡同，又其后不很久，估计是明令取消，这延续也许几百年的德胜门小市就灭绝了。小市一迁再迁，我旧习难改，得闲，还是愿意去看看，只是因为：一，离得远了；二，生活越来越少余裕；次数就不像过去那样多了。

逛小市有瘾，也是原因不少。其一是短时间内可以在关系不很大的"不定"中徜徉。"不定"有玄远的意义，想说就一言难尽。严格讲，未来都是在不定中，连是否有明天也是这样。但是同时，安于常识，我们又不得不承认有不少事是有定的，如月圆后有缺，缺后有圆，是没有人怀疑的。未来不定，有可怕的一面，是即来的有可能是灾祸。也有可喜的一面，是唯其不知后事如何，才觉得奔波劳碌不是枉然。逛小市的徜徉于不定中还有特殊的优越性，仍比喻为钓鱼，成则可以拉上一条或几条大的，败也不过是空手而归罢了。所以披星戴月起床，东方微明时走人，看完这摊看那摊，心情总是在期待的兴奋中，也许前行不远就会遇见稀有而心爱的什么吧？而自小市之灭绝也，这种因想到下一刹那的机遇而感到充满希望的经历就绝无仅有了。其二是常常，就真能遇见稀有而心爱的。这也可以说说原因。之一是来于旧，因为卖的都是旧物，年岁就可以远到唐宋甚至商周；损之又损，远到清朝中晚年，想到那是曹雪芹或顾太清时代的，也会觉得很有意思。之二仍是来于不定，卖的两类人，打鼓的昨天买来什么，住家想卖什么，都是只有天知道。之三是来于概率论，比如旧物，必多数是破烂，可是不破不烂并有某种价值的，总不会少到百分之零，假定只是百分之一二吧，摊上旧物上千种，不空手而归的机会还是不少的。其三，由空话过渡到实际，姑且算作"贫贱行乐"，荏苒十几年，所得也确是不少。多，大题只好小作，想举一时想到的一点点，以证颂扬小市这种交易形式不是无的放矢。一件是影戏的驴皮影人若干，旧而精致，因为没有人要，以很少一点钱买了。有何用？是可以使我想到儿时在外祖家，夏夜立在街头，看悲欢离合故事的情况。追回儿时的梦是大用。还有小用，只是好玩的，数量很多，举一两种以概其余。一种是一对可在掌中旋转的核桃，体大，匀称，年代久远，已经是深紫色，明亮像是能发光。这样的核桃，多年来在古董摊上见过不少，都没有我买于小市的那一对好。另一种是鼻烟碟，同时买到两个，都是中间古瓷、硬木围边，工艺精巧。瓷，请人鉴定，蓝天挂红霞的是元钧窑，红色的是清郎窑。由小玩意儿上升还有文具，只说砚和墨。砚，说一端一歙。端石的玉并女史小象砚是摄政王府南墙外买的，明坑龙尾绿砚是西歙胡同买的，都价不高而颇有玩赏价值。墨，没遇见明朝和清初的，但零碎买的一些，如槐清书屋自制墨、惠园主人吟诗之墨，都是清朝后期文人雅士定制的，舍不得用，看着也可以发思古之幽情。再上升，到碑帖，也买过几件，说两件。一件是《始平公造像记》，乾嘉拓，乾嘉裱，另一件是《道因碑》，乾隆拓，整幅裱，因为其时黑老虎无人问津，就质量不坏而价钱很低。还可以再升，就到了名人的墨迹，或说书画。与其他可玩赏之物相比，书画，够档次的，真而完整的不多，但日久天长，根据概率论，也就可以买到一些。这里只想说两件。一件是画，黄慎（扬州八怪之一）的《东方朔偷桃图》，条幅，残旧，送烟袋斜街藜光阁重裱，悬之壁间，人物，草书题，都值得看看。另一件是法书，清乾嘉间藏书家严元照写的黄山谷诗，已裱为手卷。字与书法家比，格不够高，我之所取，主要是末尾的两方印章，都是张秋月的。张秋月，还有沈虹屏，都是助藏书家整理善本的佳人，叶昌炽《藏书纪事诗》曾言及，人往矣，见其手盖印章，尤其书呆子，纵使略兴艳羡之心，也是情有可原的吧？

任人皆知，卖玩赏长物的还有集中的大户，是古董店和书画店。这两种店与小市相比，各有短长，仍以求鱼为喻，逛小市是到河边钓鱼，游古董店、书画店是到市上买鱼。买鱼有优越性，是易得；但也有不优越的一面，是除价昂以外，还不再有那样多的由不定而来的期待心情。说"那样多"，意思是也有，尤其是个人经营的小店铺。也就因为同样有期待心情，就是在有大兴趣逛小市的时候，我有时也到西城的悦雅堂和东城的永光阁转转。主人都姓谢，我曾写一篇《东谢西谢》（收入《负暄琐话》）的小文介绍他们。西谢名子陶，科班出身，各处跑买货；东谢名锡三，票友下海，不善于跑，守株待兔。所以到悦雅堂，也常常遇见清代名家法书，可意而价不高的。只说法书不说画，是因为：一，画比字贵得多；二，我更喜欢法书。又，像东谢西谢这样的个体书画铺，解放以前，琉璃厂不少，我何以不去转转？原因很简单，语云，店大欺客，客大欺店，那里店太大，我这客太小，过门也不敢入。且说主要是四十年代后期到五十年代初，我出入悦雅堂的次数不少，所得呢，虽然不多，却有颇为有意思的。只举一件，是张廷济写的杜诏传，条幅，绢本，朱丝栏，字作颓败体，多年来我喜欢张廷济的字，因为远离馆阁，且有金石气，而放笔任其颓败的却只见这一件。还想岔出去说几句颓败体，这名称是我杜撰，指由表面看，笔笔不合法，总体像是小儿乱画的，而实是出于大家之手的那种字，举实例，限于我见过的（真迹或影印），有传为柳公权书的《兰亭诗》，以及徐文长、王铎、傅青主字册中的一部分，总之是罕见的。何以要这样邋遢一下？也许就是如阮籍、刘伶之流，忽然猖狂，说"礼岂为我辈设也"吧？还是说游书画铺，解放以后，个体铺不久消灭，变为国营大铺，间或走入看看的有东琉璃厂宝古斋，西单商场文物店，地安门外宝聚斋。宝古斋规模大，专经营古旧书画，货多，与"文化大革命"后相比，价不高。也就有所得，如高凤翰左手书札、曹贞秀小楷扇面、张廷济对联等，我一直珍爱，都是从那里买的。

列子说大道多歧，其实如集玩赏之物的小道也是多歧，这是说，自珍的敝帚也可以从另外的渠道来。细想想，这另外的渠道也许不止一种吧？想取大舍小，只说友人。就交往的事说，仍可以一分为二。一种是转让，计可以举三位，陈莲森、张自成（都比我大十几岁）和李佐陶。陈是古镜专家，解放后生活无着，买卖些古董，我有时去看他，见到心爱的，他必以很低的价钱让给我。"文化大革命"浩劫之余，现在看看案头和箧中，有些存储还是由他那里拿来的。张是育英中学的国文教师，喜欢写字，自负为写北碑的书法家，也玩书画，善于买而不善于藏，比如一件像样的法书，四元买到手，给他五元必卖。我们住得近，我的师范同学兼好友刘佛谛与他住同院，因而通声气容易，相交若干年，由他转让的法书也颇有几件。李是旧家子弟，在中国大学学中文，由十几岁就钻研文物，跑琉璃厂看，也买。到我们熟识的时候，他的眼眶升高，迷宋元，有时就把他原来珍视的零零碎碎让给我，现在算旧账，其中也颇有值得玩赏的。再说另一种是惠赠。这无论就人说还是就物说，都多而杂，想以时间为纲，只说古、中、今三种。古是商青铜器矛、汉玉环之类，中是唐三彩水盂、宋瓷碗之类，今是黄石砚、葫芦之类，都不名贵，不值钱，可是采纳李笠翁的养生之道，贫贱行乐，我们还是无妨说，有不小的用处的。

成语有玩物丧志的说法，多年，逛小市，游书画铺，求多种长物而藏之，而玩赏之，连上一篇写的花事也可算在内，是否可以说，我已经丧了志？想了想，应该说"未也"，原因虽不冠冕而有大力，是我无志。但说是丧了不少时间则是不错的，这值得吗？可惜账多种，人生方面的最难算，姑且算作抬杠，比如红颜绿鬓之时，娶了个如花似玉的，洞房花烛，生儿育女，也就不得不柴米油盐，直到念红书，喊万岁，受天之祜，未加冠流放，混到头童齿豁，知老之已至，清夜不能入梦，忽而有回顾总结之瘾，自问一句："这一切都值得吗？"显然，是连上帝也答不上来。闹不清楚的事，不深追也罢。正是，身"前"是非谁管得，忙里偷闲，还是把未失落的长物叨登出来，可玩的玩玩，可看的看看，换个片时舒心，为好。

而说起舒心，在宣扬"即今多雨露"的"圣代"又谈何容易。至高无上可以遐想，出言成法，于是"文化大革命"开始了。受指使并得纵容的红卫英雄都有生杀予夺之权，而立即行使此权，口说或用粉笔发布"勒令"：限三天，自动除尽"四旧"，违令者由自己负责。显然，意思是还要追究责任。如何究？又显然是轻则打，重则打而至于毙命。我同于千千万万街头巷尾的人，命虽渺小却也舍不得。糟糕的是，多年费心血集的长物，心爱，也舍不得。但所爱，究竟有轻重之别，于是为了活命，就遵照勒令，动手除。——不，应该说慢慢除。这慢慢有两个来源：一是适才说的舍不得；二是多次运动中悟得的世故，是也可能仍是先紧后松，那就可以拖，走着瞧。谢上天，这世故真就显示了威力，几天过去，红卫英雄竟没有光顾，勒令之声也由渐微弱而没有了。但究竟是过了几天，砸、烧、毁的也不很少，事后回想，其中不少还是颇为可惜的。

俗话常说，比上不足，比下有余，我这次的损失也是这样。限于同一编辑室的人，上是张志公，东西多，连毁也来不及，只好坐待来抄，结果是红卫英雄竟未入门。下是蔡超尘，看到勒令，急如星火，把所谓"四旧"的书画之类，装入儿童坐的车，两次，都送往红卫英雄的据点。我呢，用李笠翁的（其实也是祖传的）"退一步法"，只看蔡超尘而不看张志公，有时想到玩赏一类事，就还可以"独坐小楼成一统"。这种心情也未尝不可以分而具体描画之。比如坐斗室，无意中，在某处，碰到一块旧寿山石，拿到手里，摩挲摩挲，由起初的柔滑感而终于有温暖感，也可以说是一种不亚于喝人头马的享受吧。级别还可以更高，比如过眼的是归懋仪的小楷扇面，由干支纪年想到嘉庆晚年江南的种种，神暂时游于近两个世纪前的两千里之外，较之迈出家门，奔入长街的卡拉OK，究竟孰上孰下呢？人各有所好，我，如果有闲，或有闷，是宁愿坐在屋里，与长物相对的。这或者有违晋王恭的"作人无长物"之训，但也未尝不可以从另一个角度找到个辩解的理由，那是张宗子在《五异人传》中说的："人无癖不可与交，以其无真情也。"

开明旧人

题目"开明"有二义,一是开明书店,二是不在人背后搞小动作。这是想谈我离开贝满女中,最先接触的两三位,都是开明书店的人。第一位是叶圣陶先生,是他来北京,担任出版总署副署长以后,有编教材的任务,托人推荐人,贝满女中校长陈哲文才介绍我到出版总署的。记得是1951年1月底,我拿着陈哲文先生的介绍信,到东单稍北路东的东总布胡同路北的出版总署去谒见叶先生。对于叶先生,我是在通县师范读新文学作品时期就有所知,其时他用本名叶绍钧,所写多为小说和童话。读后的印象是,与郁达夫比,像是规矩有余而才华不足。见面之后,谈了一会儿,有新的印象,是不怎么像写小说和童话的文人,而是儒门的躬行长者,律己严而待人厚。当时都说了什么,已经不记得,只记得告知职位是编辑,任务是编中学语文教材,并定于2月1日上班。上班之后的工作情况,留待下一篇说,这里单说与叶圣陶先生的交往。想择要说一点点,因为近些年来,关于叶先生,包括介绍他的诗词作品在内,我已经写了三四篇。叶先生担任副署长,分工可能是领导编辑教材,或一部分是领导编辑教材。他通文史，又有凡事都亲自动手的习惯，记得语文、历史方面的书稿，他都细心审读，有不妥的地方就动笔改。我感到荣幸，编或修订，出于我之手的，就文笔说，他表示满意。其后，由他挂帅，非正式地组织修改书稿的班子，他就让我参加。先是多用共同讨论、共同修改的方式；这费时间，他忙，后来就由我先动笔，他复阅。那是五十年代初，提倡推广普通话，他认为很对，可是担心自己的南腔北调不够格，写成文章，就送给我看，要求不妥善的地方都改成普通话。修改文字的合作还有个劳而无功的大举，是有些人感到，很多公文写得太蹩脚，不能简而明，想编一本书，先选各类型的毛病多的公文若干篇，修改，并说明修改的理由，印成书，供做文书工作的人学习。策划的经过不清楚，单说实行，是齐燕铭先生委托叶圣陶先生组织一些人承办此事，中间由北京电教馆的杨超女士联系。叶先生决定由他挂帅，让朱文叔先生、隋树森先生和我参加，并由我兼负管理的责任。待修改的公文是杨超女士送来的，之后就常来电话催。记得我们改了一部分，尚待交换意见，忽然不催了。不知道叶先生曾否收到改变计划的通知，总之就停顿下来。一包原文、改稿等一直放在我手里，保存到"文化大革命"中我由城内迁往西郊，房屋减少，不得不清除一些可无之物，才当作废品处理了。

以上说的是五十年代初期，以修润文稿为中心，我同叶先生的交往。这是近于私的。还有公的，是听他讲话，在各种大会中或什么讨论会中。接触多了，对于他的为人和学识就更多有所知。为人，我私下想，古人称造诣最高者为圣贤，其实叶先生就是圣贤。可是居今代而称某人为圣贤，听者会感到不习惯，所以我著文介绍他，说是孔子叹息而言"躬行君子，则吾未之有得"的躬行君子。行多方面，最突出的是对人厚，不只是待人如己，而是待人胜己。这用儒家的话说是"仁者爱人"；用佛家的话说是"具众生缘慈（与乐曰慈）悲（拔苦曰悲）心"。仁，慈悲，是过时之物，至于我，是一直高山仰止，叹为稀有的。关于学识，也想说一点点。他读书多，古今中外，各方面都理解得深，而且为求真而当仁不让。写至此，想起一件事，可以说说以助谈资。编语文教材的某公注《诗经·伐檀》的"不素餐兮"，说素餐是不吃肉，不素餐就成为非肉不饱。其时我在总编室检查科，检查书稿，提出修改意见，某公不改，理由是如此解有教育意义。检查科只有提意见之权，只好上呈，到叶先生那里，批曰"永远没听说过有这样的讲法"，才没有印出去，闹笑话。再说一件大事，是行文用什么语言的问题，叶先生一贯主张"写话"，并身体而力行之。理论上是否有坚决反对的，不知道，但看实际，也身体而力行之的却不多。认识乎？能力乎？且不管，我是觉得，在语文方面，这是叶先生施与大众的一盏指路明灯，其功德真是胜造七级浮屠。我多年来涂涂抹抹，在用语方面总是以叶先生的主张为指针，可惜是目力勉强而脚步跟不上，真是愧对叶先生了。

谈叶先生，时间拉长，会碰到一个问题，我过去没谈过，或者没想过，是像叶先生这样的为人，如何适应历次的运动？以1957年的整风为例,也是来于开明书店的卢芷芬先生(在出版社任总编室主任),人很好,不知道说了什么大逆耳或小逆耳的话,戴了右派帽子,发往北大荒,以生长于姑苏的人而被迫到冰天雪地劳动,其困苦可想而知,不幸他未能忍过来,惨死在那里。对于这样的现实,叶先生不会不动心吧?又如大炼钢铁与"文化大革命"的二大,以叶先生之通达,总不会不以为非吧?可是除了"文化大革命"中见一次咒骂他的大字报以外,他都可以闭门家中坐,平安过来了,其中有没有什么奥秘?难得知其详,有时我想到也同我熟的张东荪先生,始新中国成立,他高升为政府委员,时间不很长就跌下来,到"文化大革命"时期,由海淀成府的平房小院迁往监狱,终于在那里见了上帝。张先生心直口快,惯于或者喜欢露锋芒,因而就失之世故太少,以致不能适应新形势,坎坎坷坷离开人世。叶先生呢,得人间视为重的"晚晴",除本性温和谦退以外,也许还有世故之助吧?

第二位是宋云彬先生。我开始到出版总署上班,分配做编中学语文课本的工作,他是这部分工作的领导。人也温厚,与叶先生比,还要加上潇洒。仍保留旧社会的名士风度,记得在编辑室,常常叼着烟斗走来走去,做沉思的样子。只是很奇怪,我们的接触不多,只记得有一次,我的办公桌上放着一封信,是叶恭绰老先生写来的,当然用毛笔,当时都看作小鬼的刘德珍(女)看见,仍沿用她的乱喊乱叫之习,说:"这是什么人写的?这么难看!"其时正好宋先生踱步走到这里,我就递给他,说:"请宋先生看看,难看吗?"他接过去,眼一扫就说"很好",这也可见,对于旧学的各方面,他都有比较深入的了解。关于他的为人,我理解得不像对叶先生那样多,但是有一件事,我每一想到,就不由得泛起感激之情。那是我上班之后几个月,来了名为学习的小运动(详情另一篇谈),审查历史,我的,由宋云彬先生和另一位党内人负责,审查的结论告诉我,我认为通情达理,推想其中不会没有宋先生的意见吧。其后,不记得什么时候,总是不很久,宋先生离开出版社,从此我就没有再看见他,连消息也很少听到。是"文化大革命"中或稍后,听说他在商务印书馆(或中华书局?),生活很坎坷,患了什么病,终于不治,作古了。如果我的所闻兼所记不错,那就"帝力之大,如吾力之为微",只能在这里祝祷一句:"安息吧!"

第三位是卢芷芬先生,籍贯同于叶先生,苏州人,估计在开明书店是负责出版发行的,所以来出版社任总编室主任。我到出版社一年之后调检查科做检查书稿工作,检查科属总编室,他就成为我的高一级的上司(科长是隋树森先生)。也许就是因为高一级,我们的接触不多,只记得有一次,他写了一篇什么,准备发表,交给我,希望我给看看。他写作能力不行,我给他大改,发表了。他长得比较丰满,对人客气,说话总是面带微笑。我对他印象深,是因为"三反""五反"运动我挨整(详情另一篇谈),被判定为贪污分子的时候,有时碰到他,说什么,他更加客气,目光中还带一些怜悯,像是用无声的话说:"我相信你是好人。"机遇可怕,1957年的整风来了,我有挨整的经验，日日如临深履薄，幸而未加冠，他还没有这宝贵的经验，不知说了什么心里话，逆耳，就被加上右派之冠。发往北大荒之前，我们有时在社的大院内遇见，他面目凄惨，低着头，不看人，我很想小声说一句"我相信你是好人"，可是怕一言定案，所以直到今天还藏在心里。不久他如宋之徽钦二帝，北行了，并受不了寒冷和劳改的折磨，死在那里。我有时想到他，不能不联想到藏在心里的那句话，因懦弱而没有说，总是既遗憾又惭愧的。

还想附带说两位，也来自开明书店的丁晓先先生和刘薰宇先生。都跟我没有什么交往，可是都不少开明书店的开明气，也就给我留下相当深的印象。丁先生是编历史教材的，性格是开放型，大庭广众之间，喜欢用洪亮的嗓音谈天说地。只记得一次，是谈他多次受了姓丁的累，比如闹学潮，签名，印成名单，以笔画多少为序，他总是排第一，抓为首的，他就跑不了。丁先生还有个修饰（或应说不修饰）方面的特点，是留胡子，颏下总是垂着一长绺，所以通称丁胡子。刘先生是编数学教材的，性格与丁先生相反，是闭关型，向来不夸夸其谈，需要说话，也是沉静而低声。且夫人，都是内有蓄积要找个出口放出来的，刘先生的出口是吸烟和喝酒。在社的大院里，吸烟之勤，他必可以考第一吧，至少是据我所见，他的两唇间总夹着一支纸烟。据说酒瘾也不小，饭间必喝，而且喝得不少。总的说这二位，都个性鲜明，这好不好？问题不简单，而且难免仁者见仁，智者见智。至于我，就同意吾家宗子的想法，是这样的人可交。而自新风之盛行也，

411

许多先进人物以充当驯服工具为荣，就个性渐减，其极也就不再有自己，对照丁先生的胡子和刘先生的烟酒，我不禁兴起"前不见古人"之叹。

语文教育

本来想说说到出版社以后编语文教材的事，继而想，说这方面的教材，难免碰到一些问题，索性把圈子画大些，说说与自己一生经历有密切关系的语文教育。说一生经历，说密切关系，是指先则在小学和中学，有语文（用通用之名）课，"受"教，后则在数处中学教语文，1951年起到出版社，断断续续四十多年，主要是编语文教材，"施"教，总之，都没有离开语文。受教，施教，所求主要是受教之人学会用笔表情达意，这所求是否已经如愿？如果未能如愿，问题在哪里？千头万绪，还是由编教材说起。

记得上班之后，最初接受的工作是编高中语文课本，共同担任此工作的是比我早来的蔡超尘先生，面容和体形都厚重，人呼为蔡公。他长我两岁，出身于辅仁大学，也教过中学，还编过《华北日报》副刊。他是山东高密人，外貌不轻逸而很有才，会唱京戏；围棋已经上段，某次比赛列入前六名；还通书法，推崇他的乡先辈高南阜，能用左手，据我看，若干年，社里职工过千，就书法的造诣说，他应该排名第一。新旧学都扎实，文笔不坏，还能写旧诗。人通达，有见识；

记得八十年代中期，他写了一篇有关红学的文章，说贾宝玉算不了叛逆，发表于山西某期刊，可见评价什么，他并不随风倒。处世，对人古道热肠，所以我们能一见如故。也就因此，工作，我们合作得很好，选文，修润，作注解等，向来没有什么争执。也就可以提高效率，记得时间不长就编完一本，呈上，审查一下就发了稿。后来人增多，层次增多，速度就大减，是不是慢工出巧匠，也如积薪，后来居上呢？我看也不见得，计划的翻来覆去就是一证。初期是一本，只收范文若干篇；不久就变为文学、汉语两本；又不久，这两本还没普遍推行，又合并为一本。还有次一级的举棋不定，是否应该政治第一，要不要学文言，如果要，量以多少为宜，应否兼传授语法知识，等等，总是讨论来，讨论去，拿不定主意。翻来覆去，举棋不定，主要来于希望学生学了这门课程，真就能够用笔表情达意，而考查实际则经常是失望，即如高中毕业，不说全体，也是绝大多数文理不通。症结在哪里？

问题过于复杂，也就一言难尽。难说，还因为连旧时代算在内，直到现在，我们也未能摸索出一种明确且行之必有效的办法。以旧而不很旧的往昔为例，蒙童入学，起初是读三（字经）百（家姓）千（字文），这是以识字为主，加一点点常识教育。然后是四书五经加些杂七杂八的，如《龙文鞭影》《幼学故事琼林》《声律启蒙》之类，这是明的实用主义加一些暗的政治（广义的，包括品德教育）第一。效果如何呢？有些人通了，有些人（可能是多数甚至绝大多数）还是不通。

有办法，可是效果不一定，这办法的价值就颇为可疑了。专就这一点说，文就远不如武，比如好武，投奔少林寺，苦练十年八年，总不会路遇流氓，惊慌失措吧？可见人家的办法是行之有效的，我们学文的办法还差不少火候，需要改进。怎么改进呢？也确是想了些办法，可惜是症属于不治，用中西药，兼求秘方，甚至到什么庙烧香，结果还是不见起色，即中学毕业，能够写通文章的很少。

真就没有一点办法吗？曰有，只是讲道理容易，实行就困难很多。这道理，改革开放以前，我是连说也不敢，因为谁也说不清楚，歌颂以外的表达己见的话，说了某一句算不算犯罪。直到八十年代前期，我才随着形势的松动，胆量由无变为稍有一些，于是动笔，写了一本《作文杂谈》（1985年人民教育出版社出版）。写《作文杂谈》，不写《语文教育杂谈》，因为前者是小字号，对确有志学用笔表情达意的人也许还有些用，后者是大字号，且夫大，就难免靠近政，从旧习，不敢，一也；牵涉的面广，不在其位而谋其政，不好说，二也；结果，必行不通，三也；总之就虽有看法而没有说。这里如篇题所示，是想说说。

仍是旧调重弹，这是学语言，不管用口还是用笔，想有成，秘诀只是一个字，曰"熟"。熟来于多次"重复"。如果还愿意加点作料，那就补说一句，最好能够重复"好的"。以学话为例，如果你有幸也生在红楼之梦中，希望能巧言，就要亲近凤姐或宝钗，不要亲近焦大或呆霸王薛蟠。同理，比如学文言，读汉朝典籍，专就表达说，那就要把《史记》放在上位，《论衡》放在下位，因为前者典雅流利，后者远远赶不上。学写也是这样，要像学武术的拳不离手，学歌唱的曲不离口，也要用多重复的办法直接培养熟，间接培养会。多读和多写有血肉联系，读，所吸收是两种，一属于内容，是作者的情意，二属于表达，是如何（用什么词语、句式以及什么条理）传给读者的；只有吸收了这些，并经过自己头脑里的掺和、比较、选择，拿起笔，才有的可写，以及知道如何写。

根据这样的想法，以及承认语文课的主要任务是教会学生用笔表情达意，语文课应该做到什么（怎样做是另外的问题）就容易说，总的是让学生真能够多读多写。分着说就不止一项，比如由低而高就会有以下这些。一种，是要定个规程，要求学生不能不读某种数量的作品，不能不写出某种数量的所谓文（不一定是命题作文）。另一种，是通过讲授，灌输学生关于文的各方面的知识，逐渐培养分辨文的高下的能力。再一种，是告诉学生应读什么，可读什么（能够供应读物当然更好）。还有一种，是学生的所作，有典型意义的，要指出优缺点，并说明理由。最后还有个高要求，是培养学生，由有多读多写的"习惯"，上升为有多读多写的"兴趣"，任何人都知道，兴趣的力量之大，是"力拔山兮"的项羽也抗不了的，所以有了这个，则学而必有成就不成问题了。

显然，以上说的是如意算盘，求真能如意，就必致遇见实行方面的多种困难。试想，强调多读多写，至少是精神上，就不得不换为以学生为主，以教师为辅，比如实况成为，课堂之上，赵小辫读《子夜》，钱小秃读《热风》，与三味书屋还有什么分别呢？时光总不能倒流。于是单说大个头的，就会由轻到重，有这类的困难。其一是读物的供应。多读要多有可读的作品，这在大学，尤其有显赫牌号的，不成问题，中小学，尤其大城市以外的，要求有个像样的图书馆，百分之九十九必做不到。这结果就成为，烤鸭虽然好吃，没有，也就只能啃窝头了。其二还有师资问题。如目前之有课本，准备准备，入教室登讲堂，照本宣科，有些人还未必能应付裕如，换为以学生为主，单说多读，指导，介绍，评论，无边无沿，肚子里东西少就必致无所措手足。所以顾及实际，还是只能仍旧贯，教师和学生都面对一本，到期考要求能及格，便可交差。其三更严重，是学制难于大变。假定没有课时问题，一周依然是上几课时，首先会来的是课本如何编的问题。现在是假定读了这些，就大致可以如愿，换为只是看作举例，大工程还要靠读大量课外的，课本还能这样编吗？不这样编，如何编？比如有一种想法，以高中为例，收三种文章，一种上好（都假定有能力判断），为的教学生知道什么是好，取法乎上；一种多病，作用相反，教学生知道如何避忌；一种至难，教师辅助啃，以期能够更快地提高，这想法也许不坏，行得通吗？又比如主语文之政的有了试试的决心，显然，教师的水平就必须提高，这又是个短期内必不能解决的困难。而且教师的数量要增加，因为上课照本宣科变为陪读陪写，一个人教三个班，一百多人，就办不到了。还有，学生为主就带来自由

417

发展，又会带来程度不齐，一个圈圈里既有骆驼又有山羊甚至小兔，主教育之政者如何交代？

困难多而大，于是如一切其他情况，理想与实际争吵，实际过硬，理想只好让步。也就仍是编课本，上课，教师和学生都面对着，以求这一味药能有变不通文为通文的奇效。事实自然是未见奇效，怎么办？曾设想用折中之法，是课本，教法，都历史长，来头大，不动，另编些课外读物，兼作为举例，以期学生能够在课外多读些，并以之为引线，如果有志甚至有兴趣，知道再读些什么。记得是八十年代早期，我有这个想法，并接受这个任务，编三本文言的课外读物，名《文言文选读》。三本的分工是由浅入深，每一本都是由古到今，共排列一百八十个题目，收文长长短短共三百篇。选文求方面广，质量好，可读；注解详，以求自学无困难；重点是在"解说"中评介古籍，以期读了能够进一步找大量的书更广泛地读。又是理想不坏，可是由印数（第一本不少，可是与中学生的数量比，还是微乎其微，第二、三本就更差）上看，真买了照方服用的却很少。以常情推之，编了文言的，也应该编现代语的，这时间虽短，可是反而难，原因之一是作品多，之二是还要包括外国的。因为难，也就没编出来。这关系不大，因为如文言的，开了处方，也必是很少有人照方服用。

那就转回来，说说学校都在用的语文课本。我参加编辑工作，断断续续不少年，几乎都是"等因奉此"，分配什么做什么，不表示意见。不是没有意见，有而不表示，是因为：一，确信必无用；二，比如选用某某有高位的人的作品，我说并不佳，还会有大祸临头的危险，所以总是奉行多年的明哲保身之道，多说不如少说，少说不如不说。现在是情况有变，就无妨补说几句。先说一个争论多年、至今仍旧拿不定主意的大问题，是学不学文言。对于这个问题，1984年我写一篇《关于学文言》，字数超过万言书，谈了问题的许多方面。现在可以化简，但仍不能丁是丁，卯是卯。先说个常理，是学语言并不像想象的那样难，关键在于方法，具体说是用多重复之法求熟就不难。那么，假定方法对头，不难学通，学还是不学好呢？我认为还是学好，因为有通旧事、欣赏等大用。可是多年以来，学校的实况是不得法，因而就枉费了大量的人的大量的精力和时间。那么，干脆就不再设这样的课好不好？不能不想到另一个顾虑，是下一代，连学会文言的机会也没有了。所以左思右想，还是只能"知其不可而为"，且行好事，不问前程。再说一个也是翻来覆去说个没完的问题，是选材和讲授，应该不应该政治第一。没有人敢直说不应该政治第一。所以只能绕个弯，说应该政治性与艺术性并重，或胆再大些，说语文是工具课，首先应该让学生学会运用语言。但不管怎么说，几十年来，单由选材方面也可以看出来，仍一贯是政治第一。以文言为例，入选的诗文，绝大部分与阶级斗争能够拉上关系。万一不容易，就用曲解之法，如《诗经·伐檀》的"不素餐兮"，解为非肉不饱通不过，就说是反语，意思是："说是不白吃饭，实际是白吃饭。"这样一来，诗文入选的所凭，事实上就不再是艺术性，课文质量的下降也就可想而知。想提高吗？有些篇就要清除出去，这有些篇之中，当然有出于高位之手的，谁敢说不好？不要说出于高位之手，就是出于高位之口，又有谁敢说个不字？怎见得？举一事为证，是1962年，中学语文编辑室编完《古代散文选》中册，选了文天祥的《指南录后序》，送呈某部审查。某部之长说应该增选《正气歌》，这是他只想到政治第一而没想到此歌不能算散文，可是谁去提醒呢？没有人敢去，于是"散文"之选就不得不收一首"五古"。再一个问题是语法应该占怎样一个地位。五十年代前期，推想也是学习苏联吧，语文一分为二，成为文学与汉语。汉语的重点是语法，这是想走近路，以明理代替多重复。试验虎头蛇尾，不久又合二为一，合久必分的路究竟如何，谁也不知道。但希望像是没有放弃，所以合二为一之后，里面塞入不塞入语法，如果塞入，量多少合适，就又成为问题。俟问题之解决如俟河之清，只好走想象中的最稳妥的路，容纳，只是一点点。五十年代前期，为挣饭吃，我弄过一阵语法，但一直认为，它有学术价值，值得研究，但是想借有关它的知识之助写通文章，就必不能如愿。阑入教学范围，还会引来恶果，是教师以此为法宝管制学生，或辨词性，或析句，弄得学生晕头转向，就更没有时间和精力读写。最后，由编课本下行到教师的教课本，推想也是五十年代初的学习苏联，有所谓几段教学法，在一篇课文之上翻过来滚过去，胶柱鼓瑟，以至总是喊分量过重，应该减轻负担。我的想法，像课本上那些文章，绝大部分让学生自己看看就可以了，用不着教师多费唇舌。写教案，分析，讲解，出题，解答，都是浪费；而浪费的时间和精力，是大可以用在有成效的地方的，那是多读和多写。

近于牢骚的空论说得太多了。行孔老夫子之道，应该"躬自厚而薄责于人"。而一反躬自问，就不免悲从中来，是如我在某处所说，回顾，学语文，教语文，编语文，用语文，几乎一生没离开语文，检查成效呢，先己，"欲立"，"欲达"，像是离所希望还很远，后人，"而立人"，"而达人"，就更是十万八千里。想到这些，忽而冒出京剧的唱词一句，曰"一事无成两鬓斑"，也就只好"安之若命"了。

劳我以生

《庄子·大宗师》："夫大块载我以形，劳我以生，佚我以老，息我以死。"记得六十年前最初读《庄子》，就喜欢这几句话，以为总括得好，南柯一梦，贫贱荣华，喜怒哀乐，千头万绪，取其大同，不过凭机遇而有生，生之后，死之前，奔波劳碌，并不知为何要奔波劳碌而已。话说得好，还可以发微。人生是一，分而为四，两端的一和四没有什么可说的，盖赋与形体是天命范围内的事，天命，除了畏之以外，我们不能把它怎么样；死呢，既来之，能息不能息，死者本人总是不能插嘴了。剩下中间两个，二和三。三的"佚我以老"，几年以前我还真想过，并写了一篇《无题》(收入《负暄续话》)，说是这想法也不能普遍适用，比如说，泛论，就会有的人如此，有的人不如此，特指，大致是就身说常常如此，就心说常常不如此。四减去三个，只剩下一个"劳我以生"，至少是在一般小民的眼里，可以称为普遍真理了吧。因为普遍，用作文题，单说在我回忆的"碎影"中，就像是戴在哪一篇头上都可以。不过如人之有赵大、钱二、孙三、李四，总不当都称为赵大，所以量体裁衣，还是决定划归这一篇专用；

其他篇，内容也可称为劳我以生，甚至更宜于称为劳我以生，也就只好戴另外一顶了。

劳我以生，生用世俗义，指生活，或精简，指活。是因为想活，才不得不劳。这说的是常态，我是常人，就安于常态。推想还不至有人瞧不起，因为如果发瞧不起的高论，就必须在发之前，拿出自己偏偏不想活的铁证。还可以顺着常态，加细说下去，是活有内涵多端，古人举其大者，曰饮食男女。饮食和男女有复杂而错综的关系，比如说，由饮食开篇，可以说，一定要食后不饥，饮后不渴，才能顾及男女。可是男女之后，男女双方都活着，而且不免要生小的或男或女，就又不能不回到饮食。以上这些看似空话，却有不小的功用，是可以证明我之劳，轻说是不得已也，重说是理所当然。且说五十年代初，我由面对学生变为面对书稿，生活的负担情况是，家门之内，上有岳母，六十多岁，妻，年甫逾不惑，女四，长念初中，幼刚入小学，家门之外有母亲，年过古稀，七名，清一色的女性，成年的没有职业，未成年的没有工作能力，而也是都想活，也就要我一个人供应饮食。一个人的有限收入支持八个人活，几岁的儿童也知道必办不到。但想活却不能打折扣，因而办不到也得办。怎么办？显然，唯一的路是我多劳，一个人做两三个人的工作。这情况就成为话归本题，劳我以生。

上面已经表明，这劳的情况并不是自五十年代始，但一只脚不能踩两只船，这里就只说五十年代初走入出版社这一段。到出版社工作，坐在办公桌前，面对书稿，优点很多。最大的一个是可以不再面对群众，其次还有，不像上课、改文那样实砍、紧张，有事有病请假，用不着补课，等等。但有个大缺点，是坐班，比如上午八点上，下午五点下，加上来往路上奔波，几乎是，除了星期日以外，所有整天的时间都不能灵活运用，或说干自己的。不幸的是，要八口之家能活，必须有些时间干自己的，挣些工资以外的钱。就是说，不得不劳上加劳；具体说是下班之后要上另一种折跟头打把式的班，必更累。

日出日入之间在班上，兼课的路不通了。多写稿多卖稿，这条路基本上堵死了，因为鼎革之后，报刊的百花或百草争荣现象没有了，变为车同轨、书同文字，我既无渊源，又无能力。可怜的是，除了白纸上写黑字，卖与恰有此需要的什么人或什么单位以外，我一无所能。形势是只能靠也就必须找这样的门路。幸而还认识一些也惯于率尔操觚的，物以类聚，居然就找到一些写成黑字可以换来些微钞票的机会。计有三宗，都非性之所好，但饥不择食，也就不能不有如演戏，明知是戏，还要尽全力去唱，去念，去做。记得一宗是为某种课文作注解，另一宗是选编旧小说的读本，谁组织的，都有什么人参加，主顾是什么单位，都恍恍惚惚了。总之是费的时间和精力（包括路上跑）不少，所求只是换一些柴米油盐，而自知必没有传世价值。

以上两宗都是短工性质，照计划做，做完交工，结束。还有一宗不然，是照设想，可以绵延下去，而且，如果顺利，还会或大或小地发展。这是什么？因为还有意外的下文，这里就不得不有话即长。还是四十年代初,我以写些杂文出卖的因缘,认识其时编《中国公论》的张域宁和马秋英。谈得来,交往渐多,成为可以称为相知的朋友。张有创业的兴趣和魄力;马是张的忠实助手,还忙里偷闲写小说。对我都很厚,知道我穷困,总是想些办法关照我。1945年迎来抗战胜利,他们到天津(张是天津人),创办了《新生晚报》。可以算作互相利用,他们为我开辟了每周刊一次的专栏,先是名《周末闲谈》,以后改为《一夕话》。我有胡思乱想和乱说乱道的习惯,小报,地盘有限,写来不费力,而积少成多,变为稿酬,也就可以补贴一些日用。总有两年以上或三年吧,政局又大变,报纸不能办了,他们又不得不改行,外考虑环境,内考虑能力,决定并实行,在北京,与人合伙,开个大众书店;并作为书店事业的一部分,在天津办个《语文教学》月刊。对于语文,对于语文界的人士,他们生疏,又是互相利用,他们希望我多出主意,并在约稿、审稿方面给予帮助。月刊聘有几位编委,推想我是既有名又多有实的。我也就一如他们过去的编《中国公论》和《新生晚报》,凡是我能做的,就都担起来,劳而不怨。记得还应他们之约,去了几次天津。繁重的工作是在北京,主要是约稿,要各处跑;稿到手,有些要动笔;稿刊出,有些人还要登门送稿酬。总之,为他们这本《语文教学》,我费的时间和精力简直难以数计。而所得呢,不过是(写文换酬不计)编辑费每月三十元而已。但我不能辞其劳,因为:一,对于友人,能尽力总是以不推卸为是;二,如果没有这项收入,也许孩子上学,中午带的一块小米面丝糕都无着落，所以纵使疲于奔命，也就只好忍了。

上班之外的劳，还有个不疲于奔命的，是参与编《现代佛学》月刊。这件事也是说来话长。解放以后，北京成为政治中心，许多旧时代的名流陆续到北京来，其中有些是亲近佛教的，人总是难于放弃其所好，于是在信教自由的大帽子之下，就想到振兴佛教。如何振兴？容易想到的，也是容易做的，是印个定期出版的本本，让有兴致信受的人在上面吆喝几句。学新风，先要开会。记得第一次是在东单新开路陈铭枢家里，我因为编过《世间解》，周叔迦先生约我参加了。以后经过商讨、筹备，不很久，《现代佛学》月刊就问世了。编委不少，既有名又有实的，主编巨赞法师之外，我也辅助做些工作。其间巨赞法师曾南行，我就代主编。没有占用过多的时间，却有获得。其一是见到一些名流，如叶恭绰、李济深、唐生智、吴贻芳等。其二是也可以小有收入，即除了写稿得稿酬以外，每月还送编辑费二十元。二十，数目甚微，但在"三反""五反"中挨整停发工资（详情以后谈）的时候，就力大可以救命。也就因为可以救命，这一项业余工作，我说不准算犯法不算犯法，内心一直忐忑不安，而终于藏在心里，未自我举报，直到1954年，中国佛教协会正式成立，月刊由协会接办，编委会解散为止。总之，现在回想，仍是伤哉贫也。

语云，越渴越吃盐，就在这时期，我还经历了两次丧事。一次是1951年的5月29日，我到出版社不到四个月，我一生最亲近的通县师范同班同学梁政平因肺结核病死了。这位同学，我前面写过，比我小两岁，为人柔弱，加上内向，郁闷而少表现，小家庭一妻一女，虽比我负担轻却收入更少，穷困，还经历过失恋之痛，多因结一果，就成为日渐沉重之症。由二十年代后期相识，我们一直亲如手足，他关心我胜过关心他自己，记得最后一面，我到东直门内去看他，他不提他自己的病，只是说："你住在后海边，要常去水边转转，好身体比什么都重要。"他知道我身不由己，也许还担心传染，让我快些走，我们就这样永别了。重病的时候，他女儿来借过几次钱，我当然要尽力，实际只能是家里人再少吃几口，让给他。现在是他走了，其时还通行入棺土葬，我只得第一次向单位开口，借工资，给他买了贱价的棺木，算作送行。他是第二天清晨被送回昌平县马池口村茔地入土的，要经过鼓楼西大街我住房的后身，新社会，学习一个连一个，我自顾不暇，晨起，只能面对北墙，心里说一声："平弟，安息吧！"

另一次是1952年的1月1日，父亲在故乡病故。1947年夏日土改，全家逃来北京，住将及两年，于1949年春回去，前面已经谈过。回去，无论是物质生活还是精神状态，当然都非复昔日。但人同样是善于适应的动物，比如家徒四壁，看惯了也就不觉得有什么不妥善。总之，就我的所闻和所见下断语，父母、嫂、侄等回去，共炊共食变为分炊分食，日子像是过得也不坏。是1951年12月下旬吧，家乡来人，说父亲病了，自己说恐怕熬不过去，让我回去。我问什么病，说只是不想吃东西。我推想，既不是急病，延迟几天必关系不大。其实推迟回去，是想：一，安排一下手头的杂事；二，回去可能要办大事，那就不能袋内空空,自己没有,只好乞诸其邻,绕道天津,找张、马二君。说时迟,那时快,到由天津乘长途汽车奔向家乡的时候,已经是1952年1月1日的侵晨四点多。路不佳,车慢,到村边下车已经是七点多。未入村就遇见村里人,告诉我:"来晚了,五点多就咽气了。"入家门,看父亲的遗体已经放在北房东屋的木板上。母亲坐在西屋,面容冷静,并且说:"死了也好,省得我老是担着心。我一个眼泪也没掉。"问有没有遗言,母亲说:"总盼着你来,说有话跟你说,问他有什么话,他不说。""生年不满百,常怀千岁忧",人总难免有遗憾,带着到地下也就罢了。接着是商酌如何葬死者,通知近亲友,买木料做棺材,等等,除多处花钱以外,还要从旧俗,着孝服,见亲长等就下跪。忙乱了三五天,死者入土了,还有大问题,是如何养生者。幸而还有农村的可取的旧,生活质朴,晚辈服其劳而心情安然愉快,母亲还愿意住在故居,我经常往家里带些钱,能够换些柴米就可以了。父亲为人直率刚正,只是有大缺点,嗜赌博如命,自知多伤财而不能改。母亲生活整饬,安静寡言,对人厚,能忍让,几乎全身都是优点。她舍不得故居,我只好争取多回去看她。这样延续了几年,人民公社和大炼钢铁来了,在家乡不再有饭吃,她才忍痛离开家,到我这里住。但她没有忘记那个家,幻想有那么一天还能回去。可惜她年事已高,健康情况日下,终于在北京的后海北岸,带着离乡背井的遗恨,于1963年春离开人世。

既往咎之

《论语》有"既往不咎"的话,那是古道,或圣道,今道则不然。我改旧语为题,是想说说鼎革之后,一再清查旧经历的情况。我生于1909年,到1949年走入社会主义,在所谓旧时代整整过了四十年,其间还有八年之久的异族(挂傀儡政权的牌子)统治。泛论,人由呱呱坠地到盖棺(今日火化),人人都有一本经历的账,所不同者,一,如刘、项争宝座,事多兼大,本本厚,乡里小儿女或锅台转,或地头蹲,本本薄;二,其中所记之事,价值、影响等有大异或小异,如是而已。不同的经历有不同的影响,问题不简单。这里想说个更复杂的,是不同的经历有不同的价值。说复杂,是因为所谓价值,貌似有定,而实际则难定。何以故?是因为有关价值的判断,浅说,是人头脑里想的,或兼说出来的,而所想和所说,就不能不受时、地、位以及传统和时风等等的影响。还可以深说,是价值判断都离不开标准(纵使判断的本人并未觉得),而标准的对错,其分辨就还要有更深一层的标准。这条路不容易走,只好躲开,举个简单的例以明之。是很多人念过的李密《陈情表》,一唱三叹,总不会不同情李密吧?可是转为站到司马氏那一边，看法还会是这样吗？

他人瓦上霜，难扫；自己门前雪呢，像是也不好办，因为也躲不开标准和站在什么地方的问题。仍是问题过于复杂，只好说说有关的杂想，而不求一言定案。一种想法，评旧，就置身于旧，看看自己的所想和所行，广则朝野，狭则街头巷尾，多数人，或绝大多数人，是不是认为完美无缺，至少是大致可以通过。用这个尺度，只要自己的言行没有违（旧）法，败（旧）德，大致通过是容易的。但评论，标准也可能不这样平庸，就是说，会插进来"理想"，即要求不仅仅是不违法，不败德。姑且算作举例，一种常见而有力的理想是隐士思想，魏阙是不干净的，活动于其中的权臣甚至奸佞是可厌恶的，没有避到山林，不违法没有问题，德呢，估计大量的巢父、许由之外的人也会认为无伤也，可是关键是有此思想的自己，没有远遁山林，想到羞与为伍而竟与为伍，心能够安然吗？但不安然又能怎样？理想的去处还有伯夷、叔齐的，"登彼西山兮，采其薇矣"，可是古语还有"普天之下，莫非王土"，薇也是周天子的，怎么办？伯夷、叔齐的办法是连薇也不吃，高则高矣，也就因为过高，一般人就苦于做不到，像是也不该要求人人都这样做。其结果就必致引来理想与实际的不能协调，表现为心情，是有时像是可以安然，有时又不能安然。更值得伤痛的是实际的性质会变，力量会扩张，使杂想、理想等等都归于破灭。

这是说，新的形势会带来新的评定是非的标准。而这是非的标准乃来于评定功过的标准，是凡站在自己方面的都有功，是；凡站在非自己方面的都有过，非。而功过和是非的判定则采用蔡邕《独断》的精神，并追溯到放马华山之阳以前，中原逐鹿之时。理论上，有关是非的问题可以思而辨之，事实不然，是一言定案以后，绝大多数人信为当然，少数人内心如何不可见，也口说为当然。其结果就成为，在对功过、是非、荣辱、赏罚等的看法方面也形成大一统。然后是在此大一统的笼罩之下，咎既往，清查各个人的经历。看法已定，重履旧时的经历，就必致面对，轻，荣辱问题，重，是否算犯罪的问题，总之是难过的一关，而必须过。

是我到出版社之后不到半年，来了一次非大张旗鼓的运动，名为学习。听动员报告，说是"临时学习"。也许嫌意义太泛吧，不知是否出于文件所定，又名"忠诚老实学习"。这后一个名称意义明确，是，由公方面说，清查历史，由私方面说，交代历史。其实在此之前，我已经写过自传，当然不敢隐瞒，自己认为也没有什么值得隐瞒的。但学习来了，当然要参加，也就只好再写，并且加细。估计要调查，对证，幸而值得上桌面的只是四十年代前半一段，时间近，证人多在，推想不久就调查清楚了。只留下一个小疑问，是住过日本宪兵队六周，以及放出之后，是否有告密或诬陷的行为。这难于调查，也难于证明。记得曾让我写个补充材料，证明我没有做这样的丧良心事。用品格担保的话用不着说，因为，如果还相信品格，就不用调查了。幸而还记得，我住宪兵队时期像是已经是捕人的强弩之末，是我入内以及放出之后，我认识的人就不再有被捕的。我写了这样的情况，交上去，以后就没有再问我。大概有三个月，这次的小运动结束，并由蒋仲仁先生（代表党）和宋云彬先生（代表编辑室）通知我审查的结论，是，确是因为生活困难，在沦陷的末期挂名领过钱，没干什么事。问我同意不同意，我签了字。

用时风的价值观念核算，我有所失，是有历史污点，不光彩；也有所得，是幸而有名无实，不算犯罪。我自己看呢？一言难尽。早就觉得不光彩，不是来于新的清查的时风，而是来于旧的隐士思想，总想离魏阙远一些而未能远，清夜自思，有愧于屋漏。悔恨吗？难说，可以确信而言之的，仍是伤哉贫也。还是转回来说咎既往，还有更厉害的，是忠诚老实学习之前的镇反。据说有被处决的，不知道除了忠于另一朝，既有名又有实之外，还有没有其他劣迹，循孔老夫子"不知为不知"的圣道，也就不谈了。咎既往，零零星星的，也许时时都在进行吧？至于大张旗鼓的，记得还有1955年的肃反，说不清时间的四清（？），以及"文化大革命"中的清理阶级队伍。肃反，大概是借了经历简单和有名无实的光，我没遇见什么麻烦。"文化大革命"呢，狂热的时候重新算账，紧张一个时期，及至烧退复原为清醒，也就若无其事了。

但总是曾经如何如何，依照新风的观点，不能放在有荣誉的那一堆里。这使我常常想到常说的"士农工商"，偏偏沦落为士，今称为读书人或臭老九，因而就不能不慨叹。叹什么？就我自己说，是有江湖山泽之思，为了能活，却不得不靠近魏阙。不限于自己，或说常理常情，沦落为士或上升为士，有不少人就乐得靠近魏阙。任何人都知道，浮世的荣华富贵，绝大部分是由这条路来。但即使春风得意，也难得万全。伴君如伴虎，是一种平时的情况。还会有非常，是易代。死是解脱，但正如佛门之证涅槃，不容易。还活下去，就会有对新朝的态度问题。旧时代，是新对旧，不是咎，而是利用。旧呢？礼教，感情，转过来都不容易，可是新朝需要，不想转也得转。也就因此，上面提到的李密，终于出山，做了司马氏的汉中太守。再说一位，是唐末的杨涉，官至宰相，本不想转，因为怕有灭族之祸，也就换上后梁的冠服上任了。易服上任，旧服也许还卧在箱笼里，算不算污点呢？推想是不算，因为，如李密、杨涉之流，所以能成为显官，就是因为有事"伪朝"的资历。近年的易代不同了，虽然也容旧，却咎既往，有些旧，具体说是与魏阙有牵连的旧，轻则蒙羞，重则得罪。所以然者，是因为，轻说，没有站在自己一边，重说，站在敌对一边。到这个节骨眼儿，士的阶层就堕入可怜的境地，远远不如农工商的境地。其实，在所谓伪朝，农工商纳税，是不言支持而也支持的，咎既往就可以不算，因为离魏阙远。士就不成，比如我的一些师辈，只是上下北京大学的讲台，像是"出淤泥而不染"，可是穷追不舍，考究工薪是哪里来的，也只能说来于其时的中央政府。农工商就大有独立性，以农为例，就可以自耕而食，自织而衣，唱一声"帝力于我何有哉"。总之，思来想去，千错万错只是来于一错，是择术不慎，以诗书为稻粱之谋，想活，就难得"脱离政治"。

"三五"之厄

"三五"指"三反""五反"运动,时间大致是由1952年1月末或2月初起,到同年7月结束。三加五,八种,都有什么,可惜我已经记不清,只知道其中一个重要的是贪污,因为许多人受审查,被监禁,是由于管钱,我呢,不管钱,可是也被拉进去,而且挣来一顶贪污分子的帽子。提前说帽子,是侦探小说的写法,推想迷恋《福尔摩斯侦探案》的读者对这一篇会有偏爱,并急于想知道其中的详情。但是语云,心忙吃不了慢火饭,还是请不要急,听我慢慢说。反贪污,意甚善也。这是置身于那时候说,如果换为置身于现在当下,我敢保证,若干亿小民,一定要高呼"好极了"的。可见更重要的,至少是同样重要的,是用什么办法,以及能不能取得希望的效果。还是说那时候,办法是大胆怀疑加扩大范围。何以言之?举一新一旧为证。新是一对来于解放区的夫妇,都在出版总署工作,夫管钱,妇不管钱。人都正派,艰苦朴素,热心革命事业。运动来了,大胆怀疑,夫被监禁,反省,并动员妇揭发。夫如何,不知道;妇呢,揭,没有,不揭,对不起党,天天哭得死去活来。我其时正在自顾不暇,但听到见到，也觉得无证而如此怀疑，是信力而不要理，单由效果方面看也会事与愿违。再说旧，是一个不很熟的朋友，已忘其名，解放后在某单位工作，某单位的职工要做制服，他介绍到他的朋友（同我也很熟）经营的一个服装厂去做。事过之后，厂表示感谢，送他一身衣服。在旧时代，这是礼，不算贿赂，如我的同乡王仙洲律师就曾送我一副张伯英写的对联，因为我的一个熟人为什么事打官司，找我介绍律师，我曾介绍去找他。仍是置身于旧时代说旧，这样的礼还不能不受，因为不受，人将疑为嫌礼太轻。还是说这位朋友，从旧习惯，接受一身衣服，运动来了，算作贪污，刚一揭发，自己觉得无面目见人，当夜就上吊死了。

言归正传，说自己。我不管钱，但拿了大众书店所办《语文教学》的编委费每月三十元，就与运动拉上关系。大众书店和《语文教学》当然都是国家承认的，但我拿编委费，并没有经过国家批准，这就可以赶入大胆怀疑的网。怀疑，是问违法不违法。不幸是我们没有法；即使有，来了运动，你说法律并没有禁止业余为"地上"的报刊审稿，就不再有用。情势是只能听候处治。早的一阵风是由本单位的一个什么小组刮来，找谈话，追问与大众书店和《语文教学》的关系。为《语文教学》约稿，是公开的，用不着隐瞒，也无法隐瞒。其他还有审稿，拿编委费，戴上旧眼镜看，我于心无愧。但我已经确知，某种事对不对，算不算犯罪，判定之权不在常情和法律手里，而在运动手里，就是说，追问的一阵风已经可以暗示或明示，紧跟着来的必是

435

更大的风以及判定为犯罪。果然不出所料，小组追问很快就变为人数多的审问斗争。命令交代，其实情况就那么一点点，即使想多说以求上纲，也苦于想不出来。当然不满足，于是责令反省，即拘留在单位的一间房里，不许回家，专心交代。计住了四周，都交代了什么，现在是一点也不记得了。这其间，负责我这大案或小案的人必更加忙碌，是事后风平浪静，我的形象不再那样丑陋之时，其中一位告诉我，连我转致稿费的一件件都核对了，证明我并未中饱，我听了，只能报之以苦笑。这样，多方调查，抓不着小偷小摸，如何上纲？是说我同张、马二君谈到过中小学或中小学课本的情况，这是为勾结资本家而泄露了国家机密。出言定案，其后是照常上班工作，听候处理。

由"大风起兮云飞扬"到静候处理这一段，心情也值得说说。说句狂妄的话，在风起之前，我，同许多人一样，还是有些自信甚至自负的。霹雳一声，顷刻间变为坏蛋和罪犯，内心的震动过大，有个时期简直承受不了。正如在噩梦中，天地易色，周围都是刀箭，生路断了。混乱中想到过逃避之道，但立即想到包括老中青三代的家，直到卧在橱中架上的一些书。我更加明白，我是常人，在"天命之谓性"的制约之下，是弱者，只要还有可能，就愿意仍旧活下去，而且不到此为止，还愿意自己的亲近人也仍旧活下去。至此，任何人都可以看到，眼前的路就减缩为一条，忍而待之。但是会待来什么呢？既然无法可依，也许会判刑，发出去劳改吧？我怕，因为想到与家里人的别离，以及其后的苦难。但这些，无论依照旧世故还是依照新世故，都不能说，所以可行之道还是一个字，忍。而忍，是后来领悟并越来越明晰的一种适应新风的生活之道。何以言之？不惜现身说法而以金针度人，是忍，多重复，就会培育出一种大大超过佛门忍辱波罗蜜的韧力，而此韧力，仍借用佛门的语言，就可以化烦恼为菩提。为了意义的鲜明确切，还不得不现身说法，是差不多二十年之后，我到干校接受改造，也曾受批斗，而且不止一次，因为已经具有来于忍的韧力，批斗之时，就可以心游天外，甚至觉得好玩，批斗之后，带着笑容往食堂买饭，如果碰巧是王福海师傅做的红烧鱼，就买一盘，还是吃得很香甜的。

　　话扯远了，应该转回来，继续说下文。记得是5月，运动像是还要以法律的形式结束。需要处理的人太多，常态的法院管不过来，也管不了，各单位都组织法庭，曰人民法庭，由本单位的领导挂帅，处理本单位的案件。开庭两次，第一次审，核对"罪行"；第二次判，宣布如何处分。只记得第二次是在我住北大三院时期经常过其门的坐落在东安门大街路南的真光电影院，审判长为署长胡愈之，两旁还坐着叶圣陶先生和周建人先生吧，我的处分是机关管制一年。虽然罪名是贪污，各种列名之表都要注明为贪污分子，可是照常在所属单位工作，显然还是以教育为主。当然没有上诉一说；有也不敢，因为那会构成新的一反，如何处理就只有天知道了。但是还有语云，名者，实之宾也，有了贪污、受管制之名，就不能不流转为实，这实是：一，成立三人管制小组，组员为霍得元（代表党），隋树森（代表编辑室，其时我已调总编室检查科工作，隋是科长），还有一位记不清了，也许是其时任总编室主任、后来加右派之冠发往北大荒就死在那里的卢芷芬吧,我每周要写一份思想和行动的汇报,交小组审查;二,停发工资,每月发生活费十六元;三,开除工会,有些会议不准参加,因为我已经不是"人民"。三种措施,以不发工资为最重大,因为八口之家,都没有辟谷的道术,平均每人一个月二元,想活就太难了。其次是写汇报,我不做伤天害理的事,没有什么不好说的,又稍通八股文作法,也没有什么难写的,只是想到这种毫无用处的浪费,总不免于烦腻。剩下的不入会和不参加会,也许反而有所得吧,因为就可以不交工会会费,其他人去开会,我可以借非人民的光,读一些人民性不强的书。

写到这里,推想有些"仁者爱人"的人会猜想,我一定要咬牙切齿了。曰不然,而是大相反,顶礼膜拜。何以反应如此反常?有理由,而且不止一种。计有四种,依次说来:其一,逼令交代罪行,所用办法只是批斗、囚禁,始终未用肉刑,与十几年后的红卫英雄轻则打、重则杀相比,总是如在天上了,岂可不念南无阿弥陀佛哉。其二,与五年之后,有些人只是说了几句心口如一的话,就加更重之冠,发往北大荒,多年不能效北雁之南飞相比,我原地踏步,早晚还能看看家里人的笑脸或愁容,情况就不只是如在天上,而是如在九天之上了。其三,只是过了半年,不知道由什么人决定,不声不响,到发工资时候,我领得的不再是十六元的生活费,而是官复原职的若干元,这像是可以表示,至少是我所属的这个单位,还没有忘记公道人情。其四,是个最大最大块头的,是我经一事,长一智,更加明白,这新形势,在上者可以灵机一动,出言即法,而这样的法是不顾公道人情的,想活,就要百分谨慎,最好是学皇清某大人的居官之道,不说话,净磕头。也就是变这样的居官之道为处世之道,1957年的整风,我平平安安地度过来,这即使不能说百分之百是一顶贪污分子帽子之赐,也总不少于百分之九十吧?如是,而不顶礼膜拜,那就真成为恩将仇报,"人之所以异于禽兽者几希"了。

就在几天之前,浏览某君的某篇大作,见其中有"三十年河东,三十年河西"的话,勾起我一些感慨,想再说几句。由五十年代初期算起,三十年,到八十年代初期,我古稀之后还健在,并幸或不幸,还在原单位面对书稿。老子,"戒之在得",还戒之在放,我竟有兴趣拿起笔来,写些不三不四的。承报、刊、出版诸社的编辑大人宽厚,居然就换来一些稿酬。且说这些不三不四之文,有些或有的部分,我坦白,是占用公家不少时间写的,而传与以上说的诸社,就不免有些里应外合,一般是请吃饭,兼送礼,用贬义语,可以称为互相勾结,如果是三十年前的河东,就会加贪污分子之冠,而且不止一顶,可是实际已是三十年后的河西,我的所得就成为,除钞票之外,还有学者和作家的荣誉。莫非真是"彼亦一是非,此亦一是非"吗?总是值得长太息了。再说个更大的变动,是由河东而河西,贪污的消长情况。上面说过,1952年的"三反""五反"运动,目的的主要一项是根除贪污,连我这加贪污分子之冠的也说意甚善也。可是不唯心而唯物,即由效果方面看，根除没根除呢？河东早已成为往昔，没有调查就没有发言权；单说三十年后的河西，那就用不着调查，只凭见闻就可以知道，贪污已经发荣滋长，性质，由"管钱"扩张为"有权"（纵使是沙砾那样小的），数量，由原来的万八千扩张为今日的几百万、几千万甚至上亿。原因，一言难尽，要由社会学家（或者还要加上法学家和道德学家）集成什么小组去研究。但有一点是铁板钉（去声）钉不容置疑的，是1952年，大胆怀疑加扩大范围，以为大力一压就会导致天下太平，结果并没有如愿。即如我这个受惩治的"贪污分子"，受惩治之前可以不提，受惩治之后，直到执笔的现在，时间长到四十有四年，扪着胸口说良心话，还是一文钱也没贪污过，是运动中加冠之所赐吗？完全不是那么一回事。有人也许会说，那是因为你既不管钱又没有权，没有机会。"予岂好辩哉！"不得不说几句大话，是不贪污，不是由于"三反""五反"运动中受了教育，而是多年来一直认为，有许多有价值的，比金钱和享受更值得追求。这有价值的事物中，有个分量不很重的，是朴素，其消极的含义是不看重钱。转为说教育，也不是没有所受，甚至提高，说有所悟，是迷信压力，不讲理，脚站在河东，以为胜利了，但自然规律所定，还有三十年河西，姑且算作曾经胜利，能够维持长久不变吗？岂止不能维持，还会随来后遗症，是拿鞭子的与被鞭打的都不讲理，被迫喷气式的不再要脸，这个社会，这个民族，将漂流到何处，就大值得思考了。过于悲观了吗？昔人曾说，"天下兴亡，匹夫有责"，再请孟老夫子出来代言，"予不得已也。"

伤哉贫也（二）

恕我一而再借用先贤子路这句话为文题；如果不恕，我还有推卸之辞，是我也不愿意因贫而伤哉，其奈客观情势不容许食而能饱、衣而能暖何。上一篇已经讲清楚，我因为：一，与张、马二君是多年的朋友；二，穷困，帮助他们编《语文教学》月刊，得些固定收入，可以补充日用，上以事二母（生母及岳母），下以畜妻女，想不到就犯了罪，减了工资收入，加了贪污分子之冠。这"意表之外"的祸带来多种困难，可以总括为唯心和唯物两大类。唯心是这冠与头上戴的方巾、瓜皮小帽等不同，无形，就可以装作未戴，化为具体问题是，对什么人隐，对什么人不隐，斟酌是负担；不隐而说，隐而不说，同样是负担。为了节省纸张及读者的慧目之力，想只举个家门内的例，以偏概全，一了百了。这是对于结发之人要不隐，因为要靠她来分忧；对孩子就正好相反，要隐，因为她们正在上学，到学校，面对老师和同学，心里想着家长是贪污分子，受管制处分，日子怎么过？唯物的困难就既重大又复杂，只能不避繁琐，慢慢说。

上一篇已经说明，由受处分那时候起，每月的法定收入成为一十六元，用除法算大易，八口之家，恰好一个人得二元整。这就带来一种颇像康德所说"二律背驰"（用蓝公武译语）的情况：一方面是必不能活，一方面是一定要活。对于哲学领域的二律背驰，康德的处理办法是纯粹理性自承无能为力，即撤退。在家常日子的领域内就不能用撤退之法，因为"一定要活"这个判断，无论问进口的上帝还是问土产的"天命之谓性"，都不能略打折扣。开门见山说吧，我必须想办法弄钱。理论上，靠自力，办法也不少。抢劫是一种办法，偷盗是另一种办法。可惜是我择术不慎，走了书呆子的路，"身"没有抢劫、偷盗之力；更难办的是还有"心"管着，积极，信奉"己所不欲，勿施于人"，消极，清夜自思，深怕愧于屋漏。理论天高皇帝远，新语曰不能解决问题，只好退守实际，量力而为。而说到（己）力，我说过无数次，是除了白纸上写黑字，换几文小钱之外，什么也不会。"三反""五反"之前，"勾结资本家"，走的就是这条路。现在是，据说，《语文教学》停刊了，连带大众书店也关门了；即使还营业、出刊，我还敢到那里卖白纸上的黑字吗？不要说卖，就是与张、马二君，也是从此就一刀两断，不敢再通音问。活路的一条堵死了。还有另一条是《现代佛学》，曾写稿拿稿酬，估计可以不算违法；每月拿编辑费（不是有名无实，是真负责编）二十元呢？不只不知道算违法不算违法，简直连问也不敢。据说是今之兵法，凡事要往最坏处想，那就假定为违法吧，怎么办？我也兴起过辞去一身轻的想法，可是看看妻女面上的菜色，接着算账，每月定数二十元，稿酬平均以

442

十五元计，共三十五元，舍去，就会更难活命，权衡各方面的轻重，最后还是想活的欲望占了上风，决定隐匿不报。隐匿，行不更名、坐不改姓不合适了，于是给《现代佛学》写文章，成篇之后就随意署个笔名。总是为穷困所迫，还用这个办法给《语文学习》写过文章。何以还记得？是"整风"时期，我这微末人物也竟有人光顾一张大字报，揭发我给《语文学习》写文章，不用真名而用笔名。幸而我们的文网还没有密到连用笔名也算犯罪，我心中忐忑了一阵子，没有人来命令交代，混过去了。

到此，卖白纸上黑字的路走完了，我黔驴技穷，还是不能活，就还要想办法。家中老中幼三代，两端的六口当然无挣钱能力，只剩下"中"一口，女性，文，化不高，武，身不强，但是语云，兔子急了还能咬人，况人乎？于是绞尽脑汁，找机会。究竟是比我这黔驴还不如，"上穷碧落下黄泉"，只找到机会两种，一种是给人看（读平声）小孩，另一种是到小市卖家里可有可无的旧物。所得必很可怜，而能得却又大不易。何以不易？要为不知者道。先说看孩子，是同院西房来于四川的一对青年夫妇的小男孩，两岁，略知人事，却又不能自我约束，也就除入睡以外，不能离开人。而我家里这位"中"，且不说"衣"，单是"食"，数口之家，上市买，到厨房做，一日三餐，又哪里有时间和精力围着别人家的孩子打转转！然而，正如我之为二十元与活命的血肉相连而隐匿《现代佛学》的编辑费不报，她如果肯打转转也是每月二十元，也就只好咬牙承担下来。之后，忙碌的情况可想

443

而知,幸而她有个稀有的美德,忍而不怨,因而困难就像是不太大而慢慢流过去。不幸是好景偏偏不常,只是一个月有半,这对四川夫妇搬到西城朋友家去住,这每月的二十元竟成为"黄鹤一去不复返"。妻所得应该是三十元,人家客气,给两个整月的。且说这四十元,还可以引来后话,而且是两本(话本之本)。其一是"文化大革命"时期,我这位一生坚守家门的"中"也要交代历史,如果没有这四十元,她就可以说一生没领过工资,多清白干脆,由这个角度说,这四十元就成为"污点",至少是累赘了。其二是回顾往昔,我阮囊不羞涩之时,以钱救人急的次数不少,数目不小,我都希望双方统统忘却;可是受人之惠,记得共三笔,1937年卢玉柱十元,1974年王景徽兄二百元,其中一笔就是1952年这对四川夫妇多付的十元,我都想还,或报,可惜景徽兄早已作古,卢玉柱和那对夫妇,不知在何处了。我在这里唠叨这些,是想利用一次"整风"时某天才的天才发明,"交心",以略清心头之债。这债是一,我不劳而得的二百二十元,长存于心,到盖棺时还不能还或报,就带往地下,永世不忘。还有二,敢敬告大胆怀疑以及视我为贪污分子的诸君,到执笔写这些话为止,我不劳而得之钱,八十余年,也只是这三笔,共二百二十元,如果连这也不能算贪污,则诸君就成为多劳而无获,对于为我而多劳,我就只能赔礼道歉了。

再说另一个弄钱的机会,到小市卖家里可有可无的旧物,困难比看孩子就大多了。可有可无的旧物不多,值钱的更少,这是欲卖而无货的第一难。还有二,要起早,或手提或背负赶往小市,身不强就会特别劳累。还有三,走到,摆摊,恭候买主掏钱而未必有买主。最后还有个更大的难,是必须使脸皮变厚。我这位"中"出身于破落世家,出嫁前还赶上些流风余韵,以上市购物为例,她说是入我的寒门之后,第一次进商店,同售货员搭话,说买什么,是壮了胆,舍去羞,才完成此大举的。现在要变买(暗示有路)为卖(暗示无路),就必须壮胆如斗,舍羞为零。可是她并未表示为难,我想是孩子的总是感到吃不饱给了她力量,她把一切都抛开,只想由小市回来,能够带回三两块钱,哪怕只是块八毛钱也好。记得若干年之后,孩子们有时还说:"妈妈上小市卖东西,回来,卖没卖,我们一看脸色就知道,有笑容就是卖了。"还要感谢她,乱七八糟的卖了不少,却没卖一本书,是我舍不得,她不只谅解,也舍不得。

还要说,就是如此挣扎,有时来了不时之需(如病),还是不免于必须立刻拿出钱而袋内空空,那就要到几个可告以难言之隐的同学处去借,多则一二十,少则三五块。不说告帮而说借,是因为他们比我也好不了很多。这样的钱,绝大部分勤借勤还,少数,到我有可能卖白纸上黑字的时候就拼命写,兼以省吃俭用,也还了。

欠账还钱,还了,像是文也可以打住了。可是因为钱,单是在这本书里就"伤哉"两次,总该有些感慨吧?确是有,那就说说。用吾乡某先辈的处世壮语,凡事要先及其国,后及其家,先说国。记得西方某名人有一句名言,是"求人服(听话),与其给他幸福,不

445

如给他痛苦"。这秘诀，其实唐周兴、明魏忠贤之流早已用了，只是未总结为定理并广而告之。更上推，如求河源，那就应该说是法家精神，只求速达目的而不择手段。我呢，正如某君所评，思想落后，总觉得，想长治久安，还是走儒家的路好，那是"以德服人"加"养生丧死无憾"。假定这种想法不错，则迷信并使用压力，使有些人不能活，这妙法究竟合适不合适，就很值得研究了。还是归结到钱，我以为，为国者首先要做的是使人民都有适度的钱，以便食而能饱，衣而能暖。不如此，而用使之无钱的办法以求人服国治，在三十年开头的河东时期也许像是可以如愿，到三十年后的河西时期，情况如何，就要走着瞧了。由"走"和"西"，思路就不由得飞出去，一个斤斗十万八千里，到了北欧诸国，据眼见的人说，他们的名号是福利国家，实际也是，在有明确规定的法律范围之内，人有想干什么就干什么的自由，而只要有一条命，就总会有活路，所以他们就取得社会安定和人民幸福。诗云："他山之石，可以攻玉。"与其向压力跪拜，还是多看看人家吧。

然后转到及其家，承室中人推我为一家之主，无妨只说我自己。为钱少已经"伤哉"两次，我当然不会轻视钱。但我不是拜金主义者，因为既不想多存，又不想多享乐。由正面说，是只想维持这样一种情况：过朴素的日子（用形象化写法是可以食无鱼，出无车，室内无地毯，老伴颈上指上没有黄澄澄，等等），不为难；还有些余力，可以应不时之需（包括救亲友之急）。再多，我以为没有用。还会有反作用,比如,像是古语就曾见,"庄稼汉多收五斗粮,便思易妻",至少站在诸女士的立场,还是以不多收为好,那就可以知足常乐,糟糠之妻不下堂了。

辛安亭

五十年代，辛安亭先生是出版社的副社长，由兰州调来，比我到社晚一些。列为专题写他，是因为我敬重他，于五六十年代之间，他离开社回兰州，1976年在太湖边养病，我还去看过他，想不到其后转为不治之症，于1988年末作古，不知道弥留之际在何处，也就未能去看他，因而有时想起他就特别怀念。他是山西人，长我五岁，像是我上北京大学时期（或稍前稍后），他也在北大上学，未毕业就投身革命，到延安。新中国成立以后在兰州教育部门（兰州大学？）工作。想是还主持过编教材的工作，所以为充实中央编教材的力量，把他调来北京；接着以他之介，把王微也调来北京，任中学语文编辑室主任，成为我的直接上司。这里单说辛安亭，外貌瘦弱，风度文静，我第一次看见，也许看惯了官场的通行气派吧，推想他必是新分配到某室的小职员，管抄抄写写的，及至听说他是副社长，真是大吃一惊。

我们几乎没有交往，但常看见他。他住在出版总署门外以东不远，每天准时上班，一身朴素的制服，一个人安安静静地走。到办公室安安静静地看文件和书稿，很少到院里来。来往的路上遇见社里人，认识，必是点头微笑，很少说话。总之，给人的印象是规矩，温厚，用旧话说是"克己复礼"吧。关于克己，还听说一件可以算作轶事的。他家里只夫妇二人，妇也是山西人，姓卫名明，家庭妇女，脚像是先缠而后解放的。所吃不多，但也要购进粮食。粮店离家有一段路，辛安亭总是自己去买，肩扛到家。一次，一个年轻力壮的看见，要替他扛，他坚决不肯，还是很费力地扛到家。由一般处世随和的人看，这样狷介似乎洁身太过，反而不近人情。我的体会，是他觉得位在他人之上，就绝不该让别人伺候自己。他的心不容许自己高高在上，指使无位的人惶恐听命，这就是辛安亭！

这种克己复礼的作风，我也亲历一次。其时我在总编室检查科工作。检查科，顾名思义，是书稿编成之后，看看还有没有失误和缺漏，我扩大范围，兼做修润工作。其时正是迷信苏联，事事学老大哥的时期，因而交来修润的，有些是俄语汉译的书稿。我不懂俄语，有言在先，是只管"达"（即通顺，像汉语），不管"信"（假定译文的意思不错）。可惜送来某女士的译文，离汉语习惯很远，改动就不能不大。常情，女士是更重视脸面的，改动大，不好看，于是照韩文公的高论，不平则鸣，辛安亭大概是负责编辑业务的，她就到辛安亭那里诉苦。辛安亭处理什么事，总是一碗水端平，于是找我，说明情况之后，问我能不能少改一些。我说："我多年审稿改稿，拿起笔不会客气，总要做到自己认为满意才交出去。她不愿意多改动，可以不交我改；让我改，我就只能这样做。"我的态度和言语都偏于生硬，他听了，还是那样平静温和，说："就谈到这里吧。"过了几天，他又找我，说那位女士又来，说细看看，觉得确是比原来好了。他告诉我，意思显然是我做得对，希望我对上次的小波澜不要介意。我和他的公事交往只此一次，但也能感到，他对人，居心总是宽厚，态度总是尊重，在新时代是很少见的。

他还有个很少见的习惯，是心口如一，比如什么事，出于钦定，他人都堂下百诺，至少是隐忍不言的时候，他却提出疑问。记得最清楚的一次是成立人民公社和公共食堂的时候，眼所见是家家做家破的准备（如处理贵重家当之类），耳所闻则是一片欢呼声，他为什么事回家乡一次，回来就说，这个办法恐怕不成，因为农村的情况远不像说的那样。为这样的实心话，他受到批判，也许不久就证明他的话并不错吧，像是没受什么处分。是后话，不记得听谁说，他因为思想偏右，心口如一，几乎遇到什么风吹草动就犯错误，重则受到批判，轻则受到批评。不知道是否因为有这样的"缺点"，在出版社也许只是几年吧，他又调回兰州了，听说是到兰州大学做领导工作。王微没有跟着回去，想是因为，虽然也对人宽厚，处理事情稳重，却嘴严，不说不合时宜的话。

我是加过冠的，又适应新风，对于像辛安亭这样的人，虽然敬重，愿意亲近，却不敢通音问。就这样，将近二十年，我和他天各一方，只能"隔千里兮共明月"了。也曾听人说，他身体一直不好，推想必是有时工作、有时休养吧。是1976年的春天，我早已由干校放还，应南京郭翼舟兄和苏州王芝九兄之约，于4月15日到南京，由他们二位陪伴，游南京、扬州、无锡、苏州、杭州诸地。18日到苏州，住在芝九兄家，游各名胜。知道辛安亭在太湖边养病，26日游光福、司徒庙、邓尉山等地，我们三人就乘车到太湖桥，登山，往铁路疗养院去看他。他精神还好，只是显得衰弱，例如那一天天气很好，我们穿得薄还觉得热，他却穿很厚的衣服。态度还是那样温厚，见到我们，不只很高兴，还表现为很感激的样子。他夫人卫明女士也在，真是不是一家人，不进一家门，也是那样温厚，总是想方设法招待我们。其时已经是中午，疗养院的开饭时间已过，还是非留我们吃饭不可。我们也乐得享受一次厚意的温暖，就吃了食堂补做的肉丝冬笋面条。我们问他的病，是肺气肿，说休养一个时期，好多了。饭后，我们辞出，他们一定要送，站在高处看着我们下山。

又过了几年，出版社休克近十年之后，恢复工作，我也回到社里，参加编《古代散文选》下册的工作。干校结业，王微的组织关系也回兰州大学，人却还在北京住，编文选的这个摊儿就由他担任主持之名，由我负责编注之实，我们常见面，也就不断听到辛安亭的消息。他身体还是不好，可是不忘革命事业。大概是八十年代中期，我编注完《文言文选读》三册的时候，他还主持编了一种旨在对年轻一代进行思想品德教育的文言读本。选编过程中曾征询我的意见，出版后寄给我一本，印象是内容丰富，书本厚，还没细看，不记得谁借去看，不还了。其后就听到不吉利的消息，是患了不治之症，正在多方求医。其间也曾到北京来,当然也就要到出版社来。他不忘旧谊,主动约他还记得的人见面,问候,叙离别之情。其中有我,记得还一起照了相。其后,我当然关心他的病情,问几次,都说还平稳。究竟人力不能胜天,最后传来消息,他作古了,想是在兰州吧。

我有时想到他,并想到一些大问题,如立身处世、治国平天下之类。他是老革命,终生不忘救世的宏愿,可是不疑人如敌而爱人如己,即不以压力对人而以仁恕对人,难道这就不能除旧布新吗?总是值得不鄙的肉食者好好想想了。

图书在版编目(CIP)数据

流年碎影. 上 / 张中行著. — 北京：北京十月文艺出版社, 2024.6
ISBN 978-7-5302-2293-5

Ⅰ. ①流… Ⅱ. ①张… Ⅲ. ①张中行（1909-2006）—自传 Ⅳ. ①K825.6

中国国家版本馆CIP数据核字(2023)第032397号

流年碎影　上
LIUNIAN SUIYING　SHANG
张中行　著

出　　版	北京出版集团 北京十月文艺出版社
地　　址	北京北三环中路6号
邮　　编	100120
网　　址	www.bph.com.cn
发　　行	新经典发行有限公司 电话 010-68423599
经　　销	新华书店
印　　刷	河北鹏润印刷有限公司
版　　次	2024年6月第1版
印　　次	2024年6月第1次印刷
开　　本	880毫米×1230毫米 1/32
印　　张	14.75
字　　数	297千字
书　　号	ISBN 978-7-5302-2293-5
定　　价	128.00元（全2册）

如有印装质量问题，由本社负责调换
质量监督电话 010-58572393

版权所有，未经书面许可，不得转载、复制、翻印，违者必究。